집의 시대

시대를 빛낸
집합주택

집의 시대
시대를 빛낸 집합주택
ⓒ 손세관, 2019

초판 1쇄 펴낸날 2019년 8월 31일
초판 3쇄 펴낸날 2023년 11월 30일
지은이 손세관
펴낸이 이상희
펴낸곳 도서출판 집
디자인 로컬앤드

출판등록 2013년 5월 7일 2013-000132호
주소 서울 종로구 사직로 8길 15-2 4층
전화 02-6052-7013
팩스 02-6499-3049
이메일 zippub@naver.com

ISBN 979-11-88679-05-8 03610

손세관 지음

집의 시대

시대를 빛낸
집합주택

집

차례

책머리에

20세기는 '집의 시대'다. 우리가 근대건축modern architecture이라고 부르는 건축양식은 인류의 주거문제를 해결하고 주거환경에 대한 새로운 방향을 모색하는 데서 출발했다. 지식인, 정치지도자, 깨우친 건축가들이 나서서 '인간다운 주거환경'을 세우기 위해 지혜를 모으고 이론과 이념을 만들고 행동했다. 목표는 뚜렷했다. 집 없는 노동자, 더 나아가 전 인류에게 살 만한 주거환경을 마련해주자는 것이다. 그렇게 시작된 20세기의 주거문화는 변화를 거듭했다. 그런 변화에 대해 나는 "순수한 이념에서 시작해서 혼돈과 무지의 시기를 거친 다음, 자각과 희망으로 마무리 지었다."고 썼다.

20세기의 주거문화는 당연히 '진보'라고 규정하는 것이 옳다. 그런데 진보의 뒷면에는 항상 '야만'이 도사리고 있는 법이다. 새로운 주거환경은 많은 사람의 삶을 변화시켰지만, 인류를 콘크리트의 재앙으로 몰아넣었고 무미건조하고 기계적인 환경을 전 세계에 펼쳐놓았다. 100년 동안 인류가 지은 주택은 각양각색이었는데, 대다수가 아파트를 중심으로 하는 집합주택이다. 질 높고 아름다운 집합주택도 많은 반면, 거칠고 비인간적인 모습을 가진 집합주택은 그보다 훨씬 많다. 20세기의 주거문화를 살펴보면, 시대가 추구한 이념, 열정, 성취도 흥미롭지만 그에 못지않게 시대가 범한 크고 작은 실수가 아프게 느껴진다. 그러니 20세기는 집에 관한 지침서, 더 나아가서는 하나의 경전으로 다가온다.

20세기에 지어진 유명 건축물과 건축가들에 관한 내용은 이제 상식이 되어버렸다. 그런데 우리는 20세기의 주거문화는 잘 모른다. 그것의 성공과 실패, 밝음과 어두움에 대해서는 가르쳐주지도 않았고 배우지도 못했다. 우리가 그것에 대해 잘 알고 있다면, 우리 주거문화는 일찍이 후진성을 벗어버렸을 것이다. 냉정하게 말하자면, 오늘날 우리가 만들어가는 주거환경에는 전통도, 문화도, 질서도, 깊이도 없다고 하는 것이 옳지 않은가. 우리는 한때 서구가 경험한 '무지의 시대'를 그대로 답습하고 있다. 그렇지만 그러한 사실을 모르고 있다. 20세기 주거문화에 담긴 빛과 그림자를 쳐다보면 앞으로 우리가 가야 할 길을 알게 된다.

책을 쓰게 된 배경이다. 20세기 주거문화를 살펴보겠다는 것이다. 나름 독자적인 방법을 통한다. 집합주택을 하나하나 들여다보는 것. 그것이다. 역사와 문화를 살펴보는 방법은 다양할진대, 이 책에서는 '미시를 통한 거시'의 방법을 취한다. 말하자면 중요한 사건이나 사례를 조목조목 살펴봄으로써 그 시대를 세세하게 읽고, 시대의 문화를 깊고 넓게 이해하는 것이다. 그런 목적에서 나는 20세기에 지어진 '두드러진' 집합주택 30사례를 뽑아냈다. 그것을 '시대를 빛낸 집합주택'으로 명명하고, 각각을 조명한다. 평면, 입면, 단면, 공간 같은 건축적 내용은 그리 세세히 살피지 않는다. '건축 분야의 책'이지만 딱히 건축만을 이야기하려는 의도는 없다.

건축보다는 그것을 둘러싸고 있는 이런저런 이슈를 더욱 중요하게 다룬다. 건물이 들어선 시기의 사회적·문화적·도시적 상황, 건물이 들어서기까지의 과정과 난관, 건축가의 의도와 계획개념, 그것이 담고 있는 이념과 역사적 가치, 건물에 대한 비평가와 주민의 평가, 다른 건물에의 파급효과, 인류 주거문화에 끼친 영향 등에 무게를 둔다. 더불어 정치가, 개혁가, 또는 일을 맡긴 자본가들에 관한 이야기도 뺄 수 없다. 결국은 시대가 주거라는 화두를 놓고 했던 모색과 고뇌, 그리고 그 성취와 아쉬움에 대해 이야기하는 것이다. 그것을 통해 우리는 집에 담긴 근대성의 겉과 속을 이해하게 된다. 그리고 미래의 주거를 예견하고, 방향의 전환을 도모하게 된다.

30사례의 집합주택. 나는 그것을 시대의 '밝은' 주거문화를 대변하는 대표선수들이라고 생각했다. 그것을 뽑아내고 추리는 과정이 쉽지 않았다. 수많은 사례를 놓고 다음과 같이 물어보고 확인하면서 '시대를 빛낸 집합주택'을 추려냈다.

첫째, 새로운 이념을 담고 있는가? 여기에 등장하는 집합주택에는 무엇이 되건 적어도 하나는 동시대의 주거환경과 차별되는 사고체계를 담고 있다. 공동체의 이념일 수도 있고 생활양식에 대한 이념일 수도 있다. 아울러 그것들에는 미학, 공간개념, 집합체계, 기술, 재료 등 새로운 내용이 담겨 있고, 크든 작든 의미 있는 성취가 이루어졌다. 새로운 이념과 물리적 혁신, 이 둘은 서로 불가분의 관계이다. 동시에 담기는 것이 정상이다. 이 두 조건이 충족된 결과가 '비전을 담은 집합주택', '새로운 방향을 제시한 집합주택'이다.

둘째, 인간 삶을 존중했는가? 잘 계획된 집합주택에는 인간 삶에 대한 진솔한 배려가 담겨 있다. 안정된 삶, 따뜻한 보금자리, 균형 잡힌 공동체, 주변과의 조화 등 인간 삶에 관한 성찰과 사유가 녹아 있는 집합주택이 좋은 주택이다. 그것을 위해 건축가들은 건물뿐만 아니고 그것을 넘어서는 여러 관계를 고려한다. 개인과 가족과 사회의 관계, 건물과 도시의 관계, 건물과 자연의 관계 등 여러 관계 속에서 인간 삶의 모습을 생각한다. 이런 진솔한 배려가 담겨야만 시대를 대표하는 집합주택이 될 자격이 있다. 그리고 그런 집합주택만이 집의 진정한 가치와 올바른 존재 방식을 일깨워줄 수 있다.

셋째, 주거문화의 다양성에 기여했는가? 20세기에는 많은 종류의 집합주택이 '모델'로 등장했다. 당연히 과거로부터 이어져서 변화·발전된 것이 주류를 이룬다. 그런데 사회적 요구가 절박할 때, 그리고 지켜내야 할 중요한 이념이 침해되었을 때 새로운 모델이 등장했다. 그것을 위해 건축가들은 힘든 시간을 보냈다. 상황을 탈피할 처방을 구했고, 새로운 대안을 찾았으며, 그것을 건물의 공간구성과 조형의 다양성에 접목시켰다. 그것이 주거문화의 다양성이라는 시대적 성취의 원동력이 되었다.

20세기 지구상에 들어선 수많은 집합주택을 대상으로 넣고 빼기를 반복한 결과 추려낸 대표선수들. 다시 요약하면, 다음과 같은 속성을 담고 있다. 새로운 이념으로 시대의 문을 열었거나, 새로운 삶을 담는 그릇이 되었거나, 집합주택의 흐름에 방향을 틀었거나, 20세기를 넘어서는 미래의 주거환경을 예견했거나, 집합주택의 다양성에 기여했거나. 물론 둘 이상 겹치는 속성을 지니는 집합주택이 많다. 모두가 새로운 이념과 혁신을 담고 있으며, '모여 사는 집'이란 존재의 본질적 가치를 담고 있다. 집합주택을 단지 '건물building'이 아닌 '건축architecture'의 반열에 올려놓은 작업들이다.

30개의 집합주택은 여섯 주제에 따라 나누었다. 시대의 흐름과 대략 일치한다. 나는 2016년 출간한 《이십세기 집합주택》, 열화당에서 20세기를 세 시대로 구분했다. 순수의 시대, 혼돈의 시대, 자각의 시대. 각각 20세기 초반, 제2차 세계대전 종전 이후, 1970년대 중반 이후 시기이다. 여섯 주제는 그렇게 나눈 시대의 상황과 불가분의 관계이다. 주제를 섭렵하는 여정의 말미에 '실패한 집합주택'에 관한 이야기를 덧붙였다. 20세기 주거문화의 빛과 그림자 모두를 알리려는 의도다. '시대를 빛낸 집합주택' 이야기는 2018년 5월부터 10월에 《공간SPACE》에 연재되었다. 지면의 제약 때문에 많은 한계가 있었는데, 이제야 이야기를 좀 넉넉히 풀어놓는다.

이 책에서 쓰는 집합주택이라는 용어는 우리 입에 착 붙지는 않는다. 그렇지만 '하우징housing'을 우리말로 쓰자면 집합주택이라고 할 수밖에 없다. 건축법에 등장하는 공동주택이란 용어도 있지만 그건 왠지 '공동', '공유' 등 사회성이 강조되는 느낌이다. 주거형식이 다양한 서구사회에서 '하우징'은 '여러 가족이 어울려 사는 집이나 단지'를 두루 지칭하는 일상용어다. 아파트란 말은 드물게 사용된다. 그 반대인 우리나라는 집합주택이란 용어가 생경하다. 우리가 아파트를 벗어나 다양한 형식의 집을 짓는 나라가 된다면 비로소 그 모두를 포괄하는 용어가 일상화될 것이다. 언어에도 수요와 공급의 법칙이 작동한다.

앞서 언급한 책《이십세기 집합주택》은 이 책과 관련이 깊다. 그 책은 '종합서'로 의도된 것이다. 시대적 배경, 정치·경제적 상황, 이념의 변화, 집합주택의 다양한 형식, 그리고 거주자의 삶 등에 대해 그야말로 '폭넓게' 이야기했다. 20세기 주거환경에 대한 사회사라고 할 수 있다. 반면 이 책은 군더더기를 다 털어버린 핵심 즉 대표적 건물에 관해 이야기한다. 그렇지만 건물 그 자체에 관한 이야기는 아니다. 건물과 그것을 둘러싼 시대의 고뇌와 성취를 이야기한다. 나는 이 책을 20세기 주거환경에 대한 '공간사'라고 규정한다. 따라서 이 책과 그 책은 함께 읽어보는 것이 좋다. 다만 내용상 약간 겹치는 부분이 있음을 여기에 밝혀둔다.

이 책에서 다룬 집합주택의 존재감과 가치를 다시 강조하고 싶다. 나는 그 모두가 20세기 인간 삶의 인문학적 증언이라고 생각한다. 당연히 하나하나가 시대의 유산이며 인간을 향한 애정과 존경이 담겨 있는 인류의 역사적 성취다. 한때 '죽기 전에 꼭 들어야 할 클래식' 같은 '죽기 전에' 시리즈가 유행한 적이 있다. 그런 유행어를 잠시 빌린다면, 이 책의 제목을 '죽기 전에 꼭 성찰해야 할 집합주택'으로 바꿔도 무방할 것이다.

책에는 많은 도판이 사용되었다. 내가 직접 찍고 그린 사진과 도면을 쓰는 것이 가장 좋지만 모두 그렇게 조달할 수는 없었기에 여러분의 도움을 받았다. 책에 등장하는 집합주택 설계자 중에 현존하는 인물에게는 직접 연락해서 도판을 구했다. 대부분 흔쾌히 보내주었다. 어렵사리 찍은 사진을 조건 없이 보내준 저명한 사진가도 여럿 있었다. 감사드린다. 위키미디어 코먼스Wikimedia Commons, 플리커Flickr 같은 매체의 도움도 많이 받았다. 끝으로, 거친 원고를 예쁜 책으로 만들어준 '도서출판 집'의 이상희 대표에게 감사드린다. '건물 이야기'를 '시대의 이야기'로 발전시킬 수 있었던 것도 그분 덕택이다.

2019년 6월
북한산 앞 공부방에서
손세관

새로운
주거문화를
찾다

새로운 시대가 열렸다. 이전과는 완전히 다른 가치를 모색하고 추구한 20세기가 시작되었다. 정치적으로는 사회민주주의를, 경제적으로는 생산의 효율성과 양적 팽창을, 사회적으로는 평등주의를, 예술적으로는 새로운 미학을 추구했다. 새로운 미학은 형태적 단순성을 추구하고 일체의 장식을 배제한다. 이념, 미학, 기술 등 모든 면에서 이전 시대와는 비교도 안될 만큼 수준이 높아졌다.

20세기 초반 인간의 주거환경은 열악하기 짝이 없었다. 급속한 산업화, 도시화의 결과다. 도시는 과밀화, 슬럼화하고, 주택문제는 말할 수 없을 만큼 심각했다. 유럽과 미국의 대도시에는 최소한의 시설도 갖추지 못한 주거가 광범위하게 퍼져 있었다. 채광이나 환기 같은 기본적인 조건은 물론, 식수, 화장실 등이 턱없이 부족했다. '위생'은 생각조차 할 수 없었다. 주거환경을 개혁하고 새로 건설해야 했다. 하지만 적절한 수단과 방법을 갖추는 데에는 상당한 시간이 필요했다. 과거의 방법으로는 시대가 처한 급박한 상황에 대처할 수 없었다. 전통적인 미학, 기존 건축재료와 구축방법으로 적절한 답을 찾아내는 건 불가능했다.

새로운 시대가 열리자 의식 있는 건축가들이 새로운 방법을 제시하기 시작했다. 오귀스트 페레는 철근콘크리트를 새로운 재료로 발전시키고, 공간구성에 관한 변화된 이념을 제시했다. 안토니 가우디는 차원이 다른 미학을 제안하고 합리적 구축방법을 선보였다. 이전의 틀에 박힌 건축형태에서 벗어난 혁명에 가까운 변화였다. 페레와 가우디의 작업은 개혁을 부르는 마중물이었다. 이렇게 시작된 주거환경의 혁신은 제1차 세계대전이 끝나는 것과 때를 맞추어 본격적으로 전개되었다.

각국 정부는 주택건설에 공공자금을 투입하면서 능력 있는 건축가를 찾아 나섰다. 이에 발맞춰 건축가들 역시 대중을 위한 주택 건축에 적극 참여했다. 이전의 고루한 건축가와 달리 자각한 건축가들은 새로운 미학을 추구하면서 값싸고 위생적이고 짓기 쉽고 아름다운 집합주택을 모색했다. 그것이 시대의 당면과제라고 생각한 것이다. 건축가들은 고민하고 탐구하고 행동했다. 그들의 생각은 순수하고, 목표는 명확했다. 인간의 주거환경을 질적 양적으로 향상시킨다는 것. 많은 정치인과 사회개혁가가 건축가를 이끌고 지지하고 기회를 만들어주었다.

이 장에서는 20세기 초반에 등장한 집합주택을 이야기한다. 집에 대한 기존의 관념을 바꿔버린 사례이다. 오귀스트 페레가 설계해서 직접 건설한 파리의 아파트, 가우디가 설계한 밀라 주택, 노동자를 위해 특별한 건축 미학을 구사한 미셸 더클레르크의 집합주택. '집합주택의 교과서'라고 지칭할 수 있는 로테르담의 스팡언 지구 집합주택과 미스 반데어로에가 설계한 바이센호프의 아파트. 그야말로 혁신적 사고와 개혁적 이념을 담고있는 사례들이다. 바야흐로 새로운 주거문화가 시작되었다.

파리 프랭클린 가 25번지 아파트 전경 ©Alamy Stock Photo

철근콘크리트로 지은
최초의 아파트

오귀스트 페레,
파리 프랭클린 가
25번지 아파트,
1904

새로운 형식의 아파트

파리, 센강과 에펠 탑이 보이는 언덕 위에 세워진 작은 아파트. 공식 명칭은 프랭클린 가 25번지 아파트Apartment Block at 25bis Rue Franklin. 건축가 오귀스트 페레Auguste Perret, 1874~1954의 데뷔작이자 대표작이다. 규모는 작지만 역사적인 무게는 결코 가볍지 않다. "최초의 근대적 집합주택", "개방적 공간개념이 적용된 최초의 건물", "철근콘크리트로 지은 최초의 아파트"…. '최초' 일색이다. 20세기의 빗장을 여는 시기에 완성된 이 아파트에는 이후에 나타날 근대의 중요한 건축언어가 모두 들어있다. 혁신적 외관, 개방적 공간구성, 새로운 건축 재료….

아파트는 파리 16구에서 파시Passy라고 불리는 곳에 자리한다. 트로카데로 정원이 바로 이웃해 있고 파리 시내가 한눈에 들어오는 상류층 주거지다. 에밀 졸라Emile Zola, 1840~1902가 1878년에 출간한 소설《사랑의 한 페이지Une page d'amour》의 무대이기도 하다. 주인공 엘렌은 이곳에서 바라본 파리의 경관을 "물결치는 바다"로 묘사했다. 페레 자신은 "경이로운 파노라마"라고 썼다. 대대로 건축 사업을 해 재산을 모은 페레 가문은 이 좋은 장소에 땅을 소유하고 있었다. 장남 오귀스트는 그 땅에 부모를 모시고 형제가 모여서 살 수 있는 아파트를 지었다.

파리의 여느 아파트와 '매우' 달랐다. 건물의 평면은 길을 향해 두 팔을 벌리고 있는 형상이다. 여러 문헌에서는 "U자형 평면"이라고 쓰고 있다. 페레는 건물의 전면 중앙을 뒤로 쑥 물러나게 하고 양끝을 돌출시켜 건물이 외부와 적극적으로 만나게 했다. 또한 창을 넓게 해 건물을 시

파리 프랭클린 가 25번지 아파트 전경
출처: Roger sherwood, 《Modern Housing Prototypes》, Harvard University Press, 1978

원하게 개방했다. 중요한 공간은 모두 건물의 전면에 배치하고 후면에 계단, 엘리베이터, 화장실 등 서비스 공간을 배열했다. 아파트의 가장 왼쪽에는 전·후면에 걸치는 긴 부엌을 두고, 이어서 흡연실, 식당, 거실, 침실, 안주인의 방을 차례로 두었다. 당연히 이 모든 공간에서 파리의 중심부가 시원하게 보인다.

19세기 파리의 가로경관은 균질했다. 바론 오스만Baron Haussmann, 1809~1891에 의해서 개조된 결과 도시의 모든 주거용 건물은 길에 면해 일직선으로 배열되었다. 건물의 전면에 요철凹凸이 없었던 것이다. 다시 설명하겠지만, 19세기에 일반화한 파리의 아파트에서 가장 부족한 것이 외부를 향해 열리는 개방성이다. 부유한 계층이 거주하는 아파트에도 거실, 주인침실 같은 중요한 공간은 길에 면했고, 부수적인 공간은 건물의 안쪽에 자리하는 중정에 면했다. 그리고 중앙에 크게 자리하는 계단실이 대단히 중요하게 다루어졌다. 권위적이고 과장된 공간이다. 그런데 페레는 이 아파트에서 중정을 아예 없애버리고 계단실도 밝고 가볍게 해서 후면으로 밀어버렸다.

하늘을 향해 쌓아올린
교외의 빌라

페레가 시도한 이러한 공간구성에 대해 한 이론가는 "주택을 무대처럼 만들어, 파노라마 같은 경관을 그곳에 연출한" 것으로 아파트에 극장을 접목한 것이라고 했다. 이 아파트에 들어가는 것은 '마법의 상자'에 들어가는 것과 같아서 길이라는 도시적 경계는 일순 사라지고 끝없이 펼쳐지는 도시의 모습이 홀연히 눈앞에 나타나는 경이로운 체험을 하게 된다는 것이다. 이곳에는 전통적 아파트에서 보이는 전면공간과 후면공간의 구분도 없고, 이웃도 시야에서 사라져버린다. 이러한 공간 체험은 교외의 빌라 즉 별장형 단독주택에서만 할 수 있다. 그 이론가는 페레가 교외의 빌라를 도시로 불러와서 집합주택의 새로운 유형을 창조했다고 평가하며 페레의 건물을 가장 적절하게 설명하는 말은 "빌라를 쌓아올린 도심의 아파트"라고 했다.

빌라의 역사를 연구한 제임스 애커먼James Ackerman에 따르면, 자연을 향해 시원하게 개방된 빌라는 로마시대부터 짓기 시작했다. 건물의 평면은 팔을 벌린 형상이다. 안드레아 팔라디오Andrea Palladio, 1508~1580가 설계한 르네상스 시대의 빌라 역시 비슷한 형식이 여럿 있었다. 19세기의 탁월한 건축이론가 세자르 달리César Daly, 1811~1894가 그린 빌라

중에도 U자형 평면을 가진 사례가 있다. 이 아파트를 계획하면서 페레가 가장 많이 참고한 자료는 비올레 르뒤크Eugène Viollet-le-Duc, 1814~1879가 제시한 도시주거 모델이다. '근대 합리주의 건축의 아버지'로 불리는 비올레 르뒤크는 《건축담론Discourses on Architecture》에서 도시에 적합한 위생적이고 경제적인 주택에 대해 언급했는데, 두 팔을 뻗은 비대칭의 주택을 사례로 제안했다. '열린 빌라open villa'의 모델이다.

오귀스트 페레가 1922년 발표한 마천루 도시
©August PERRET, UFSE, SAIF, 2019

아파트를 설계할 당시 페레는 도시주거의 새로운 모델을 찾고 있었다. 1905년에 그는 20층 높이의 타워로 파리 외곽을 둘러싸는 계획을 제안하고 자동차 족을 매료시킬 계획이라고 공언했다. 그리고 첫 타워로 '운동선수를 위한 호텔'을 지어야 한다고 했다. 그로부터 17년이 지난 1922년, 페레는 파리 외곽의 길게 뻗은 대로를 따라 50층 규모의 마천루가 이어지는 환상적인 도시주거 이미지를 신문에 발표했다. "공동체이지만 개인의 자유가 완전히 보장되는 주거환경"이었다. 하늘에 떠있는 이런 주택은 "먼지로부터 자유롭고, 통풍이 완전히 보장되고, 조용하기 이를 데 없는" 환경이었다. 페레가 생각한 '현대의 빌라'는 공중에 떠있고 공기가 맑고 조용하고 보기에 장관을 이루어야 했다.

프랭클린 가 25번지 아파트는 지상 10층, 지하 1층 규모다. 1층은 사무실, 2층에서 8층까지는 아파트다. 아파트의 평면은 조금씩 다르지만 모두 같다고 해도 무방하다. 9층은 고용인을 위한 공간, 10층은 펜트하우스로 페레 자신을 위한 공간이다. 흥미롭게도 건물은 조금씩 뒤로 후퇴한다. 2층에서 조금 후퇴하고, 8, 9, 10층에서 조금씩 더 후퇴한다. 후퇴한 만큼 테라스가 생겼는데, 10층 테라스가 주 공간이다. 높아질수록 개방감이 증대하므로, 빌라에 점점 가까워진다. 그래서 사람들은 이 아파트를 두고 두 건축유형이 합쳐진 결과라고 말한다. 전통적인 파리의 아파트와 빌라의 결합. 자본주의 경제의 산물인 아파트에 개인주의 이념의 산물인 빌라가 더해졌다. 파리의 아파트가 환골탈태를 한 것이다.

철근콘크리트로 제시한
미래의 삶

페레가 이 건물을 구상하고 건설한 시기는 벨 에포크Belle Époque 즉 아름다운 시절이었다. 보불전쟁이 끝난 1871년부터 제1차 세계대전이 시작되는 1914년까지의 기간을 일컫는다. 유럽의 최전성기로 정치는 안정되고 경제는 부흥했으며 과학, 기술, 예술 등 전 분야에서 대단한 발전을 이루었다. 엄청난 양의 혁신적 기술이 쏟아져 나오고, 과학이 모든 문제를 해결할 거라며 사람들은 희망에 부풀어 있었다. 그도 그럴 것이, 수세식 화장실부터 전화, 무선통신, 철도, 자가용, 비행기에 이르기까지 현대생활 전반에 큰 영향을 끼친 것은 대부분 이 시대에 만들어져서 보급되었다.

비올레 르뒤크가 1871년 구상한 철제 프레임의 도시주택

　당시 파리는 최고의 번성기를 구가하고 있었다. 1889년 만국박람회가 성황리에 끝나자 1900년에 다시 만국박람회가 파리에서 열렸다. 페레가 콘크리트를 만난 것은 그 즈음이었다. 1889년 박람회의 주인공이 철이었다면 1900년 박람회에는 콘크리트를 사용한 건물이 많이 들어섰다. 그런 사회적 분위기에서 페레는 이 건물에 과감하게 철근콘크리트를 도입하고 기둥과 보가 뼈대를 이루는 구축법을 채용했다. 1892년 프랑스 엔지니어 프랑수아 엔비크François Hennebique, 1842~1921가 고안해 '엔비크 시스템'이라고 불리면서 오늘날까지 이어지는 콘크리트 구축법이다. 기둥과 보를 하나의 구조체로 결합해서 인장력을 견딜

　　　　　　　　　　　　　　　　　　파리 프랭클린 가 25번지 아파트

수 있게 한 것으로, 이 방식을 사용하면 고층건물의 구축이 가능하다. 페레는 당시로서는 '첨단'이던 이 시스템을 주거용도의 건물에 처음으로 사용했다.

페레가 콘크리트 뼈대를 사용한 것은 비올레 르뒤크의 영향이 컸을 것이다. 페레는 10년이나 에콜 데보자르Ecole des Beaux-Arts, 1671년 설립된 프랑스 국립미술학교를 다녔으나 정식 졸업장은 받지 못했다. 학교보다는 아버지의 사무실에서 보낸 시간이 더 많았기 때문이다. 그는 동생 구스타브 페레Gustave Perret, 1876~1952와 함께 아버지로부터 건축술의 기본을 배웠다. 에콜 데보자르에서는 당대 최고의 건축이론가 줄리앙 구아데Julien Guadet, 1834~1908 밑에서 공부했으나 실제로는 비올레 르뒤크의 영향을 강하게 받았다. 그는 기능과 재료 사용의 진실함을 강조했던 시대의 선도자 비올레 르뒤크로부터 건축물의 합리적 구축에 대한 원리를 전수받았다.

비올레 르뒤크는 르네상스의 건물 구축 방법은 진실하지 못한 것이고 고딕의 구축법이 현대의 요구에 더 부합한다는 논리를 폈고, 페레는 그것에 공감했다. 페레는 나무로 지은 중세시대의 도시주택이 가장 합리적으로 지은 주택이라고 생각했다. 즉 나무로 구조체를 짜고 흙이나 벽돌로 그 사이를 채워서 지은 주택이 가장 짓기 쉽고 튼튼하면서 시대정신에도 부합한다고 생각했다. 비록 화재의 위험성 때문에 더 이상 나무집을 짓지는 않지만, 그것에 비하면 고전건축은 한갓 장식품에 지나지 않았다. 그래서 기둥과 보를 사용해 뼈대를 구축한 건물에 관심 가졌고, 철근콘크리트를 새로운 재료로 받아들였다.

페레는 에펠탑에 버금가는 시대성과 존재감이 있는 건물을 짓고 싶어 했다. 건물의 모든 층에 있는 발코니의 난간을 철로 장식한 것도 에펠탑을 염두에 둔 것이다. 에펠탑에 필적하겠다는 의지가 가장 강하게 드러난 부분이 바로 건물을 철근콘크리트로 지은 것이다. 페레는 철근콘크리트를 "새롭게 태어난 돌"이라고 규정하고 미래사회에 부합하는 재료라고 믿었다. 철근콘크리트로 건물을 구축하면 뼈대를 존중한 고딕시대의 합리성을 담을 수 있고, 고전건축이 추구하는 외관의 고귀함도 담을 수 있었다. 부재의 치수, 간격, 비례 등을 정하는데 상당한 자유가 있었기 때문이다. 벽은 구조체의 짐에서 벗어날 수 있게 되어 더 이상 육중한 벽이 필요하지 않았다. 기둥과 보가 건물의 하중을 모두 지탱하기 때문이다. 또한 공간과 공간이 개방적으로 이어질 수 있다. 구조체의 간섭으로부터 해방된 상태 즉 '자유로운 평면'의 개념이 이 아파트에서 최초로 실현된 것이다. 그리하여 이 아파트는 그 공간 속에 근대성의 본질을 담을 수 있었다. 무엇보다 철근콘크리트는 건축을 산업화하는데 더없이 좋은 재료였다.

건물에 근대성의
본질을 담다

근대 주거의 최고 목표는 '개방성'이었다. 햇빛과 공기를 최대한 받아들이고 풍요로운 녹음이 주변을 둘러싸는 환경. 에벤에저 하워드Ebenezer Howard, 1850~1928가 제시한 '전원도시 Garden City'에 담긴 이상이다. 프랭클린 가 25번지 아파트가 역사상 처음으로 그런 이상을 담았다. 페레의 아파트가 완성된 이후 많은 건축가가 개방성의 이념을 담은 계획을 다양하게 제시했다. 1922년 르코르뷔지에Le Corbusier, 1887~1965가 제안한 '300만 인을 위한 현대도시A Contemporary City for Three Million' 모델이 대표적이다. 그곳에 등장한 '아 레당 à redents', 즉 요철형 선형 주택은 외부공간을 지그재그 형상으로 둘러싸는 집합주택이다. 프랭클린 가 25번지 아파트에 담긴 이상을 극대화한 것이다.

생활공간을 전면에 두고 서비스 공간을 후면에 배치하는 계획은 오늘날에는 별것도 아니다. 그렇지만 20세기가 열리는 시점에서는 얘기가 좀 달라진다. 페레는 계단실 두 개를 건물 후면으로 바짝 후퇴시키고, 그것을 밝은 공간으로 만들기 위해 한쪽 벽면 전체를 유리블록으로 쌓았다. 그리고 엘리베이터, 화장실 등도 계단실과 연계해서 건물의 후면에

프랭클린 가 25번지 아파트 기준층 평면도. 손세관 그림

아파트 7층에서 바라본 파리 전경. 전면에 센강이 보인다.
©Fond Perret, August et Perret frères

프랭클린 가 아파트 최상층에 설치된 옥상정원
©August PERRET, UFSE, SAIF, 2019

배치했다. 이렇게 생활공간과 서비스 공간을 철저히 분리시킨 계획은 '코어'의 탄생을 의미한다. 한쪽에 치우친 이 코어의 반대편에 생활공간을 하나 더 두면 측면 코어는 중심 코어가 된다. 코어를 중심으로 서너 면에 생활공간을 두면 건물은 타워가 된다. 대단한 발명이다. 타워형 고층건물 즉 마천루의 발명자는 르코르뷔지에가 아니고 오귀스트 페레라고 하는 것이 올바른 역사의 해석이다.

이 아파트에서 1905년 6월 '모두를 위한 예술L'Art pour tous'이란 단체가 주관하는 행사가 열렸다. "예술을 향유하는 주체는 대중"이라는 모토를 가지고 활동한 그들은 강연도 자주 하고, 근대를 표방하는 예술가들의 스튜디오를 직접 방문하는 모임도 가졌다. 페레는 그들 앞에서 이 건물의 옥상 테라스가 에펠 탑의 1층 바닥보다 높다는 사실을 자랑했다. 행사에 참석한 사람들은 파리 중심부가 보이는 이 테라스에 완전히 매료되었다. 아파트는 졸지에 유명한 장소가 되었다. 1900년 이전의 파리에서 아파트의 옥상은 굴뚝으로 즐비했고, 특정 용도로 사용되지는 않았다. 이 아파트 덕분에 옥상이 변하기 시작했다. '옥상정원'의 탄생이다.

아파트는 넓은 창과 함께 아름다운 꽃무늬로 뒤덮여 있다. 콘크리트를 노출시키지 않았다는 이야기다. 당시 페레는 콘크리트를 그대로 노출시키면 습기에 닿아 부식될 것을 우려했다. 그는 건물을 보호하기 위해 유명한 세라믹 디자이너 알렉상드르 비고Alexandre Bigot, 1862~1927가 생산한 세라믹 타일로 표면을 장식했다. 알렉상드르 비고는 수준 높은 타일을 생산해서 아르누보 건축가들에게 공급한 사람이다. 페레가 이렇게 한 것 역시 비올레 르뒤크의 영향이다. 두 사람 모두 건물을 인체로 보았다. 건물은 뼈대, 근육, 피부로 이

프랭클린 가 아파트 표면을 장식하고 있는 세라믹 타일 ©Bruno befreetv, Wikimedia Commons

루어진다고 생각했다. 구조, 공간, 외관 등 건물의 모든 요소는 인체처럼 완전한 조화를 이루어야 했다. 과다한 장식은 피해야 하지만 건물의 표피는 개성 있고 아름다워야 했다.

페레가 추구한 근대성의 본질은 르코르뷔지에에게 전수되었다. 르코르뷔지에는 1908년부터 1년 남짓 페레의 사무실에서 일했다. 요새로 치면 인턴사원이었다. 21살의 청년이던 르코르뷔지에의 여행 스케치를 본 페레는 흔쾌히 그에게 '오른팔'이 되어주겠다고 약속하고, 하루 5시간씩 와서 일할 것을 허락했다. 나머지 시간에는 수학과 구조를 공부하고, 비올레 르뒤크의 건축에 관심 가지라고 조언했다. 당시 페레의 설계사무실로 쓰던 이 아파트의 1층은 층고가 매우 높았다. 페레는 그곳에 중층을 새로 만들고 아래를 기둥으로 받쳤다. 내부에 있는 필로티였다. 이 공간을 눈여겨 본 르코르뷔지에는 1927년 바이센호프 주택전시회Weissenhof Exhibition를 전후해서 '근대건축의 5원칙'을 제시했다. 필로티, 자유로운 평면, 자유로운 입면, 옆으로 긴 창, 옥상정원. 이 5원칙의 대부분이 페레의 아파트로부터 왔다고 해도 무방하다.

르코르뷔지에가 페레에게 진 빚은 한두 가지가 아니다. 페레는 아직 진로를 정하지 못한 젊은 건축가 지망생에게 도시를 공부하고 미래의 도시를 구상해보라는 권유까지 했다. 고무된 르코르뷔지에는 파리 국립도서관을 다니면서 동서양의 도시구성을 섭렵했고, 새로운 도시상에 골몰했다. 아이디어 빈곤으로 힘들어하던 르코르뷔지에는 우연히 페레가 스케치한 마천루 구상을 보았다. 페레는 1922년 발표한 마천루의 구상을 미리 스케치로 제작해 두었다. 페레의 스케치에는 넓은 대로를 따라 수십 채의 마천루가 이어져 있다.

파리 프랭클린 가 25번지 아파트

르코르뷔지에는 그것에 완전히 매료되어버렸고, "인간이 상상할 수 있는 가장 장대한 통로"라면서 감탄했다. 비로소 새로운 도시의 상을 구체화한 그는 1922년에 '300만 인을 위한 현대도시'의 모델을 발표했다. 도시의 중앙에는 페레의 마천루를 조금 바꾼 24동의 초고층타워가 제시되었다. 근대적 도시상의 탄생이다.

19세기 파리의 아파트

19세기, 파리 시민은 아파트에 살았고, 런던 시민은 타운하우스에 살았다. 아파트는 한 가구가 한 층을 점유한 반면 타운하우스는 한 가구가 서너 층을 점유했다. 쉽게 말해, 타운하우스는 단독주택이 나란히 이어진 것이다. 파리의 주거공간은 수평적인 분할을 한 반면, 런던의 주거공간은 수직적인 분할을 한 것이다. 독립된 가구가 생활하는 타운하우스의 공간 분할은 간단하고 그 결과도 명쾌하다. 그런데 파리의 아파트는 공·사 공간의 분할, 주택 내부 공간의 배열 방식이 매우 다양하고 복잡했다. 이렇게 상이한 두 도시의 주거양식은 근대적 주거공간의 발전에서 두 개의 축을 이루었다.

세기 초반부터 파리에서 일반화되기 시작한 아파트는 세기의 중반에 오스만의 파리개조 계획이 진행되자 급속히 도시에 퍼져나갔다. 이렇게 되자 마당이 있는 저택 오텔hôtel에 살던 귀족과 신흥 부르주아 계층은 자신의 거처를 아파트로 옮겼다. 그들은 아파트에서도 오텔의 생활양식을 지속하기 원했고, 건설업자들도 그러한 요구에 부응했다. 오텔은 기본적으로 하나의 커다란 중정을 중심으로 모든 기능이 모여 있고, 축을 따라 대칭으로 구성되는 것이 기본이다. 공간이 길게 이어질수록 부유한 주택이다. 그런데 공간이 제한된 아파트에서 오텔의 공간구성이 재현되는 것은 쉽지 않다. 그러니 부유계층이 거주한 아파트의 평면은 복잡할 수밖에 없었다.

파리의 아파트는 6층에서 8층 높이였고, 1층에는 길에 면해 상점이 있었다. 중앙에는 커다란 현관이 있고, 문지기가 지키고 있었다. 건물의 규모는 점차 커졌으므로, 한 층에 여러 가구의 주택이 자리하는 것이 일반화되었다. 따라서 건물 내부에서 프라이버시를 확보하는 것이 중요한 이슈가 되었다. 건물에서 가장 중요한 표면은 길이고, 후면에 자리하는 중정이 그 다음으로 중요한 표면이었다. 건물의 중앙에는 계단실이 자리했는데, 비싼 아파트일수록 계단은 잘 꾸며졌다. 주택 내부에서 거실, 주인침

하늘에서 본 파리의 아파트 ©Tilo2007, Wikimedia Commons

실 등 중요한 방은 길에 면했고, 식당, 부엌, 사용인 공간 등은 중정에 면해 있었다. 파리의 아파트는 길과 이웃으로부터 격리되었고, 배타적인 공간구조를 가졌다.

아파트에는 층에 따라 각기 다른 계층이 거주했다. 임대료가 달랐기 때문이다. 상점 바로 위층 즉 2층에는 '가장 중요한 임대인'이 거주했다. 그리고 상층부로 올라갈수록 층고가 낮아지면서 조금씩 사회적으로 신분이 낮은 계층이 살았다. 계단실의 장식도 위로 올라가면서 간소해지고, 최상층은 나무로 구축되는 것이 보통이었다. 아파트에서는 크고 작은 사건이 끊임없이 발생하고 사회적 갈등의 온상이 되었다. 갈등의 중심에는 늘 아파트를 관리하던 문지기 겸 관리인이 있었다. 19세기 파리의 아파트는 많은 문학작품의 배경이 되었다. 에밀 졸라, 발자크Honoré de Balzac, 1799~1850 등이 쓴 많은 소설이 파리의 아파트를 중심으로 전개되었다.

밀라 주택 전경 ©Paolo da Reggio, Wikimedia Commons

이성과 감성이 결합되어

탄생한 집

안토니 가우디,

밀라 주택,

1912

페라 밀라와
로사리오 세히몬 부부

밀라 주택. 흔히 카사 밀라Casa Milà로 불리는 이 집은 안토니 가우디Antoni Gaudi, 1852~1926가 남긴 유일한 집합주택이다. 가우디의 마지막 주택이자 마지막 세속 건물이다. 이 건물을 완성한 후 가우디는 15년 동안 오로지 성가족성당La Sagrada Familia의 건축에만 몰두하다 불의의 사고로 세상을 떠났다.

밀라 주택은 '이제 세상에는 새로운 형식의 집이 지어질 것'이라는 일종의 선언이다. 가우디는 이 집을 통해 이전에 인간이 공유한 '집'의 이미지를 완전히 날려버렸다. 사람들은 그가 '천재'였기 때문에 이런 기상천외한 건물을 설계할 수 있었다고 말한다. 그건 아니라는 사실은 차차 밝히기로 하자. 어쨌든 주택에만 국한해 본다면, 새로운 미학과 공간을 모색하던 20세기 초반의 시대정신을 이만큼 잘 표출하고 있는 집이 있을까? 페레의 프랭클린 가 아파트를 꼽고 나면 그 다음은 생각이 나지 않는다. 가우디는 이 집을 통해 '사각', '보편', '정상'이라는 틀을 깨버렸다. 건축과 자연의 경계 또한 허물어버렸다.

집이 지어질 당시 바르셀로나는 급격한 변화를 겪고 있었다. 19세기 초반, 직물, 제지, 철강 등 산업이 부흥하고 철도, 도로, 교량과 같은 인프라가 발달하면서 인구는 폭발적으로 증가했다. 19세기 중엽 바르셀로나의 인구 밀도는 유럽 도시 가운데 가장 높았다. 성벽으로 둘러싸인 구시가는 터질 지경이었다. 19세기 유럽 전역에 콜레라가 창궐했다. 바르셀로나 역시 콜레라의 공격을 피할 수 없었다. 많은 사람이 목숨을 잃었다. 콜레라를 방어하기 위해서라도 도시의 위생이 절실했다. 도시 확장이 필연적일 수밖에 없었다. 도시계획가 일데폰소 세르다Ildefonso Cerdá, 1815~1876가 1859년에 그린 도시 확장계획이 실행된 것은 바르셀로나 역사에서 가장 커다란 행운이었다. '에이샴플라L'Eixample' 지구로 불리는 신시가지가 들어서자 도시는 비로소 근대의 면모를 갖출 수 있게 되었다.

도시의 변화를 가장 반긴 이들은 부르주아 계층이다. 아메리카 식민지에서 큰돈을 벌었거나, 카탈루냐에서 사업을 일으킨 사람들이다. 신분에 맞는 저택을 가지고 싶었던 그들은 너도나도 신시가지에 땅을 구입하고 집을 지었다. 19세기 후반에서 20세기 초반에 걸쳐 건설 붐이 불었다. 밀라 주택의 주인인 페라 밀라Pere Milà와 로사리오 세히몬Rosa Segimon 부부 역시 그런 부류였다. 페라 밀라는 사치를 좋아하는 인물이었다. 직업은 변호사였지만 정치를 한다면서 돈을 물 쓰듯 쓰는 한량이었다. 부인은 아메리카에서 엄청난 돈을 번 전

남편으로부터 거액의 유산을 상속받았다. 그들은 신시가지에 집을 한 채 구입했다. 그라치아 대로Passeige de Gràcia와 프로벤사 거리Carrer de Provença가 교차하는 네거리 코너에 있는 집이다.

부부는 원래 있던 집을 허물고 새로운 집을 짓기로 결정하고 설계자로 가우디를 지목했다. 페라 밀라는 아버지의 사업파트너인 요셉 바트요Josep Batlló의 집이 가우디가 설계해 지어지는 것을 보고 매료되었다. 밀라는 1905년 가우디에게 설계를 의뢰했다. 인류 문화를 위해서는 최고의 선택이었지만, 페라 자신에게는 큰 실수였다. 가우디의 진면목을 몰랐던 것이다. 자신이 바라는 건축의 질적 수준을 위해서는 어떤 타협도 하지 않는 천하의 고집불통이라는 사실을. 페라는 가우디가 그저 바트요 주택의 설계자라는 사실에만 빠져있었다. 밀라 부부는 이 건물 때문에 많은 마음고생을 해야 했다.

'채석장'으로 불린
아파트

성가족성당에 모든 정성을 쏟고 있던 가우디는 성당 현장에 딸린 작업실에서 이 집의 설계도를 그렸다. 주층인 2층에는 밀라 가족의 살림집이 있고 위층에는 임대용 아파트가 있는 지하 1층, 지상 7층(다락 포함) 규모의 집이다. 1910년경 이 집이 위용을 드러내자 사람들은 그것을 '라페드레라La Pedrera'라고 불렀다. '열린 채석장'이란 뜻이다. 구불구불 이어지는 돌의 표면이 자연 상태의 채석장을 연상시켰다. 이 집을 통해 가문의 힘과 영광을 표출하고 싶었던 밀라 부부는 그런 별명에 대해 분노하고 절망했다고 한다.

밀라 주택의 파동 치는 조각 같은 입면
©Olavfin, Wikimedia Commons

밀라 주택에 대한 바르셀로나 시민의 반응은 다양했다. 긍정보단 부정이 훨씬 많았다. 주변 건물과 전혀 조화를 이루지 못하는 외관 때문이었다. 에이샴플라에 땅을 구입한 부자들은 저명한 건축가에게 의뢰해 저택을 지었다. 파리의 아파트를 연상시키는 고전풍의 건물이 밀집하면서 지역은 균질하고 일관된 조직을 이루고 있었다. 그 한가운데에 밀라 주택이 들어선 것이다. 파동 치는 조각 같은 형상을 띠는 이 충격적인 집은 도시의 경관을 해치는 애물단지로 비춰졌다. 가우디가 죽고 나서 그의 건물이 바르셀로나 시민의 지극한 사랑을 받을 때까지 이 집은 계속해서 논란의 대상이 되었다.

밀라 주택은 모두 아홉 레벨로 이루어진다. 지하층, 1층, 중간층, 주층인 2층, 상층부 4개 층, 다락. 2층부터 6층까지의 5개 층이 주거공간으로 사용된 반면 1층은 주로 상업 용도로 사용되었다. 이 집에서 특별히 빛나는 공간은 두 중정, 다락, 그리고 옥상정원이다. 다락은 밀라 부부가 특별히 요구한 것이고, 중정과 옥상정원은 건축가가 제시한 것이다. 밀라 부부는 세탁실 용도로 사용할 다락을 요구했다. 유명한 조각 테라스인 옥상정원 아래에 자리하는 이 다락은 매우 특별한 공간이다. 270개의 포물선 벽돌아치 때문이다. 높이가 각기 다른 벽돌아치는 지붕을 받치는 기발하고 아름다운 구조체다. 동물의 갈비뼈 모양으로 구불구불 이어지는 이 구조체 덕분에 옥상정원의 조각적 표면이 가능했다.

270개의 포물선 벽돌아치가 위를 받치고 있는 다락 공간
©dconvertini, Flickr

예술적 감흥과 논리 사이

건물의 핵심은 두 곳의 중정이다. 하나는 원형, 다른 하나는 타원형이다. 아파트의 중앙에 이런 중정을 두는 계획은 당시로는 파격적이었다. 땅이 가진 불리함을 극복하기 위한 일종의 고육지책이다. 측면에 자리하는 집과 벽을 맞대야하는 합벽건축이 제도화된 상황에서 주택 내부의 모든 공간에 채광과 통풍을 가능케 하는 것은 쉽지 않았다. 게다가 밀라 부부가 구입한 땅은 남서쪽 코너에 위치해 후면으로 확장도 불가능했거니와 양쪽에서 길게 돌출되는 주택에 의해 뒷면이 가로막힌다. 모퉁이 땅이 가지는 불리함이었다. 중정이 유일한 해

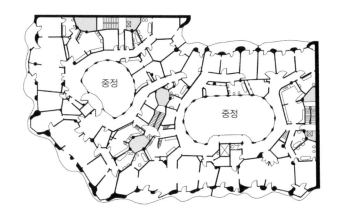

기준층 평면. 두 세대의 주택이
하나의 중정을 감싸고 있다.
색칠한 부분이 통풍구이다.
손세관 그림

중정

중정

결책이었다. 카탈루냐 전통주택의 중앙에는 '파티오patio'로 불리는 중정이 있었으므로 사실상 특별한 공간은 아니다. 지역의 고유한 공간을 새로운 용도로 번안했을 뿐.

코너에 자리하는 대지는 다른 땅에 비해 폭이 훨씬 길었다. 따라서 커다란 중정을 두개나 넣어도 될 만큼 공간에 여유가 있었다. 가우디는 좌우에 중정을 배치하고, 그 주변을 복도로 감쌌다. 이렇게 함으로써 주택 내부의 모든 방이 외기에 면할 수 있었다. 채광과 통풍 문제가 완전히 해결된 것이다. 가우디가 추구한 혁신은 하나 더 있다. 바로 중정과 중정 사이에 통풍구를 둔 것이다. 그리고 각 주택의 화장실·욕실과 부엌의 창문 및 배수 설비를 그곳에 두었다. 통풍구가 없었다면 화장실·욕실과 부엌의 창은 모두 중정에 면해야 했다. 통풍구를 둔 것은 중정의 표면을 아름답게 하려는 가우디의 남다른 전략이었다.

두 중정 덕분에 건물은 풍요로운 '낙원'을 이룬다. 길에서 아름다운 철문을 통과해서 안으로 들어가면, 소란한 외부와는 완전한 대조를 이루는 아늑하고 밝은 오아시스가 눈 앞에 나타난다. 경이로운 공간 체험이다. 밀라 부부는 이곳에서 2층으로 오른다. 그들을 위한 계단은 두 곳에 마련되었다. 원형 중정의 벽면을 따라 오르는 전용계단은 우아하고 섬세하게 장식되어 궁궐 계단을 연상시킨다. 타원형 중정에도 역시 그들만을 위한 현관이 마련되었고, 그곳에서 마치 구름다리처럼 떠있는 계단을 통해 2층으로 오른다. 이런 공간은 주인 부부에게 주어진 대단한 특권이었다. 상층에 거주하는 세입자들은 두 중정에 마련된 엘리베이터를 통해서 각 주택으로 진입한다. 별도의 계단은 마련되지 않았다.

파동 치는 벽체 역시 땅이 가진 한계에서 파생되었다. 남서쪽으로 길을 향하는 이 건물은 오후 내내 뜨거운 태양에 노출된다. 더운 남부 유럽의 날씨를 생각해보라. 들이치는

1 밀라 주택의 타원형 중정 ©Fred Romero, Flickr
2 밀라 주택의 입구에서 중정 사이의 공간 ©dconvertini, Flickr
3 타원형 중정에서 2층으로 오르는 구름다리 형상의 계단 ©zOrc, Flickr

서향 빛을 조절하기 위한 장치가 꼭 필요했다. 입면에 깊은 굴곡을 주면 곳곳에 그림자가 지게 되고, 특정 방향에서 들어오는 햇빛을 차단할 수 있다. 돌출된 곡선은 전면의 발코니에 깊은 음영을 만들고, 발코니가 시각적으로 두드러지는 것도 피할 수 있다. 역시 에이샴플라에 위치하는 바트요 주택은 화려한 채색은 했지만 표면에 굴곡은 없다. 북동쪽을 향하는 그 건물에서 햇빛은 아침에 잠시 비껴서 들어올 뿐 하루 종일 그늘이 진다. 따라서 햇빛에 신경 쓸 필요가 없다. 밀라 주택의 부드러운 표피는 가우디의 예술적 감흥에 의한 것이 아니고 필요가 만들어낸 논리적 결과물이다.

유럽 최초의
지하주차장

이 모든 것은 가우디가 혁신적인 구조시스템을 채용했기 때문에 가능했다. 해부학에 상당한 식견이 있던 가우디는 건물은 인체와 같다고 생각했다. 가우디의 건물은 대대수가 뼈와 살로 이루어진다. 뼈는 기둥과 보에 해당하는 구조체이고, 살은 그것을 둘러싸는 돌이다. 밀라 주택은 돌로 만든 기둥이 6층까지 이어지고, 철골 보로 만든 바닥 구조물이 층과 층 사이에 끼워졌다. 가구식 구조이다. 당시 에이샴플라에 지어진 모든 건물이 전통적인 내력벽 구조를 채택한 것과 대조적이다. 가우디가 사용한 구조시스템에서 벽체는 위로부

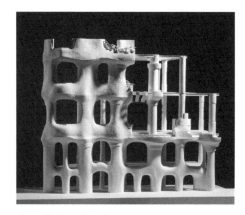

밀라 주택의 구조체계 모형 ©Catalunya La Pedrera Foundation

터 하중을 받지 않는다. 덕분에 150개에 달하는 창문을 달 수 있었고 자유로운 곡선 표피 또한 가능했다. 주택의 평면이 다양하게 구성된 것도 이런 구조시스템 덕분이다.

철골 보와 바닥판은 공장에서 만들어 현장에서 조립했다. 파동 치는 벽체를 받치는 휘어진 보는 선박 건조에 사용하는 프레스 기계를 사용해서 제작했다. 부재는 일체의 용접 없이 볼트, 너트, 그리고 리벳으로 조립되었다. 자꾸 올라가는 인건비를 줄일 수 있고, 현장작업의 부정확성도 피할 수 있는 방법이다. 공장에서 생산된 부재를 현장에서 조립하기 위해서는 치밀한 계획과 정밀한 시공이 필수이다. 가우디는 설계 단계에서 모든 부재의 치수, 결합의 각도, 결합의 방법을 하나하나 챙겼다. 그의 건축에서 보이는 신비함과 놀라운 독창성의 비밀은 건물의 뼈대에 숨어있는 것이다.

건물의 2층 전체는 밀라 부부가 사용했다. 면적이 1,323m²이니 대단한 주거공간이다. 4개 층에 있는 임대용 아파트의 면적은 작은 것이 290m², 큰 것은 600m²다. 작아도 90평에 육박하니, 호화주택이다. 아파트는 층마다 네 채씩 자리하는 것이 기본인데, 두 채가 합쳐진 넓은 형식도 있다 보니 한 층에 세 채가 있는 경우도 있다. 네 채의 아파트가 있는 경우, 두 채의 아파트가 하나의 중정을 감싸고, 다른 두 채가 또 하나의 중정을 감싼다. 아파트의 평면형상은 모두 다르다. 르코르뷔지에가 20년 후에 제안한 '자유로운 평면' 개념이 이미 여기서 실현되었다. 모든 집에는 전기, 조명, 난방시설, 온수가 공급되는 욕실이 제공되었다. 다락에는 세탁실과 창고가, 지하에는 주차장이 마련되었다.

집의 전·후면을 관통하면서 중정을 끼고 있는 아파트의 배열 때문에 실내공간은 늘

밝다는 언급은 이미 했다. 다시 강조하는 것은 그것이 당시 에이샴플라에 지어지던 중산층 아파트와 비교하면 대단한 혁신이기 때문이다. 중정에 세입자 전용의 엘리베이터를 둔 것도 그랬다. 가우디는 당시 중산층 아파트의 중앙에 자리하는 고풍스러운 주 계단, 즉 계단실을 없애버렸다. 계단실이 중앙에 자리하는 건물을 상상해보라. 길에서 입구로 들어서면 어두운 통로를 지나 계단실에 이르고, 사방이 막힌 계단실을 오르면 겨우 자신의 집으로 들어가는 일상. 가우디는 그런 어둡고 무거운 공간을 과감히 버렸다. 입주자들은 중정이 바라보이는 엘리베이터를 타고 오

우아하게 장식된 밀라 부부 전용의 계단 ©Tony Hisgett, Flickr

르내렸으니 당시로서는 혜택 받은 사람들이었다.

지하에 마련된 주차장도 특별했다. 가우디는 처음에는 마구간을 두려고 했다. 마차가 오르내릴 수 있는 나선형 복도를 구상했다는 설도 있으나 그것은 와전된 것이다. 승객을 각 층에 내려준 마차가 다시 지하에 있는 마구간으로 내려가는 시스템을 구상했다는 것인데, 그것은 건물의 규모로 보면 불가능한 일이다. 당시 바르셀로나에는 자동차의 숫자가 늘고 있었고, 이 건물에 입주할 부유한 세입자도 자동차를 사용할 것으로 예상했기 때문에 주차장을 두는 것으로 계획을 변경했다. 유럽에서 처음으로 등장한 지하주차장이다. 가우디는 이 지하주차장을 덮기 위해 우산의 뼈대와 흡사한 철 구조물을 고안했다. 볼트와 너트로 조립되는 첨단 구조물이다.

시대와 도시의
이단아

밀라 주택의 건설은 갈등과 마찰 속에서 진행되었다. 가우디는 밀라 부부, 시 당국과 계속 부딪혔고, 바르셀로나 시민들로부터는 끊임없이 공격을 받았다. 이런 갈등은 집이 완성된

이후에도 한동안 지속되었다. 모두 하나의 요인 때문이다. 집에 대한 가우디의 생각이 동시대 사람들과 달랐기 때문이다. 그는 집에 관한 한 시대와 도시의 이단아였다.

옥상정원의 계단실과 굴뚝 ©Kim, Flickr

가우디는 밀라 주택을 도시의 상징물로 만들고 싶었다. 균질한 건물로 가득한 바르셀로나에 들어설 새로운 상징. 때문에 그는 마리아 상을 건물의 중심부 꼭대기에 세우려 했다. 그런데 페라 밀라는 그것을 인정하지 않았다. 건축법에 위반되기도 하거니와 종교적 색채를 표출하는 것이 싫었기 때문이다. 실망한 가우디는 설계에서 손을 떼려고 했으나 한 사제의 간곡한 설득에 따라 그렇게 하지는 않았다. 밀라 부부는 가우디에게 설계비와 공사비를 다 주지 않았다. 공사에 너무 많은 비용이 들었기 때문이다. 결국 가우디는 소송을 제기했고, 건물이 완성된 지 3년이 지난 1915년에야 모든 비용을 받을 수 있었다. 밀라 부부는 집을 은행에 저당 잡혀야 했지만, 가우디는 받은 돈을 전액 수도원에 기부했다.

시 당국과도 여러 차례 부딪쳤다. 모두 법규 위반 때문이었다. 파동 치는 벽체는 인도를 침범했다. 건물은 높이 규정도 위반했다. 옥상정원에 심혈을 기울인 가우디는 지붕의 상당 부분을 테라스로 조성하고 그곳에 건물을 지키는 '수호신'들을 모아놓았다. 그런데 그 역시 법규 위반이었다. 테라스의 면적이 너무 컸다. 위반한 부분을 허물거나 벌금을 내거나, 해결책은 둘 중 하나였다. 결국 시 건축위원회에서 이 건물의 기념비적 성격을 인정하여 위반을 눈감는 결정을 할 때까지 주인의 마음고생은 계속되었다. 또 다른 갈등은 시민과의 갈등이다. 지역 언론에서 이 집에 대해 계속해서 시비를 걸었다. 주인은 끊임없이 조롱과 풍자와 가십에 시달려야 했다.

가우디의 천재성이 이런 건물을 낳았는가? 무서운 통찰력과 직관으로 자연을 바라보고 그것으로부터 건물을 속속들이 유추해낸 천재. 가우디를 그렇게 묘사하는 것은 오류다. 그는 누구보다 많이 생각하고 분석하고 종합했다. 새로운 시대에는 특별한 시선과 해법이 필요하다는 사실을 누구보다도 잘 인식한 건축가였다. 그런 가우디를 이해하는데 밀라 주택만큼 적절한 사례는 없는 것 같다. 이 집의 평면, 단면, 구조체계에 적용된 과학에 가까운 논리를 '이성'이라고 한다면, 외부로 드러나는 활기와 역동성은 새 시대의 감각을 표출하는 '감성'일 것이다. 밀라 주택에는 그 둘이 적절히 결합되었다. 그것을 우리는 '건축과 자연의 결합'이라고 불러도 좋을 것이다.

에이샴플라 지구

에이샴플라 지구는 카탈루냐어로 '확장된 지역expansion district'이라는 뜻이다. 폐쇄된 구시가를 허물고 도시를 확장해 보다 쾌적하고 건강한 삶의 터전을 만드는 사업이라는 의미에서 붙은 이름이다. 오늘날 바르셀로나의 중심부를 이루는 공간 영역으로, 도시 역사상 가장 중요한 개발사업의 결실이다. 동남쪽에 자리하는 해변을 끼고 대략 9×3km에 걸치는 구역이다.

계획안이 결정되는 과정에는 우여곡절이 있었다. 1859년 중앙정부가 세르다의 계획을 승인하자 바르셀로나시는 그것을 받아들이지 않고 따로 공모전을 시행했고, 안토니 로비라Antoni Rovira의 계획을 뽑은 다음 세르다의 계획을 취소해줄 것을 요청했다. 로비라의 계획은 바로크풍의 도시구성으로, 방사형 가로망을 기본으로 하고, 상징성과 위계성을 강조했으며, 땅 주인의 권리도 고려한 계획이었다. 반면 세르다의 계획은 도시의 현실과 미래의 발전을 동시에 고려한 '합리적이고 민주적인' 계획이었다. 다만 완벽한 격자구성을 추구한 나머지 땅이 가지는 경사와 굴곡을 반듯이 펴는 토목사업을 힘들게 시행해야 했다. 1860년 5월 중앙정부가 왕명으로 세르다의 계획을 최종 승인하면서 논란은 일단락되었다.

모든 길의 위계는 동일하다. 따라서 이곳에는 적어도 물리적인 측면에서는 차별이 존재하지 않는다. 폭 20m 도로가 133.3m 간격으로 균등하게 배치되었다. 그 결과 만들어진 한 변 113.3m의 정사각형 대지는 네 모서리를 가로 세로 각 15m 삼각형 형태로 잘라냈다. 따라서 한 블록은 팔각형 형태를 띤다. 샴프라xamfrà라고 불리는 모서리 네 개가 마주 보는 도로의 교차부는 자연히 하나의 광장을 이룬다. 밀라 주택이 그런 샴프라의 한 곳을 차지하고 있다.

1859년 일데폰소 세르다가 작성한 에이샴플라 지구 계획안

블록의 중앙에는 폭 60m의 파티오, 즉 중정을 두었다. 채광과 통풍, 그리고 녹
지를 확보하려는 의도였다. 세르다의 계획안을 보면 건물은 11자, ㄱ자, ㄷ자 형태로
배치하여 블록이 완전히 닫히지 않게 했다. 그러나 도시의 밀도가 높아지면서 블록은
사방이 모두 막힌 폐쇄된 구조가 되었다. 모든 건물은 합벽하도록 했다. 원래 세르다
의 의도는 건물의 깊이를 20m로 하여 주거환경의 질을 유지하고 샴프라의 환경도 적
정 수준으로 보장하려고 했다. 그러나 건물의 깊이를 24m로 허용하면서 샴프라의 후
면은 어두컴컴한 공간이 되었다. 밀라 주택을 계획할 때 가우디가 부닥친 문제 중 하
나였다.

에이헌 하르트 집합주택의 후면부, 우뚝 솟은 탑이 특별하게 다가온다. ⓒA. Bakker, Wikimedia Commons

집합주택은
사회적 예술이다

미셀 더클레르크,
에이헌 하르트 집합주택,
1921

주거 개혁에 앞장선
도시, 암스테르담

요절한 네덜란드 건축가 미셸 더클레르크Michel de Klerk, 1884~1923는 가우디에 비견되는 인물이다. 과감한 표현주의 조형을 구사했기 때문이다. 짧은 일생 내내 "미술가가 되어야 했는데 어쩌다 건축가가 된 사람"이라는 소리를 들었다. 그만큼 그림에 재능이 있었다. 네덜란드 건축협회에서 보관하고 있는 그의 수많은 스케치와 도면을 보면 하나같이 정교하고 수준 높다. 한 장 한 장 모두 예술품이다. 그런 그가 암스테르담 북서부의 주거지 스파른다메르뷔르트Spaarndammerbuurt와 남부지역에 여러 채의 집합주택을 남겼는데, 모두 아름답다. 더클레르크는 집합주택을 건축 미학의 최고 수준에 올려놓은 건축가다.

그가 작업한 집합주택은 모두 노동자를 위한 임대주택이다. '집합주택 최고의 선진국'이란 상찬을 듣는 네덜란드는 노동자의 주거문제를 해결하기 위한 정책을 처음으로 펼친 나라이다. 20세기 초반부터 유럽에서는 '노동자에게 주택을 마련해주는 것은 국가의 의무'라는 사회적 인식이 정착되었는데, 그 시작이 네덜란드였다. 네덜란드는 1902년 주택법을 공표해 국가가 노동자 주택의 건설에 재정을 투입하는 근거를 마련했다. 그에 따라 지자체 또는 민간이 설립한 주택협회는 정부의 재정지원을 받아 주택을 건설했다. 이 정책은 유럽 각국으로 퍼져나갔다.

네덜란드에서 주거 개혁에 앞장선 도시는 암스테르담과 로테르담이다. 로테르담 이야기는 곧 이어지므로 우선 암스테르담에 주목해보자. '벽돌의 도시' 암스테르담은 주거 개혁과 도시미관 향상을 같은 맥락에 두었다. 집합주택 건설의 목표를 '위생'과 '미학'에 두고, '유토피아적 비전'과 '도시적 질서'라는 주거 개혁의 두 가지 목표를 조화롭게 추구했다. 주택의 질은 높이되 건물의 파사드를 규제해 도시를 이루는 블록 사이의 조화를 추구했다. 한드릭 베를라허Han-

하늘에서 본 에이헌 하르트 집합주택 ©aerophotostock.com

drick P. Berlage, 1856~1934 같은 건축가가 이런 정책의 이론적 기틀을 마련해 주었다. 그런 분위기에서 미셸 더클레르크와 암스테르담 학파 건축가들이 '아름다운 집합주택'을 계획할 수 있었다.

암스테르담 학파

미셸 더클레르크는 암스테르담 빈민가에서 75세 아버지의 25번째 아이로 태어났다. 초등학교를 마치고 당시 베를라허와 쌍벽을 이루던 건축가 에뒤아르트 카위퍼르스Eduard Cuypers, 1859~1927 밑에서 제도사 보조로 일을 시작했다. 그가 카위퍼르스에게 고용된 계기는 전설처럼 전해진다. 아버지는 세 살 때 죽고, 식당에서 접시 닦던 홀어머니 손에서 자란 그는 공부에는 관심이 없었고, 틈만 나면 그림을 그렸다. 하루는 방과 후에 남아서 공부하라는 벌을 받았는데 공부는 하지 않고 자신의 얼굴을 그렸다. 선생님은 그것을 교실 벽에 높이 붙여 놓았다. 우연한 기회에 그것을 본 카위퍼르스는 누구의 그림인지 수소문하고 더클레르크를 사무실에 데려다가 일을 시켰다. 선택의 여지가 없었던 더클레르크는 그곳에서 12년간 일했다.

그는 한동안 건축이란 일에 만족하지 못하고, 자연과 사람을 그리는 데만 몰두했다. 그런 그에게 1911년은 매우 중요한 해였다. 그해는 베를라허가 오랜 미국 여행으로부터 돌아와서 프랭크 로이드 라이트Frank Lloyd Wright, 1867~1959의 건축을 네덜란드에 소개한 해이다. 전시회를 열고 책도 펴냈다. 당시 유럽의 많은 건축가가 라이트의 건축으로부터 영향을 받았는데, 더클레르크 역시 방황을 끝내고 건축가라는 직업을 받아들였다. 같은 해 더클레르크는 사무실 동료 판데르메이J. M. van der Mey, 1878~1949, 핏 크라머르Piet Kramer, 1881~1961와 함께 암스테르담에 소재한 선박회사 본부를 설계했다. 그의 첫 번째 설계 작업이다. 이후 세 사람은 긴밀한 관계를 유지하면서 건축언어를 공유했다. '암스테르담 학파'의 모태이다. 그들을 고용했던 카위퍼르스는 '암스테르담 학파의 아버지'로 불린다.

암스테르담 학파는 특이한 건축가 그룹이다. 그들은 벽돌을 정교하게 쌓아서 표면이 부드럽게 변화하는 유기적이고 조소적인 외관을 가진 건물을 구축했다. 벽돌을 장식처럼 사용하고, 창의 모양에 변화를 주고, 쇠 장식을 부착하고, 첨탑과 조각 같은 부수적인 요소를 건물에 부여했다. 그들은 특히 노동자용 집합주택을 표현적이고 강한 상징성이 드러

　　　　　　　　　　　　　　　　　　　　　에이헌 하르트 집합주택

나도록 했다. 표현성이 강한 집합주택을 통해 노동자 계층의 집단적 정체성을 향상시키고 그들을 심리적으로 격려하려는 목적이다. 그들은 '집합주택은 사회적 예술'이라는 사실을 분명히 했다. 그 선봉에 더클레르크가 있었다. 그는 암스테르담 학파의 리더로서 동료들과 언어를 공유하고, 이념을 개발하고, 작업을 통해 시범을 보였다.

암스테르담 남부 크롬 미드레크 거리 아파트의 돌출창. 미셸 더클레르크의 작업으로, 암스테르담 학파의 조형 의식을 잘 보여 준다. ©Alf van Beem, Wikimedia Commons

하지만 그들의 활동은 쉽지 않았다. 비난하는 사람이 많았기 때문이다. 건물의 외관이 '천박'하고, 장식이 많고, 무엇보다 비용이 많이 든다는 점이 비난의 골간이었다. 그들은 당시 암스테르담시의 주택국장 아리 케플러르Arie Keppler, 1876~1941의 전폭적인 지지를 받았다. 케플러르는 열심히 일한 노동자들은 충분히 보상받을 권리가 있다고 생각했고, 비록 비용이 많이 들더라도 좋은 집에 살게 해야 한다는 소신이 있었다. 특히 더클레르크의 작업을 적극 지지하고 그의 재능을 무조건 신뢰했다. 케플러르가 아니었다면 암스테르담 학파는 역사에 그 존재를 남기지 못했을 것이다.

카멜레온 같은 유기체, 에이헌 하르트 집합주택

더클레르크는 스파른다메르뷔르트 지구에 세 채의 집합주택을 연이어 건축했다. 그중 규모가 제일 크고 가장 공들인 건물이 에이헌 하르트 집합주택Eigen Haard Housing이다. 주택협회 에이헌 하르트가 건설의 주체였는데, 에이헌 하르트는 '나의 집my hearth'이란 뜻이다. 케플러르는 주택협회 에이헌 하르트에 더클레르크를 설계자로 강력 추천했다. 사실 강압이나 다름없었다. 건물이 완성된 이후에 사람들은 그것을 '헷스헤이프Het Scheep' 즉 '배ship'라고 불렀다. 기관차에 비유한 사람도 있었다. 뾰족한 대지의 형상 때문에 건물은 방향성이 강할 수밖에 없는데, 그것이 건물을 더욱 역동적으로 만들었다.

미셸 더클레르크가 그린 에이헌 하르트 집합주택의 투시도 ©Het Nieuwe Instituut, Wikimedia Commons

주택협회에서는 100세대 남짓의 주택, 우체국, 그리고 부지 안에 이미 있던 학교를 수용하는 복합적인 건물을 요구했다. 까다로운 프로그램이었다. 더클레르크는 이러한 요구를 모두 충족시키는 동시에 자신이 가장 중요시했던 '형태의 유희'를 유감없이 발휘했다. 완성된 건물은 형태, 재료, 색채, 장식 등 모든 면에서 아주 특별하다. 단순하면서도 역동적이고 순수하면서도 복합적이다. 여러 이질적인 요소들이 절묘하게 어우러져서 완전한 유기체를 이룬다. 사람들이 '카멜레온', '판타지' 같은 용어로 묘사한 것은 건물이 지니는 변화무쌍하고 복합적인 양상 때문이다.

이 건물이 '배'라면, 뱃머리는 남쪽 끝에 있는 우체국이다. 전면에 육중한 원통형 탑이 있다. 마치 항해를 지휘하는 컨트롤 타워처럼 보인다. 검은 타일로 마감한 지붕은 뒤집힌 배의 거친 바닥을 연상시킨다. 우체국에 이어 몸통을 이루는 5층 규모의 주택부가 따라온다. 102세대의 주택은 모두 18종의 평면 유형으로 구성되어 있다. 표피는 비교적 잔잔하고 정적이다. 밝은색의 플랑드르 벽돌을 수평 방향이 강조되게 쌓고 백색 석회암, 갈색 타일, 지붕선 등으로 그것을 보강했다. 이런 수평적 구성이 초래할 수 있는 단조로움을 피하기 위해서 건축가는 벽체를 반복적으로 융기시키는 조각적 처리를 했다. 거기에다 굴뚝, 계단실 창 같은 수직적 요소를 더해서 대조적 조화를 달성했다.

몸통에는 학교가 끼어들었다. 낮고 낡고 칙칙해서 골칫거리였는데, 건축가는 그것을

1 부드럽게 융기하면서 이어지는 에이헌 하르트 집합주택의 벽체 ©손세관
2 에이헌 하르트 집합주택의 우체국 ©Dogears, Wikimedia Commons
3 에이헌 하르트 집합주택에서 학교와 주택이 결합된 부분 ©Melaine, Flickr

증축해 건물의 일부인 것처럼 감쪽같이 끼워 넣었다. 그는 많은 스케치를 통해 학교와 주택의 일체화를 시도했고, 두 개의 원통형 매스를 이용해서 헌것과 새것을 부드럽게 연결시켰다. 더클레르크가 아니면 불가능한 연속성의 달성이었다. 시의회는 이런 계획에 대해서 '낭비'라면서 건설비용을 승인해주지 않았다. 건물은 한동안 불완전한 상태로 존재할 수밖에 없었다. 더클레르크가 죽은 후에야 시의회는 생각을 바꾸고 건물의 증축을 승인했다. 1924년에서 1925년 사이에 더클레르크의 설계대로 증축이 시행되어 건물은 비로소 아름다운 '카멜레온'이 될 수 있었다.

　북쪽 끝이 '배'의 뒷부분이다. 돌출된 두 곡선의 매스가 작은 광장을 둘러싸고 뾰족한 탑이 서 있는 이곳이 건물의 핵이다. 광장을 향해 꼿꼿이 서 있는 28m 높이의 탑은 촌철살인의 미학적 장치다. 집합주택에 탑이라니? 더클레르크의 건축을 삐딱하게 보던 사람들은 아무런 쓰임새도 없는 탑에 대해 비난을 퍼부었다. 그러나 이 탑은 쓰임새라는 즉물적 차원을 초월한다. 그것은 무엇보다도 주민들의 자긍심과 시민정신을 상징한다. 더 나아가 이 탑은 스파른다메르뷔르트 지구 전체의 시각적 중심이다. 탑은 주로 부두에서 일하는 노동자들의 커뮤니티에 우뚝 서서 이렇게 외쳐왔다. "가난하지만 기죽지 마라, 이곳은 우리의 낙원이자 동화 속의 세계다!"

에이헌 하르트 집합주택의 단위주택 출입구 및 주변의 창
©hans.griep, Flickr

건축가는 건물의 곳곳을 조각으로 장식하고 다양한 아이콘을 부착했다. 바다를 제패했던 해양국가의 영광을 표현한 것이다. 과거 범선을 건조하던 장인들은 탁월한 능력을 발휘해서 배의 곳곳을 장식했는데, 더클레르크는 그것을 집합주택에 재현했다. 이 건물에 적용된 장식적 요소들은 모두 나름의 의미를 담고 있다. 건물 전체는 항해하는 배를, 파동치는 벽체는 바다의 물결을, 건물 후미에 붙은 불룩한 원추형 매스는 범선의 뒷부분을 형상화했다. 그밖에도 바다와 배를 연상시키는 모티브는 너무 많아서 모두 꼽기 어렵다. 갈매기, 풍차, 펠리컨 둥지 등이 곳곳에서 나타나고, 우체국 주변에는 그레이하운드, 번개 문양, 날개 달린 말, 우편 마차의 나팔 등 움직임과 속도를 연상시키는 아이콘이 출몰한다.

노동자를
위한 미학

암스테르담의 주택국장 케플러르는 당시 시의회의 주도세력인 사회민주노동당의 생각을 대변하고 있었다. 사회주의자였던 그는 디자인을 사회적 개혁의 수단으로 생각한 특이한 인물이다. 노동자에게 희망을 주고 정신적으로 고양시키기 위해서는 최고의 건축가에게 일을 맡겨야 하고, 최고의 디자인을 해야 한다고 생각했다. 우수한 미학을 갖춘 집합주택을 짓는데 비용을 들이는 것 또한 정당하면서도 당연한 일이었다. 우수한 집합주택을 통해 노동자의 생활을 개선하는 것에서 한발 더 나아가서 도시건축의 양식적 혁신까지 달성해야 한다고 생각했다. 그가 더클레르크를 전폭 지지한 이유이다.

더클레르크는 케플러르의 그런 소신에 적극 호응했다. 그에게도 노동자의 의식 고취가 가장 중요한 과제였다. 그는 표현주의 미학을 동원해 노동자의 자긍심을 높여주고 노동자들이 세상을 향해 하고 싶은 말을 대신하려고 했다. 빈민가에서 자란 더클레르크는 노동자의 삶과 의식을 누구보다도 잘 알고 있었다. 노동자들은 비록 가난하지만 자존감은 강했고, 하나같이 애국자였다. 그는 노동자들의 존재감을 올려주고 싶었다. 에이헌 하르트 집합주택에 거주하는 노동자들은 자신의 집을 지극히 좋아하고 아꼈으며, 설계한 더클레르크에게 한없는 존경과 사랑을 표했다. 그것은 '궁전'이고, 도시 속에서 빛나는 '그들만의 보금자리'이다.

집합주택을 '사회적 예술'이라고 생각한 암스테르담 학파 건축가들은 당시 네덜란드 건축계의 대부였던 베를라허와도 생각을 달리했다. 도시 전체의 조화로운 아름다움을 강조한 베를라허는 도시의 한 주거지가 특별한 모습으로 튀는 것을 경계했다. 그는 재료, 구조, 기능의 합리성을 강조했고, 그것을 바탕으로 하는 미학적 객관성을 존중했다. 그런데 암스테르담 학파 건축가들은 '합리성'이란 개념 자체를 받아들이지 않았다. 그들은 톡톡 튀는 재료의 사용, 특정한 장소와 커뮤니티에 대응하는 독자적인 미학을 추구했다. 그들은 그것이 '근대적'이라고 생각했다. '노동자를 위한 미학'을 염두에 둔 생각이다.

더클레르크는 자신의 생각을 지속적으로 이어나갔다. 1918년에 계획한 더다헤라트

더다헤라트 주거단지의 양쪽 광장에 면하는
4층 규모의 아파트 ©손세관

더다헤라트 단지의 입구를
이루는 좌우대칭의 탑 중 하나
©Marcelmulder68, Wikimedia
Commons

주거단지De Dageraad Housing Estate에서도 독특한 형태 언어를 구사해 또 하나의 우수한 노동자 주거지를 구현했다. 크라머르와 공동으로 계획한 이 단지는 벽체의 모습이 변화무쌍하다. 하나의 리듬으로 이어지다가 다른 리듬으로 바뀌고 코너에서 방향을 틀어 다시 새로운 리듬으로 이어지는 형태의 유희는 음악처럼 다가온다. 단지를 이루는 건물 중에서 가장 눈에 띄는 것은 양쪽의 광장에 면하는 4층 규모의 아파트다. 이 건물은 아파트지만 특이하게도 단독주택이 이어지는 형상을 취한다. 건축가의 '기획된' 디자인이었다. 그 결과 주민들은 비록 공동주택에 살지만 저마다 독립된 단독주택에 사는 느낌을 가지게 된다.

더클레르크의 죽음과 암스테르담 학파의 종말, 그리고 유산

더클레르크는 더다헤라트 주거단지가 완성될 무렵인 1923년 돌연 숨을 거두었다. 과로에 엄습한 독감을 견뎌내지 못했다. 근대건축 역사에서 가장 아쉬운 대목의 하나다. 그가 숨을 거둔 11월 24일은 그의 39세 생일이었다. 그의 절친한 동료인 건축가 카럴 더바절Karel de Bazel, 1869~1923은 더클레르크의 장례식에 참석하려고 타고 가던 기차에서 죽었다. 암스테르담 학파 건축가들에게는 그 역시 기가 막힐 일이었다. 더클레르크가 60세까지 만이라도 살았다면 근대의 주거문화는 훨씬 풍요로워졌을 것이다.

더클레르크의 죽음은 암스테르담 학파의 쇠퇴에 크게 작용했다. 1930년을 기점으로 학파는 활동을 접었다. 결정적인 원인은 '기능주의'라는 커다란 파도였다. 생산, 기능, 순수 미학을 추구한 근대건축은 암스테르담 학파가 추구한 표현적 성향과 정면으로 배치되었다. 당연히 암스테르담 학파는 오랜 기간 역사의 본류로부터 밀려나 있었다. 그런데 1970년대 이후 근대건축의 산물이 비판의 대상이 되면서 50년에 가까운 소외의 침묵을 깨고 새롭게 평가되고 있다. 그들이 추구한 표현주의는 매우 독창적이었을 뿐만 아니라 모든 계층이 어우러지는 사회주의적 유토피아의 열망을 담고 있기 때문이다. 그들은 주택을 통해 사회민주주의의 가치를 구현하고자 했다. 그들은 '선구적'이었고, 그들의 작업은 '근대적'이었다.

더클레르크와 암스테르담 학파는 커다란 유산을 남겼다. 암스테르담 학파 이후 수준 높은 공공주택을 짓는 전통이 오늘날까지 이어진다. 물론 네덜란드 이야기다. 그들은 우리에게도 커다란 물음과 과제를 던진다. 공공이 짓는 임대주택의 수준을 어떻게 할 것인가? 요즘처럼 최소한의 비용, 최소 수준의 건축을 통해 저소득계층의 주택문제에 대응하는 것이 옳은가? 그 답은 이미 암스테르담 학파 건축가들이 20세기 초반에 내놓았다. 우리나라 국토교통부 관계자나 LH공사 담당자들은 그것을 모르는 것인지, 아니면 알면서도 애써 모르는 척하는 것인지. 잘 짓지도 않지만, 지어도 왜 그런 수준으로 지어야 하는지. 한번 물어보고 싶다.

네덜란드 주택법

1901년에 발의되어 이듬해 공표된 네덜란드 주택법은 주거환경 개선을 위한 획기적인 제도였다. 주로 위생 중심의 건물 규제에 머물렀던 여타 국가의 법과는 다르게 도시계획, 건축계획, 재정 계획, 토지 수용 등 포괄적인 내용을 담고 있다. 특히 주택문제를 도시문제로 확대시키고, 국가가 주택문제에 직접 개입한다는 내용을 담은 최초의 법이다. 이후 유럽 각국에서 유사한 법규를 제정하는 데 모델이 되었다.

법이 제정된 배경은 네덜란드 주요 도시가 과밀화, 슬럼화하고 주거환경이 극도로 열악한 데 있었다. 물론 주택 부족도 심각했다. 1853년 왕립 엔지니어위원회가 발족하면서 암스테르담의 슬럼에 대한 광범위한 조사가 진행되었다. 조사 결과 문제는 예상보다 심각했다. 당시 암스테르담 시의회의 주도세력이던 사회민주노동당은 주택문제에 국가가 나설 것을 역설하고 법 제정을 주도했다.

제정된 법안은 모두 10개 조항으로 이루어졌는데, 제1조와 제6조는 강제조항이고 나머지는 권장 사항이다. 제1조는 '주거의 질에 관한 기준'으로, 각 지자체는 주택의 질을 보장할 수 있는 건축조례를 제정해야 한다는 내용이다. 제6조는 '도시의 성장'에 관한 사항으로, 일정 규모 이상의 지자체는 도시 확장에 관한 계획안을 작성해야 한다는 내용이다. 비록 권장 사항이지만 제7조가 가장 중요한 내용이다. '지자체의 재정보조'에 관한 것으로, 각 지자체는 정부에서 마련한 재원을 비영리 단체인 주택협회에 제공할 수 있도록 한 것이다.

이 규정에 따라 각 지자체에서는 주택협회에서 수립한 주택 건설계획을 검토한 다음 일정 수준에 부합하면 건설자금을 지원했다. 이렇게 되자 주택협회의 숫자가 급속히 늘어났으며, 주택건설도 획기적으로 증대되었다. 1918년에서 1920년 사이에만 네덜란드에는 743개의 주택협회가 새롭게 설립되었으며, 1935년에는 1,068개로 집계되었다. 그중 65%는 사회주의자들이, 나머지는 가톨릭을 포함한 종교단체가 설립했다. 미셸 더클레르크에게 집합주택 설계를 의뢰한 에이헌 하르트, 더다헤라트 같은 주택조합이 이렇게 설립되고 활동한 민간단체이다.

20세기 초반 촬영한 암스테르담 빈민가의 모습

스팡언 지구 집합주택의 중심 건물. 공공시설이 자리한다. ©Ymblanter, Wikimedia Commons

전원도시의 이념을 담은
도시 안 성채

미힐 브링크만,
스팡언 지구 집합주택,
1921

집합주택의
교과서

집합주택에도 교과서나 전범이 있을 수 있을까? 특정 집합주택을 그렇게 지칭하는 것은 다소 위험부담이 있지만, 만약 '모여 사는 주거환경'의 본질을 정확하게 꿰뚫은 사례가 있다면 그걸 '집합주택의 교과서'라고 부를 수 있지 않을까. 나는 미힐 브링크만Michiel Brinkman, 1873~1925이 설계한 스팡언 지구 집합주택Spangen Quarter Housing이 바로 그런 사례라고 꼽는다. 1921년 로테르담에 지어진 하나의 성채 같은 건물이다. 개인과 집단의 조화로운 관계, 사적 공간과 공적 공간의 균형적 배분 등 도시주택이 갖추어야 할 근본적인 요구에 응해 거의 교과서에 가까운 해답을 제시했다.

로테르담의 중심부에 가까운 스팡언 지구에 자리하는 이 건물의 정식 이름은 '유스튀스 판에펜스트라트Justus van Effenstraat'지만, 그렇게 부르는 경우는 거의 없다. 스팡언 지구에는 이 건물 이외에도 많은 집합주택이 있지만 '스팡언 지구 집합주택'이라고 하면 보통 이 건물을 지칭한다. 여러 가지 측면에서 가장 탁월하기 때문이다. 장소성, 영역성, 안전성, 그리고 커뮤니티와 프라이버시의 조화가 모두 달성되었다는 평가를 받는다. 기이한 것은, 이 건물 이전에 브링크만은 집합주택을 설계해 본 적이 없다는 사실이다. 그렇지만 그가 설계한 이 건물은 근대건축 역사에서 가장 중요한 집합주택의 하나가 되었다.

하늘에서 본 스팡언 지구 집합주택. 하나의 성채처럼 다가온다. ©Molenaar & Co. architecten

도시 속
전원도시

주택난에 시달리던 20세기 초반, 로테르담 역시 주택건설에 박차를 가했다. 로테르담에서는 주택건설을 주택협회에 맡기기보다 시에서 직접 사업을 시행했다. 그들은 본격적인 사업을 위해 주택국을 신설했고, 주택 계획을 전담할 시 건축가를 고용했다. 스팡언 지구는 주택국이 처음 시행한 대규모 주택건설 사업이다. 여기에 들어선 집합주택은 모두 건물이 중정을 둘러싸는 형식 즉 블록형 집합주택으로, 당시로서는 새로운 주거형식이다. 건축가들은 이런 새로운 형식을 대상으로 이곳에서 다양한 실험을 했다. 그 결과 블록형 집합주택은 도시주택으로 안정된 틀을 갖추게 되었다. 브링크만을 위시해 여러 건축가가 참여했는데, 당시 막 시 건축가가 된 아우트Jacobus Johannes Pieter Oud, 1890~1963도 이곳에서 데뷔했다.

당시 로테르담에서 일반화한 노동자 주택은 민간이 순전히 돈을 벌 목적으로 지은 아파트로서, '알코브 주택'이다. 좁은 땅에 다닥다닥 쌓아올렸으므로 위생, 구조, 설비 등 모든 측면에서 수준 이하다. 제대로 된 침실조차 없었다. 좁은 거실과 부엌, 침실 용도의 벽장이 하나 있는 주택이 '표준'이다. 벽장에서 잠을 잔다고 해서 붙은 이름이 '알코브 주택'이다. 화장실은 이웃과 공동으로 사용한다. 독립된 계단실도 없었다. 이런 집에 7~8명이 거주하는 것이 다반사였다. 이런 집에 사는 사람이 외부세계와 접촉하는 방식은 두 가지다. 창

스팡언 지구 집합주택의 블록 내부 모습. '도시 속의 전원도시'를 구현했다. ©Ymblanter,
Wikimedia Commons

문에 붙어서 밖을 바라보거나 아예 길에 나가서 지내는 것. 그러니 주택가의 길에는 사람들이 흘러넘쳤다. 주택국의 임무는 이런 알코브 주택을 없애는 것이었지만, 1930년대 후반까지도 로테르담 곳곳에 지어졌다.

이런 상황에서 미힐 브링크만은 정말 좋은 집합주택을 짓고 싶었다. 그에게 할당된 땅은 스팡언 지구의 6, 7블록으로, 좁고 긴 두 개의 블록이다. 브링크만은 이 두 블록을 하나로 통합할 것을 시에 요청했다. 넓고 개방된 중정을 둘 수 있다는 것이 통합을 요청한 이유였다. 그는 이곳에 '전원도시' 이념을 수용하면서도 도시적인 공동생활의 활력을 확보하고 싶었다. 당시 네덜란드에도 전원도시 이념이 흘러들어왔고, 대도시 교외에 전원풍의 주거단지를 건설하기 시작했다. 그렇지만 브링크만은 베를라허가 추구한 '도시 속 전원도시', 즉 블록 속에 녹지를 수용하는 모델을 따랐다. 브링크만의 요청에 대해 시의회에서는 반대가 많았으나 주택국장 아우휘스트 플라터August Plate, 1881~1953가 적극 동조하면서 계획이 실현되었다.

건물은 거대한 성채를 연상시킨다. 폭 85m, 길이 147m로 상당한 규모다. 건축가는 이런 큰 블록을 갈색 벽돌로 단단히 둘러쌌다. "이곳은 보호된 곳이다!"라고 외치는 느낌이다. 그리고 내부에는 '친근하고 인간적인 환경'을 구현했다. 아기자기한 공간, 다양한 건축적 요소, 그리고 수목을 세심하고 조화롭게 배열했다. 단단한 벽으로 둘러싸인 낙원 같은 커뮤니티를 형상화한 것이다. 브링크만은 긴 건물의 양쪽에 커다란 입구를 두어 블록을 개방

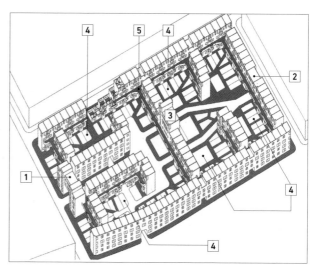

스팡언 지구 집합주택의 공간구성. 1. 정문, 2. 후문, 3. 공공시설, 4. 작은 중정, 5. 보행 데크. 출처: Roger Sherwood, 《Modern Housing Prototypes》, Harvard University Press, ⓒ1978 by the President and Fellows of Harvard College

하고, 도로가 블록의 중앙을 관통하게 했다. 닫혔지만 외부와의 소통은 원활하게 한 것이다. 이렇듯 세심하게 계획되었으나 건물은 완성되고 수십 년이 지난 뒤에야 비로소 정당한 평가를 받았다. 1960년대 초반, 팀 텐Team X 그룹의 야프 바케마Jaap Bakema, 1914~1981는 이 건물을 두고 '축소된 도시miniature city'라고 규정했다.

최초의
공중 가로

블록 내부에는 공간을 나누어 여러 개의 작은 중정을 두었다. 가운데 큰 중정을 두는 일반적인 블록형 집합주택의 틀을 깨버린 것이다. 당연히 건물 배치에 다양한 변화가 생겼다. 작은 중정의 중심에는 공동의 마당을 두고 주변에는 각 주택에서 사용하는 개인 정원을 배열했다. 블록의 중앙에는 커뮤니티 시설을 집중시켜 그곳을 중심으로 주민의 일상생활이 전개되도록 했다. 브링크만은 이런 계획을 통해 외부공간의 위계성을 분명히 하고 주민의 커뮤니티 감각을 극대화했다. 개인생활이라는 개별성과 공동생활이라는 공공성의 조화를 꾀한 것이다.

이 건물의 핵심 요소는 '공중 가로street-in-the air'다. 브링크만은 블록의 안쪽, 즉 중정에 면해서 연속된 보행 데크를 설치했다. 길이 1km가 넘는 이 공중 가로는 주택으로의 진입이 일차 목적이지만 실상은 주민 사이의 교류에 더욱 무게를 두었다. 집합주택에 처음으로 공중에 매달린 길이 등장한 것이다. 이 집합주택에서 1~2층에는 플랫flat 즉 단층 형식의 주택이, 3~4층에는 메조네트maisonette 즉 복층 형식의 주택이 제공되었다. 1층 거주자는 직접,

블록 내부에서 바라본 정문. 양쪽 벽체 안쪽에 중정이 자리한다. ©Ymblanter, Wikimedia Commons

스팡언 지구 집합주택의 작은 중정 ©Tasseroni, Wikimedia Commons

스팡언 지구 집합주택

정문에서 바라본 공공시설. 블록의 중심으로, 공중목욕탕, 공동세탁장 등이 있다. ©Tasseroni, Wikimedia Commons

2층 거주자는 계단을 통해, 그리고 3~4층 거주자는 보행 데크를 통해 각자 집으로 출입한다. 브링크만은 당시 성행한 알코브 주택에서 보이는 '외부세계로부터의 격리'를 이곳에서는 탈피하려고 했다.

공중 가로라는 용어는 이 집합주택이 완성된 훨씬 후인 1950년대에 팀 텐 멤버인 앨리슨과 피터 스미스슨Alison & Peter Smithson 부부가 제안했는데, 그 개념이 이미 이곳에서 구현된 것이다. 브링크만은 이곳에서 전체 주택의 절반을 '공중에 떠 있게' 하면서 블록의 중앙에 있는 공공시설로 사람들을 유도했다. 일곱 곳에 계단실을 설치해 길에서 직접 공중 가로로 연결했고, 두 곳에 리프트를 두어 운반용 카트가 들어올 수 있게 했다. 그렇게 제공된 공중 가로는 매우 다양한 용도로 사용된다. 통행, 놀이, 교류…. 이곳을 주택의 연장으로 생각해서 화분을 내놓고 간이정원으로 사용하는 집도 많다. 공간의 폭은 2.2~3.3m로 상당히 여유가 있으므로 유모차의 통행은 물론이고 우유와 세탁물 등을 운반하는 카트도 쉽게 다닌다.

그런데 공중 가로는 쉽게 받아들여지지 않았다. 1920년 시의회에 계획안을 처음 제시

3층에 설치된 보행 데크 ©Petermvc, Wikimedia Commons

블록의 중앙을 관통하는 통로. 영역의 단계적 전이를 강조하고 있다. ©Tasseroni, Wikimedia Commons

스팡언 지구 집합주택

하자 의원들은 보행 데크에 대해서 거의 경악에 가까운 반응을 보였다. 연인이 불미스러운 행위를 벌일 것이고, 아이들과 배달 차량이 자주 충돌할 것이고, 사람들이 쓰레기를 무단으로 투척할 것이라는 우려다. 건물의 모양도 마음에 들지 않았다. 지붕을 평지붕으로 한 것이 특히 눈에 거슬렸다. 네덜란드의 전통과 맞지 않을뿐더러 군대 막사처럼 보인다고 공격했다. 이런 비판을 주택국장 플라터와 그의 자문역인 시의원 헤이코프A. W. Heijkoop, 1883~1929가 모두 차단해 버렸다. 덕분에 브링크만은 계획을 그대로 추진할 수 있었다. 그렇지만 브링크만의 계획을 "사회민주적 이념을 지닌 특별한 발명품"이라고 옹호했던 시의원 헤이코프의 앞날은 순탄치 않았다.

당시 시가 직접 개발하는 임대주택에 대해 민간개발업자들의 반발은 만만치 않았다. 그들이 짓는 알코브 주택과 비교하면 질적으로 하늘과 땅만큼 차이가 있기 때문이었다. 그들은 민간을 완전히 배제한 주택개발을 암암리에 반대했고, 주택국장 플라터와 그의 자문역 헤이코프를 눈엣가시처럼 미워했다. 1920년 가을, 헤이코프는 공중 가로가 있는 집합주택을 스팡언 지구에 더 지을 것을 주장했고, 시에서는 건축가 핏 부스컨스Piet Buskens, 1872~1939에게 계획을 맡겼다. 브링크만이 계획한 건물이 채 완공되기 전이었다. 시의회에서는 엄청난 반발이 터져 나왔는데, 거기에는 민간개발업자들의 목소리도 더해졌다. 결국 부스컨스는 계획을 완전히 수정해 공중 가로는 없애야 했고, 헤이코프는 시의원직에서 물러나야 했다.

신지학으로
풀어낸 해법?

스팡언 지구 집합주택의 우수성은 단지 공중 가로에만 있지 않았다. 건물에는 다양한 공공시설이 제공되었다. 지금의 눈으로 본다면 보잘것없는 시설이지만 당시로서는 획기적인 것이다. 공동세탁장, 샤워 시설이 딸린 목욕탕, 상점. 주로 부두와 공장에서 일하는 주민들을 위해 목욕탕을 둔 것은 특별하고 사려 깊은 배려였다. 이런 시설은 중앙에 우뚝 서 있는 '시청' 같은 건물에 수용되었는데, 그것은 블록의 물리적 상징적 중심 그리고 커뮤니티 활동의 중심이었다. 건물 옆에는 일광욕을 위한 테라스와 어린이 놀이터가 마련되었다. 모두 주민 삶의 질 향상과 사회적 결속을 위한 것이다.

개혁적 생각은 단위주택까지 이어졌다. 주택의 면적은 57m²로, 17평이 약간 넘는다.

작지만 공간은 짜임새 있게 구성되었다. 알코브 주택에서 보이는 공간의 엉성한 나눔은 완전히 배제되었고, 프라이버시를 확실하게 보장했다. 거실, 3개의 침실, 부엌, 변소, 발코니가 마련되었는데, 곳곳에 수납장과 가구를 짜 넣었다. 노동자의 일상생활에 대한 세심한 관찰의 결과였다. 더욱 놀라운 것은 중앙난방시설을 통해 각 주택으로 온수를 보냈다는 사실이다. 모든 공간에는 빛이 충분히 들도록 했다. 평지붕으로 지었기 때문에 수납이나 저장을 위한 다락은 마련되지 못했다. 다만 1~2층 거주자들을 위해서는 지하에 창고를 설치했고, 주택의 전면에는 전용정원이 제공되었다.

브링크만은 자신의 계획에 대해서 세세하게 설명하지는 않았으나, 그가 남긴 말을 이리저리 맞추어보면 다음과 같은 집합주택을 만들고자 했음을 알 수 있다. 첫째, 혼란스러운 도시환경 속에서 내부적으로 강한 결속을 이루는 커뮤니티. 둘째, 개별성과 공공성이 조화를 이루는 환경. 셋째, 주민 각자가 삶의 의미를 획득하고, 그 결과 만족하고 애착을 느끼는 환경. 브링크만이 가장 중요하게 생각한 것은 인간과 인간 사이의 교류와 만남이었다. 그는 '형제애'라는 말을 자주 사용했다. 그것은 브링크만이 심취했던 신지학theosophy이 추구하는 최고의 가치였다. 공중 가로를 위시해 그가 구사한 모든 계획은 이곳을 형제애가 흘러넘치는 공동체로 만들기 위함이었다.

이 건물에는 아무나 살 수 없었다. 1921년 건물이 완성되자 시 주택국은 이곳에 입주할 사람을 선발했다. 생각보다 '세심한' 선발 과정을 거쳤다. 선발 기준은 소득, 정치적 성향(사회주의자가 선호되었다), 가족의 안정성, 진보적 성향 등이었다. 그 결과 주로 공무원과 공장 노동자가 입주했다. 까다로운 선발 과정을 거친 것은 공동생활에 관한 의식이 있는 사람을 수용해야 했기 때문이다. 남과 다투지 않으면서 주어진 공용 공간을 적절하게 사용할 수 있는 사람을 이주시키려 한 것이다.

당시 도시의 노동자들은 공동생활에 대한 의식이 거의 없었다. 작은 주택에 거주하면서 그곳에서 물건을 만들고, 장사하고, 심지어는 가축도 길렀다. 그러니 허드레 물건이 곳곳에 쌓이고, 외부 복도에도 널려있을 수밖에 없었다. 싸구려로 지은 집합주택에서는 이웃으로부터의 소음도 끊이지 않았다. 크고 작은 분쟁이 늘 발생했다. 도시의 지도자들은 새로운 주거환경을 통해 공동생활에 대한 사회적 교육이 필요하다고 생각했다. 브링크만이 스팡언 집합주택에서 세심한 공간 분할의 메커니즘을 통해 개인의 것과 공동의 것을 분명히 한 것도 그런 배경에서였다. 그는 집합주택을 통해 사회를 개조하고 싶었다. 헤이코프 같은 시의원이 브링크만의 집합주택을 좋아한 것도 바로 그 때문이다.

집합주택에 아무런 경험이 없던 브링크만이 이런 우수한 집합주택을 계획할 수 있었던 배경에 대해 사람들은 그와 신지학과의 관계를 많이 이야기한다. 브링크만은 네덜란드 신지학 협회의 핵심 인물이었다. 신지학이란 어떤 현상을 신비적 체험이나 계시를 통해서 알게 되는 종교적 학문적 세계를 말한다. 쉽게 말해 영적인 체험을 한다는 것이다. 건축가가 집합주택을 계획하면서 신의 계시를 통했다는 이야기는 선뜻 받아들이기 어렵다. 그런데 확실한 것은 브링크만이 학문이 깊은 철학자였다는 점이다. 그는 인간의 일상생활에 대해 깊이 관찰하고 성찰했으며, 건축의 물질적 가치보다는 정신적 가치를 중요시했다. 그는 분석이나 과학적 추론보다는 인간의 감성이나 직관 같은 정서적 가치를 바탕으로 이 집합주택을 설계했을 것이다.

쇠락한 최고의 집합주택, 재평가와 복원

건물은 오랫동안 정당한 평가를 받지 못했다. 주변의 다른 집합주택에 비해서 평판이 월등히 좋았지만 사람들은 그 가치를 잘 몰랐다. 더욱이 1930년대 이후 네덜란드에 근대건축 열풍이 몰아치자 건물은 사람들의 관심에서 멀어졌다. 그리고 서서히 쇠락해갔다. 이 집합주택이 제대로 평가받게 된 것은 1960년대에 들어서였다. 고층·고밀 주거단지의 해악이 부각되면서 그 대안적 모델을 찾고 있던 때였다.

당시 네덜란드에서 가장 영향력 있던 건축 잡지 《포룸Forum》에서 이 집합주택을 특집으로 다루었다. 근대건축을 옹호하던 이 잡지는 편집진이 팀 텐 그룹의 건축가들로 바뀌면서 편집의 방향을 완전히 틀어버렸다. 그리고 이 집합주택을 새롭게 조명했다. 야프 바케마는 이 집합주택을 "숨겨진 보물"이라 하면서, "여러 측면에서 제2차 세계대전 이후의 어떤 단지보다도 우수하다."라고 칭찬을 아끼지 않았다. 알도 판에이크Aldo van Eyck, 1918~1999도 "개인과 집단, 주거와 도시라는 양극의 문제를 적절하게 해결한 계획안"이라고 하면서, '도시의 이념을 함축하는 주거지'라고 치켜세웠다. 이 집합주택은 특히 1970~80년대 저층·고밀 집합주택이 새로운 이슈로 부각되었을 때 그 선례로 많이 언급되고 활용되었다. 요즘도 집합주택 계획을 논의하는 강의에서 이 건물이 빠지면 그건 잘못된 강의다.

건물의 존재감은 공고해졌다. 그렇지만 100년 가까운 세월이 지나면서 건물은 흉물처럼 변해갔다. 시에서는 그런 모습을 감추기 위해 중정에 면한 건물의 속 표면을 모두 흰색으로 칠해버렸다. 전 세계에서 많은 사람이 건물을 보려고 찾아오기에 그렇게 둘 수는 없었다. 네덜란드 보존국이 나서서 대대적인 복원사업을 시작했다. 그 과정에서 공간의 개조도 행해졌다. 두 채의 메조네트 주택을 결합해 4~5개의 방이 있는 큰 주택으로 바꾸었다. 자녀가 여럿 있는 가족의 수요에 대응하기 위함이다. 손상된 데크는 조심스럽게 수리했고, 곳곳을 교체했다. 목욕탕은 놀이방 겸 집회소로 전환되었다. 단지 내부로의 자동차 진입은 완전히 금지되었다. 2012년 건물은 원래의 아름다운 모습을 되찾았다. 로테르담에 가면 이 집합주택은 꼭 보아야 한다.

2012년 원래 모습을 찾기 이전의 보행 데크 모습. 데크는 다양한 용도로 사용되었다. ©손세관

스팡언 지구 집합주택

공중 가로의 변신

공중 가로는 집합주택 역사상 최고 발명품의 하나다. 1920년대 초반 브링크만이 처음으로 세상에 선을 보인 공중 가로는 그 모습을 이리저리 달리하면서 오늘날까지 이어진다.

1952년 팀 텐 멤버인 앨리슨과 피터 스미스슨 부부는 골든 레인 주거단지 계획안Golden Lane Project에서 고층아파트에 공중 가로를 접목시켰다. 그들이 제안한 공중 가로는 르코르뷔지에의 선형도시와 브링크만의 선형 데크가 복합된 것이다. 그런데 실상은 르코르뷔지에가 '위니테'에 적용한 '내부가로a rue intérieure'의 개념을 변형시켰다는 것이 정설이다. 이후 팀 텐 건축가들은 자유로운 보행자 네트워크가 도시 위에 걸쳐지는 '유기적인 데크'의 개념으로 공중 가로를 발전시켰다. 보행자와 자동차의 분리를 전제로 하는 이런 개념은 1960~70년대의 부동의 도시설계 이념으로 자리잡았고, 제3세계의 여러 국가에서도 실현되었다. 우리나라에서는 김수근이 1967년에 계획한 세운상가 프로젝트에 이 개념이 처음으로 등장했다.

영국 여러 도시의 아파트에 실현된 공중 가로는 대부분 '실패'로 귀결되었다. 1960년대에 완성된 셰필드의 주거단지 파크 힐Park Hill과 하이드 파크Hyde Park에 적용된 공중 가로는 기대한 것처럼 사회적 장소로 사용되지 않았다. 대신 데크는 좀도둑이 판치는 장소가 되었다. 두 단지는 철거되거나 크게 바뀌는 변화를 겪었다. 제임스 스털링James Stirling, 1926~1992이 설계해 1976년 완성한 런콘 뉴타운의 런콘 타운센터 하우징Runcorn Town Center Housing 역시 단지 전체에 걸쳐 보행 데크가 적용되었으나 이용자의 수는 예상보다 적었다. 결국 단지는 이런저런 이유에서 철거되는 운명에 처했다.

공중 가로가 화려하게 부활한 곳은 일본이다. 본고장인 유럽에서는 흔적만 남은 공중 가로가 모습을 달리하면서 일본 곳곳에 나타났다. 1992년 완성된 구마모토의 '오비야마 단지帯山 團地'에서는 3층 높이에 설치된 공중 가로 '스카이워크Sky Walk'가 주거동의 중간층에 형성된 오픈스페이스를 서로 연계하고, 단지 전체를 감싸면서 이어진다. '공중 가로의 건축가'로 불리는 엔도 다카오遠藤剛生는 1991년 완성한 오사카의 요시다 주택崙田住宅에서 외부로 노출된 복도와 계단을 교묘하게 결합시켜 집합주택의 얼굴을 과감하게 바꿔버리는 시도를 했다. 공간적 변화와 건축 표면의 변화를 동시에

추구한 것이다. 이렇듯 공중 가로의 변신은 어디까지일지 모른다. 그런데 일본에서도
공중 가로는 어디까지나 이웃 간의 만남을 촉진하기 위한 목적에서 사용된다.

구마모토 오비야마 단지의 공중 가로 '스카이워크.'
제공: 쿠마모토 아트폴리스 사무국, 촬영: 키요시마 야스히코(淸島靖彦)

스팡언 지구 집합주택

미스 반데어로에가 바이센호프 주택전시회를 위해 설계한 아파트 ©손세관

단순한 형태와 자유로운 공간구성, 근대적 주거의 표상

미스 반데어로에,
슈투트가르트 바이센호프의
판상형 아파트,
1927

주택전시회

집을 설명하려면 실물을 보여주는 게 제일 좋다. 아무리 설명을 잘해도 실제로 보여주는 것만 못하다. 우리나라 건설회사에서 아파트를 팔 때 모델하우스를 보여주는 것도 그런 이유 때문이다. 모델하우스를 보여주고 집을 파는 행위가 웃기는 일이기는 하지만. 어쨌든 20세기에는 집을 실제로 보여주는 전시회가 많았다. 특정 단체가 주관하기도 했고, 정부가 나서기도 했다. 독일이 주도적이었다. 20세기 최고의 주택전시회라고 할 수 있는 세 전시회가 모두 독일에서 열렸다. 1927년 슈투트가르트에서 바이센호프 주택전시회가 열렸고, 1957년에는 베를린에서 인터바우Interbau가 열렸다. 그리고 1987년 역시 베를린에서 이바Internationale Bauausstellung, IBA라고 불리는 주택전시회가 열렸다. 모두 국제전시회였다.

바이센호프 주택전시회는 독일공작연맹Deutscher Werkbund이 주관했다. 1907년 결성된 연맹은 독일을 산업 강국이자 디자인 강국으로 만들기 위해 활동했다. 연맹을 이끈 사람은 건축가 헤르만 무테지우스Hermann Muthesius, 1861~1927였다. 런던주재 독일대사관에서 문화담당관으로 근무했던 그는 영국의 수공예운동을 주시했고, 특히 영국의 주택 및 주택산업을 연구했다. 그가 1904년에 출간한《영국의 주택Das englische Haus》은 독일 건축가들에게 상당한 자극을 주었다. 무테지우스는 영국의 수공예운동과는 차별되는 디자인 운동이

1927년 주택전시회 당시 하늘에서 본 바이센호프 주거단지 ©Schulze / University of Chicago Press

필요하다고 생각했다. 국가가 나서는 체계, 그리고 예술, 공예, 기계가 융합해 대량생산을 추구하는 전향적인 운동이 필요함을 역설했는데 그것이 결국 예술가, 사업가, 정치인이 망라된 연맹의 결성으로 이어졌다.

독일공작연맹은 자주 전시회를 열었다. 이념을 선전하고 활동의 성과를 알리고 싶었던 것이다. 그들은 1924년 슈투트가르트에서 개최한 전시회가 성황리에 끝나자 1926년에 같은 도시에서 다시 전시회를 열기로 했다. 주제는 '주택Die Wohnung'으로 정했다. 당시 주택은 건축가뿐 아니라 정치인에게도 가장 중요한 관심사 중 하나였다. 당시 유럽 각국은 국가가 나서서 노동자 계층을 위한 값싸고 위생적인 주거환경을 구축하기 위해 노력했고, 건축가들도 새로운 주거환경의 모델을 찾고 있었다. 전시회는 그것을 구체적으로 실험해 보고, 그 결과를 대중에게 알릴 수 있는 절호의 찬스였다.

'쇼킹한' 건물의 집합체

전시회를 운영할 예술감독으로 미스 반데어로에Mies van der Rohe, 1886~1969가 임명되었다. 1924년이라면 미스의 나이 38세. 신진건축가에 불과했다. 철, 유리, 콘크리트 같은 새로운

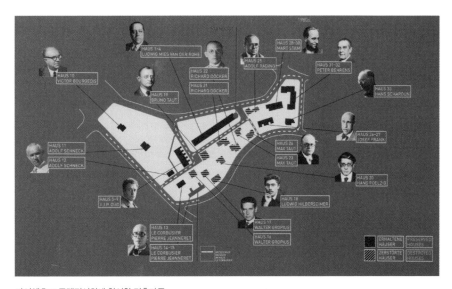

바이센호프 주택전시회에 참여한 건축가들

슈투트가르트 바이센호프의 판상형 아파트

아랍의 마을로 묘사된
바이센호프 주거단지. 1927년에
발행한 우편엽서 ©Stadtarchiv
Stuttgart

미스가 당시 발행된 우편엽서
위에 만년필로 덧칠한 그림
©Stadtarchiv Stuttgart

재료를 사용한 건물을 구상 차원에서 발표하는 정도의 활동을 하던 때였다. 그런 그에게
전시회의 예술감독이라는 막중한 일을 맡긴 것은 그가 '새로운 건축'을 추구하고 있었기
때문이다. 미스가 후고 헤링Hugo Häring, 1882~1958과 주도해서 결성한 '링Der Ring' 그룹은 당
시 구시대 건축가들과 대립하면서 '새로운 건축'을 추구하고 있었다. 연맹에서는 그에게 일
을 맡기면서 상당한 재량권을 주었다. 다만 전시회에 초빙될 건축가는 '진보적인 예술 양
식을 신념으로 지닌 사람'으로 못을 박고, 실제로 21명의 건축가를 추천했다. 명단은 넣고
빼고를 반복하다가 최종적으로 5개국 16명의 건축가로 확정되었다.

　전시회는 예정보다 1년이 늦은 1927년 7월 일반에게 공개되었다. 전시장은 슈투트가
르트 시가지가 보이는 바이센호프 언덕이었다. 21동의 건물로 이루어진 전시회장은 하나
의 단지를 이루었기 때문에 바이센호프 주거단지Weissenhofsiedlung라고 부른다. 전시회는

대성황이었다. 그해 여름은 유난히 더웠음에도 하루 평균 2만 명의 관람객이 몰려들었고, 결국 계획했던 10월 9일의 폐회를 10월 31일까지 연장해야 했다. 바이센호프 주택전시회를 '근대건축의 승리'를 축하하는 축제였다고 규정하는 역사가들이 많다. 그렇지만 당시에는 행사를 비난하고 그 결과를 폄하한 사람들이 많았다. 특히 지역의 신문들은 연일 비난을 멈추지 않았다. 그들은 바이센호프 주거단지를 '아랍 마을', '작은 예루살렘', '눈꼴사나운 도시'라고 불렀다. 독일의 전통을 해치는 흉측한 마을이라고 공격을 퍼부었다.

진보와 전통의 갈등이었는데, 사실 당연한 일이기도 했다. 오늘날의 바이센호프 단지는 세련된 집이 모여 있는 역사적인 장소 정도로 치부되지만 당시로서는 쇼킹한 건물의 집합체였다. 건물은 외관이 모두 비슷하고, 형태는 단순하며, 밝고 깨끗하고, 장식은 전혀 없고, 모두 평지붕이며, 선박의 갑판 같은 테라스가 설치되었다. 20세기 초반 아방가르드 건축가들이 추구한 새로운 이념이 이곳에서 모두 실현된 것이다. 보수적인 눈으로 보면 모든 것이 이상했는데, 평지붕은 특히 받아들이기 어려웠다. 뾰족한 지붕이 덮인 독일식 주택에 익숙한 사람들 눈에는 괴물 같은 모양이었다. 당시 그런 모양의 주택은 예루살렘 같은 아랍의 도시에서나 볼 수 있었다. 그러니 보수적인 슈투트가르트의 신문들이 계속해서 공격을 퍼부은 것이다.

미스는 이런 공격에 대해 '생떼'라고 일축했다. 그는 전시회를 기념해 발행한 우편엽서 위에 만년필로 지붕을 덧칠해서 그린 다음, "만약 국가 예산이 풍족하다면 이런 모습으로 지을 수 있을 것"이라고 응수했다. 새로운 건축의 가장 큰 장점이 값싸게 지을 수 있는 것인데 사람들은 그것을 모른다는 의미였다. 단지에 대한 평가는 제2차 세계대전 이후에는 완전히 달라졌다. 물론 그런 분위기는 1970년대 이후에 또 조금씩 변했다. 1947년 필립 존슨Philip Johnson, 1906~2005은 바이센호프 단지에 대해, "근대건축 역사에서 가장 중요한 건물의 집합체"라고 썼다. 그런데 1976년 이탈리아의 비평가 만프레도 타푸리Manfredo Tafuri, 1935~1994는 이 단지에 대해, "창백하고 차가운 밀랍세공품의 전시장"이라고 했다. 사뭇 냉소적이다. 근대건축의 전성시대가 끝나고 있었던 것이다.

평가는 사람과 시대에 따라 다르지만, 근대건축의 역사에서는 보통 다음처럼 정리한다. 전시회에 등장한 건물은 미학적·계획적·기술적 측면에서 모두 혁신적이다. 우선, 당시 유럽에 등장한 새로운 미학 즉 신즉물주의 미학이 구체적인 상으로 제시되었다. 표현주의적 요소는 일체 배제된, 단순하고 명쾌한 형태의 건축이 대중에게 선을 보였다. 특히, 새로운 주거형식이 구체적인 모델로 제시된 것은 괄목할 만한 성취였다. 아파트, 연립주택, 그리고 과거와는 완전히 다른 단독주택이 제시되었다. 형태, 재료, 공간구성, 시설과 설비 등 모든 면에서 새로웠다. 건설의 효율성을 높이면서 유지, 관리의 비용을 낮추는 방법이 두루 제시된 것도 획기적이었다. 프리패브 공법과 같은 건물 구축을 위한 새로운 기술이 실험되었는데, 대부분은 오늘날에도 그대로 사용되고 있다.

단독주택이냐
집합주택이냐

미래의 주택을 대중에게 선보이는 전시회다 보니 전체 계획에서부터 주택의 형식에 이르기까지 많은 논란이 있었다. 1925년 미스가 수립한 마스터플랜은 실제로 시행된 계획과는 차이가 많다. 초기 계획은 구릉지 마을을 연상시킨다. 언덕을 따라서 크고 작은 사각형 매스가 부드럽고 길게 이어지고 중첩되면서 자연에 순응하는 모습을 연출했다. 당시 미스와 같은 사무실을 썼던 후고 헤링의 생각이 대폭 반영된 것이라는 의견이 많다. 그렇지만 그 계획은 파울 보나츠Paul Bonatz, 1877~1956, 파울 슈미텐너Paul Schmitthenner, 1884~1972 같은 슈투트가르트의 보수적 건축가들의 반발에 부딪혔고, 최종적으로는 슈투트가르트시 당국이

미스가 초기에 계획한 바이센호프 주거단지 마스터플랜 모형.
©Schulze / University of Chicago Press

반대했으므로 실현될 수 없었다. 전시회가 끝난 후에 집은 민간에 매각될 것이므로 각 건물은 독립된 필지 위에 지어져야 한다는 논리에 미스도 어쩔 수 없었다.

어떤 형식의 건물을 지을 것인가도 논란이었다. 그것은 장래에 노동자 계층을 어떤 집에 살게 할 것인가의 논제이기도 했다. 역시 가장 선호된 것은 단독주택이었다. "프롤레타리아 가정을 사회에 스며들게 하는데 가장 좋은 것은 마당 있는 주택을 소유하게 하는 것이고, 공공의 건강을 위해서도 그것이 가장 좋다."와 같은 논리가 우세했다. 당시 독일에서 각광받던 전원도시 이념도 그런 논리에 많은 영향을 주었다. 다만 미스의 생각은 조금 달랐다. 단독주택은 개인의 요구를 반영하는 주거형식이므로 '표준화'의 대상이 될 필요는 없었다. 단독주택은 '새로운 주거문화'의 대상으로는 적합하지 않았다. 그렇지만 단독주택에 대한 사회적 관심을 무시할 수도 없었다. 따라서 그는 건축가들에게 단독주택에 대한 새로운 모델을 요구하면서도 '저렴한 공사비'를 강조했다.

미스에게는 아파트와 연립주택이 더욱 중요했다. 당시 이 두 주거형식에 대한 사회적 관심은 지대했으나 구체적인 사례는 많지 않았으며, 세부 지식과 이론도 없었다. 연립주택은 곳곳에 지어졌지만 여전히 생소했으며, 아파트는 이런저런 스케치로는 존재했지만 사실상 새로운 모델이었다. 전시회의 중요한 테마인 표준화와 대량생산의 측면에서도 아파

아우트가 바이센호프 주택전시회를 위해 지은 연립주택의 전면부 ©손세관

슈투트가르트 바이센호프의 판상형 아파트

트와 연립주택은 큰 관심의 대상이었다. 따라서 미스는 아파트와 연립주택을 통해서 효율적인 공간구성과 표준화의 가능성을 실험하고, 새로운 주거문화에 대한 해답을 찾으려고 했다. 이런 배경 때문에 미스가 설계한 4층 아파트, 아우트와 마르트 슈탐Mart Stam, 1899~1986이 설계한 연립주택은 역사적으로 각별한 의미가 있다.

독일 최초의
철골구조 아파트

뭐니뭐니해도 바이센호프 전시회의 백미는 미스가 설계한 아파트다. 미스의 아파트는 전시회장에서 가장 규모가 크고 가장 아름다운 건물이다. 언덕 정상에 세워져서 거대한 흰색 벽을 연상시키는 건물의 외관은 한 점의 군더더기도 찾을 수 없다. 단순하고 밝고 깨끗한 윤곽의 내부에는 수학적 비례감과 음악적 리듬감이 두드러진다. 게다가 건물은 놀랍게도 개방적이다. 1920년대에 완성된 아파트라는 사실이 도저히 믿기지 않을 정도로 정교하면서 세련되었다. 비평가들은 바이센호프

미스가 지은 아파트의 후면부 ⓒ손세관

전시회에 등장한 건물 중에서 공간의 혁신이라는 측면에서 보면 르코르뷔지에의 단독주택이 제일이라고 말하기도 하지만 미학적 기술적 우수함과 이후의 파급 효과라는 측면에서 본다면 미스의 아파트가 단연 최고다.

길고 좁은 건물 내부에 24호의 주택을 수용한다. 3층으로 보이지만, 각 주택에 필요한 창고와 세탁실을 옥상정원과 연계해 최상층에 배치했으므로 실제로는 4층이다. 전형적인 '계단실형 아파트'로 4곳의 계단실을 중심으로 좌우에 크기가 다른 주택을 각각 배열했다. 따라서 부분적으로는 비대칭이지만 전체적으로는 대칭이다. 반복되는 창문으로 인해 수평성이 두드러지지만 계단실이 만들어내는 수직성이 대비를 이루므로 전체적으로는 균형 잡힌 조화를 이룬다. 건물은 남북 방향으로 자리하면서 전·후가 각각 동·서를 향한다. 우

리나라의 남향 배치와 비교하면 90도 차이가 난다. 그것은 당시 독일에서 막 시작된 판상형 아파트의 반복적 배치 즉 '차일렌바우zielenbau'가 추구한 배열이었다. 건물을 이렇게 배열하면 오전에는 거실 쪽으로, 오후에는 침실 쪽으로 햇빛이 들어온다.

독일에서 철골구조를 사용한 최초의 건물이다. 당시 미스는 '철과 유리'에 매료되어 있었다. 그는 철과 유리를 사용해 자신만의 건축을 구현하려는 의지를 분명히 드러냈다. 그가 선호한 순수미학, 수준 높은 기술, '진실한 건축'의 가치를 구현할 수 있는 유일한 수단이라고 생각한 것이다. 동시에 표준화, 효율적 건설, 내부공간의 유연한 사용 등도 쉽게 실현할 수 있다고 생각했다. 그는 다양한 생활양식이 지속적으로 증대하는 미래사회에는 공간의 자유로운 이용이 절대적으로 필요하다고 보았고, 이를 위해서는 철골구조가 가장 적절하다고 믿었다. 그는 철골을 뼈대로 하고 그 사이를 가벼운 재료로 채우는 방식으로 건물을 구축했다.

2층 평면도

1층 평면도

미스가 지은 아파트의 1층 및 2층 평면. 출처: 전시회 공식출판물, 《건물과 집Bau und Wohnung》, 1927

철을 채택하고 나니 내부공간의 유연성은 쉽게 달성되었다. 공간의 구획이 자유로웠기 때문이다. 미스는 전시회에 참여한 건축가 모두에게 하나의 단위주택을 계획하도록 부탁했다. 결과적으로 그의 아파트에는 같은 평면 구성을 가지는 주택이 거의 없다. 다만 아파트라서 생기는 공간의 협소함 때문에 '자유로운 평면'의 이념을 마음껏 펼쳐내는 데는 한계가 있었다. 어쨌든 벽체가 구조의 기능에서 해방됨으로써 입면 구성 또한 자유롭게 할 수 있었으며, 커다란 창을 내는 것도 가능했다. 미스는 이 아파트를 통해서 새로운 구조

슈투트가르트 바이센호프의 판상형 아파트

법이 미학적 혁신을 달성할 수 있다는 평소의 소신을 실제로 확인했다. 그는 평생을 두고 그것을 발전시켜 나갔고, 결국 새로운 건축문화의 문을 열었다.

철골을 사용해 건물을 짓는 것, 그것도 서민을 위한 주택을. 획기적인 일이지만 독일에서의 반향은 실망스러울 정도로 미미했다. 철골조 건축이 지니는 건설의 효율성과 미학적 우수성에 대해 아무도 알아주지 않았으며, 정부에서도 건물을 짓는데 철을 사용하지 않았다. 미스가 너무 앞서나간 것이다. 사실 당시 독일은 어려운 경제사정 때문에 새로운 재료에 눈 돌릴 여유가 없었다. 그렇지만 미스는 계속해서 철골구조를 사용하고, 그것을 통해 '자유로운 평면'의 이념을 확장시켜 나갔다. 1929년 완성한 바르셀로나 파빌리온 Barcelona Pavilion과 1930년 체코의 브루노에 지은 투겐다트 주택Villa Tugendhat이 철골로 지은 것으로, 새로운 공간 개념을 구현했다. 바이센호프의 아파트를 포함한 세 건물은 미스의 독일시대에서 가장 중요한 작업이다.

세계로 퍼져나간
미스의 아파트

바이센호프의 아파트를 서울의 반포 (주공)아파트, 한강맨션 아파트 등 우리가 1970년대에 지은 저층아파트와 비교해 보라. 크게 다른 것이 없다. 계단실형 아파트, 백색 표피, 돌출된 발코니, 평평한 지붕, 좌우대칭의 입면 구성, 같은 평면의 반복. 모두가 바이센호프 아파트를 특징짓는 요소이다. 미스는 이곳에서 '아파트의 표준'을 제시했다. 그리고 그것은 세계 각국에서 복제되고 일반화되었다. 제2차 세계대전이 끝난 이후 세계 곳곳에 지어진 아파트는 모두 그런 모습을 지녔다. 군더더기 없이 단순 명쾌한 외관은 그만큼 복제가 쉬웠다. 베를린, 모스크바, 브라질리아, 도쿄, 싱가포르, 서울 등 전 세계에 이 건물과 유사한 아파트가 들어섰다. 이 한 동의 건물이 지닌 파괴력은 그만큼 컸다.

그런데 그 많은 복제는 미스가 바이센호프에서 추구한 미학의 본질을 이해하면서 행해진 것일까? 그는 이 건물을 통해 근대의 정신을 구현하고자 했다. 그는 바이센호프의 아파트가 완성될 즈음에 발간된 잡지《디포름Die Form》의 1927년 특별호에 실린 글에서 다음과 같은 주장을 펼쳤다. "시대의 새로운 미학이 추구하는 것은 단순히 밖으로 드러나는 모습이 아니고 그것보다 더욱 높은 진실을 추구하는 것이다. 그러므로 건축은 단지 물리적 수준을 넘어서는 정신적 차원에서 접근해야 하고, 우리 시대의 건축이 필요로 하는 것이

미스가 지은 아파트 단위주택의 외관. 멀리 보이는 건물이 아우트가 지은 연립주택이다. ©karaian, Flickr

바로 그런 정신에 바탕을 둔 결정이다."

　미스는 구도자였다. 그는 평생 성 토마스 아퀴나스Saint Thomas Aquinas의 철학을 탐구했다. 1924년에 쓴 글에서도 시대의 건축에 대해 이렇게 단정했다. "우리가 기계화를 원하는 것은 그것이 시대의 정신을 달성하기 위한 수단이기 때문이다. 우리가 두 다리로 땅에 굳건히 서려고 하는 것은 머리는 구름을 향하고 그것에 닿기를 바라기 때문이다." 그는 철골 구조라는 새로운 구축법을 통해 새로운 공간 개념을 만들고 그것을 수단으로 건축을 정신의 수준으로 올려놓고 싶었던 것이다. 바이센호프의 언덕 위에 당당히 서 있는 그의 아파트는 그런 철학적 구도의 산물이다. 그런데 후세의 사람들은 그런 내용은 전혀 염두에 두지 않고 피상적인 껍데기만 복제하고 또 복제했다.

독일의 평지붕 논란

20세기 초반 '새로운 건축'이 등장한 이후 근대건축의 언어가 완전히 정착하기까지 수십 년 동안 독일에서는 평지붕에 대한 사회적 논란이 끊이지 않았다. 때로는 논쟁이 너무 뜨거워 '지붕의 전쟁War of the Roofs'이라고 묘사될 정도였다.

평지붕은 1911년 발터 그로피우스Walter Gropius, 1883~1969가 알펠트에 파구스 공장을 지으면서 등장했다. 독일 밖에서는 1910년 아돌프 로스Adolf Loos, 1870~1933가 빈에 지은 슈타이너 주택이 평지붕을 취했다. 제1차 세계대전이 끝나자 평지붕 논란이 시작되었다. 독일의 국수주의자들은 평지붕에 대해 "동양orient에서 온 것으로 독일과는 전혀 맞지 않다."는 논리를 폈다. 여기서 동양은 아랍을 지칭하는 것이다. 그러자 그로피우스는 유럽 여러 건축가들에게 편지를 보내 설문조사를 했고, 평지붕에 대한 의견을 물었다. 르코르뷔지에, 아우트 등을 포함해서 17명의 건축가가 평지붕을 옹호하는 응답을 해왔다.

논쟁은 바이센호프 주택전시회로 뜨겁게 촉발되었다. 평지붕을 새로운 건축의 상징으로 보았던 미스는 모든 참여 건축가들에게 평지붕을 요구했고, 그렇게 정리되었다. 당시 슈투트가르트의 보수적 건축가 파울 보나츠는 미스를 예술감독에서 쫓아낼 심산으로 신문에 글을 기고해 바이센호프 전시장이 '동양의 마을'을 재현한 것이라며 민족감정에 호소했다. 같은 노선의 건축가 파울 슈미텐너는 바이센호프 전시장인근에 독일풍의 목조주택 단지 암 퀘첸호프Am Kochenhof를 제안했고, 1933년 나치의 도움으로 완성했다. 나치가 정권을 잡은 이후에 사람들은 유대인과 평지붕을 묶어서 '모두 동양에서 온 것들'이라며 공격했다.

여기에 대해 진보적 건축가들은 명쾌하면서도 과감하게 대응했다. 평지붕은 경사 지붕에 비해 경제적이고, 짓기 쉽고, 공간을 사용할 수 있으며, 유지·관리에도 좋다는 논리를 폈다. 그럼에도 불구하고 많은 건축가들이 평지붕으로 인해 곤욕을 치러야 했다. 베를린에서 활동한 건축가 마르틴 바그너Martin Wagner, 1885~1957는 평지붕을 경사지붕으로 변경할 것을 요구하는 자치구 관리들의 요구를 거절했다가 경찰에 구금될 상황에 직면하기도 했다.

1911년 발터 그로피우스가 지은 최초의 평지붕 건축, 파구스 공장 ©Carsten Janssen, Wikimedia Commons

슈투트가르트 바이센호프의 판상형 아파트

소외된 그들을
낙원에서
살게 하라

20세기 초반 개혁적 건축가들이 이상적으로 생각한 노동자 주택은 사회적 평등과 커뮤니티 이념이 반영된 질 높은 집합주택이다. 그런 생각에는 정치적 사회적 변화가 크게 작용했다. 유럽 각국에서 평등주의에 바탕을 둔 민주주의가 등장했다. 그리고 점차 사회주의를 표방하는 정치세력이 힘을 얻었다. 러시아처럼 혁명을 통해 사회주의 국가를 출범시킨 나라도 있었다. 사회민주주의를 표방한 유럽 여러 나라에서는 소외된 계층에 대한 복지정책을 강하게 추진했다. 주거환경을 개선하고 새로운 주택을 건설하는 사업은 민간의 자선사업 수준을 벗어나서 국가적 사업으로 전환되었다. 진정한 사회개혁이 시작된 것이다.

각국 정부에서는 제도를 개혁하고, 주택의 질을 규제하고, 적극적으로 나서서 주택을 공급했다. 가장 괄목할 변화는 정부가 여러 방식으로 주택건설에 개입한 것이다. 네덜란드에서는 민간이 결성한 주택협회에 재정을 지원하고 감독하는 방법을 쓰거나, 아예 지자체에서 주택을 직접 건설하도록 했다. 독일에서는 노동조합이 나서서 주택조합을 결성하고 주택을 건설했는데, 정부는 조합을 재정적으로 지원했다. 건축가들도 다양한 방식으로 활동했다. 개중에는 지자체에 소속된 공무원으로 주택건설을 책임지거나, 주택조합에 전속으로 고용되어 주택계획에 매진한 사람도 있었다. 바야흐로 주택만을 계획하고 건설하는 전문건축가가 등장한 것이다.

때를 맞추어 새로운 정주개념인 전원도시 이념이 등장했다. 20세기

인간의 삶에 커다란 영향을 미친 전원도시 이념은 영국을 위시해서 독일,
네덜란드, 프랑스 등 유럽 주요 국가로 퍼져나갔다. 주거개혁을 선도한
건축가들은 대다수가 전원도시 이념을 신봉했다. 그에 따라 전원풍의
주거단지가 유럽 곳곳에 건설되었다. 새로운 미학을 적용한 밝고 깨끗하고
단정한 건물이 풍요로운 녹지 위에 드문드문 자리하는 환경. 그것이
노동자들에게는 '낙원'이었다. 물론 전원도시 이념을 받아들이지 않은 곳도
있었다. 오스트리아 빈이 그랬는데, 땅 문제 때문이었다. 그럼에도 불구하고
그들이 '노동자의 낙원'을 포기한 것은 아니었다.

20세기 초반에 실현된 '노동자의 낙원' 다섯 곳을 이야기한다. 독일,
네덜란드, 오스트리아 빈에 건설된 주거단지이다. 바이마르 공화국 시대
독일의 주요 도시에 건설된 전원풍의 주거단지는 '새로운 주거환경'의
진정한 실현이었다. 그것은 이전에 인간이 살던 주거지와는 차원을
달리하는 환경이었다. '낙원'은 도시 내부에도 건설되었다. 토지 조성에
비용이 많이 들었던 네덜란드에서는 교외의 전원풍 단지보다는 도시
안에 미학적으로 우수하고 녹지도 풍부한 주거환경을 조성했다. 새로운
주거환경의 또 다른 모델이다. 빈은 이웃나라들과는 확실하게 차별되는
방식으로 '사회주의 낙원'을 구현했다. 거대한 블록 속에 많은 공공시설과
녹지가 확보되는 주거환경으로, 전통을 계승하면서도 새로운 미학을
수용하는 절충적인 접근이다. 모두 주택을 통해 사회를 개혁하려는
시도였다.

전원풍의 환경을 이루는 뢰머슈타트 주거단지의 연립주택 ©손세관

양떼가 풀을 뜯는 주거지,
프랑크푸르트에 펼쳐진 노동자의 낙원

에른스트 마이,
리머슈타트 주거단지,
1928

20세기 최고의 주거개혁가,
에른스트 마이

건축의 근대성modernity. 무슨 뜻일까? '근대'는 이성과 합리성, 인간 중심주의, 과학에 대한 신뢰, 진보에 대한 믿음 등이 합해진 개념이다. 그런데 건축에서는 그것을 보는 눈이 중구난방이다. 예를 들면, 지그프리드 기디온Sigfried Giedion, 1888~1968은 건축의 근대성을 '공간에 대한 새로운 인식'으로 규정했다. 너무 좁고 자의적인 해석이다. 그런데 그런 자의적인 해석은 건축 분야 곳곳에 존재한다. 나는 막스 베버Max Weber, 1864~1920가 규정한 근대성에 주목한다. 막스 베버는 근대성의 바탕을 '합리적 생활양식'으로 보았다. 인간 삶의 전반적인 수준 향상을 근대성과 접목한 것인데, 가장 설득력 있는 해석이다. 당연히 물리적 환경에도 적용된다. 그렇다면 건축의 근대성이란 '인간의 생활공간 전체에 스며든 합리적 양상', 이렇게 규정할 수 있지 않을까.

그렇다면 20세기에 활동한 건축가 중에서 근대성을 가장 잘 구현한 사람은 누구일까? 근대건축의 영웅이라고 불리는 르코르뷔지에가 제일 먼저 생각난다. 그런데 역사는 에른스트 마이Ernst May, 1886~1970를 지목한다. 20세기 최고의 주거개혁가, 새로운 주거문화의 전파자, 불운한 망명객. 그를 생각하면 얼핏 떠오르는 말이다. 마이는 모든 노력을 주거환경 개혁에 쏟아부었고, 인간 삶의 수준을 총체적으로 향상시키는 일에 매진했다. 근대건축에 관한 매우 논리적 이론가로 알려진 힐데 하이넨Hilde Heynen, 1959~은 마이에 대해, "근대건축의 사회적 목표를 누구보다 잘 인식한" 인물로 "인류에게 '새로운 생활양식'을 제공하기 위해 모든 수단을 펼친 건축가"라고 썼다.

마이의 주요 활동무대는 독일 프랑크푸르트였다. 그렇지만 그의 활동은 독일을 넘어 유럽 전역의 주거 개혁에 지대한 영향을 미쳤다. 그는 기능적이고 생산에 효율적이면서 미학적으로도 우수한 주거환경을 널리 보급하기 위해 열정적으로 활동했다. 그의 활동 범위는 넓어서 도시, 단지, 주택은 물론이고 부엌, 화장실, 집기 등 인간 생활의 모든 공간과 시설을 대상으로 개혁을 실행했다. 그의 진정한 목표는 '새로운 주거문화'를 확립하자는 것이었다. 주거 개혁을 넘어 사회 개혁을 도모한 것이다. 그런 측면에서 그는 20세기에 활동한 가장 근대적 건축가였다.

진정한 개혁은 새로운 문화를
정착시키는 것이다

마이는 1925년에서 1930년까지 5년 남짓 프랑크푸르트에서 일했다. 그는 시의 도시계획감
독과 건축감독을 겸직했다. 시장 루드비히 란트만Ludwig Landmann, 1868~1945이 그를 임명하
고 전폭적으로 밀어주었다. 39살에 불과했던 마이는 재정과 인사를 포함한 막강한 권한을
가지고 시의 도시계획 및 건축 사업 전반을 지휘하고 감독했다. 20세기에 활동한 개혁적
건축가 중에서 마이처럼 권력을 가진 사람은 없었다. 그는 건축, 도시계획, 조경, 기술 분야
를 망라하는 막강한 팀을 구성했다. '마이 사단'으로 불리는 팀이다. 그들은 총 15,000호의
주택을 계획하고 건설했다. 프랑크푸르트 시민 11명 중 1명이 새로운 주택에 입주했다.

　중세도시의 틀을 막 벗은 프랑크푸르트에는 집 지을 땅이 없었다. 마이는 도시의 확
장을 시도했다. 마이는 전원도시 이념의 신봉자였다. 프랑크푸르트 태생이지만 런던에서
대학 교육을 받았고, 1910년부터 2년 동안 레이먼드 언윈Raymond Unwin, 1863~1940의 사무실
에서 일했다. 언윈은 전원도시 이념을 물리적으로 실현한 최초의 건축가다. 당시 언윈은 런
던 근교에 있는 '햄프스테드 전원지구Hampstead Garden Suburb'를 계획하고 있었는데, 마이는
그때 새로운 도시계획 이론과 전원도시 이념을 전수받았다.

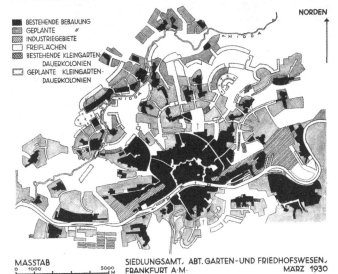

에른스트 마이가 수립한
프랑크푸르트 확장을 위한
마스터플랜. 검은 부분은
주거지, 회색 부분은
스포츠, 위락 및 경작을
위한 녹지이다. ©Institut
für Stadtgeschichte
Frankfurt am Mein

뢰머슈타트 주거단지

마이는 프랑크푸르트 확장계획에 도시의 경계를 유지하면서 주변에 위성도시를 두는 전략을 담았다. 기존 도시와 위성도시는 모두 공원과 녹지로 둘러쌌으며, 빠른 교통체계를 통해 도심과 외곽의 원활한 연계를 도모했다. 그런데 당시 프랑크푸르트에서 넓은 토지를 확보할 수 있는 곳은 도시의 북서쪽 외곽이 유일했다. 그곳은 마인 강Main River의 지류인 니다 강Nidda River이 협곡을 이루면서 흐르고, 주변에 여러 마을이 자리하고 있었다. 따라서 마이는 니다 강 주변에 위성도시를 건설하는 것으로 결정하고, 주거단지를 차례로 건설했다.

마이는 노이에 본쿨투어Neue Wohnkulture라는 이념을 제시했다. 새로운 주거문화라는 뜻인데, 주거에 대한 새로운 인식과 완전히 바뀐 생활양식을 의미한다. 마이가 그린 '근대적 도시'는 새롭고 통합된 문화가 정착되고 시민 모두가 그것을 향유하는 도시다. 그의 눈에는 과거 바빌론, 테베, 비잔티움 같은 도시에는 통합된 문화가 존재했지만 20세기에는 그런 도시가 모두 사라져버렸다. 이전 시기가 초래한 각종 해악 때문이었다. 프랑크푸르트에 새로운 문화가 정착되기 위해서는 일상생활의 모든 부분이 바뀌어야 했다. 주택, 교육, 교통수단, 디자인, 스포츠와 레저, 시민의 윤리의식. 모두 달라져야 했다. 그래야 막스 베버가 얘기한 '인간 삶의 수준 향상'이 가능했다.

1926년에 잡지《다스 노이에 프랑크푸르트Das Neue Frankfurt》를 창간한 것도 그 때문이다. 시민 모두 새로운 삶을 살기 위해서는 깨우쳐야 했다. 잡지를 통해 시민을 교육하고 같은 생각을 가지게 하자는 취지에서였다. 매달 발행된 이 잡지는 여러 측면에서 현대적이었다. 디자인과 다룬 내용 모두 수준 높고 신선했다. 잡지는 주거환경에 대한 새로운 이념을 소개하면서 패션과 스포츠까지 다루었다. 또한 막 창설된 라디오방송사와도 협력해 새롭게 건설되는 주거단지를 소개하고, 시민들이 직접 방문하는 투어를 기획하는 등 다양

《다스 노이에 프랑크푸르트》의 1930년 9월호 표지

한 프로그램을 제공했다. 세계화를 지향한 이 잡지는 일본을 비롯한 해외에서도 널리 읽혔다.

새로운 주거문화는 균등한 사회를 전제로 했다.《다스 노이에 프랑크푸르트》의 모든 제호에 담긴 이념이다. 모든 시민에게 균등한 환경을 마련해 주려면 대량생산은 필수적이다. 마이 사단은 주택의 평면에서부터 설비 및 비품에 이르기까지 표준화를 시도했다. 건물의 구축법과 재료도 새로워야 했다. 그들은 콘크리트 패널을 현장에서 조립하는 방법을 채택했다. 비용이 절감되고 건축 시간을 단

리호츠키가 계획한 프랑크푸르트 부엌

축할 수 있기 때문이다. 그런데 일상생활에 필요한 모든 물건까지 질을 높이고 대량생산을 하려면 오랜 시간이 필요했다. 그래서 고안된 것이 '프랑크푸르트 등기부'이다. 시에서 공식적으로 인정하는 제품 목록과 제작 및 사용 방법을 정리한 책이다. 침대, 의자, 테이블 램프 등 생활에 필요한 모든 집기가 망라되었다. 마이 사단에서 디자인한 것도 많았다.

표준화 작업에서 가장 큰 걸림돌은 부엌과 욕실이다. 시설, 설비, 위생까지 두루 고려해야 하는 까다로운 공간이기 때문이다. 마이는 오스트리아로부터 여성 디자이너 마르가레테 쉬테 리호츠키Margarete Schütte-Lihotzky, 1897~2000를 초빙해 그 일을 맡겼다. '프랑크푸르트 부엌Frankfurter Küche'으로 불리는 리호츠키의 부엌은 주부의 작업 동선을 고려해 세심하게 고안된 시설과 설비를 갖추었다. 마치 실험실과 같은 부엌으로, 전기설비는 물론이고, 취사, 세척, 저장, 다림질 등 모든 활동을 고려한 기능적 공간이 제시되었다. 부엌은 일체를 공장에서 만든 다음 현장으로 옮겨 설치하도록 했다. 오늘날 우리가 사용하는 '시스템 부엌'은 리호츠키의 작업으로부터 이어져 온 것이다. '프랑크푸르트 욕실'로 불리는 욕실 또한 유사한 작업의 결과물이다.

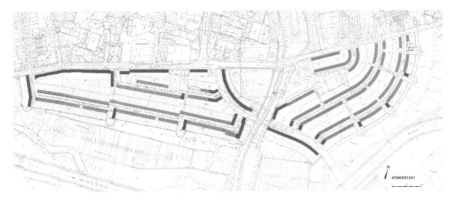

뢰머슈타트 주거단지의 배치도. 동쪽 단지와 서쪽 단지로 나뉘어져 있다.
진한 부분이 아파트, 흐린 부분이 연립주택이다. 출처: D.W. Dreysse, 2001

뢰머슈타트,
노동자의 낙원

프랑크푸르트 곳곳에 건설된 크고 작은 주거단지 중에서 '최고'는 '뢰머슈타트 주거단지
Siedlung Römerstad'이다. 이 단지는 바이마르 공화국 시대1919~1933 독일의 근대건축을 이념
적 미학적으로 대표한다. 마이 사단에
서 단지 및 건축계획을 한 1,182세대 규
모의 단지이다. 2층 규모의 연립주택과
3~4층 규모의 아파트가 섞여 있는 이
단지는 지형의 변화에 따라 부드럽게
펼쳐지고, 풍요로운 녹지 속에서 목가
적인 환경을 이룬다. 1920년대에 조성
된 노동자의 낙원을 대표하는 단지다.

　단지는 부드럽게 휘어지는 곡선 주
동과 쭉쭉 뻗어가는 직선 주동이 혼합
되어 있다. 중앙을 남북으로 관통하
는 하드리안 거리Hadrianstrasse를 중심으
로, 동쪽에는 곡선적 배열을, 서쪽에는
직선적 배열을 했다. 지형과 조망을 우

뢰머슈타트 주거단지 연립주택의 전면부. 두 주택의
출입구를 묶어서 그 위에 돌출 차양을 설치했다. ©손세관

직선 위주의 공간구성을
보이는 서쪽 단지
©Institute für
Stadtgeschichte
Frankfurt am Main

곡선 위주의 공간구성을
보이는 동쪽 단지
©Institute für
Stadtgeschichte
Frankfurt am Main

선 고려한 결과였다. 주택의 전면으로는 니다 강을, 후면으로는 타우누스 산Taunus을 바라
보는 계획이다. 단지와 강 사이에는 3m 정도의 높이 차이를 만들고, 성채의 보루를 연상시
키는 제방을 조성했다. 제방 위에서 강을 조망하는 것은 이곳 주민 일상의 즐거움이다. 그
런 즐거움은 단지 곳곳에서 경험하는 '시선의 변화'를 통해 더욱 증대된다. 동쪽 단지는 휘
어지는 도로의 선형을 통해, 서쪽 단지는 직선으로 이어지면서 곳곳에서 꺾이는 의도적인
주동 배열을 통해 시선의 변화를 연출했다.

　두 사람의 위대한 계획가로부터 배운 기법이다. 카밀로 지테Camillo Sitte, 1843~1903와 레
이먼드 언윈. 모두 '회화적 조망 연출'을 강조했다. 르코르뷔지에가 "시대에 반하는 몽상가"
라고 혹독하게 비판했던 지테는 시선과 조망의 변화를 강조한 낭만적 계획가였다. 뢰머슈
타트 단지의 많은 것이 지테의 이론으로부터 왔다. 부드럽게 휘어지거나, 직선으로 이어지

다가 기역자로 꺾이는 시선의 변화, 좁게 이어지다가 갑자기 트이는 시야의 확장 등은 지테가 자주 구사한 계획기법이다. 단지와 강 사이에 단차를 두고 단지에서 강을 조망하게 하는 기법은 언윈에게 배운 것이다.

모든 건물에 새로운 미학이 적용되었다. 단순한 외관, 평지붕, 경쾌하고 얇은 벽체, 출입구와 창의 리드미컬한 배열 등 당시로서는 획기적인 조형이다. 표현주의적 색채를 띤 건물도 있다. 루들로프C. H. Rudloff, 1890~1949가 하드리안 거리를 따라서 배열한, 부드럽게 휘어지는 긴 건물이 그런 사례다. 1층에 상점

뢰머슈타트 단지 중앙 하드리안 거리에 면하는 아파트. 루들로프가 설계한 건물이다. ©손세관

이 이어지는 4층 규모의 아파트인데, 외관이 다분히 조소적이다. 남북 양쪽 끝을 둥글게 처리한 이 건물은 보는 위치에 따라 원통형 건물로 다가온다. 그렇지만 쾌속열차나 여객선을 연상시키는 옆모습이 이 건물의 파사드다. 바로 인근에 있는 전철역에서 도심을 오가는 열차와 같은 이미지다. 직장과 보금자리를 활기차게 오가는 노동자의 역동적인 삶을 대변한다고 해도 좋다.

마이는 처음부터 이곳을 목가적 환경으로 그렸다. 이 단지가 얼마나 목가적이었는지 보여주는 한 장의 사진이 있다. 넓게 펼쳐진 현대식 아파트를 배경으로 한가로이 풀을 뜯는 양떼 사진. 마이는 그 사진을《다스 노이에 프랑크푸르트》1930년 4월호 첫 면에 실었다. 그가 추구한 '새로운 주거환경'에 가장 부합하는 이미지였다. 그는 연립주택 거주자에게는 전용의 정원을, 아파트 거주자에게는 공동의 정원을 제공했다. 정원은 넓었으므로, 거주자들은 그곳에서 각종 야채와 과일을 길러서 먹었다. 제2차 세계대전 중에 굶지 않은 것도 그 정원 덕분이었다. 마이는 단지와 니다 강 사이에 넓은 목초지를 조성했고, 그곳에 양을 풀어놓았다. 전원도시 신봉자이자 영국의 목가적 풍경을 사랑했던 마이가 딱 원하는 그림이었다.

뢰머슈타트 단지 전면의
목초지에서 풀 뜯고 있는
양떼. 출처: 《Das Neue
Frankfurt》, vol.4, no.4/5,
April/May, 1930

마이가 프랑크푸르트에서
마지막으로 계획한
베스트하우젠 주거단지
전경. ©Institut für
Stadtgeschichte
Frankfurt am Mein

많은 사람이 뢰머슈타트 단지를 "20세기 초반 유럽에서 지은 주거단지 중 최고"라고
지목했다. 루이스 멈포드Lewis Mumford, 1895~1990를 필두로 많은 이론가가 이 단지를 다루었
는데, 일관되게 같은 평가를 내렸다. 왜 이 단지를 최고로 보았을까? 당연히 '새로운 주거
문화'를 향한 종합적인 접근이다. 이 단지가 담고 있는 '대비와 조화'에도 칭찬을 아끼지 않
았다. 이 단지에는 '개별성과 전체성', '도시와 전원', '독일적 합리주의와 영국적 낭만주의'
등 여러 상반된 속성이 섞여 있다. 그런데 이런 대비적인 요소가 서로 밀어내지 않고 '한
차원 높은 조화'를 이루고 있다. 근대적 세련성과 함께 전원의 낭만을 듬뿍 담고 있는 이
단지를 돌아보면, 그들의 평가에 고개가 끄덕여진다.

독일을 떠나 소련으로,
불운한 망명객

뢰머슈타트 단지가 완성된 1928년을 기점으로 마이의 생각은 조금씩 바뀌었다. 두 가지

요인 때문이다. 첫째는 점차 어려워지는 독일의 경제 사정. 둘째는 근대건축국제회의CIAM 출범 이후 독일 건축가들의 전반적인 이념 변화. 근대건축국제회의의 핵심 구성원이었던 마이는 '합리적' 단지계획의 사조에 물들면서 지테와 언윈의 색채를 조금씩 버리고 차일 렌바우의 원리를 적극 받아들였다. 마이가 프랑크푸르트에서 마지막으로 계획한 베스트 하우젠 주거단지Siedlung Westhausen는 차일렌바우의 정수를 보여준다. 단지의 동쪽에는 4층 규모의 아파트가 남쪽을 향해 배열되고, 나머지는 모두 동쪽을 향해 2층 규모의 아파트가 배열되었다. 완벽하게 기계적인 계획이다. 그것을 계획한 사람이 과연 뢰머슈타트 단지를 설계한 건축가와 동일 인물인지 믿어지지 않을 정도다.

대공황을 틈타 나치당이 준동하자 독일 사회가 살벌해져 갔다. 1930년 12월 마이는 자신의 사단과 함께 프랑크푸르트를 떠나 구소련으로 갔다. 소련이 마이 사단에게 제안한 것은 '사회주의 낙원'의 실현을 위한 총 20개의 신도시 계획을 그들에게 모두 맡긴다는 것 이었다. 마이 사단은 마그니토고르스크Magnitogorsk, 스탈린스크Stalinsk, 오늘날의 노보쿠츠네 츠크의 마스터플랜, 그리고 모스크바 확장계획 등 많은 프로젝트를 수행했다. 그렇지만 그

소련에서 일하던 시절의 마이와 그의 사단. 1931년 촬영한 사진으로, 앞줄 왼쪽에서 다섯번째가 마이이다.

들의 계획은 제대로 실현되지 못했다. 소련의 관리들은 부패한데다 의심 또한 많았다. 우유부단한 그들은 일을 연기하기 일쑤였는데, 어렵사리 진행시켰다 해도 내용을 많이 비틀어놓았다. 그곳의 기후에 대한 정보가 부족했던 것도 마이 사단에게는 큰 장애였다. 마이사단의 고생은 이루 다 말할 수가 없다.

1934년 소련과 계약 기간이 끝났으나 마이는 독일로 돌아갈 수 없었다. 나치에 의해 '과격파'로 낙인찍혔기 때문이다. 소련도 그를 붙잡지 않았다. 할 수 없이 아프리카 탕가니카Tanganyka로 가서 농사를 지었다. 1937년에 건축사무소를 개설했지만 얼마 안 가 영국군에 체포되었고, 2년 반 동안 남아프리카의 수용소에 억류되었다. 독일 국적 때문이었다. 1944년부터 10년 남짓 케냐의 나이로비에서 도시계획가로 일하다가 1954년에야 비로소 고국으로 돌아가 함부르크에 정착했다. 함부르크 도시계획국의 책임자로 여러 단지계획에 간여했지만 1920년대에 그가 가졌던 이상을 실현시킬 수는 없었다. 만년에는 다름슈타트 기술대학Technical University of Darmstadt에서 명예교수로 지내다 1970년 쓸쓸한 최후를 맞이했다. 건축가로서 이런 인생이 또 있을까? '파란만장'이란 말밖에 생각나지 않는다.

에른스트 마이를 근대건축 최고의 개혁가로 치는 것을 다소 의아하게 생각할 수도 있다. 5년 남짓한 기간에 마이가 프랑크푸르트에서 했던 일과 그가 남긴 족적은 어떤 단어를 동원해도 제대로 전달하기 어렵다. 20세기 건축역사에서 마이가 한 것에 버금갈 만한 활동은 사실상 찾기 어렵다. 이어서 이야기할 베를린의 주거 개혁 역시 대단했으나 그것은 여러 사람이 합작한 것이라는 측면을 감안해야 한다. '근대건축의 개척자'로 칭송되는 아돌프 로스는 소규모 오피스 빌딩과 몇 채의 빌라를 남긴 정도의 활동을 했고, 1920년대 르코르뷔지에가 한 실제 건설 사업은 페사크에 지은 50호 남짓의 주택에 불과했다는 사실을 상기해 보자. 마이가 1920년대에 건설한 15,000호의 주택이 인간 생활에 끼친 영향은 '대단하다'를 훨씬 넘어선다.

건축과 권력, 에른스트 마이 vs. 알베르트 슈페어

권력을 휘두른 건축가가 있었다. 20세기에는 두 인물이 두드러진다. 에른스트 마이와 알베르트 슈페어Albert Speer, 1905~1981. 두 사람 모두 권력자의 비호를 받아 막강한 권한을 가졌고, 그 권한을 사용해 대규모 건축 사업을 벌였다. 마이는 프랑크푸르트 시장에게 전권을 위임받아 주거 개혁과 도시 개조 사업을 실행했다. 알베르트 슈페어는 독재자 아돌프 히틀러Adolf Hitler, 1889~1945의 비호 아래 1934년부터 독일에서 벌어진 모든 건설 사업을 좌지우지했다.

시의 도시계획과 건축계획을 책임졌던 마이는 시에서 발주하는 모든 건설 사업을 지휘하고 감독했다. 상점의 간판, 무덤의 묘비와 같은 작은 것부터 신도시 계획에 이르기까지 그의 감독을 거치지 않은 것이 없었다. 사람들은 그를 '미학적 독재자'라고 불렀고, 그가 자신의 권한을 영속화하려 한다고 맹렬히 비난했다. 그도 그럴 것이 그가 선호했던 미학은 역사와는 아무 관련이 없는 완벽하게 새로운 것으로, 보통사람의 눈에는 '쇼킹'하기 짝이 없는 것이었다. 그는 그런 미학을 사용해 '새로운 프랑크푸르트'를 만들겠다면서 권한을 총동원했다.

슈페어는 히틀러의 최측근에 있으면서 제3제국 건설에 앞장선 인물이다. 그는 제국에서 건설하는 큰 규모의 건축물을 대부분 계획했거니와 어떤 건물이든 그것을 계획할 건축가를 임명할 권한이 있었다. 그는 수없이 많은 건물을 통해 히틀러를 신격화했다. 그가 했던 가장 야심찬 프로젝트가 '게르마니아Germania'라는 이름의 베를린 개조계획이다. 거대한 축을 따라 로마제국의 건축을 모방한 관청이 늘어서고 그 끝에 '인민의 전당Volkshalle'이 들어서는 계획이다. 건물은 가운데 둥근 지붕의 높이가 290m에 달하고 총 15만 명을 수용할 수 있는 어마어마한 규모다. 물론 나치 패망에 따라 그 계획은 한갓 꿈이 되어버렸다.

두 사람을 놓고, 건축가가 힘을 가졌을 때 그것을 어떻게 사용했는가를 비교하게 된다. 두 사람 모두 '새로운 시대'에 활동했고, '새로운 사회'의 건설을 목표로 했다. 마이는 건축이 인간을 변화시킬 수 있으며 나아가서는 새로운 사회를 만드는 것도 가능하다고 생각했다. 그는 그것의 실현을 위해 자신에게 주어진 권한을 동원했고, 인간의 건강한 삶이 영위되는 조화로운 사회의 건설에 매진했다. 반면 슈페어는 한 사람의 독재자를 위해 봉사했다. 인간을 도구화하는 건축, 왜곡된 이념의 건축을 추구했다. 히틀러는 건축을 무대장치로 그리고 즉흥적인 대중 선동의 도구로 보았는데, 슈페어는 그런 히틀러의 망상을 위해 자신의 힘을 동원했다. 마이와 슈페어는 '좋은 사회'를 바라보는 눈이 완전히 달랐다.

알베르트 슈페어가 계획한 게르마니아의 중심 건물 '인민의 전당'

뢰머슈타트 주거단지

말굽형 주거단지 전경. 중앙에는 말굽형 주동이, 후면에는 연립주택이, 단지의 경계부에는 아파트가 자리한다.
©BSF swissphoto

말굽형 '왕관'을 중앙에 둔
다채색의 전원도시

브루노 타우트·마르틴 바그너,
브리츠 주거단지,
1927

독일 주거 개혁의
또 다른 중심지, 베를린

2006년 베를린시는 유네스코에 특별한 요청을 했다. 20세기 초반에 건설된 주거단지 6곳을 세계문화유산으로 지정해 달라는 것이다. 노동자를 위해 지은 주거단지를 문화유산으로 지정해 달라는 요구는 좀 유별나다. 베를린시는 이 단지들에 인간 생활의 새로운 이미지, 근대적 정신의 구체적 실현 등 여러 내용이 담겨 있다고 주장했다. 시는 이 6개의 단지를 대대적으로 보수하고 건설 당시의 모습을 그대로 살려내느라 애를 썼다. 지은 지 30년만 지나면 주거단지의 역사적 가치는 아랑곳하지 않고 모두 부수어버리고 재건축에 돌입하는 우리나라에서는 상상할 수도 없는 일이다.

6개 단지는 2008년 문화유산으로 지정되었다. 인류의 주거문화 발전에 기여한 공이 크다는 사실을 인정받았다. 베를린시가 이렇게 자신만만하게 접근할 수 있었던 것은 베를린에는 바이마르 공화국 시대에 지은 주거단지가 상당히 많고, 대부분 수준이 높아 지금도 시민의 사랑을 받고 있기 때문이다. 베를린은 '새로운 주거문화'의 또 다른 중심지이다. 프랑크푸르트와 마찬가지로 노동자 주거환경에 대한 선구적인 사업을 다양하게 시행했다. 베를린은 당시 개혁적 건축가들의 주요 활동무대였으므로 유능한 건축가들이 주거환경계획에 적극 참여했다. 그 결과 프랑크푸르트의 단지들과 어깨를 나란히 할 수 있는 주거지가 곳곳에 들어섰다.

유네스코 세계문화유산에 등재된 6개의 단지는 나중에 열거하기로 하자. 다만 그중 4개는 브루노 타우트Bruno Taut, 1880~1938가 설계했다는 사실은 우선 언급해야겠다. 바이마르 공화국 시대에 진행된 베를린 주거환경 개혁의 중심인물은 타우트와 마르틴 바그너Martin Wagner, 1885~1957이다. 바그너가 주로 도시계획과 행정·기획을 주도한 반면 타우트는 단지 및 건축계획에 주력했다. 바그너는 1924년 베를린시 도시계획감독으로 취임하는 행운을 잡았다. 그런데 그것은 그만의 행운이 아니었다. 보수적 건축가들의 위세에 눌려 번번한 활동 기회를 잡지 못했던 개혁적 건축가들이 바그너를 중심으로 모였고, 링 그룹을 결성하고 소리를 내기 시작한 것이다. '링' 얘기는 차차 하기로 하자.

꼬장꼬장한 사회주의자 바그너는 주변과 타협하지 않으면서 값싸고 질 좋은 노동자 주택을 건설하는데 매진했다. 그의 최고 업적은 노동자 주택건설을 전담하는 공익회사 '게하그GEHAG, 공익주택 건설주식회사'의 설립을 주도한 것이다. 회사는 당시 독일노동조합이 만든 주택조합 '데보그DEWOG, 공무원·직원·노동자 주택복지주식회사'의 산하기관으로 출범했다. 바그너는 시에서 일하면서 게하그의 간부로도 활동했다. 1924~33년에 베를린에 들어선 주택의 70%를 게하그가 건설했다. 바그너는 타우트에게 주택건설 사업을 같이하자고 설득해 결국 그를 게하그의 수석건축가로 초빙했다. 같이 일했던 1931년까지 두 사람이 계획해서 건설한 주택의 수는 12,000호에 달했다.

1931년 베를린에서 개최된 게하그의 아파트 전시회 카탈로그 표지. ©Bauhaus-Archiv Berlin (111345)

전원도시 이념으로 '새로운 베를린'을 만들자

당시 독일에는 전원도시 이념이 정착하고 있었다. 영국에서 시작된 이념은 유럽 각국에 파급되었는데, 독일이 그 선도국이었다. 당시의 사회적 분위기 때문이다. 20세기로 접어들면서 독일의 지식인들 사이에는 생활개선운동이 시작되었다. 절대적 권위나 종교에 맹목적으로 의지하기보다는 개인의 주관적 의지, 판단, 감각을 발전시켜 독자적인 생활을 하자는 일종의 정신성 회복 운동이다. 철학자 니체Friedrich Nietzsche, 1844~1900의 영향이 컸다. 정신의 건강은 신체의 건강과 직결되므로, 영양 개선, 채식주의, 일광과 공기 치료 요법 등을 생활화하자는 공감대가 형성되었다. 도시를 떠나 전원으로 가서, 그곳에서 자신이 재배한 식물을 섭취하면서 경제적 문화적으로 독립된 생활을 하려는 사람들이 늘어나기 시작했다. 이런 생활개선운동의 중심이 베를린이었다.

20세기 초반의 베를린은 유럽의 대도시 중에서 주거환경이 가장 열악했다. 민간업자들이 마구잡이로 개발한 임대주택이 밀집한 도심의 주거지역은 인간다운 생활을 할 수 없었다. 당시 베를린에 널리 퍼진 임대주택은 '미츠카제르네Mietskaserne' 즉 '막사'라고 불리는 형편없는 건물이다. 원래 중산층이 살던 단독주택을 민간업자들이 사들여 과다하게 증축해 아파트로 바꾼 건물이었다. 화장실 하나를 10세대 이상이 공동으로 사용하는 경우가 다반사였다. 이런 건물이 밀집한 베를린 도심의 주거지는 '지옥'으로 묘사될 정도였다. 베를린이 생활개선운동과 전원도시 이념의 중심지가 된 것은 어쩌면 당연했다.

바그너와 타우트는 이런 베를린의 주거환경을 완전하게 개혁하고자 했다. 그들은 전원도시 이념의 열렬한 추종자였다. 바그너는 1915년 베를린대학에서 자신만의 전원도시 개념을 학위논문으로 제출할 정도로 그것에 몰입되었다. 타우트 역시 저술과 실무 작업을 통해 자신의 전원도시 이념을 구체화했다. 그는 1920년에 출간한 《도시의 해체Die Auflösung der Städte》에서 미츠카제르네가

브루노 타우트의 《도시의 해체》에 실린 그림. 기존 도시를 모두 부수어버리고 시민의 생활을 완전히 바꾸어야 한다는 주장이다.

밀집한 기존 도시를 모두 부수어버리는 동시에, 도시의 공간구조를 분산시켜 시민의 생활을 완전히 바꾸어야 한다고 주장했다. 그가 이상적으로 생각한 도시민의 삶은 생활에 필요한 모든 생계수단을 자연으로부터 취하는 전원적 생활이었다.

그런 두 사람이 계획하고 개발한 주거지. 이게 참 중요한 대목이다. 그들에게 실제로 도시를 계획할 기회는 잘 주어지지 않았다. 그렇지만 큰 주거단지를 계획할 기회가 많았던 그들은 주거단지에 전원도시 이념을 접목시켰다. 녹지가 풍요로운 전원풍의 주거단지. 규모는 크되 밀도는 낮고, 건물의 높이 또한 낮아야 전원도시라고 할 수 있다. 두 사람이 계획한 주거단지는 모두 그런 특성을 지녔다. 그리고 이런 '독일제' 주거단지가 하나의 정형이 되어 전 세계로 퍼져나갔다. 물론 단지의 밀도와 건물의 높이는 변화를 겪지만 '전원풍의 주거단지'라는 개념은 거의 불변으로 이어졌다. 물론 우리나라에도 들어왔고, 녹지가 풍요로운 고층 아파트단지로 변질되어 지속된다.

브리츠 주거단지의 말굽형 주동을 위에서 본 모습 ©A. Savin, Wikimedia Commons

말굽형
주거단지

타우트와 바그너가 계획한 많은 주거단지 중에서 '최고'를 꼽으라고 하면 '브리츠 주거단지 Gross-Siedlung Britz'가 되어야 한다. 흔히 브리츠Britz라고 불리는 베를린 노이쾰른Neukölln 자치구에 건설되었다. 베를린 도심과 상당히 가깝다. 단지 중앙에 위치한 말굽 모양의 주동이 특히 눈에 띈다. 이 주동 때문에 단지는 '후프아이젠 지들룽Hufeisen Siedlung' 즉 '말굽형 주거단지'란 별명이 붙었다. 타우트는 단지와 건축계획을 주도했고, 바그너는 초기의 기본계획에 간여했다. 바이마르 공화국 시대 독일을 대표하는 '빛나는' 단지로 뢰머슈타트 단지와 쌍벽을 이룬다. 소리는 들리지 않지만, 단지는 이렇게 외치고 있다. "새로운 주거문화의 표상이며 노동자들의 낙원이다!"

중앙에 자리하는 거대한 말굽형 주동. 그동안 인류가 건설한 수만의 주거용 건물 중에서 특이한 모양을 꼽는다면 10위 안에 든다. 왜 이런 주동이 나오게 되었을까? 추정컨대, 이 건물은 '도시의 왕관'을 구현한 것이다. 타우트는 1919년《도시의 왕관Die Stadtkrone》이란

책을 출간했다. 책에 등장하는 '왕관'은 도시의 중앙에 자리하는 빛나는 유리탑으로 시민의 사회적 구심점이 되는 강력한 상징체다. 타우트는 말굽형 주동에 그런 역할을 부여했다. 주동으로 둘러싸인 광장의 가운데에 연못을 둔 것은 일종의 화룡점정이다. 타우트는 원래 그곳에 있던 연못을 다소 조정하여 광장의 중앙에 두었다. '빛나는 수정 연못'. 수평으로 깔아놓은 작은 유리 탑이다. 비평가들의 말이 그렇다.

건물은 딱 두 종류다. 3층 아파트와 2층 연립주택. 아파트는 평지붕 건물이며 연립주택은 단독주택이 이어지는 경사지붕 건물이다. 단지를 둘러싸는 건물과 말굽형 주동이 아파트이고, 나머지는 모두 연립주택이다. 중심부와 외곽을 단단하게 한 후 그 사이에 부드러운 생활공간을 배열한 것이다. 마치 아보카도 같은 과일을 연상시키는 공간구조다. 외부로부터 보호된 안전한 '낙원'의 이미지를 부여한 것이다. 이 단지에서 동쪽과 북쪽을 경계하는 주동의 벽면을 마치 성채의 표면처럼 처리한 것도 '보호'의 느낌을 강조하기 위해서였다. 나무가 크게 자라 녹음이 짙은 오늘날 이 단지를 거닐어 보면, 과거 독일의 건축가들이 꿈꾼 전원도시의 상이 구체적으로 다가온다.

단지 출입은 중앙의 광장을 거치는 것이 원칙이다. 말굽의 사이 공간에 조성된 넓은 계단을 내려가면 광장에 이르게 되고, 세 갈래로 퍼지는 길을 따라 말굽형 주동 하부의 터널을 통과하면 단지의 '속살'로 들어가게 된다. 150호의 주택으로 이루어진 말굽형 주동

은 수평 수직의 조화가 뛰어나다. 주택은 모두 광장을 향해서 발코니를 냈다. 광장의 시각적 일체감 때문이었다. 단위주택의 향을 고려한다면 이런 배열은 다소 무리다. 거실이 북쪽을 향하는 주택이 전체의 3분의 1 정도 되기 때문이다. 주동을 '왕관'으로 만들기 위해 건축가는 주택의 앞뒤를 뒤집어버리는 파격을 행했다. 광장에서 바라보는 말굽형 주동은 하나의 음악이라고 해도 좋다. 실체부와 공허부가 리드미컬하게 이어지는데, 건물의 바탕은 흰색, 발코니의 벽면은 청색, 터널 입구는 벽돌색으로 음표를 그린다.

단지의 '속살'은 완전히 다른 환경이다. 풍요로운 녹음 속에 색색으로 멋을 낸 2층 연립주택이 연속되는 목가적인 풍경. 마치 동화 속 마을 같다. 타우트 역시 마당 있는 단독주택을 이상적인 노동자 주택으로 보았기 때문에 이곳의 주택은 3분의 1 정도가 연립주택 형태를 취한다. 1929년을 기점으로 독일의 개혁가들이 연립주택을 포기할 때까지 이런 단독주택 선호는 지속되었다. 타우트는 주동을 남북방향으로 배열하면서도 길의 선형에 변화를 주고 건물의 길이와 집합방식을 다양하게 했다. 일조를 최대한 확보하면서도 일자형 배치의 단조로움은 피한 것이다. 이어지는 주택 중 첫 번째 주택은 길을 향해 돌출시켰다. 그는 이런 계획을 '머리건물kopfbau의 법칙'이라고 불렀는데, 이렇게 함으로써 주동 사이의 공간을 광장처럼 에워싼 외부공간이 되게 한 것이다.

브리츠 주거단지

색채를
이용한 차별화

이 단지를 돌아보면, 누구나 '다채색의 단지'라는 느낌을 받는다. 어쩌면 이렇게 세심한 색채계획을 할 수 있는지, 경이로운 느낌마저 든다. 비단 이 단지뿐만 아니라 타우트가 베를린에 지은 모든 단지에 이와 유사한 색채계획을 했다. 그가 젊은 시절 계획한 주거단지 팔켄베르크 전원도시Gartenstadt am Falkenberg는 '물감상자 단지Paint Box Estate'라고 불릴 정도로 다채로운 색채를 사용했다. 그리고 그가 게하그의 건축가가 되고 나서 처음 계획한 실러파크 주거단지Siedlung Schillerpark에서는 다양한 재료를 사용해 건물을 시각적으로 분절했다. 그의 또 다른 걸작 옹켈 톰스 휘테 주거단지Gross-Siedlung Onkel Toms Hütte에서는 다른 단지보다 더욱 과감한 색채계획을 했다. 수풀로 둘러싸인 단지가 자칫 강렬한 초록색에 묻혀버리지 않게 하려는 배려였다.

색채에 관한한 타우트는 동시대의 건축가들과 생각이 달랐다. 미스, 그로피우스 등 당시의 개혁적 건축가들은 백색 위주의 밝은 무채색을 선호했다. 그것이 근대성을 표출한다고 보았기 때문이다. 장식을 싫어한 그들은 다양한 색채도 일종의 장식이라고 보았다. 백

말굽형 주거단지의 연립주택 출입구 주변. 다양한 색채가 적용되었다. ⓒ손세관

말굽형 주거단지에 적용된 '머리건물'. 다른 주택과 차별되는 색채를 적용했다. ⓒBauhaus-Archiv Berlin

색 위주의 바이센호프 주거단지가 그런 생각을 대변하고 있다. 그런데 타우트는 노동자 주거단지에 한해서는 다양한 색채계획이 필요하다고 생각했고, 말굽형 단지도 예외로 하지 않았다. 여기서 그는 건물의 주색은 적갈색, 흰색, 노란색으로 하고, 위치, 시선의 방향 등을 고려해 부분적으로 다른 색상을 섞어 넣었다. '머리건물'에는 특별히 파란색을 칠했다. 단지의 동쪽 끝에 자리하는 세 동의 아파트에는 붉은 톤이 두드러지는 적갈색을 칠했다. 놀란 사람들은 이 건물을 '빨간 정면Rote Front'이라고 불렀다.

타우트는 그가 선호한 생생한 색채에 대해서 언급하기를, "새로운 커뮤니티를 상징하는 동시에 주거단지에 생활의 즐거움을 부여하기 위함"이라고 했다. 과거의 것과 완벽하게 차별되는 새로운 주거환경을 실현하려는 자신의 열망을 담았다는 것이다. 그는 색채계획을 통해서 주거단지에 활력을 주는 동시에 단위주택의 개별성 또한 달성하려고 했다. 그는 젊은 시절부터 그것을 연구하고 외국으로 여행 갈 때마다 건물의 다양한 색채를 유심히 관찰했다. 그리고 그가 계획한 첫 번째 주거단지 '팔켄베르크 전원도시'에서 그것을 충분히 실험해 보았다. 그 결과 큰 비용을 들이지 않으면서도 적절한 개별성의 효과를 달성하는 방법을 체득할 수 있었다.

말굽형 주거단지의 주택에 설치된 출입구의 다양한 모습. 색채의 변화가 다채롭다. ©BenBuschfeld, Wikimedia Commons

말굽형 주거단지 동쪽 끝에 자리하는 아파트. 적갈색을 칠한 이 건물은 '빨간 정면'으로 불린다. ©손세관

베를린에 건설된 카를 레긴 슈타트 주거단지 전경 ©Landesdenkmalamt Berlin

타우트가 말굽형 단지에서 한 행위, 즉 상징적 주동을 중앙에 배치하고 다양한 색채를 사용한 것은 남다른 의미를 가진다. 주거단지의 정체성과 단위주택의 개별성이 중요하다는 것이다. 단지 전체를 상징하는 상징체, 그리고 각 주택을 특징짓는 색채. 그것은 주민의 결속력과 자긍심, 그리고 '나만의 장소'라는 의식으로 이어진다. 이를 통해 주민은 그들의 환경에 애착을 가지고 그곳을 떠나려 하지 않는다. 미셸 더클레르크가 '에이헌 하르트 집합주택'의 곳곳을 장식하고 탑을 세운 것과 같은 맥락이다. 20세기 초반 많은 건축가가 했던 이런 노력은 조금씩 약해지다가 제2차 세계대전을 거치면서 완전히 사라져버렸다. 20세기 후반에 가서야 몇몇 건축가들에 의해서 그 이슈는 다시 살아났고, 여러 방법이 실험되고 있다.

**또 다른
떠돌이**

타우트와 바그너는 모두 독일을 떠나야 했다. 독일을 떠날 때까지 그들은 많은 주거단지를 계획했는데, 말굽형 단지에 버금가는 규모를 가지면서 역사적으로 중요한 단지는 옹켈 톰스 휘테 주거단지와 카를 레긴 슈타트 주거단지Gross-Siedlung Carl Legien Stadt다. 옹켈 톰스 휘테 단지는 바그너가 계획을 총괄하고 감독했으나 건축계획은 타우트가 주도했다. 여러 단계로 나뉘어서 사업이 시행된 이 단지는 풍부한 녹지와 어우러지면서 친근하고 조화로운 주거환경을 연출한다. 카를 레긴 슈타트 단지는 밀도가 높은 도시형 단지로 계획되었다. 6동의 마주보는 ㄷ자형 주동과 여기에 하나의 작은 연도형 주동이 더해진 모양이다.

나치가 집권하자 바그너는 터키로 건너갔다가 1938년 하버드대학의 교수가 되어 미국에 정착했다. 타우트의 망명 생활은 순탄치 못했다. 그는 1932년 구소련의 유혹에 모스크바로 갔으나 그리 환영받지 못했고, 1933년에 살벌한 독일로 되돌아갔다. 유대인인 그는 오래 버티지 못하고 스위스로 망명했고, 이내 일본에 초청받아 갔다. 일본의 건축문화에 심취한 그는 3년 반 동안 그곳에 머물면서 일본 전통 건축문화에 대해 많은 글을 썼다. 타우트의 글과 강연 덕분에 일본의 건축문화는 서구 예술가들에게 알려지고 영향을 주었으며, 일본인 스스로도 그들 건축의 가치를 재발견했다. 일본이 끔찍이 아끼는 교토 소재의 정원 카쓰라 리큐桂離宮는 타우트가 그 가치를 일본인들에게 깨우쳐 준 것이다. 그는 1936년에 터키로 가서 이스탄불 국립예술대학State Academy of Fine Arts의 교수가 되었으나 1938년 그곳에서 사망했다. 58세였으니 단명이었다.

유네스코 세계문화유산에 등재된 베를린의 6개 주거단지 중 팔켄베르크 전원도시, 실러파크 주거단지, 말굽형 주거단지, 카를 레긴 슈타트 주거단지는 타우트가 설계한 것이다. 그리고 나머지 둘은 이후에 언급할 지멘스슈타트 주거단지Gross-Siedlung Siemensstadt와 바이세 슈타트Weiße Stadt 즉 백색 도시다. 이들 단지에 관한 상세한 내용은 구글을 검색해 보시라.

왕관을 쓴 도시

브루노 타우트는 젊은 시절 환상적인 '유리 건축'에 심취했다. 그가 표현주의 건축가로 자주 언급되는 이유다. 1914년 쾰른에서 열린 독일공작연맹 전시회에 세운 유리 파빌리온이 그의 젊은 날의 대표작이다. 그가 반짝이는 건축을 좋아한 것은 그것이 유토피아의 이상을 담고 있기 때문이다. 그는 유리 건축의 환상을 서사적으로 노래한 시인 파울 쉬어바르트Paul Scheerbart, 1863~1915의 영향을 많이 받았다. 시인은 유리 건축을 통해 독일의 문화와 경관을 완전히 바꾸어야 한다고 설파했고, 타우트는 그와 많은 생각을 공유했다.

타우트가 1919년 발간한 《도시의 왕관》에는 미래도시에 관한 그의 이념이 구체적인 상과 함께 제시되었다. '새로운 도시'는 유토피아의 이상이 담긴 전원도시로서, 민주적인 커뮤니티를 담는 공평한 도시로 그려졌다. 도시의 중앙에는 주민을 정신적 문화적으로 결집하는 공공건축이 반짝이는 수정 즉 유리의 건물로 제시되었다. 그는 그것을 '왕관'이라고 지칭했다. 그것을 둘러싸는 주변 지역에는 주거, 업무, 레크리에이션 시설 같은 '속된' 공간이 자리했다.

소우주 같은 이런 도시의 상은 성당이 우뚝 서 있는 중세도시로부터 왔다. 타우트는 1914년에 발표한 글에서, 고딕 성당은 모든 예술의 결집체로 기술이나 건축적 기교의 결과물이 아니고 종교적 힘이 바탕에 깔린 통합된 사회의 결실이라고 주장했다. 그런데 현대의 도시에 존재하는 공공건물은 정신도 상징도 사라져버리고 단순한 행정과 업무가 수행되는 지극히 기능적인 공간으로, 죽은 건물에 불과했다. 그는 그런 건물들로 채워진 도시를 '머리가 떨어져나간 몸통'에 비유했다.

'왕관'은 종교가 배제된 '현대의 성당'이었다. 공원, 수족관, 식물원, 극장, 도서관, 오페라하우스, 각종 회합을 가질 수 있는 크고 작은 집회실과 회의실이 모인 건물이다. 일상생활의 중심인 이곳에는 예술이 펼쳐지고, 음악이 울려 퍼지고, 드라마를 통해 이념이 전파된다. 이곳에서 시민은 문화를 향유하고, 정신을 공유한다. 이런 문화 시설은 '왕관'의 꼭대기에 십자가 모양으로 구성된 4개의 건물에 수용된다.

제1차 세계대전이 진행되는 동안 타우트는 전쟁 이후의 사회를 그렸다. 그가 그린 '새로운 사회'는 정치색이 배제된 진정한 의미의 사회주의 사회였다. 휴머니티가 바탕에 깔린 조화롭고 통합된 사회는 그것을 아우르는 공통의 정신이 있어야 하는데, 타우트는 건축이 그것을 표현한다고 생각한 것이다. 헬레니즘에서 바로크에 이르는 모든 시대에 건축이 했던 역할, 즉 시민 정신의 상징은 현대와 미래에도 있어야 하므로, 그것을 '도시의 왕관'으로 구현한 것이다.

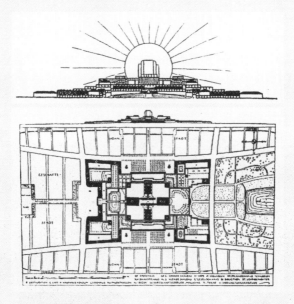

타우트가 그린 왕관이 있는 도시의 상. 출처: 《ARCH+》, no.53, Sept. 1980

브리츠 주거단지

전통적인 타운하우스로 둘러싸인 키프훅 주거단지 ©손세관

도시 속 오아시스,
길을 향해 빛나는 백색의 미학

야코뷔스 요하네스 피터르 아우트,
키프훅 주거단지,
1930

길 위주의
집합주택

집합주택은 도시를 아름답게도 추악하게도 만든다. 우리가 쉽게 간과하는 사실이다. 도시는 주택의 집합 그리고 블록의 집합으로 이루어지므로, 도시미는 주거 블록이 서로 어우러지는 조화를 통해서 달성된다. 이러한 논리를 제일 처음 설파한 사람은 네덜란드 근대건축의 선구자 베를라허다. 그는 수준 높은 집합주택을 통해 도시를 예술품 수준으로 올려놓아야 한다고 생각했으며, 길을 향해 연출되는 파사드의 조화가 건축가에게 주어진 가장 중요한 작업이라고 강조했다. 베를라허의 생각은 르코르뷔지에와 같은 건축가들이 주창한 '녹지 위의 고층주거Tower in the Park' 이념이 번져나가면서 힘을 잃었다. 도시는 예술품에서 콘크리트 덩어리로, 그리고 흉물로 변해가기 시작했다.

　베를라허에 따르면, 집합주택은 개인의 취향이 드러나면 안 되고 시민의 보편적 미의식이 표출되는 것이 정상이다. 같은 요소가 반복되면서 리드미컬하게 이어지는 블록의 표피가 도시미의 근간이다. 그런 블록이 이어지면서 만들어내는 도시의 통합된 이미지가 미래를 지향하는 주거환경의 상이다. 베를라허가 이런 생각을 하게 된 것은 파리, 런던 같은 역사 도시를 관찰한 결과였다. 베를라허는 그런 신념을 암스테르담 남부지역 확장계획Plan

베를라허가 1915년에 수립한 암스테르담 남부지역 계획안. 붉은 부분이 주거 블록이다. ©Amsterdam Municipal Department for the Preservation and Restoration of Historic Buildings and Sites(bMA)

암스테르담 남부
미네르바 거리의
모습. 블록의 표피가
도시미의 근간이다.
©Marcelmulder 68,
Wikimedia Commons

Zuid에서 잘 구현해냈다. 그의 기본계획을 바탕으로 암스테르담 학파를 위시해 많은 창의
적 건축가들이 집합주택을 계획했고, 그 결과 "다양성 속에서 통일을 이루는" 조화로운 주
거환경이 연출되었다.

근대건축이 힘을 발휘하자 베를라허의 신념은 '구식'으로 간주되고 푸르른 개방성의
도시가 우위를 점하게 되었다. 그런데 베를라허의 신념을 끝까지 지켜낸 근대의 건축가가
있었으니, 그가 바로 아우트다. 1918년 로테르담의 '시 주택건축가'가 된 아우트는 많은 주
거단지를 계획하면서 "길에 면해 연속하는 건물 표피의 미학적 처리"라는 베를라허의 이
념을 충실히 따랐다. 벽돌을 사용하던 아우트는 차차 근대의 건축언어를 받아들이면서
단순한 형태와 백색 표피를 선호했다. 그리고 신즉물주의 미학과 기능주의를 받아들였다.
'과학적 비용 절감'도 중요한 목표가 되었다. 그렇지만 '주택을 통한 도시의 하모니'라는 베
를라허의 이념은 버리지 않았다. 전통과 근대를 동시에 추구한 그는 스스로를 '시적 기능
주의자poetic functionalist'라고 불렀다.

베를라허에서 아우트로 이어진 '길 위주의 집합주택 만들기'는 카밀로 지테로부터 내
려온 것이다. 흐름의 중간에 독일 건축가 테오도르 피셔Theodor Fischer, 1862~1938가 있었다.
피셔는 1893년부터 뮌헨의 확장을 지휘하고 공공주택 계획에 깊이 간여한 인물이다. 독일
공작연맹의 공동 창시자이자 전원도시 운동의 리더이기도 했다. 그는 지테를 '근대 도시설
계의 아버지'로 부르며 지극히 존경했다. 아우트는 1911년 피셔 문하에서 잠시 배우고 일

115

했다. 그때 그는 지테의 이념을 배웠고, 이후 베를라허를 만나 그것을 더욱 굳혔다. 아우트는 1917년《데스테일De Stijl》창간호에 발표한 글에서 이렇게 썼다. "길과 광장이 도시계획의 가장 중요한 요소다. 길은 연속된 주택으로 둘러싸여야 하고, 주택은 길을 향해 자리해야 한다." 그는 지테와 베를라허의 충실한 계승자였다.

블록형 집합주택의
새로운 형식

아우트는 28세에 로테르담시 주택국에 고용되었다. 정식 명칭은 시 주택건축가. 공무원이 되기 전에 그는 판두스뷔르흐Theo van Doesburg, 1883~1931, 피트 몬드리안Piet Mondrian, 1872~1944 등과 함께 데스테일 운동을 했다.《데스테일》에 글을 발표하고 소규모 건물을 간간이 설계했으나 사실은 실업자나 마찬가지였다. 1902년 '주택법'을 발효한 네덜란드는 국가와 지자체가 나서서 주거환경 개혁에 주력했다. 로테르담에서는 주택건설을 직접 시행하기로 하고 유능한 건축가를 물색했다. 평소에 아우트의 재능을 눈여겨보던 베를라허는 아우트에게 실질적인 일을 할 것을 권유하고, 로테르담시에 그를 추천했다. 시 건축가가 되면 군 복무도 면제였다. 이렇게 해서 아우트는 노동자 집합주택 설계를 시작했다.

1933년 시를 나올 때까지 15년 남짓한 기간이 아우트 인생 최고의 시기였다. 그는 데스테일의 이상도 버리고 그룹의 동료들과도 조금씩 멀어졌다. 저소득 계층의 주택문제 해결이라는 절박하고 현실적인 문제를 앞에 둔 그로서는 이론에 치우친 데스테일 그룹과는 공유할 내용이 사실상 없었다. 역사상 처음으로 건축가와 관료를 겸하는 직업을 가진 그는 이상과 현실 사이에서 상당한 갈등을 겪었다. 예산은 제한되어 있고 규정은 엄격했지만, 되도록 많은 주택을 빠른 시일 안에 지어야 했다. 각종 압박에 시달리면서도 그는 저렴하고 위생적이고 미학적으로 우수한 집합주택을 계획하는데 헌신했다. 일부 역사가는 그를 근대건축을 이끈 거장 중 한 명으로 지목하고, 그로피우스보다 더욱 중요한 족적을 남겼다고 평가했다.

아우트는 우선 스팡언 지구에 네 동의 집합주택을 계획하고, 이어서 '튀스헨데이컨 주거단지Tusschendijken Housing Estate'를 설계했다. 모두 건물이 중정을 둘러싸는 블록형 집합주택이었다. 그는 베를라허의 이념에 부응하면서 블록형 집합주택의 형식을 놓고 이리저리 실험해보았다. 당시 처음 등장한 블록형 집합주택은 일정한 형식이 없었다. 특히 중정의 성

튀스헨데이컨 단지에 들어선 블록형 집합주택의 중정. ©J.J.P. Oud Pictoright, Amstelveen - SACK, Seoul, 2019

격과 모습에 대해서는 여러 의문이 있었다. 완전히 닫을까 아니면 개방할까? 주민들만의 정원으로 할까 아니면 도시의 공원으로 활용할까? 아우트는 여기에 대해 자신만의 답을 내놓았다. 양쪽에 출입구를 두어 누구나 드나들 수 있게 하되, 중정의 주변부는 개인 정원으로 나눠주고 중앙은 주민 공동의 여가 공간으로 사용한다. 그가 제시한 중정형 집합주택의 이런 형식은 오늘날까지도 유지되어 온다.

아우트는 독일의 건축가들과 달리 전원도시 이념에는 크게 심취하지 않았다. 그는 전원풍의 주거단지보다는 도시 맥락 속에 스며드는 건축에 주력했다. 그것은 네덜란드 특유의 토지개발 방식과도 관련이 있다. 국토가 바다의 수면보다 낮은 네덜란드에서는 주택건설을 위한 토지를 확보하기가 쉽지 않았다. 운하라는 네덜란드 특유의 하수체계를 구축하는 것은 비용이 많이 들어 민간은 손을 댈 수 없었다. 따라서 교외에다 여유로운 전원풍의 주거단지를 건설하는 것은 네덜란드에는 맞지 않았다. 로테르담시에서는 기존 도시를 조금씩 확장하는 방식으로 토지를 확보했다. 아우트는 여러 단지계획을 통해 도시주택의 모습을 조금씩 바꾸어나갔다. 벽돌 표피가 백색 표피로 변하고 건물에는 새로운 미학이 두

훅 판홀란트 집합주택의 전면부. 양쪽 끝이 부드럽게 곡선으로 처리되었다. ©Wikifrits, Wikimedia Commons

드러지기 시작했다.

새로운 미학은 1922년에 계획한 아우트 맛헤네서 주거단지Oud-Mathenesse Housing Estate
에 처음으로 적용되었다. 시 외곽에 들어선 이 단지는 위치 때문에 '마을'의 분위기를 연출
하도록 계획되었지만 건물에는 표준화가 철저히 적용되었다. 흰색 벽체에 장식은 배제했
고 형태의 단순함과 순수함을 강조했다. 아쉽게도 이 단지는 파괴되어서 사라졌다. 1924년
에 계획한 훅 판홀란트 집합주택Hoek van Holland Housing은 과거와의 완벽한 결별이었다. 하
나의 긴 주동으로 이루어진 아파트에서는 단위주택의 반복적 배열, 그리고 형태적 단순함
이 명쾌하게 구현되었다. 이 건물에 적용된 새로운 미학의 핵심은 양쪽 끝과 1층 중앙의 벽
면을 부드럽게 곡선으로 처리한 것이다. 아우트는 이 벽체를 위해 무수히 많은 스케치를
한 끝에 과감하게 원통형의 단순 기하학을 채택했다.

로테르담의 보석,
키프훅 주거단지

아우트가 자신의 최고 걸작인 '키프훅 주거단지Kiefhoek Housing Esate'를 계획한 것은 1925년
이다. 당시 자금에 쪼들리던 시에서는 이 단지의 건설을 놓고 왔다 갔다 했기 때문에
1928년에야 비로소 착공되었다. 위치는 로테르담시 남부 확장지구로 마스 강Mass River의
왼쪽 하안에 인접한 곳이다. 아우트는 "주택은 되도록 작은 규모로 하고, 단지는 값싸게 지

키프훅 주거단지 전경. ©J.J.P. Oud Pictoright, Amstelveen - SACK, Seoul, 2019

어야 한다."라는 시의 요구를 놓고 엄청나게 고심했다. 건물은 되도록 단순하게 짓되 외관은 특별하고 아름다워야 한다는 목표를 놓고 밤낮으로 씨름했다고 한다. 그런 고심의 결과는 완전한 성공이었다. 1930년에 완성된 키프훅 단지는 1920~30년대 유럽에 지어진 어떤 주거단지보다 세련되고 현대적이며, '새로운 주거'의 이념을 뚜렷하게 표출하고 있다.

약 300호의 주택을 수용하는 단지에서 모든 주택은 길과 동등한 관계를 맺으면서 나란히 이어진다. 중정 중심의 아파트가 아니다. 모든 거주자에게 2층 규모의 단독주택을 제공한 것이다. 아우트는 노동자 주택의 이상적 형태를 단독주택이라고 생각한 독일의 개혁적 건축가들과 생각을 공유했다. 이렇게 했을 때 자칫 주민의 커뮤니티 감각이 약화될 우려가 있다. 중정을 공동으로 사용하는 블록형 집합주택에서는 비록 강제적이긴 하지만 커뮤니티 감각이 증진될 가능성이 크다. 이에 대한 아우트의 처방은 세련된 디자인을 통해 단지를 주변 지역과 완전히 차별화하는 것이다. 백색으로 빛나는 이 단지는 당연히 주변과 구분되고, 동류의식을 가지면서 거주하는 주민들은 자연히 결속된 커뮤니티를 형성할 것이기 때문이다.

주민이 동류의식을 가질 수 있는 요인은 또 있다. 단지가 오래전에 지어진 전통적인 연립주택으로 둘러싸여 있다. 그러니 단지는 마치 거칠고 딱딱한 껍질로 둘러싸인 과일의 부드러운 속살처럼 존재한다. 이러한 상황은 건축가가 의도한 건 아니지만 결과는 긍정적이었다. 큰길에서 반 블록 후퇴해서 자리하는 이 단지는 밖에서 쉽게 눈에 띄지 않는다. 그러므로 그들만의 커뮤니티를 만들기에 적절하고, '도시 속의 오아시스'가 될 수 있는 조건이 갖추어졌다. 다만 주변으로부터 고립된 환경을 만들 수는 없었으므로 단지에는 외부로 통하는 몇 군데 입구가 개설되었다. 또한 단지 내부에는 동서로 평행한 내부 가로와 이를 남북으로 연결하는 가로가 개설되었다. 교회와 두 곳의 어린이 놀이터, 상점도 있다.

새로운 모습으로 구현된
베를라허의 이념

아우트는 여기서도 베를라허의 이념을 따랐다. 그는 아마 그것을 위해서 중정을 포기했을 것이다. 좁은 대지에 많은 주택을 수용하기 위해서는 일종의 '낭비'인 중정은 포기하는 대신 '길 중심의 공간구성'을 더욱 강화하는 방식을 택했다. 그러면서 그는 주동의 표면을 구성하면서 단위주택의 구분을 극도로 억제했다. 단위주택이 계속 반복되는 지루한 파사드는 도시미의 향상에 도움이 되지 않기 때문이다. 집합주택의 이상적인 파사드는 여러 요소가 어우러져서 전체적인 조화와 통일을 이루는 것이다. 그것도 베를라허의 가르침이지만 아우트는 그것을 더욱 세련되게 발전시켰다. 이곳에는 주택의 반복적 배열과 표준화의 개념을 일관성 있게 적용했지만, 주동의 외관에는 그런 내용이 거의 드러나지 않는다.

키프훅 집합주택의 주동 외관. 하층부, 중앙부, 정상부의 세 부분으로 나뉜다. ⓒAvalphen, Wikimedia Commons

길에서 바라보는 주동의 파사드는 단순하고 질서정연하다. 하층부, 중앙부, 정상부의 세 부분으로 나뉜다. 하층부에는 창과 출입구를 규정하는 부재가 연속되는데, 단순한 반복이 아니고 마치 경쾌한 음악처럼 리드미컬하게 이어진다. 각 주택의 출입구는 붉은색, 창틀은 회색으로 마감했다. 젊은 시절 아우트가 추구한 데스테일의 감각이 적용된 것이다. 정상부에서는 노란색 창틀이 반복되지만 전체적으로는 연속된 유리면이 주동의 끝에서 끝으로 이어진다. 하나의 길고 세장한 수평창이 설치된 것처럼 보이는 이 정상부가 파사드의 통일성에 크게 기여한다. 밝고 깨끗한 벽체로 이루어지는 중앙부는 아무런 표정이 없다. 균등한 간격으로 이어지는 작은 사각형의 환기구들이 일종의 장식으로 인지될 뿐이다. 이렇게 상·중·하의 수평 띠는 분명히 서로 상이하지만 교묘하게 조화를 이루면서 전체적으로 통일감을 이루어낸다.

키프훅 단지를 특징짓는 트레이드마크가 있다. 곡선으로 부드럽게 돌아가는 주동의 코너다. 아우트는 단지의 오른쪽, 다섯 갈래 길이 만나는 예각의 코너 두 곳을 곡선으로 처리했다. 훅 판홀란트 집합주택에서 이미 사용한 수법이다. 키프훅 단지를 설명하는 사진 자료에는 꼭 등장할 만큼 그 모습이 특별하고 아름답다. 길을 사이에 두고 상점을 대칭으로 배열하고, 그 위에 곡면을 이루는 벽체를 두었다. 상점은 유리를 많이 사용해 개방적으로 구성했기 때문에 이 두 벽체는 마치 허공에 있는 듯한 인상을 준다. 그러니 단지 초입부

키프훅 단지 초입부에 대칭으로 자리하는 두 주동. 단지의 출입문 역할을 한다. ©손세관

키프훅 주거단지

에 서 있는 이 곡선 벽체는 단지의 출입문 역할을 한다. 아우트의 의도였을 것이다. 오늘날 이런 벽체를 보면 그저 그럴 테지만 20세기 초반에는 쉽게 보기 어려운 조형이다.

단위주택은 모두 같다. 비용을 최소화하기 위함이다. 1층에는 거실, 부엌, 화장실이, 2층에는 3개의 침실이 있다. 한 층이 4.1×7.5m로, 두 층을 합해 61m²를 조금 상회하는 면적이다. 이웃 나라의 노동자 주택과 비교하면 면적이 다소 작은 편이다. 이 단지를 계획할 즈음 아우트는 바이센호프 주택전시회에 초청되어 한 동의 연립주택을 설계했다. 그곳의 단위주택은 한 층이 4.7×8m이고, 지하를 포함해 3층 규모였으니 공간적 여유는 물론 시설의 측면에서도 많은 차이가 있다. 가사 공간을 특별히 강조한 바이센호프의 주택에는 넓은 부엌에 더해서 세탁실과 빨래 건조용 테라스까지 있었다. 수납을 위한 공간도 다양하게 마련되었다. 같은 노동자 주택이지만 예산상의 이유로 키프훅에서는 많은 것을 포기해야 했던 아우트는 상당히 마음이 아팠을 것이다.

아우트는 이런 미안하고 아픈 마음을 달래기 위해 키프훅 단지의 주택 후면에 상당히 넓은 전용정원을 마련해 주었다. 거주자들이 그곳을 꽃밭이나 채마밭 등 다양한 용도로 활용할 수 있도록 한 것이다. 이곳 주택의 2층에서 바라보면, 흰색 건물과 정원의 녹음이

키프훅 단지의 단위주택 1층 내부 ©Avalphen, Wikimedia Commons

이루는 대비가 강렬하면서도 신선하다. 건물이 표출하는 세련된 미학은 푸른 녹음과 대조되면서 더욱 빛을 발한다. 1920~30년대에 건설된 집합주택 중에서 근대적 미학을 최고로 뽐내는 곳이 어디냐고 묻는다면, 나는 서슴지 않고 키프훅 단지를 꼽는다. 이렇게 세련된 집합주택을 1920년대에 계획할 수 있었다니, 참으로 놀라운 일이 아닐 수 없다.

완벽하게
재생된 단지

키프훅 단지가 시 건축가로서 아우트의 사실상 마지막 작업이었다. 미국에서 불어닥친 불황의 여파로 로테르담시에서는 더 이상 서민주택에 재정을 투여할 수 없었다. 할 일이 없다고 판단한 아우트는 1933년 시청을 떠났다. 그렇지만 그는 1950년대 중반까지 네덜란드에서 건축가로 활발하게 활동하면서 많은 작품을 남겼으며, 네덜란드를 대표하는 근대건축가로 역사에 기록되었다. 이웃 독일의 많은 건축가가 나치의 박해로 조국을 떠나야 했던 것에 비하면 그는 운이 좋았다.

키프훅 단지는 빨리 쇠락해져 갔다. 너무 값싸게 그리고 빨리 지은 것이 원인이다. 건물의 기초가 특히 허술했다. 그럼에도 이 단지는 네덜란드의 자랑이고, 근대건축의 이정표로서 국가적 기념물이다. 1989년에서 1995년 사이에 건물의 재생 작업이 진행되었다. 건축가 비처 파테인Wytze Patijin이 맡아 진행한 재생 작업은 과감했다. 건물을 거의 다 부수고 새로 짓는 방식이었다. 물론 외관은 옛 모습 그대로 재현했다. 내부는 두 주택을 통합해서 하나의 주택으로 하고, 시설은 모두 현대적 시설로 바꾸었다. 정부에서 정한 공간과 주거 수준의 기준에 맞추어야 했기 때문이다. 하나의 주택은 1930년 모습 그대로 재현했고, 박물관으로 외부에 공개하고 있다. 전문가이드가 안내한다. 로테르담시의 키프훅 단지에 대한 사랑은 각별하고, 주민들의 자부심 또한 대단하다.

베를라허의 도시 vs. 근대건축국제회의의 도시

20세기 초반에 활동한 건축가 중에서 도시에 대해 독자적인 이념을 제시하고 실제로 계획에 적용한 사람은 두 사람이다. 베를라허와 르코르뷔지에. 르코르뷔지에의 도시 이념은 근대건축국제회의의 이념을 대변했고, 베를라허의 이념은 1930년대 초반까지 네덜란드의 여러 건축가가 추종했다. 따라서 20세기에는 도시에 관한 두 모델이 전개되었다고 할 수 있다. 베를라허의 모델과 근대주의자들의 모델. 두 모델은 완전히 대조적이다. 베를라허는 도시를 '예술품'으로 본 반면 근대주의자들은 도시를 '기계'로 보았다. 이게 극명한 차이의 근간이다.

베를라허는 도시를 구성하는 요소를 길, 광장, 주거 블록이라고 했다. 블록의 표면이 만들어내는 아름다움은 길과 광장으로 이어진다. 도시설계는 그런 아름다움을 연출하는 작업이다. 도시의 주인공은 건축이고, 그것의 집합이 블록이고, 그것이 모인 전체가 도시다. 도시는 유기체다. 블록은 그것을 이루는 세포, 그 사이에 난 길은 도시의 핏줄, 그리고 돌아다니는 시민의 움직임은 혈액이다. 반면 근대주의자들에게 도시를 이루는 요소는 거주, 노동, 휴식이 각각 발생하는 공간, 그리고 그들을 잇는 교통, 이렇게 넷이다. 도시는 명확한 기능에 의해 '조닝'으로 구분된다. 블록은 사실상 없다.

베를라허의 도시는 선적이고 연속적이다. 건물이 이어지면서 연출하는 조화로운 운율, 이게 도시미의 근간이다. 녹지는 블록의 내부에 있어 눈에 뜨이지 않고 이어지는 가로수가 건물과 조화를 이룬다. 도시는 전반적으로 낮고, 기념물이 드문드문 솟아오른다. 도시의 움직임은 보행자의 속도에 맞춰진다. 반면 근대주의자들의 도시는 점적이고 단속적이다. 연속성이 없다. 건축보다는 공원과 녹지가 우위를 이룬다. 그것이 도시미의 근간이다. 도시에 자리하는 주택은 '녹지 위의 고층주거'로 존재한다. 도시의 스카이라인은 높다. 그곳은 자동차의 도시이므로 모든 움직임이 빠르다. 그러므로 우연한 만남은 잘 이루어지지 않는다.

한국의 도시는 근대주의자의 도시다. 과거에는 베를라허의 도시에 가까웠으나 근대주의자의 도시로 빠르게 바뀌고 있다. 우리는 베를라허의 도시가 무엇인지 모르고, 잘 가르치지도 않는다. 도시를 만들 때 건축을 얘기하지 않는다. 건물을 높이 세우고 그 사이에 많은 녹지를 확보하는 데만 집중한다. 그리고 통경축과 바람길을 이야기

베를라허가 계획한 암스테르담 남부의 동쪽 지구 모습. ©Amsterdam Municipal Department for the Preservation and Restoration of Historic Buildings and Sites(bMA)

한다. 사실 공간을 넓게 확보해 통경을 한다 해도 뒤에 보이는 것은 콘크리트 덩어리 뿐이다. 베를라허의 도시를 이루는 건물은 짓는 데 수년이 걸린다. 아름다움을 위해 갖은 정성을 다한다. 그런데 근대주의자의 도시에 짓는 건물은 콘크리트를 붓고 굳기를 기다렸다가 조금 더 시간을 쓰는 것 뿐이다.

이전의 주거지와는 확연하게 차별되는 지멘스슈타트 주거단지. 루돌프 헤닝이 계획한 주동의 모습
©Lanaversum, Wikimedia Commons

판상의 아파트가 늘어선 첨단 주거단지

한스 샤로운 외 5인,
지멘스슈타트 주거단지,
1931

'링' 그룹이 만든
주거단지

냉장고, 세탁기 같은 가전제품은 독일의 지멘스가 최고다. 삼성, 엘지 같은 제품이 바짝 따라붙지만 디자인과 내구성의 측면에서 여전히 지멘스를 높게 평가하는 느낌이다. 전기 관련 제품을 생산하는 이 대기업은 베를린에서 사업을 시작했다. 1929~31년에 베를린의 지멘스 공장에서 일하는 노동자를 위해 건설한 단지가 지멘스슈타트 주거단지Gross-Siedlung Siemensstadt다. 베를린 북서쪽 외곽 슈판다우Spandau 자치구와 샤를로텐부르크Charlottenburg 자치구의 경계부에 자리한다. 바이마르 공화국이 재정적으로 쪼들리던 시기에 건설되었지만 당시 유럽에 들어선 주거단지 중에서 가장 '첨단'이다. 이론, 미학, 시설, 모든 면에서 '가장 발전된 것'이 적용되었다는 뜻이다.

지멘스 공장 노동자를 위한 주거이지만 건설은 시에서 공공자금으로 했다. 1928년 시에서는 '소형 아파트 건설을 위한 기금'을 조성했는데, 단지는 그 기금을 바탕으로 건설되었다. 당시 베를린의 노동자 주택을 거의 전담하다시피 건설한 게하그가 관여한 주거단지가 아니라는 뜻이다. 그러므로 계획에는 브루노 타우트가 참여하지 않았다. 그래도 기획과 진행은 시의 도시계획감독 자격으로 마르틴 바그너가 맡아서 했다. 원래 단지 건설을 위한 마스터플랜은 있었다. 지멘스에서 건축가이자 교수였던 파울 메베스Paul Mebes, 1872~1938에게 의뢰해서 작성했다. 블록형 집합주택이 이어지는 다소 보수적인 계획이다.

마르틴 바그너는 진보적 건축가 모임인 '링' 그룹 구성원들에게 메베스의 계획안을 보여 주었다. 그들은 '진부한' 계획안 대신 새로운 계획을 작성하자고 제안했다. 모두 6명의 건축가다. 한스 샤로운Hans Scharoun, 1893~1972, 발터 그로피우스, 후고 헤링, 오토 바르트닝Otto Bartning, 1883~1959, 루돌프 헤닝Rudolf Henning, 1886~1986, 프레드 포르바트Fred Forbát, 1897~1972. 그들은 최선의 단지 구성을 위해 차일렌바우 즉 판상형 주동의 반복 배열을 채택하기로 원칙적으로 합의했다. 각자 계획안을 작성해서 다시 모여 토의를 거친 끝에 샤로운의 안이 최적이라는데 합의하고 그것을 채택했다.

바그너는 샤로운이 계획을 총괄하도록 하고 참여한 건축가 모두에게 주동계획을 할 수 있는 기회를 주었다. 탁월한 결정이었다. 차일렌바우 수법은 경제적 건설이라는 장점은 있지만 자칫 단조로운 단지를 만들 우려가 있다. 제2차 세계대전 이후에 지은 대다수의 판상형 단지가 빠진 함정이다. 바그너는 그런 폐해를 미리 예견했고, 여러 건축가가 다양한 주동계획을 하게 해 단순하지만 변화도 많은 주거단지를 만들도록 했다. 바그너는 당시 최고의 전문가 레베레히트 미게Leberecht Migge, 1881~1935에게 조경계획을 의뢰했다. 이렇게 이 단지를 계획한 건축가 대부분이 '링' 그룹에 속했으므로 흔히 이 단지를 링 단지Ringsied-lung라고 부른다.

링 그룹은 어떤 단체였는가? 1924년 미스 반데어로에와 후고 헤링의 발의로 출범했다. 처음에는 9명의 건축가가 '10인의 링Ring of Ten'이란 이름으로 주로 미스의 사무실에서 모였다. 페터 베렌스Peter Behrens, 1868~1940, 브루노 타우트, 에리히 멘델존Erich Mendelsohn, 1887~1953 등이 포함되었다. 외부에는 비밀결사단체로 알려졌지만 사실은 목적이 분명한 친목 단체이다. 새로운 건축을 표방하던 그들은 사사건건 보수 세력과 부딪혔으므로, 독일건축가협회 내부에서는 급진적이고 도발적인 인물들로 낙인찍혔다. 그룹은 세를 확대해 회원이 26명까지 증대했고, 1926년 이름을 '링'으로 바꾸었다. 간사는 헤링이 맡았다. 그룹은 근대 건축국제회의 결성의 모체가 되었는데, 나치당이 집권한 1933년에 해체되었다.

왜 한스 샤로운의 계획안을 채택했는지는 자세한 기록이 남아 있지 않다. 다른 건축가들이 작성한 마스터플랜도 남아 있지 않다. 건축역사가 피터 블룬델 존스Peter Blundell Jones, 1949~2016는 이렇게 추정한다. 샤로운의 계획이 주변 상황이 초래한 여러 문제에 가장 잘 대응했다. 그는 부지 안 높이 자란 나무를 손상시키지 않은 채 잘 보존했고, 대지를 관통하는 도시철도의 소음을 최소화하는 방안도 적절하게 제시했다. 또한 최소한의 도로건설을 통해 단지의 건설 비용도 대폭 줄였다. 그렇게 확정된 단지계획은 판상형 주동이 대세였지만, 나름의 변화도 많았다. 단지 구성과 비교하면 건축은 훨씬 다양하다. 그로피우스의 엄격한 기능주의, 샤로운의 표현주의, 헤링의 유기주의 등 진폭이 상당히 넓다.

새로운 개념이 담긴 대형단지의 등장

지멘스슈타트 단지는 이전에 독일에서 지어진 단지와 모습이 판이하게 다르다. 단지 구성이 단순한 것에 더해 주거형식도 완전히 다르다. 마당 딸린 단독주택이 이어진 건물 즉 연립주택이 사라졌으며, 단위주택의 규모도 현저히 작아졌다. 그렇지만 전원도시의 이상을 담은 '전원풍의 주거단지'는 그대로 지속되었다. 다만 녹지를 즐기는 사람이 개인에서 그룹 또는 대중으로 변했을 뿐이다. 공공성은 녹지뿐만 아니라 세탁실, 놀이터, 탁아소, 상점 같

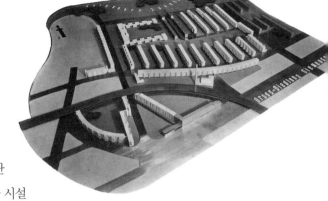

은 단지 내 여러 시설에도 반영되었다. 이전에 지어진 단지에는 이런 정도로 다양한 시설이 갖추어지지 못했다.

공공시설이 두루 갖추어진 대형 주거단지가 실현된 것이다. 단지를 대형화하면 잃는 것도 있지만 얻는 것도 많다. 건설의 효율성을 높일 수 있으므로 단위주택당 투여되는 비용이 낮아진다. 경제성이 향상된다. 이렇게 아낀 비용은 다양한 시설의 건설에 투자할 수 있다. 부지가 커지니 넓은 녹지는 물론 학교 같은 교육시설도 단지 내에 둘 수 있다. 대형화에 긍정적인 측면만 있는 것은 아니다. 주거단지의 기능성과 공공성이 증대하는 만큼 개별성, 상징성, 낭만성은 사라진다. 어쨌든 독일에서는 그런 방향으로 변화가 전개되었고, 그 실질적인 분기점은 1929년이었다.

왜 이런 변화가 생긴 것일까? 우선 경제적인 이유 때문이다. 1919년 출범한 바이마르 공화국은 1920년대 후반 심각한 경제 불황에 봉착했다. 대공황이 시작된 미국이 공화국에 대여해 준 자금을 회수하자 국가 전체가 혼란에 빠졌다. 이런 상황에서도 주택건설은 계속되어야 했다. 수많은 노동자가 여전히 열악한 환경에서 살고 있었기 때문이다. 어쩔 수 없이 정부는 과거와 같은 주택건설 방식으로부터 방향을 틀었다. 경제성을 강조했다. 정부의 이런 정책 변화에 대해 건축가들도 기민하게 보조를 맞추었다. 사실 건축가들도 단위주택당 비용이 많이 드는 연립주택 위주의 단지는 더 이상 적절치 않다고 생각했고, 더욱 효율적이고 경제적인 주거환경이 필요하다고 판단했다.

독일 건축가들이 가진 주거환경에 대한 이념의 변화도 큰 몫을 했다. 계획의 최대 목표가 위생, 최소한의 공간, 풍요로운 녹지, 충분한 햇빛으로 바뀌었다. 이런 목표를 실현하기 위해서는 판상형 주동 위주의 단순하고 기능적인 주거단지가 필수적이다. 주동은 남

지멘스슈타트 주거단지의 외부공간. 주동 사이의 거리를 충분히 확보하고 풍요로운 녹지를 조성했다.
루돌프 헤닝이 계획한 두 주동 사이 공간이다. ⓒ손세관

북 방향으로 배열해 앞·뒤가 각각 동·서를 향하게 하는 것이 원칙이고, 주동 사이의 거리를 충분히 확보하고 그곳에 풍요로운 녹지를 조성하는 것이 무엇보다 중요했다. 건물의 층수도 올려야 했다. 당시 그로피우스를 위시한 독일의 개혁적 건축가들은 아파트의 층수는 높이고 건물 사이의 외부공간은 넓게 확보하는 것이 도시와 전원이라는 상반된 환경을 모두 수용할 수 있다는 주장을 폈다. 그렇게 해야 시대가 요구하는 신개념의 단지가 될 수 있다고 역설한 것이다.

이러한 변화의 첫 결실이 베를린에 건설된 두 개의 대형단지다. 지멘스슈타트 단지와 바이세 슈타트. 모두 마르틴 바그너가 사업을 주도했고, 시작과 완성 시점도 같다. 바이세 슈타트는 번역하면 '백색 도시'가 되는데, 역시 노동자를 위한 주거단지다. 흰색 일색의 단지로 군더더기를 모두 제거해버린 단순 명쾌한 주동으로 구성되었다. 이 단지를 기점으로 대규모 주거환경의 색채는 흰색이 표준으로 정착되었다. 두 단지 모두 제2차 세계대전 이전에 건설된 '근대적 주거단지'의 대표로서, 유네스코 세계문화유산이다. 세계대전이 종결된 이후 전 세계는 이 두 단지를 모델로 새로운 주거환경을 만들어나갔다.

　　　　　　　　　　　　　　　　　　　　　지멘스슈타트 주거단지

발터 그로피우스가 계획한 주동의 전면부 ©Bodo Kubrak, Wikimedia Commons

첨단 주거단지
지멘스슈타트

4층으로 건설된 지멘스슈타트 단지는 당시로는 파격적인 고층단지였다. 대부분 다락층을 올렸으므로 5층으로 보이는 이 단지를 위해 베를린시는 건축법을 바꿔야 했다. 단지 내부로는 자동차 길을 내지 않았다. 넓은 녹지를 확보하려는 의도도 있지만, 비용을 절감하려는 이유가 더 컸다. 탁월한 조경가 레베레히트 미게는 이곳에서 자신의 '사회적 정원'의 이념을 마음껏 펼쳤다. 푸른 녹지는 사회를 건강하게 하는 최고의 수단이며, 녹지와 건물의 유기적 통합을 통해 태양과 교감하는 수준 높은 주거지를 도시에 널리 보급해야 한다는 것이 그의 신념이다. 주동과 주동 사이에 넓게 확보된 공간은 자신의 신념과 완전히 맞아떨어졌다. 그는 원래 있던 큰 나무들은 옮기지 않고 그대로 보존해서 활용했다.

단지 내 주동은 모두 나름의 특징을 표출하고 있다. '근대성'과 '형태의 순수함'을 같은 것이라고 전제한다면, 근대성이 가장 돋보이는 건물은 그로피우스가 계획한 주동이다.

발터 그로피우스가 계획한
주동의 후면부 ©손세관

한스 샤로운이 계획한 주동 ©손세관

그는 1927년에 완성한 데사우의 바우하우스에서 새로운 미학을 유감없이 표현했다. 그가 설계한 주동에 그것이 재현된 것은 자연스러운 일이었다. 반듯한 윤곽을 가지는 밝은 건물에는 발코니와 창이 정확한 리듬으로 반복되었고, 재료의 마감은 한 치의 오차도 없었다. 벽체는 종이처럼 가볍게 띄웠고, 벽체가 만나는 모서리는 칼날처럼 날렵하게 처리했다. 계단실은 한 면 전체를 유리면으로 마감해 화끈하게 개방했다. 설계에 참여한 6명의 건축가 중 샤로운과 헤링을 제외하면 대부분 그로피우스와 유사한 미학을 구사했다.

샤로운이 바라본 새로운 미학은 조금 달랐다. 근대를 대표하는 표현주의 건축가였던 그는 좀더 변화 있고 흥미로운 모습의 아파트를 제안했다. 비록 약하지만 표현주의 속성을 표출한 것이다. 두 주동을 예각으로 바라보게 하고 눈썹 모양의 곡선 주동을 부가시킨 배치 계획부터 그랬다. 게다가 건물에는 둥글게 돌출된 발코니, 제단 모양의 지붕면과 같은

지멘스슈타트 주거단지

후고 헤링이 계획한 주동 ©손세관

오토 바르트닝이 계획한 긴 곡선 주동의 모습
©손세관

특이한 조형 요소를 과감하게 부여했다. 사각 창, 수직 창, 납작한 수평 창을 이리저리 섞어서 배열한 것도 특별했다. 그러니 건물은 조화와 부조화의 경계를 넘나든다. 사람들은 샤로운의 주동이 선박의 모습을 연상시킨다 하고, '배의 건축Schiffsarchitektur', '장갑 순양함 Panzerkreuzer'이라고 불렀다. 샤로운은 자신이 설계한 이 아파트에서 오랫동안 살았다.

가장 귀엽고 예쁜 건물은 헤링의 주동이다. 헤링은 인간의 행위를 마치 피부처럼 둘러싸는 건축을 '기능적'이라고 생각했다. 그의 주동에서 특히 시선을 끄는 요소는 콩팥 모양의 발코니로, 상층의 직사각형 발코니 및 계단실과 대조를 이루면서 파사드에 활기를 불어넣고 있다. 그가 발코니를 이렇게 한 것은 4인 식탁을 놓고 부엌에서 음식을 운반하는 동선, 아랫집에 최대한의 햇빛이 들어가게 하려는 의도 등 기능적 계획의 결과였다. 살구색 벽체를 바탕으로 황색 벽돌이 곳곳에 부가된 헤링의 주동은 다른 건물과 시각적 차이를 보이면서도 묘한 동질감을 연출한다. 이 건물을 미스가 바이센호프에 지은 백색의 아

지멘스슈타트 단지의 아파트 내부 공간. 건축가 샤로운이 살던 아파트이다. ©Bauhaus-Archiv Berlin (F5837)

파트와 비교해 보시라. 두 사람이 같은 사무실을 쓰면서 '이상적 형태'에 대한 끝없는 논쟁을 벌인 이유를 짐작할 것이다.

1,400호에 가까운 주택을 수용하는 이 단지에는 초등학교와 탁아소가 설치되었고, 중앙난방시스템이 갖추어졌다. 당시로서는 획기적인 시설이었다. 단지에는 48m² 면적의 주택이 가장 많이 제공되었는데, 중앙에 석탄 난로를 두는 것은 비용과 공간 이용 모두에서 비효율적이다. 난로에 지출하는 비용을 모두 합하면 중앙난방시스템을 운용하는 비용을 훨씬 상회했다. 최신 시설을 갖춘 현대식 세탁실도 제공되었다. 단위주택 내부에는 공간적 여유가 없었으므로 세탁을 위한 공동의 공간은 필수다. 그런데 현대식 세탁실로 가는 것도 주부에게는 '일'이었으므로 평소에는 각 건물의 다락층에 마련된 빨래방을 이용했다. 단지에는 큰 상점, 다수의 편의점, 그리고 작은 레스토랑이 마련되었다. 단지에 이런 다양한 시설이 제공된 것은 커다란 변혁이지만, 자족이란 이념이 점차 단지의 고립으로 변질되

어간 것은 아쉬운 측면이다.

지멘스슈타트 단지는 그 흔한 판상형 아파트단지와는 분명 차원이 다르다. 독일의 저명한 건축역사가 율리우스 포제너Julius Posener, 1904~1996는 이렇게 쓰고 있다. "지멘스슈타트 단지는 제2차 세계대전 이후 건설된 여러 차일렌바우 주거단지의 모델로 사용되었을 테지만, 사실은 어느 누구도 그것의 특징을 세세하게 이해하지 못했다." 말하자면, 단지의 본질적 가치는 몰랐고 그저 '판상형 아파트'라는 외형만 무분별하게 빌려갔다는 의미다. 사실상 샤로운은 판상형 아파트의 배열에 많은 변화를 주었다. 길게 또는 짧게, 직선 또는 곡선으로, 길에 면하게 또는 길과 직각으로, 동서방향 또는 남북방향으로. 게다가 주동마다 재료, 색채, 디테일, 발코니 모양이 다 다르고 그 수준이 모두 '예술'에 이르렀으니 이 단지를 여느 기계적인 단지와 같은 레벨에 둘 수는 없는 것이다.

바이세 슈타트를 관통하는 큰길에 면해 돌출된 두 동의 5층 건물
©Marbot, Wikimedia Commons

바이세 슈타트의 북쪽 출입구 역할을 하는 5층 건물 ©kvikk, Wikimedia Commons

지멘스슈타트 단지가
시사하는 것

지멘스슈타트 단지와 쌍벽을 이룬다는 바이세 슈타트는 어떤 단지인가? 원래 이름은 라이니켄도르프 주거단지Gross-Siedlung Reinickendorf. 하지만 단지의 모든 건물이 흰색이기 때문에 붙은 '백색 도시'라는 이름이 어느덧 단지의 정식 명칭이 되었다. 베를린 북서쪽 교외 라이니켄도르프 자치구에 자리한다. 건축가 루돌프 잘비스베르크Otto Rudolf Salvisberg, 1882~1940가 계획의 전체 틀을 잡았다. 이 단지는 지멘스슈타트 단지와 여러 측면에서 유사하다. 1,000세대가 넘는 대형 단지로 효율성과 경제성이 강조되고, 새로운 미학을 적용했으며, 풍부한 녹지 위에 건물이 열을 지어 배열되었다. 그리고 단지에는 중앙난방시스템과 같은 첨단 설비와 시설이 제공되었다.

지멘스슈타트 단지와 바이세 슈타트는 제2차 세계대전을 거치면서 파괴되고 쇠락했다. 특히 바이세 슈타트는 전쟁의 피해가 심했다. 베를린시는 1981년부터 6년간 두 단지를 대상으로 대대적인 수리 및 복구를 시행해 원래의 모습을 회복했다. 두 단지를 둘러보면, 복지국가를 향한 바이마르 공화국의 정신, 노동자의 삶에 대한 건축가들의 순수한 열정, 새로운 주거문화를 추구한 개혁적 건축가들의 이념, 그리고 그들이 그리던 '합리적 주거단지의 상' 등이 고스란히 전해진다.

지멘스슈타트 단지를 볼 때마다 드는 생각이 있다. 주동마다 계획가를 다르게 하는 것. 그 효과가 참 좋다. 대형단지의 기계적 단조로움을 피할 수 있는 슬기로운 방법이다. 우리도 계획 과정을 조금만 바꾸면 얼마든지 할 수 있다. LH공사 같은 공공기관에서 시행하는 현상공모전을 두 단계로 나누면 된다. 우선 마스터플랜을 선정하고, 그것을 바탕으로 주동을 계획할 건축가를 뽑아서 한두 동씩 설계를 맡기면 된다. 재건축 단지같이 주민의 이익이 우선되는 경우는 어렵겠지만 공공이 짓는 임대주택 단지에는 아무 문제없이 시행할 수 있다. 일이 없어 노는 많은 건축가를 구제할 수 있고, 우리 주거환경은 다양해질 것이니, 그야말로 일석이조 아닌가. 일본에서는 벌써부터 채택하는 방식인데, 우리는 왜 못하는지. 그것도 물어봤으면 좋겠다.

기능주의의 두 얼굴

근대건축이 만들어낸 용어 중에서 '기능주의' 만큼 헷갈리는 것이 없다. '기능적'이란, 때로는 장식에 반하는 개념으로, 때로는 특정 목적에 부합하는 상태로, 때로는 많은 사례에 적용할 수 있는 보편적 해법으로, 때로는 대량으로 만들 수 있는 생산성 위주의 개념으로 사용되어 왔다. 그러니 그것을 두루 표방하는 근대건축 전체를 기능주의 건축이라고 뭉뚱그려 얘기하는 경우도 많다. 진정한 기능주의자 후고 헤링이 이런 상황을 보았다면 가만히 있지 않았을 것이다. 흔히 유기주의 건축으로 설명되는 헤링의 기능주의는 주로 곡선적이고 불규칙한 형태로 표출되기 때문에 표현주의로 오해되기도 한다.

헤링에 의하면, 건축 형태는 미리 정해지는 법이 없다. 사물의 본질을 발견하면 형태는 저절로 결정된다. 그러므로 '내용'이 없다면 형태도 없다. 형태는 생리적 요구와 지역적 요구가 두루 작용해서 만들어진다. 헤링은 설계를 많이 하지 못했다. 동료들과 달리 미국으로 이민가지도 않았으므로 국제주의 물결에도 편승하지 못했다. 뤼벡Lübeck 근교에 지어진 가르카우Garkau 농장 외양간이 헤링의 대표작인데, 그의 기능주의적 생각이 잘 녹아 있다. 암소와 수소의 습성, 건초의 분배, 전염병에 대한 고려 능 계획의 세심함에 혀를 두르게 된다. 헤링의 이론은 한스 샤로운에게 영향을 주어, 샤로운이 헤링의 이념을 실제적으로 구현했다.

1920년대 초반부터 같은 사무실을 썼던 헤링과 미스는 늘 논쟁에 빠졌다. 헤링은 미스가 추구한 기하학적 형태와 융통성의 개념을 인정하려 들지 않았다. 미스는 헤링의 공격에 늘 이렇게 응대했다. "이보게, 공간을 넉넉히 만들면 되잖아. 그럼 그곳에서 자유롭게 다닐 수 있잖아. 미리 정해진 방향으로만 다니지 않고. 자네는 자네가 만든 공간을 사람들이 꼭 그렇게 쓰리라는 확신이 있어? 그들이 우리가 기대한대로 움직여줄지 우린 전혀 모르잖아. 기능은 그리 분명한 것도 아니고, 영원하지도 않아. 그건 건물보다도 빨리 변해." 결국 두 사람은 조금씩 사이가 멀어졌고, 1920년대 말에 가서는 공적인 자리가 아니면 보지 않았다.

헤링이 가장 못마땅하게 생각한 사람은 르코르뷔지에였다. 르코르뷔지에가 추구한 범우주적 순수형태는 헤링의 미학과는 반대되는 것이다. 두 사람은 1928년 근대건축국제회의의 첫 회합에서 만났다. 지그프리드 기디온과 르코르뷔지에가 소집한 회의는 모든 것이 그들이 정한 방향으로 흘러갔다. 독일 대표였던 헤링은 자주 딴지를 걸었으나 통하지 않았다. 기디온과 르코르뷔지에는 헤링을 회의에서 축출하려 했고, 헤링은 1930년부터는 회의에 참석하지 않았다. 오랜 시간이 지나 병석에 든 헤링은 르코르뷔지에가 1955년에 완성한 롱샹성당Ronchamp Chapel 사진을 보게 되었는데, 미소를 띠며 이렇게 말했다. "드디어 그자가 내가 옳다는 걸 알았군." 20세기 혁신적 건축가들은 이상적 형태를 놓고 대립했다. 비평가들은 그것을 기능주의와 이성주의의 대립이라고 쓴다.

후고 헤링이 계획한 가르카우 농장의 외양간 ©seier+seier, Flickr

지멘스슈타트 주거단지

카를 마르크스 호프의 중앙 광장에서 바라본 중심 건물의 입면 ⓒ손세관

거대한 블록 속에 담은
사회주의 이념

카를 엔,
카를 마르크스 호프,
1930

'붉은 빈'의 주거개혁

오스트리아는 제1차 세계대전에서 패망했다. 합스부르크 왕조는 몰락하고 나라는 작은 공화국으로 전락했다. 헝가리, 체코슬로바키아가 독립하고, 국토의 많은 부분이 폴란드, 유고슬라비아, 루마니아 등 신흥국에 귀속되었다. 알프스 산맥과 그 주변의 농촌지역만 국토로 남았다. 전쟁 전과 비교하면 국토 면적이 4분의 1로 축소된 것이다. 거대한 영토에서 조달하던 물자의 공급이 끊기면서 국가는 궁핍과 극심한 인플레이션에 시달렸다. 산업이 마비되고 실업자가 거리에 흘러넘쳤다. 굶어 죽는 사람이 속출했다.

이런 어려움 속에서 사회주의 정당인 사회민주노동당이 빈에서 권력을 잡았다. 1919년 5월 선거에서 당원인 야코브 로이만Jakob Reumann, 1853~1925이 시장으로 당선되었다. 사회민주노동당(약칭 사민당)은 수도를 독립시키려는 시도를 했고, 결국 빈은 시장이 자치적으로 다스리는 작은 독립국가가 되었다. 그게 '붉은 빈Das Rotes Wien'이다. 체제는 도시의 권

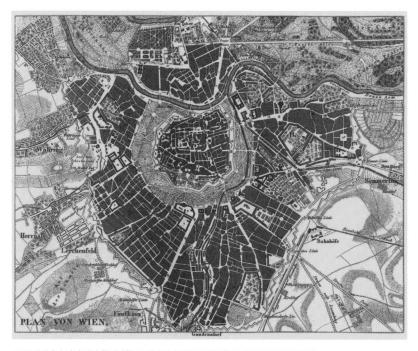

1850년경에 수립된 빈의 확장계획. 구시가지 외곽으로 새로운 주거지가 넓게 조성되었다.

력이 파시즘 정권으로 넘어갈 때까지 15년간 유지됐다. 그 짧은 기간 그들은 '사회주의 낙원'을 이루기 위해 갖은 애를 썼다.

가장 시급한 과제는 도시의 주택문제 해결이었다. 빈의 노동자들은 형편없는 환경에서 살고 있었다. 지하주거에 사는 극빈계층에서는 폐결핵이 창궐했다. 당시 유럽에서는 폐결핵을 '빈 질병Wien Krankheit'이라고 불렀다. 부자들에게서 돈을 갈취하다시피 한 세금정책으로 자금을 확보한 사민당 정부에서는 대대적인 주택건설 사업에 착수했다. 1934년까지 빈에는 64,000호의 주택이 건설되었다. 도시 인구의 10분의 1에 해당하는 20만 명이 새로운 주택에 입주할 수 있었다. 비로소 주택 내부에 화장실이 있고 수돗물이 공급되는 집에 살게 되었다.

붉은 빈에서는 새로 짓는 공공주택의 모델을 이웃 나라와 완전히 다르게 설정했다. 그들은 전원도시 이념을 받아들이지 않았고, '합리적인' 판상형 아파트 대신 전통적인 블록형 집합주택을 고수했다. '호프하우스Hofhaus'라고 불리는 형식이다. 제한된 도시권역을

하늘에서 본 빈의 모습. 중정을 둘러싸는 대형 호프하우스가 널리 분포해 있다.
©Andrew Nash, Wikimedia Commons

카를 마르크스 호프

가지면서 인구 200만 명을 수용한 빈에서는 토지가 많이 소요되는 전원도시 이념은 받아들이기 어려웠다. 당시 도시 경계부에는 미개발지가 상당히 있었지만 그곳으로 통하는 교통수단이 미처 마련되지 못했다. 도시 전체에 걸쳐서 교통과 상하수도 등 기반시설을 먼저 구축해야 했지만 그렇게 사업을 진행하기에는 주택문제가 너무 심각했다. 결국 집 지을 땅은 기존 도시 안에서 확보할 수밖에 없었다.

거대한 블록형 집합주택이 도시 곳곳에 들어섰다. 그들은 그것을 '게마인데 호프Gemeinde-Hof' 또는 '게마인데바우Gemeindebau'라 불렀다. '커뮤니티 건축' 또는 '집단을 위한 건축'이라는 뜻으로 '서민이 모여 사는 집합주택'이라는 의미를 담고 있다. 하나같이 당당한 고전적 외관을 지니고 내부에는 녹지가 풍부한 중정을 담고 있었다. 4~6층 높이에 적게는 수십 호, 많게는 2,000여 호의 주택을 수용했으므로 빈의 전통적인 아파트에 비해 규모가 컸다. 보통은 한 블록 전체를 차지했지만 경우에 따라서는 여러 블록을 합친 대규모 부지 위에 건설되기도 했다. 도시 내에 이런 주거블록이 400여 개나 새롭게 들어섰으니 놀라운 성취였다.

대규모 블록형 집합주택은 사회주의 이념과도 잘 맞아떨어졌다. 사민당 지도자들은 그들이 건설하는 집합주택 속에서 거주자들이 '민주적 공동체'를 이루기 바랐다. 개인이 뿔뿔이 각자의 생활을 영위하는 외톨이의 삶이 아니고 많은 사람이 서로 어울려 살면서 오락과 여가를 공동으로 즐기는 사회적인 삶이 바람직하다고 본 것이다. 이러한 공동체적 삶을 위해서는 가운데에 큰 중정이 있는 블록형 집합주택이 가장 적합했으며, 규모는 클수록 좋았다. 다양한 공공시설을 수용할 수 있기 때문이다. 공공시설을 두루 갖춘 대형 집합주택은 여성의 삶을 편안하게 할 수 있다. 모두가 노동에 종사해야 하는 사회주의 체제에서 여성은 가사노동의 짐을 벗어야 했다.

붉은 빈에서는 복지 및 문화사업도 진행했다. 시민의 의식과 생활을 개혁하고, 새로운 사회주의 노동자문화를 형성해 궁극적인 낙원을 이루고자 했다. 우선 광범위한 의료복지를 시행했다. 높은 신생아 및 어린이 사망률을 끌어내리고, 성인의 건강 수준도 대폭 향상시키려 했다. 교육제도를 개선해 공교육을 강화하고, 사회주의적 의식을 가진 시민 양성에도 주력했다. 곳곳에 도서관을 짓고 책 읽기를 권장했다. 극장의 수를 늘리고 강연회, 음악회, 영화상영 같은 모임을 독려했다. 정부가 나서서 노동자 올림픽이나 페스티벌 같은 큰 행사를 열고, 오페라 공연 티켓을 싼값에 배포했다. 영화 〈사운드 오브 뮤직〉에 나오는 가족 음악경연대회는 허구가 아니었다.

바그너 학파
건축가들

빈에 들어선 대형 집합주택이 취하는 장대한 위용은 직접 보지 않으면 상상하기 어렵다. 그들을 '인민의 궁전Volkspalast'이라고 하는 것은 그만한 이유가 있다. 도대체 누가 이런 건물을 설계한 것일까? 붉은 빈에 지은 대형 '호프'는 대부분 오토 바그너Otto Wagner, 1841~1918의 제자들이 설계했다. 신고전주의 건축에 새로운 미학을 가미시킨 오토 바그너는 근대건축 역사에 자신만의 영역을 구축한 특별한 인물이다. 1894년부터 빈 예술아카데미Akademie der bildenden Künste Wien 교수로 재직한 바그너는 학교에 '상급반'을 설치하고 선택받은 학생을 대상으로 특별한 교육을 시켰다. 그렇게 배출된 건축가들을 일컬어 '바그너 학파Wagner School'라고 부른다.

오토 바그너가 1911년에 그린 새로운 빈. 상징성과 조화가 강조된 빈 22구의 모습이다.
©Historisches Museum der Stadt Wien

카를 마르크스 호프

바그너는 빈 사회주의 건설사업의 정신적 이론적 대부였던 셈이다. 그의 제자들은 독일을 중심으로 전개된 근대건축 또는 '새로운 건축'에 전혀 물들지 않았다. 바그너는 근대미학을 어느 정도 받아들였지만 어디까지나 고전주의자였다. 그의 상급반에 들어가려면 치열한 경쟁을 뚫어야 했다. 뛰어난 재능과 실력이 있는 학생만 선발되었다. 바그너는 이렇게 선언했다. "나는 열등한 다수보다는 우수한 소수를 가르칠 것이다." 빈의 힘 있는 가문에서 어떤 부탁과 압력을 가해도 바그너는 실력 없는 학생은 받지 않았다. 3년 과정의 상급반 교육은 엄격하고 집중적이었다. 학생들은 바그너가 제시한 교육 과정과 그의 가르침에 철저히 따라야 했다.

바그너가 강조한 것은 과감한 '도시건축'이다. 기존 도시조직과 잘 어우러지면서도 새로운 사회적 이상을 담을 수 있는 당당하고 기념비적 건축이었다. 좌우대칭이고, 하부에는 포티코와 아케이드가 연속적으로 자리하고, 몸통과 상부는 아치와 탑으로 장식된 건물이다. 한마디로 '환상적'인 모습이어야 했다. 그런데 바그너가 강조한 것은 건물의 모습뿐만 아니었다. 그는 '문제에 대한 실질적 해결'을 강조했다. 현대적 생활을 수용하고, 장소의 성격에 부합되며, 합당하고 적절한 재료를 사용하고, 비용의 절감까지 고려한 건축을 요구했다. 형식주의와 실용주의 모두를 추구한 것이다.

이렇게 교육받은 바그너의 제자들은 빈의 집합주택을 대상으로 고전적 미학과 현대적 감각을 섞어 넣어 상상력을 발휘하며 설계했다. 정부에서는 그들에게 장식, 조각, 채색 등을 다양하게 적용할 것을 요구했다. 정부는 공업화, 표준화 같은 신기술도 채택하지 않았다. 대신 콘크리트와 조적식 구조의 뼈대 위에 치장 벽토를 바르는 노동집약적 방식을 사용했다. 도시에 흘러넘치는 실업자를 구제해야 했기 때문이다. 당시 빈에는 많은 화가, 조각가, 예술 장인들이 있었지만 대부분 실업자였다. 이렇게 건설한 집합주택에 그들은 카를 마르크스Karl Marx, 1818~1883, 프리드리히 엥겔스Friedrich Engels, 1820~1895 등 사회주의 운동가의 이름을 붙였다. 괴테Johann Wolfgang von Goethe, 1749~1832, 하이든Joseph Haydn, 1732~1809 같은 예술가의 이름도 포함되었다. 빈이 문화도시라는 사실도 알리고 싶었던 것이다.

카를 마르크스
호프

카를 마르크스 호프Karl-Marx-Hof는 붉은 빈이 지은 최대 최고의 공공주택이다. 빈의 북쪽

하늘에서 본 카를 마르크스 호프. 건물의 전체 길이가 1.2km에 달한다. ©Xavier Durán/Latitude Image, S. L.

제19구 되블링Döbling에 지어진 이 거대한 건물은 '사회주의의 승리'를 외치고 있다. 하부에는 거대한 아치가 바탕을 이루고, 상부에는 타워가 반복되며, 최상부에는 깃발이 펄럭이는 상징적인 건물. 이게 과연 주택이란 말인가? 이런 생각이 든다. 장중하고 권위적인 빈의 공공건축과는 분위기가 완전히 다른, 역동적인 건물이다. 카를 마르크스 호프는 지어질 때부터 붉은 빈의 상징이 되었다. 과감한 형태는 물론이고 붉은색과 황토색이 혼합된 건물의 색채는 생생함을 넘어 선동적인 분위기를 풍긴다. 새로 출범한 사회주의 국가의 이념을 이처럼 잘 표현한 건물이 없었다.

설계자는 카를 엔Karl Ehn, 1884~1957, 오토 바그너의 제자다. 설계를 시작한 것은 1926년. 그는 건물을 여러 덩어리로 잘게 나누는 대신 하나의 연속된 구조로 만들었다. 중앙에는 거대한 광장을 두고, 그것에 면해서 상징적인 중심건물을 배치했다. 그리고 좌우에는 중정을 둘러싸는 크고 작은 건물을 연속시켰다. 완성된 호프는 하나의 작은 도시라고 해도 좋다. 1,400호의 주택과 5,500명의 인구를 수용하는데, 제공된 공간과 시설은 일반인의 상식을 초월한다. 중앙광장의 면적만 10,000m²가 넘고, 전면가로인 하일리겐슈퇴터슈트라세

　　　　　　　　　　　　　　　　　　카를 마르크스 호프

카를 마르크스 호프의 중정. 모든 주택에 발코니가 설치되었다. ©Payton Chung, Flickr

Heiligenstädterstrasse에 면하는 건물의 길이는 1.2Km에 달한다. 완성되었을 당시 빈에서 가장 큰 건물이었다. 이곳에 공동세탁장 2곳, 공중목욕탕 2곳, 치과클리닉, 산부인과클리닉, 의료보험 사무소, 유치원, 도서관, 유스호스텔, 우체국, 약국, 레스토랑 그리고 수십 개의 상점이 수용되었다.

압권은 중앙의 상징적인 건물과 그 전면의 광장이다. 건물의 당당한 모습은 광장을 압도한다. 성채의 느낌을 주는 이 건물은 20세기에 지어진 주거용도의 건물 중에서 가장 상징성이 강하다. 원래는 광장에 면하는 9개의 아치문을 계획했으나 시행과정에서 6개로 축소되었다. 중앙에 있는 4개의 아치문 위에는 계몽, 해방, 유아복지, 체육을 각각 상징하는 세라믹 조각상이 서 있다. 조각가 프란츠 리들Josef Franz Riedl, 1884~1965의 작품이다. 거대한 광장은 기념식, 노동자 대회 등 각종 행사가 열리는 도시의 중요한 장소다. 1930년 10월 12일 광장에서 열린 건물의 공식 개막 행사에서 당시 시장 카를 자이츠Karl Seitz, 1869~1950는 이렇게 설파했다. "우리가 모두 사라져도 이 돌이 끝까지 우리를 대변할 것입니다." 그의 말대로 이 광장은 그들의 시대를 대변하는 살아 있는 상징물이다.

광장의 좌우에는 거대한 중정을 둘러싸는 블록형 집합주택이 둘씩 이어진다. 사실 이곳의 중정은 중정이라고 부르기에는 규모가 너무 크다. 카를 엔의 계획이 제출되자 당시

카를 마르크스 호프의
관통 도로. 거대한
반원 아치 주변에 카페,
상점 등이 배치되었다.
©손세관

카를 자이츠 호프 전면의
반원형 광장 ©손세관

빈의 관리들은 이런 크기의 중정에 환호를 보내면서 지지했다. 전원도시의 이념을 담았다
고 생각한 것이다. 건물은 전차가 4번 정거할 정도로 길게 뻗어 있으므로 그 사이에는 관
통도로를 두어야 했다. 건축가는 5개의 관통도로 양쪽에 유치원, 클리닉, 도서관과 같은
공공시설을 배치했다. 또한 관통도로의 끝에는 자동차가 통과하는 거대한 반원아치를 두
었고, 그 주변에는 카페, 상점 등 상업시설을 배치했다.

건물은 이렇듯 거대하지만 단위주택은 규모가 작다. 30~60m². 침실이 하나 또는 둘이
다. 비록 규모는 작지만 제공된 주택은 당시로서는 획기적인 공간이었다. 수돗물과 전용화
장실이 제공된 것은 그렇다 치고, 모든 주택에 발코니가 주어졌다. 당시 발코니는 상류계
층 아파트에나 설치된 '사치품'이었다. 모든 방에 따뜻한 햇볕이 들고 통풍이 가능한 주택.
그것은 빈의 노동자들에게는 '꿈의 공간'이었다. 아침마다 공동화장실을 사용하기 위해 길
게 줄을 서지 않아도 되었으니, 그것만 해도 호프는 낙원이었다.

빈의 대형 호프를 바라보는 눈

빈에는 카를 마르크스 호프에 버금가는 대형 집합주택이 많다. 카를 자이츠 호프Karl-Seitzhof, 로이만 호프Reumannhof 등, 모두 언급하자면 끝이 없다. 카를 자이츠 호프는 사민당 출신의 두 번째 시장 카를 자이츠의 이름을 땄다. 1,700호의 주택을 수용하는 이 거대한 건물은 '도시 속의 도시'라는 이념을 실현한 것으로, 오토 바그너가 총애한 제자 후베르트 게스너Hubert Gessner, 1871~1943가 계획했다. 거대한 반원형 광장을 전면에 두고 건물은 강력한 상징적 구성을 취한다. 로이만 호프 역시 게스너가 계획한 건물로, 중앙에 8층 규모의 건물이 타워처럼 우뚝 서 있고 좌우에 6층 규모의 블록형 집합주택이 대칭으로 자리한다. 원래 12층으로 계획된 타워는 "뉴욕의 마천루를 빈에 세우려 한다."는 비난을 견디지 못해 포기되었다.

호프에 대한 서구 이론가들의 평가는 어땠을까? 냉담했다. 그들 눈에 비친 빈의 공공주택은 "언급할 가치조차 없는 것"이었다. 냉전 시대 서구에서 바라본 사회주의 이념의 고전적 집합주택. 무시된 것은 어쩌면 당연했다. 책이든 강연이든 빈의 집합주택이 언급되는 일은 거의 없었다. 근대건축의 대변인을 자처한 지그프리드 기디온은 대표 저서《공간, 시간, 그리고 건축Space, Time, and Architecture》에서 빈의 호프에 대해서는 한 줄도 쓰지 않았다. 미국 역사가들은 대부분 그것을 무시했고, 간혹 다루었다 해도 '시대착오적인 것'으로 치부했다. 유럽도 비슷했다. 대표적인 좌파 이론가 레오나르도 베네볼로Leonardo Benevolo, 1923~2017조차 붉은 빈이 시행한 자금조달 방법이나 다양한 공공시설에 관심을 가졌을 뿐,

후베르트 게스너가 계획한 로이만 호프 ©GuentherZ, Wikimedia Commons

건축에 대해서는 "현실도피적인 절충주의로, 원칙 없는 형태를 구사했을 뿐"이라고 혹평했다.

그런데 1970년대 이후부터 상황이 달라졌다. 근대건축이 추구한 추상적 미학의 폐해는 혹독한 비판에 직면했다. 때를 같이해서 오토 바그너의 건축이 재평가되었다. 도시미에 대한 관심이 증대하고 건축 형태에 대한 역사적 연속성이 강조되면서 과거에 폄하되었던 바그너의 건축이 새로운 조명을 받게 된 것이다. 그것은 흥미롭게도 카밀로 지테의 재평가와 시기적으로 일치한다. 지테가 강조한 도시공간에 대한 3차원적인 인식과 바그너가 강조한 도시건축의 상징성은 모두

라이스만 호프의 정문 타워. 역사성, 상징성과 함께 근대성 또한 표출한다. ©Buchhändler, Wikimedia Commons

전통의 존중으로 인식되었다. 빈 출신의 두 건축가는 비로소 역사에서 자기 자리를 찾았다.

붉은 빈이 지은 공공주택 또한 정당한 평가를 받기 시작했다. 미국의 건축비평가 빈센트 스컬리Vincent Scully, 1920~2017는 1974년《근대건축Modern Architecture》개정판을 내면서 빈의 공공주택을 다루었고, 카를 마르크스 호프 이미지를 표지로 사용했다. 놀라운 변화였다. 이후에 나온 근대건축 관련 서적에서 빈의 공공주택을 다루지 않은 경우는 거의 없다. 1999년 이브 블로Eve Blau가《붉은 빈의 건축 1919~1934 The Architecture of Red Vienna 1919 – 1934》을 내놓으면서 그 모든 것을 집대성했다. 빈에 간다면 성당이나 미술관보다는 호프를 먼저 둘러보는 것이 좋다.

빈의 호프 앞에 서면 숙연한 마음이 든다. 도시의 지도자들과 건축가들이 기획했을 당시 그들이 처한 상황을 생각해 본다면, 거의 기적에 가까운 성취다. 1920~30년대, 장소는 경제적으로 완전히 거덜나버린 패전국의 수도였으니. 그럼에도 그들은 전통을 오롯이 이어갔으며, 도시의 아름다움을 지켜내기 위해 열과 성을 다했다. 그것을 보노라면 오늘날 우리가 고층의 아파트단지를 우후죽순처럼 지어대는 일이 얼마나 터무니없는 짓인가 새삼 부끄러워진다. 빈의 구석구석을 둘러봐도, 눈에 거슬리는 집합주택은 찾을 수 없다. 지나치게 높고, 기계적이며, 콘크리트가 덩어리째 엉킨 아파트단지는 없다. 그들은 문화도시 빈을 '왜곡된 근대건축'과 '콘크리트의 재앙'으로부터 지켜냈다.

사회주의 주거 모델, 돔 코뮤나

사회주의 국가들은 자신들만의 주거환경을 정착시키려는 시도를 했다. 1917년 세계 최초로 사회주의 국가를 출범시킨 러시아도 그랬다. 지도자 레닌Vladimir Lenin, 1870~1924은 러시아를 '사회주의 유토피아'로 만들겠다는 야심찬 목표를 내걸었다. 완전하게 새로운 사회를 이루려면 낡은 제도는 모두 뜯어고쳐야 하고, 가족 중심의 전통적인 사회구조도 바꿔야 했다. 범국가적인 사회개혁과 주거개혁이 동시에 요구되었다.

러시아는 1928년 건설위원회를 발족시켜 새로운 주거환경의 모델을 구축하기 시작했다. 주거환경의 가이드라인을 만들고, 공동생활에 적합한 단위주택을 A에서 F의 6가지 유형으로 도출했다. 이 유형을 바탕으로 사회주의 주거모델을 만들었다. 바로 돔 코뮤나Dom Kommuna다. 코뮌의 집house-commune 또는 공동체의 집 정도로 해석할 수 있다. 돔 코뮤나는 '여성의 가사노동으로부터의 해방', '사회주의를 위한 새로운 주거공동체'의 이념을 담고 있다.

실현된 돔 코뮤나 중에서 가장 세련된 것이 나르콤핀 공동주택Narkomfin Building이다. 모이세이 긴스부르크Moisei Ginzburg, 1892~1946가 계획을 주도한 이 건물은 근대적 공동주거의 중요한 아이콘으로 간주되고 있다. 이전에 러시아에 지어진 전통적인 건물과는 완전히 나른 모습이다. 국가의 건축을 완전하게 개조하겠다는 긴스부르크의 이상과 열정이 고스란히 반영되었다. "건축은 삶을 담는 그릇이며, 그것을 통해 새로운 삶을 범사회적으로 구축해야 한다."는 이념이 담긴 집합주택이다.

나르콤핀 공동주택은 모두 4동으로 계획되었다. 6층 규모의 주거동, 4층 규모의 공동시설동, 공동탁아소, 공동세탁장. 공동시설동에는 취사장, 식당, 체육시설, 도서실 등이 수용되었다. 원형 건물로 설계된 탁아소는 지어지지 못했다. 건물에는 4종류의 단위주택이 수용되었다. 주류를 이루는 것은 F와 K형 주택인데, 모두 사회주의적 삶을 교육하기 위해 고안되었다. K형 주택은 독립된 가족생활을 보장하는 모델이고, F형 주택은 가족생활은 보장하되 취사, 목욕 등은 공동시설을 사용하는 주택이다. 부르주아 생활에 익숙한 가족을 이런 주택에 수용한 것은 급진적인 실험이다.

실험은 오래 가지 않았다. 1929년 스탈린이 정권을 잡자 대중의 일상생활을 혁명적으로 바꾸겠다는 레닌의 이상은 가차 없이 부정되었다. 사회주의 공동체에 대한

국가 차원의 연구와 실험은 모두 폐지되었으며, '돔 코뮤나'라는 용어는 더 이상 사용되지 않았다. 스탈린Joseph Stalin, 1878~1953은 주택의 사적 소유권을 완전히 폐지하고, 일정 규모 이상의 주택을 모두 '코뮤날카Kommunalka'로 불리는 공동주택으로 전환했다. 이후 대다수의 국민은 코뮤날카에 수용되어 서로 감시하고 간섭하는 지옥 같은 공동생활을 영위했다.

나르콤핀 공동주택이 재건된 이후의 모습. 정면의 투명한 건물이 공동시설동이다. 100년 가까이 버려지다시피 방치된 건물의 재건 작업이 2017년부터 진행중이다.
©Ginzburg Architect

카를 마르크스 호프

새로운 주거
모델의 등장

제2차 세계대전이 종료되자 인류는 과거와는 차원이 다른 상황에 봉착했다. 끔찍한 전쟁은 엄청난 피해를 남겼고, 많은 주택이 시급히 필요했다. 게다가 인구는 폭발적으로 증가했으며, 대도시 곳곳에는 슬럼이 퍼져나갔다. 간단한 문제가 아니었다. 이러한 문제에 대한 미국과 유럽 등 각국의 대응은 즉물적이었다. 모든 정책적 판단과 결정은 급하고 단순했다. 신중한 접근보다는 가시적이고 즉각적인 사업을 통해 문제를 쉽고 빨리 해결하려고 했다.

주택 건설은 대량으로 그리고 급속하게 이루어졌다. 그 결과 단순하고 기계적이며 거대한 규모의 주거환경이 곳곳에 들어섰다. 빠른 속도와 과다한 물량은 항상 실패로 이어진다는 사실은 명백해졌지만 인류가 그걸 깨닫기까지는 상당한 시간이 필요했다. 과감한 대응에 대한 성과는 분명 있었고, 심각한 주택 부족이라는 문제는 상당히 해결되었다. 그러나 인간성은 말살되고, 전통, 문화, 사회적 결속, 건전한 가치관 등은 사라져갔다. 1950년대 이후 수십 년 동안 인류는 주거환경의 형성 과정에서 '혼돈의 시대'를 겪어야 했다.

그런데 아이러니하게도 이 시대에는 인류 주거환경의 모습을 크게 바꾼 새로운 주거 모델이 상당수 등장했다. 새로운 공동체, '다른' 미학, 신개인주의 등 다양한 이념을 담은 이런 집합주택은 처음에는 '모델'로 받아들여지지 못했다. 이미 널리 퍼져버린 일반적인 모델과 상당히 달랐기 때문이다. 그러나 뛰어난 산물의 힘은 강한 법. 이내 커다란 영향력을 발휘하고, 인류 주거환경의 확고한 모델이자 전범이 되어갔다. 새로운 모델의 힘은 '주택=기계'라는 등식을 깨버린 것이다. 생산성과 효율성 위주의 집합주택과는 차원을 달리했으며 인간성, 커뮤니티, 개인의 요구를 존중하는 건축을 지향했다.

새로운 모델은 르코르뷔지에, 미스 반데어로에와 같은 위대한 건축가들이 지속적으로 모색한 결실이다. 동시에 알바르 알토와 같은 건축가들이 추구한 '다른' 미학이 젊은 세대에게 '새로운 선택'으로 받아들여진 것도 중요하게 작용했다. 미국 하버드대학의 '피바디 테라스'에서 시도한 저층과 고층 주동의 병치 및 결합은 건축과 도시와의 관계를 존중하는, 집합주택에 대한 새로운 접근이었다. 이런 다양한 모델이 복합적으로 작용한 결과 인류는 단순하고 기계적인 주거환경으로부터 서서히 벗어날 수 있었다. 우리나라에는 처음으로 소개되는 알제의 주거지 클리마 드프랑스와 그곳에 자리한 집합주택 '200 기둥'은 건축을 통한 인간애의 실현이라고 할 수 있는 작업이다. 집합주택의 유형에 대한 혁명이기도 하고, 우리가 쉽게 접근하는 공공 집합주택에 대해 반성을 촉구하는 메시지이기도 하다.

1952년 마르세유에 건설된 위니테 다비타시옹 ©Kim Eun-hee

이상적

주거공동체

르코르뷔지에,

위니테 다비타시옹,

1952

콘크리트와 유리로
구축한 수도원, 이뫼블 빌라

이탈리아 피렌체 부근에 자리한 에마 수도원 ©Sailko, Wikimedia Commons

1907년 갓 20살이 된 르코르뷔지에는 처음으로 고향 라쇼드퐁La Chaux-de-Fonds을 떠나 이탈리아를 여행했다. 난생 처음 주택설계를 하고 받은 수고비가 품속에 있었다. 화가가 되겠다는 제자를 건축가로 마음 돌리려했던 미술학교 선생님 샤를 레플라트니에Charles L'Eplattenier, 1874~1946는 제자에게 여행을 권했다. 이탈리아 여행에서 르코르뷔지에는 고전 건축이나 르네상스 건축에는 관심을 두지 않았다. 팔라디오 건축으로 가득한 비첸차Vicenza는 그냥 지나쳤다. 그가 가장 좋아한 곳은 피렌체Firenze 근방에 있는 카르투시오 수도회 Carthusian의 수도원이었다. 많은 문헌에서 '에마Ema의 수도원'이라고 칭하는 그곳의 공식 이름은 '체르토사 델갈루초Certosa del Galluzzo'다. 갈루초에 있는 폐쇄 수도원이란 뜻이다. 수도사가 폐쇄된 공간에 스스로 갇혀서 평생을 보내는 곳이다. 갈루초 수도원이라 하지 않고 수도원 북쪽을 흐르는 강의 이름을 따서 '에마의 수도원'이라고 부르는 이유는 알 수가 없다. 르코르뷔지에는 부모에게 보낸 편지에 이렇게 썼다. "어제 그 수도원을 보러갔어요. … 거기서 나는 노동자 집합주택에 관한 특별한 해결책을 봤죠. 그러나 그 경관을 그대로 재현하기는 어려울 것 같아요. 아, 그 수도사들은 얼마나 운이 좋은지."

에마의 수도원이 너무 좋았던 르코르뷔지에는 이후에도 여러 번 그곳을 찾았다. 그는 그곳을 "토스카나의 조화로운 시골언덕 정상에 있는 현대도시"라고 묘사했다. 그를 가장 매료시킨 것은 수도사들의 개인공간이었다. 2층 규모에, 침실, 작업실, 기도실, 그리고 조그

마한 정원이 딸려 있는 '작은 집'과 같은 공간이다. 그런 공간이 멀리 들판으로 시야가 트이면서 정원을 향해 열려 있었다. 후면은 복도로 이어지고, 교제, 식사, 예배, 의식을 위한 공동의 공간으로 연결되었다. 르코르뷔지에는 "나는 그처럼 행복한 삶의 배열을 본 적이 없다."고 술회했다. 에마의 수도원은 '이상적 공동체'로서 그의 뇌리에 깊게 박혔다. 개인공간과 공공공간을 같이 두어야 하는 건물을 설계할 때마다 그는 그 수도원을 떠올렸다.

1922년 르코르뷔지에가 제시한 집합주택 모델 이뫼블 빌라 ©FLC/ADAGP, Paris - SACK, Seoul, 2019

첫 여행으로부터 15년이 지난 1922년 르코르뷔지에는 '300만 인을 위한 현대도시'를 제시했다. 파리에서 매년 열린 살롱 도톤Salon d'Automne 전시회에 발표한 것으로, 열정적인 무명 건축가가 제시한 미래의 도시 모델이었다. 기하학적 질서, 위계적 구성, 초고층 건축, 표준화와 반복, 첨단 교통이 두루 적용된 환상적 도시다. 흥미로운 것은 그 허구의 도시에 제시된 집합주택 이뫼블 빌라Immeuble Villa다. 에마의 수도원을 처음 방문한 이후 오랜 기간 모색한 뒤 제시한 이상적 공동체의 모델이다. 그리고 그것은 이후 그가 설계할 많은 집합주택을 위한 불변의 모델이 되었다. 그것은 "콘크리트와 유리로 구축한 수도원"이었다.

수도원,
팔랑스테르, 여객선

르코르뷔지에의 생애를 연구한 에밀 카우프만Emil Kaufmann, 1891~1953은 1918년에서 1922년을 르코르뷔지에의 '발명의 시기'라고 규정했다. 그의 인생에서 가장 중요한 시기라는 것이다. 1917년 파리에 정착한 르코르뷔지에는 화가, 조각가, 시인, 음악가와 어울려 지냈다. 일종의 방랑자로 사실상 건축가는 아니었다. 그러던 그가 1919년 32살의 나이에 처음으로 본격적인 건축 일에 몰두했다. 시트로앙 주택Maison Citrohan을 설계한 것이다. 단독주택의 '표준'으로, 매우 구체적인 모델이었으므로 사실상 건축가로서 그의 첫 번째 '발명품'이었다. 흥미로운 것은 그것이 수도원의 셀 즉 수도사들의 개인공간과 크게 다르지 않다는 점이다. 시트로앙 주택은 '혼자 사는 예술가의 집'으로, 수도원의 수사처럼 외로운 인간의 집이다.

그의 집합주택 모델 이뫼블 빌라는 시트로앙 주택을 집합한 것이다. 시트로앙 주택을 중정 주변으로 중첩해서 배열한 후 편복도로 연결했다. 그리고 건물의 최상층에는 레스토랑, 모임공간과 같은 공공시설을 배치했다. 그것은 집합주택으로 바뀐 수도원이었다. 르코르뷔지에가 자신이 밝힌 내용이다. 1922년 어느 날 그는 사촌이자 파트너인 피에르 잔느레Pierre Jeanneret, 1896~1967와 파리의 한 레스토랑에서 미래의 집합주택에 대해 얘기를 하고 있었다. 얘기는 수도원의 공간 구성으로 이어졌고, 메뉴판 뒤에 수도원을 번안한 집합주택 시안을 그리기 시작했다. 그렇게 나온 것이 이뫼블 빌라다. 스케치는 얼마 뒤 '300만 인을 위한 현대도시' 계획안에 구체적인 모습으로 제시되었다. 만약 르코르뷔지에가 1907년 이탈리아 여행 중 에마의 수도원에 들르지 않았다면, '건축가 르코르뷔지에'는 존재했을까? 에마의 수도원이 르코르뷔지에에게 끼친 영향은 그만큼 컸다.

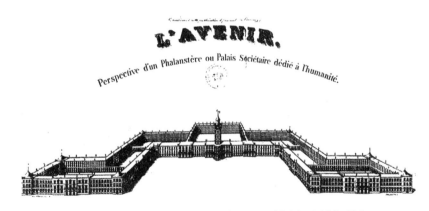

샤를 푸리에가 구상한 이상적 공동체 팔랑스테르. 푸리에의 제자 빅토르 콩시데랑이 1934년에 그렸다.

집합적 주거의 상을 구체화하는 과정에서 르코르뷔지에는 프랑스의 사회주의 철학자 샤를 푸리에Charles Fourier, 1772~1837로부터 많은 영향을 받았다. 르코르뷔지에는 1908년 처음 간 프랑스에서 공업도시Cité Industrialle의 주창자 토니 가르니에Tony Garnier, 1869~1948를 만났는데 그로부터 푸리에의 유토피아 사상에 대해 들었다. 1909년 고향으로 돌아갈 때까지 르코르뷔지에는 푸리에에 관한 서적을 몽땅 구해 읽었다. 그는 무질서한 사회를 혁파하고 조화로운 사회를 새롭게 구축해야 한다는 푸리에의 주장에 깊이 공감했다. 그때부터 그는 새로운 환경을 통해 인간의 생활을 완전히 개혁해야 한다는 생각을 가지게 되었다고 한다. 르코르뷔지에가 기계화된 사회를 그린 것도 푸리에의 영향이다.

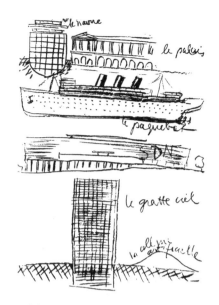

르코르뷔지에가 생각한 여객선과 대형 건물의 상관관계. 여객선을 필로티로 띄운 대형 건물과 마천루의 이미지로 번안했다. ©FLC/ADAGP, Paris-SACK, 2019

르코르뷔지에는 푸리에가 그린 이상적 공동체 팔랑스테르Phalanstère에 몰입되었다. 팔랑스테르는 1,800명이 거주하는 4층 규모의 거대한 (허구의) 집합주택이다. 루브르 궁전을 모델로 한 팔랑스테르는 모든 계층의 사람이 어울려 사는 조화로운 사회를 지향했다. 다만 부자는 크고 여유 있는 아파트에 살고, 가난한 자는 상대적으로 좁은 아파트에 살았다. 그렇지만 주민들은 넓은 식당, 유희실, 작업장 등을 함께 사용하면서 긴밀한 공동체를 형성했다. 팔랑스테르에서는 모든 집에 파이프로 물이 공급되고, 중앙난방, 가스등, 포장된 보행로 등 최신 설비가 제공되었다. 르코르뷔지에가 이뫼블 빌라를 만들면서 팔랑스테르를 잊었을 리가 없다. 중정을 둘러싸는 건물의 형태가 그 증거다.

그리고 여객선이 있다. 르코르뷔지에는 여객선을 참 좋아했다. 그는 그것을 근대성의 상징이자 '새로운 건축'의 모델로 보았다. 물론 르코르뷔지에 이전에도 배를 건축의 모델로 바라본 건축가들이 있었다. 비올레 르뒤크가 그랬다. 그런데 르코르뷔지에는 배를 '좋은 디자인의 표상'이자 새로운 삶의 상징으로 바라본 첫 번째 이론가다. 그는 《건축을 향하여 Vers une architecture》, 1923에서, "세상이 새로운 정신으로 만들어졌다는 사실은 여객선을 보면 제일 잘 알 수 있다."라고 썼다. 이렇듯 여객선은 새 시대의 상징이기도 했지만 특별한 장

　　　　　　　　　　　　　　　　　　　　위니테 다비타시옹

소이기도 했다. 물 위에 떠 있는 여객선은 세상으로부터 격리된다. 객실은 고요하고 정적이며 사적 활동이 확실히 보장된다. 공공시설 또한 다양하게 갖추어졌으므로, 공과 사의 조화가 완벽히 달성된다. 르코르뷔지에에게 여객선은 수도원과 같은 곳이었다.

이렇게 해서 르코르뷔지에는 집합적 주거에 대한 자신만의 상을 구축했다. 수도원과 팔랑스테르, 여객선이 합쳐진 결과물이다. 가족생활의 독립성이 완전히 보장되면서 공공시설이 풍부한 집합주택. 르코르뷔지에가 이상적으로 생각한 공동체의 모델이다. 건물은 고층·고밀의 형태를 띠면서 주변에는 넓은 외부공간과 풍요로운 녹지가 있어야 했다. 노동에서 해방된 현대인은 레저와 스포츠를 즐기면서 여유로운 생활을 향유할 것이라고 보았기 때문이다. 그런데 이렇게 설정된 르코르뷔지에의 집합주택 모델은 좀체 실현되지 못했다. 그는 1922년 이뫼블 빌라를 제시한 이후 약 30년 동안 30여 개의 집합주택을 계획했다. 그렇지만 실현된 것은 1929년에 완성한 페사크Pessac의 집합주택과 이제부터 이야기할 위니테 다비타시옹이 전부이다.

위니테
다비타시옹

제2차 세계대전이 막 끝나가던 1945년 어느 날 르코르뷔지에는 프랑스 정부의 장관 라울 도트리Raoul Dautry, 1880~1951로부터 긴히 만나자는 연락을 받았다. 건축가의 친구이기도 했던 그는 파괴된 국토의 재건을 담당하는 장관이었다. 그는 마르세유에 들어설 집합주택을

세 동의 건물로 구상한 위니테 다비타시옹의 초기 스케치 ©FLC/ADAGP, Paris-SACK, 2019

계획하는 한편 프랑스 전역에 들어설 수 있는 공공주택의 '표준'도 함께 구상해 달라고 요청했다. 당시 르코르뷔지에는 어느덧 57세의 중년으로, 더 이상 공상가 혁명가가 아니라 유럽에서 가장 능력 있는 건축가이자 이론가였다. 그는 "어떤 법규의 제약도 받지 않는다." 라는 조건을 달고 일을 맡고 20세기 최고의 집합주택 위니테 다비타시옹Unite d'Habitation의 구상에 착수했다. 마르세유에 위니테 다비타시옹이 준공되어 문을 연 것이 1952년이었으므로 실현되기까지 7년이 걸린 셈이다.

　건물이 완성되기까지 우여곡절이 많았다. 정부에서는 일을 맡긴 이후 10번에 걸친 수정과 변경을 요구했다. 처음 제시한 부지는 마르세유의 옛 항구 근처인 라마드라크La Madraque였다. 건축가는 이 땅에 세 동의 건물이 들어서는 계획안을 만들었다. 그런데 땅은 자꾸 바뀌었다. 마지막 네 번째로 제시된 땅이 현재의 부지 즉 미슐레 대로Boulevard Michelet 에 면한 땅이다. 건물은 세 동에서 한 동으로 줄었다. 계속 바뀐 계획이 최종적으로 완료된 것이 1947년 3월이었고, 착공은 10월이었다. 르코르뷔지에는 1년이면 건물이 완성될 것으로 생각했다. 그런데 정부 측 책임자인 재건 담당 장관이 계속 바뀌고, 그때마다 요구 또한 바뀌었다. 공사비는 제때에 지급되지 않았다. 결국 공사에 5년이 걸렸다. 그래도 정부에서는 건물이 개관하는 날 르코르뷔지에의 노고를 인정해 레지옹 도뇌르 훈장을 수여했다.

위니테 다비타시옹의 옥상정원. 환기용 굴뚝은 여객선의 연통을 연상시킨다. ©Kim Eun-hee

식료품 판매점을 비롯한 공용 시설이 자리한 7, 8층의 복도
©Crookesmoor, Wikimedia Commons

위니테 다비타시옹

이렇게 실현된 마르세유의 위니테 다비타시옹. 인류가 콘크리트로 짓고 마감한 건물 중에서 가장 장중하며 우아하고 아름답다. 주거 역사에서의 무게는 더욱 무겁다. 위니테 다비타시옹은 20세기의 많은 개혁적 건축가들이 추구한 '이상적 주거환경'의 구체적이고 종합적인 모델이다. 독일의 건축가들이 그것을 '전원풍의 단지'로 구현했다면, 위니테 다비타시옹은 하나의 건물 속에 그것을 담았다. 위니테 다비타시옹을 '수직적 전원도시vertical garden city'라고 규정짓는 것이 그 때문이다. "녹지로 둘러싸인 살기 위한 기계"이자 "20세기형 인간을 담는 이상적 공동체"의 모델이다. 그곳에서 인간은 합리적으로 활동하고, 운동과 여가생활을 즐기고, 근대화된 서비스의 혜택을 받고, 다양한 사회적 교류를 행한다. 르코르뷔지에의 말이다.

17층 높이에 350가구를 수용하는 이 건물에 르코르뷔지에는 모두 26종류의 공공시설을 마련했다. 7~8층에는 상점거리를 조성하고, 옥상에는 각종 운동 및 집회 시설을 두었다. 9m 높이의 필로티는 '이 건물은 여객선'이라고 말한다. 건축가는 옥상을 여객선의 갑판으로 보고 굴뚝, 난간 같은 시설을 그곳에 설치했다. 높이 솟아오른 환기용 굴뚝은 여객선의 연통이다. 마르세유는 원래 그리스의 식민지였다. 그리스는 체육과 야외활동, 그리고 민주주의의 원천이다. 르코르뷔지에는 옥상에다 육상트랙, 체육관, 수영장, 유아원, 그리고 노천극장 등을 두었다. 주민들은 지중해가 바라보이는 맑은 공기에서 운동하고 뛰놀 수 있게 되었다. 과거 그리스의 시민들처럼.

르코르뷔지에는 건물의 외관에 엄청난 공력을 들였다. 파리 사무실의 전 직원이 몇 달 동안 입면 작업에 몰두했다. 르코르뷔지에가 창안한 새로운 치수체계인 모뒬로르Modulor를 적용하여 건물의 전체와 부분이 역동적인 조화를 이루도록 했다. 당시 르코르뷔지에는 계절에 따라 주

위니테 다비타시옹에 적용된 브리즈 솔레유 ©Kim Eun-hee

택에 햇빛을 효율적으로 받아들이는 문제에 상당한 관심을 기울였고, 그 결과가 브리즈 솔레유Brise-Soleil 즉 차양으로 나타났다. 겨울에는 햇빛을 최대한 받아들이고 여름에는 차단하기 위한 장치다. 브리즈 솔레유는 차양 기능과 함께 단위주택의 독자성과 건물 입면에 질서를 부여하는 수단이 되었다. 이를 위해 브리즈 솔레유의 표면에는 다양한 색채가 가미되었다. 붉은색, 노란색, 푸른색, 갈색, 초록색 등으로 채색된 입면은 콘크리트로 마감된 건물에 생동감과 변화를 부여한다.

원래 르코르뷔지에는 위니테 다비타시옹을 철골로 지으려 했다. 공장에서 조립한 단위주택을 크레인을 이용해 철골 프레임 속에 착착 집어넣는 공법을 구상했다. 와인 병을 격자선반에 집어넣는 식이다. 그러나 전쟁으로 물자가 귀한 당시로서는 턱도 없는 구상이다. 건물 전체를 콘크리트로 구축하는 것이 당시로서는 최적의 방법이었다. 그런데 건물을 책임지고 시공할 대형 건설업체를 구할 수 없어서 많은 군소 업체가 공사를 나눠서 진행해야 했다. 그러다 보니 일관되게 매끄러운 건물의 표면을 기대할 수 없었다. 건축가는 차라리 거푸집 자국이 남은 거친 표면을 그대로 노출시켜버리기로 했다. 베통 브뤼béton brut라고 불리는 거친 콘크리트 표면을 실험한 것이다. 역발상이다. 결과는 대성공. 자연스러우면서 탄력성 있는 표피가 연출되면서 건물의 역동성은 더욱 부각되었다.

콘크리트의 재탄생이다. 구조재에 불과했던 콘크리트가 건물의 인상을 표현하는 재료로 발전한 것이다. 르코르뷔지에는 '베통 브뤼' 수법을 라투레트 수도원Sainte Marie de La Tourette을 비롯한 여러 건물에 지속적으로 사용했고, 콘크리트를 '새로운 돌'로 바꿔 놓았다. 값싸게 사용할 수 있으면서 다양한 효과를 내는 새로운 재료. 오귀스트 페레가 처음 시도한 '콘크리트의 미학적 사용'은 그의 제자에 의해 완성되었다.

완성,
그리고 그 이후

마르세유에 위니테 다비타시옹이 완성되자 프랑스의 건축가들이 혹평하고 공격했다. 르코르뷔지에가 건축법규를 어겨가면서 건물을 완성할 수 있었던 데 대한 질투심도 작용했을 것이다. 건축가들은 이 건물이 정신질환을 유발한다고 모함했고, 마르세유 시민들 또한 "미친 사람의 집"이라고 불렀다. 건물에 상당한 거부반응을 보였던 시민들은 실험대상이 될 수 없다면서 입주를 거부했다. 건물은 상당 기간 동안 비어 있을 수밖에 없었다.

위니테 다비타시옹

그래도 건물은 관광명소가 되었고, 전시장이나 회의장으로 사용하겠다는 요청이 줄을 이었다. 1953년 제9차 근대건축국제회의가 엑상프로방스에서 열렸을 때 위니테 다비타시옹의 옥상에서 성대한 파티가 열렸다. 파티가 얼마나 요란하고 소란스러웠던지 회의에 참석했던 네덜란드의 젊은 건축가들이 모두 자리를 떠나버릴 정도였다. 근대건축의 성취에 모두 취해버린 것이다. 르코르뷔지에의 실책은 아니었지만, 젊은 건축가들은 새로운 이념이 필요함을 절감하고 곧 '팀 텐'을 결성했다. 시민들의 인식이 조금씩 바뀌면서 위니테 다비타시옹은 정상적인 거주지가 되어갔다. 그렇지만 7~8층에 조성된 상점거리는 찾는 사람이 없었는데, 이게 건축가를 당혹하게 만든 대목이다. 그는 주민들이 물건을 구매하거나 미장원 등을 이용할 때 얼마든지 선택의 자유가 있다는 사실을 놓친 것이다.

위니테 다비타시옹은 모두 5곳에 건축되었다. 5채는 크기, 필로티의 형태, 입면의 디테일, 옥상과 중간층에 공공시설의 설치 여부 등 여러 측면에서 모두 다르다. 어디에 있는 것이든지 가서 보면 당당하고 멋져서, 르코르뷔지에가 20세기 최고의 건축가라는 사실을 실감하게 된다. 당연히 세계 곳곳에 복제되었다. 거의 완전하게 복제되기도 했고, 변형되어 차용되기도 했다. 1950년대 중반 런던 주의회가 런던 근교 로햄프턴Roehampton에 건설한

로햄프턴 알톤 지구 서쪽 단지에 들어선 판상형 고층아파트. 위니테 다비타시옹과 유사하다. ©Stevekeiretsu, Wikimedia Commons

주거단지 알톤 지구Alton Estate의 판상형 주동이 거의 그대로 복제한 사례 중 하나다. 창의적인 건축가들은 위니테 다비타시옹을 모델로 활용해 새로운 차원의 건축물로 승화시키기도 했다. 이 책의 15번째 사례, 즉 호세 루이스 세르트José Luis Sert, 1902~1983가 설계한 하버드대학의 피바디 테라스Peabody Terrace가 그런 사례를 대표한다.

위니테 다비타시옹은 끊임없이 비판받아 왔다. 사람들은 전통적인 근린생활을 파괴시키고 도시적 정서를 몰아낸 주범이라고 몰아붙였다. 거기까지는 그래도 약과다. 일부 비평가들은 근대건축이 '실패'로 귀결된 주범이라는 논리를 폈다. 세계 곳곳에 지어진 무미건조하고 비인간적인 고층아파트가 위니테 다비타시옹으로 인해서 나왔다는 것이다. 그들의 논리는, '위니테=고층아파트=비인간적 환경=실패의 상징'이라는 단순논리다. 그런데 그건 아니다. 세계 곳곳에 지어진 정체불명의 아파트가 모두 위니테 다비타시옹을 모델로 해서 지어졌다는 논리는 억지다. 우리나라에 마구잡이로 지어지는 고층아파트가 모두 위니테 다비타시옹을 모델로 했다는 말인가. 영향력은 엄청나지만 나쁜 모든 것을 뒤집어씌워 매도할 대상은 아니다.

프랑스 서부 도시 낭트의 교외에 지어진 위니테 다비타시옹. 이런 고립된 모습 때문에 도시와 유리되어 존재하면서 근린생활을 파괴시킨다는 비판을 들어왔다. ⓒJibi44, Wikimedia Commons

위니테 다비타시옹

페사크의 집합주택

르코르뷔지에는 집합주택에 관한한 운이 없었다. 위니테 다비타시옹을 제외한다면, 그가 실제로 지은 유일한 집합주택은 프랑스 보르도Bordeaux 인근 페사크에 있는 프뤼제스 근대 지구Quartier Moderne Frugès다. 프뤼제스 도시La Cité Frugès라고도 불린다. 개발을 주도한 앙리 프뤼제스Henri Frugès, 1879~1974는 백만장자로, 설탕 생산과 목재사업을 했다. 현대미술 마니아로, 음악도 작곡하고, 그림도 그리고, 직물 디자인도 했다. 그는 1923년 막 출간된 르코르뷔지에의 책《건축을 향하여》를 읽고, 그해 살롱 도톤 전시회에서 건축가의 리보 주택Maison Ribot 모델을 보았다. 즉시 르코르뷔지에를 찾았고, 자신이 경영하는 설탕공장 노동자를 위한 집합주택 설계를 의뢰했다.

처음 르코르뷔지에에게 부탁한 것은 몇 채의 모델하우스 정도였다. 그런데 건축가는 일단의 단지를 짓자고 그를 설득했다. 당시 전원도시 이념에 빠져 있던 건축가는 수풀로 둘러싸인 단지를 조성하고 모든 주택에 정원을 부여해 거주자들이 작물을 기르도록 하자는 의견을 제시했다. 프뤼제스는 젊은 건축가에게 모든 것을 일임했고, 저소득 계층의 주택에 대한 실험을 하도록 허락했다. 이렇게 해서 프랑스 최초의 전원도시 중 하나가 페사크에 계획되었다. 계획은 1924년에서 1926년 사이에 행해졌고, 모두 135채의 주택을 짓는 것으로 했다.

르코르뷔지에는 사촌 피에르 잔느레와 함께 모두 6가지 형식의 주택을 개발했다. 긴 연립주택, 2호 연립주택, 단독주택, 고층주택 등이다. 모두 '표준화'가 적용되었다. 하나의 건물에는 단독부터 6호의 주택이 수용되었다. 모든 주택의 지붕은 평지붕으로 해 옥상정원을 쓰도록 했다. 건물은 흰색을 위주로 했지만 정면을 위시한 건물의 주요한 표피에는 파란색, 녹색, 밤색 등으로 채색해 단지에 생동감을 주었다. 건축가는 건물의 표면을 부드럽게 만들기 위해 당시로서는 매우 고가인 콘크리트 분무기까지 구입하도록 유도했다.

건설은 순탄치 못했다. 자금조달은 어려웠고, 행정의 협조를 얻는 것도 쉽지 않았다. 결국 53호의 주택만 짓고 건설은 중단되었다. 제2차 세계대전 중에 3채의 주택이 파괴되었고, 50호의 주택만 남았다. 프뤼제스는 이 주택을 싼값에 노동자들에게 분양하려고 했으나 원하는 사람이 없었다. 주택의 모습이 '기괴해' 사람이 살 수 있을

페사크에 건설된 프뤼제스 근대 지구의 모습 ©Meriol Lehmann, Flickr

것 같지 않았기 때문이다. 사람들은 프뤼제스를 미쳤다고 생각했다. 단지는 방치되고 쇠락해져 갔다. 시간이 지나면서 사람이 들어가 살기 시작했지만, 건물의 역사적 가치는 무시되었다. 주인들은 건물을 마음대로 개조했다.

1983년에야 비로소 페사크시에서 한 채의 집을 사들였고, 본래 모습으로 완전하게 수복했다. 그리고 그것을 단지를 홍보하는 기념관으로 활용하고 있다. 시당국은 단지 전체가 원래 모습을 갖추기 바라고 있고, 원하는 주인에게는 기술자문과 행정지원을 하고 있다. 많은 방문객이 이곳을 찾으면서, 쇠락한 주택을 구입해 원래 모습으로 회복하려는 사람들이 늘고 있다. 단지는 조만간 본 모습을 '거의' 찾을 것이다. 2016년 유네스코에서는 이 단지를 세계문화유산으로 지정했다.

위니테 다비타시옹

미시간 호수에서 바라본 레이크 쇼어 드라이브 860-880번지 아파트 ©C. William Brubaker, Flickr

주거로 구현한 최초의 철과 유리의 마천루

미스 반데어로에,
레이크 쇼어 드라이브
860-880번지 아파트,
1951

유리
마천루의 꿈

도시에 주택 다음으로 많이 지어지는 건물이 오피스 빌딩이다. 중세에서 근대로 넘어오면서 도시에서 발생한 가장 두드러진 변화는 직주분리, 즉 주택과 직장이 공간적으로 분리되는 것이었다. 주택의 1층에 자리하던 상점이나 작업장이 떨어져나가면서 주택은 오로지 가정생활만 하는 장소가 되고, 도시에는 전용주택이 일반화되었다. 산업혁명이 진행되어 공장과 산업시설이 도시와 그 주변부에 들어서면서 그러한 현상은 더욱 가속화했다. 그런데 도시가 점차 탈공업화하고 서비스산업이 상대적으로 증대되면서 오피스의 중요성이 부각되었다. 오피스의 면적은 계속 늘어나고, 입지는 도시의 중심부로 옮겨갔다. 그런 현상은 오늘날에도 계속 진행되고 있으므로 도시 공간과 오피스 공간은 같은 의미로 사용되어도 무방한 시대다.

19세기 초반부터 보험회사를 필두로 전용 오피스 빌딩이 런던, 뉴욕 등 대도시에 들어섰다. 서류 작업을 주로 하는 오피스 빌딩은 당연히 밝은 실내공간이 요구되었고, 창 넓은 건물이 새로운 건축유형이 되었다. 더 많은 빛이 들어오는 건물. 오피스 빌딩 설계의 가장 중요한 과제이다. 그런데 빛만큼 중요한 요구가 또 하나 있었으니, '회사의 이미지'다. 보험회사는 믿음을, 상품을 제조하는 회사는 진취성과 미래지향을, 다국적 회사는 범세계화라는 속성을 더해야 했다. 건물의 형태와 공간 구성, 그리고 특히 건축 재료는 세심하게 계획되고 선택되어야 했다. 어느 순간부터 오피스 빌딩은 아무나 설계할 수 있는 건물이 아니게 되었다. 오피스 빌딩을 전문으로 설계하는 건축가가 필연적으로 요구되기 시작했다.

이 과정에서 등장한 가장 중요한 인물이 바로 미스 반데어로에다. 그는 특별한 건축가였다. 우선 관심 분야가 남달랐다. 20세기에 활동한 개혁적 건축가들은 대부분 주택을 가장 중요한 탐구의 대상으로 삼았다. 르코르뷔지에, 프랭크 로이드 라이트 등을 생각해 보라. 저렴하고 짓기 쉬운 현대주택이 그들의 가장 중요한 관심사였다. 그런데 미스는 주택보다는 오피스 빌딩에 더욱 관심을 쏟았다. 그는 1921년에서 1923년 사이에 근대건축사에서 특별히 중요한 건축 이미지를 연달아 제시했다. 그중에서 유리로 구축한 두 개의 마천루1921, 1922와 콘크리트로 구축한 오피스 빌딩1922은 특별히 중요하다. 제2차 세계대전 이후 도시에 들어설 오피스 빌딩의 생생한 모델이었다.

미스 반데어로에가 1921년 프레드리히슈트라세의
고층건물 현상설계를 위해 계획한 건물의 투시도

미스 반데어로에가 1922년에 구상한 유리 마천루의 모델

1920년대 당시에는 대수롭지 않은 제안 정도로 치부되었지만, 사실은 '역사적 사건'이다. 건축의 미학과 공간의 패러다임을 바꿔버린 작업이기 때문이다. 1921년 베를린 프레드리히슈트라세Friedrichstrasse 고층건물 현상설계에 제안한 현대적 오피스, 그리고 이듬해에 더욱 구체적으로 제시한 또 하나의 고층건물. 그것은 역사상 최초로 제시된 완전한 유리 마천루다. 수평·수직으로 무한정 늘려갈 수 있는 건물이므로 공간적으로도 혁명이었다. 불규칙한 평면으로 제안된 두 마천루는 "얼마든지 자유롭게 계획할 수 있다."라는 메시지로 전달되었다. 그런데 그의 유리 마천루는 당시에는 실현될 수 없었다. 수단 자체가 갖추어지지 못했다. 미국에서 철과 유리의 마천루를 실현할 때까지 그는 30년 정도 기다려야 했다.

초고층건축의
신호탄

미스는 1937년 미국으로 건너갔다. 시카고에 자리잡은 그는 일리노이 공대의 교수로서 새

레이크 쇼어 드라이브 860-880번지 아파트

로운 캠퍼스의 마스터플랜을 수립하고 중요 건물을 설계했다. 뉴욕의 현대미술관에서는 1947년 미스의 작업을 총정리하는 전시회를 열었다. 그가 1945년에 계획한 유리의 집, 판스워스 주택Farnsworth House도 모델과 함께 전시되었다. 전시회를 통해 미스는 미국 대중에게 가깝게 다가갔으며, 권위 있는 건축가의 반열에 올랐다. 이렇게 학교 일과 전시회 준비에 몰두하고 있던 미스에게 어느 날 젊은 사업가 한 사람이 찾아왔다. 허버트 그린월드Herbert Greenwald, 1915~1959, 부동산 개발업자였다. 학교에서 유대교의 율법을 연구하던 그는 죽은 어머니에게서 물려받은 많은 재산으로 부동산 개발을 시작했다.

건물 계획을 협의하는 미스와 그린월드. 1957년 5월에 찍은 사진이다. ©Chicago History Museum, Hendrich-Blessing Collection, HB-20466

1946년 둘이 처음 만났을 때 미스는 60세, 그린월드는 31세였다. 그린월드가 처음부터 미스를 찾은 것은 아니었다. '저명한' 건축가가 필요했던 그는 우선 프랭크 로이드 라이트와 접촉했다. 5만 달러의 설계비를 미리 지급할 것을 요구한 라이트는 이래저래 버거운 상대였다. 차선으로 르코르뷔지에에게 연락을 했으나, 미국에는 건물을 설계할 의사가 없다는 대답을 들었다. 당시 미국의 스타

미스가 1949년 철근콘크리트로 완성한 프로몬토리 아파트 ©Timmyroyboy, Wikimedia Commons

건축가였던 에로 사리넨Eero Saarinen, 1910~1961 역시 거절이었다. 보스턴에 사무실이 있던 그로피우스 역시 시카고는 너무 멀어서 싫다는 답을 보냈다. 그로피우스의 권유도 있고 동료의 추천도 있고 해서 찾은 건축가가 미스였다. 당시 미스는 그리 대중적인 건축가는 아니었다.

첫 사업은 시카고의 남부 하안도로South Lake Shore Drive에 면해서 22층 규모로 세워진 프로몬토리 아파트Promontory Apartment였다. 미스는 건물을 철과 유리로 짓는 것으로 계획하고 건물의 동·서 두 면을 완전하게 유리로 덮었다. 놀란 그린월드는 난색을 표했고, 결국 미스는 철근콘크리트로 짓는 수정안을 만들어야 했다. 그린월드는 그것을 들고 은행에 자금을 대출하러 다녔으나 창이 엄청나게 많은 건물은 계속해서 논란거리였다. 1947년 현대미술관에서 열린 미스 전시회에 원래 계획안이 모델로 전시되자 사람들은 뜨거운 관심을 보였다. 건물이 완성되기도 전에 아파트는 모두 팔려버렸다. 깔끔한 사각형 박스에 정교하게 조정된 창의 배열은 세련된 현대적 감각을 표출했다. 1949년에 완성된 이 한 채의 콘크리트 건물은 미스의 인생에서 결정적인 전환점이 되었다.

미스는 유리 마천루에 대한 자신의 이상이 실현되기를 갈망했다. 그런 그가 그린월드와 손잡고 두 번째로 한 작업이 바로 레이크 쇼어 드라이브 860·880번지 아파트860·880 Lake Shore Drive Apartments다. 이번에는 그린월드도 미스의 의지를 꺾지 못했다. 프로몬토리 아파트에서 미스 건축의 인기를 이미 경험한 덕분이다. 그리하여 미시간 호수에 면한 시카고의 가장 아름다운 장소에 완전히 유리로 덮인 아파트 두 동이 들어섰다. 초고층건축을 향한 근대건축 발전의 신호탄이다.

주택으로 구현한
유리 마천루

레이크 쇼어 드라이브 860-880번지 아파트는 20세기에 건축된 가장 중요한 고층건물이다. 건축사에서는 철과 유리로 지은 최초의 마천루로, 주택사에서는 주택이라는 보수적인 실체를 혁신적인 수단을 통해 완전히 새로운 상으로 변화시킨 건물로 기록된다. 20세기에 등장한 가장 '쇼킹'한 집합주택이다. 이 건물을 묘사할 때는 '쇼킹하다'는 어휘가 가장 적당하다. 일반인의 상식을 완전히 뛰어넘는 동시에 20세기의 이상과 이미지에 딱 부합하는 집합주택이기 때문이다. 시대의 이념과 비전이라는 측면에서 본다면 르코르뷔지에의 위니

레이크 쇼어 드라이브 860-880번지 아파트의 표피 ©Marc Rochkind, Wikimedia Commons

테 다비타시옹과 쌍벽을 이루는 인류의 성취다. 그러나 건물이 이후에 도시환경과 인간생활에 끼친 영향이라는 측면에서만 본다면 이 쌍둥이 건물을 '최고'로 치는 것이 맞다.

각 건물은 완벽한 좌우대칭으로, 전면 5칸, 측면 3칸이다. 네 기둥으로 둘러싸인 단위 공간은 정사각형이다. 기둥은 철제 I형강을 콘크리트로 피복한 후 그것을 다시 철판으로 둘러쌌다. 시카고의 소방법규 때문이었다. 6.3m 간격으로 배열해 밖으로 노출시켰다. 기둥이 만들어내는 큰 리듬은 다시 네 개의 작은 리듬으로 나눠지는데, 미스는 이를 위해 소형 I형강을 약 1.6m(5.3ft) 간격으로 부착하고 그것을 내부의 벽체와 일치시켰다. 소형 I형강을 외피에 부착시킨 것은 단순해 보이지만 실상은 대단한 개척이자 발명이다. 유리로 지은 건물에서 내부 벽체를 외부로 드러내지 않기 위한 실용적 장치이자 표피에 음악적 리듬을 부여하는 미학적 장치로서, 이 건물에 처음 사용되었다. 간결하고 조화로운 건물의 외관은 미니멀리즘과 순수주의의 시작을 알리는 강렬한 메시지였다.

각층에는 8채의 단위주택을 두었다. 코너의 네 주택은 두 방향으로, 안쪽의 네 주택은 한 방향으로만 외부로 개방된다. 원래 단위주택의 평면은 개방적이고 자유로운 구성으로 계획되었지만, 그린월드의 반대에 부딪히면서 사각형의 틀에 맞추는 것으로 변경되었고, 침실 역시 폐쇄적인 공간으로 바뀌었다. 중앙에서 공급하는 에어컨 시스템 역시 그린월드의 반대 때문에 포기되었다. 2층에 공동세탁실을 제공하고 지하에 주차장과 자전거 보관소를 설치하는 것은 간신히 관철되었다. 건축가의 합리적인 계획에 건물주의 철저한 비용 절감이 더해지면서 건물은 생각보다 싼 비용으로 시공되었다. 단위면적당 공사비는 당시 지어진 일반 아파트보다 저렴했다.

건물의 구성은 단순하기 이를 데 없다. 중앙에 코어를 두고 그 주변에 개방된 슬래브를 차곡차곡 매달았다. 그리고 얇은 유리피막을 씌웠다. 발상은 단순했지만 실제로 체험되는 공간감은 대단했다. 미스는 그 이전에는 누구도

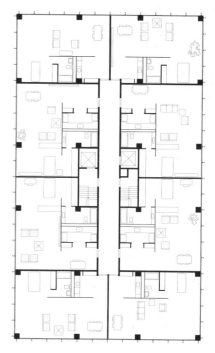

미스가 작성한 초기 평면 구성. 이렇게 파격적으로 개방적인 공간구성은 실현되지 못했다. 손세관 다시 그림

상상하지 못했던 공간적 체험을 인류에게 선사했다. 1층에서 출발해 보자. 밝고 개방된 로비에서 엘리베이터를 탄다. 문이 열리면 어두운 복도를 만난다. 복도를 천천히 지나 주택으로 들어서는 순간 돌연 호수와 도시가 눈앞에 펼쳐지는 기막힌 광경을 만나게 된다. 지금은 일상적으로 하는 체험이지만, 1950년대라면 얘기가 달라진다. 놀라운 공간적 체험은 이내 입소문을 탔다. 이 아파트에서 하룻밤만이라도 지내고 싶어 하는 사람들이 늘어났다. 그중에는 유명 인사도 많았다.

미스의 건축적 이상이 비로소 성취된 것이다. 고층의 유리건축, 철로 지어진 순수한 형태의 건축, 세계 어디에 있어도 아름답고 완벽한 건축. 그것이 그가 구현하고 싶었던 건축이다. 미스는 이 아파트를 통해 그것을 실현했고, 건축역사에 하나의 이정표를 세웠다. 그가 젊은 시절 독일에서 구상하고 발표한 철과 유리의 고층건물이 허구적인 실체가 아님을 입증한 것이다. 사실 미스가 독일에서 유리 마천루를 제안했을 때 사람들은 그것을 과

레이크 쇼어 드라이브 860-880번지 아파트의 1층 로비 ©손세관

대망상의 실현 불가능한 아이디어 정도로 보았고, 실제로 지어질 것이라고 생각한 사람은 없었다. 그런 그가 미국에 와서 자신의 이상에 미국적 실용주의를 접목시키고, 그것을 당당하게 구현해 보인 것이다.

그린월드는 미스에게 새 건물에 들어가 살 것을 권유했다. 미스도 그럴 생각을 했으나 이내 포기했다. 그는 자신의 구식 아파트를 떠나지 않았다. 사실은 두려웠기 때문이다. 건물이 어떤 평가를 받을지도 몰랐고, 이웃으로부터 들을 비난도 걱정되었다. 사실 이 아파트는 불편한 점이 많았다. 우선 엘리베이터가 너무 좁고 느렸다. 이사 오는 사람들이 이전에 쓰던 큰 가구를 모두 버려야 할 정도였다. 느린 속도 때문에 주민들은 속이 터졌는데, 엘리베이터를 기다리느라 이웃을 모두 만나게 되므로 커뮤니티가 긴밀해진다는 우스갯소리가 나올 정도였다. 바람이 많이 부는 날에는 건물이 흔들렸는데, 상당히 심했다고 한다. 여름에는 온실효과 때문에 실내가 너무 더웠다. 지금으로부터 60여 년 전에 지은 고층의 유리건물이 초래한 불편이다.

코먼웰스 프롬나드 아파트. 원래 계획보다 축소되어 두 동으로 완성되었다. ⓒEric Allix Rogers, Flickr

주택과 오피스의 만남,
유리 마천루의 시대를 열다

쌍둥이 아파트가 성공을 거두자 그린월드는 시카고 북부에 모두 5개의 아파트 건설 프로젝트를 추진했다. 바야흐로 미스에게는 승승장구의 기회가 왔다. 쌍둥이 아파트 이후의 첫 결실은 에스플라나드 아파트Esplanade Apartments다. 쌍둥이 아파트와 바로 인접한 부지인 레이크쇼어 드라이브 900-910번지에 들어선 건물로, 두 채의 29층 건물이 직각을 이루면서 자리한다. 건물의 길이가 서로 다르므로 쌍둥이는 아니다. 이 프로젝트와 거의 때를 같이 하여 그들은 링컨 파크Lincoln Park 서쪽에 코먼웰스 프롬나드 아파트Commonwealth Promenade Apartments를 계획하고 시공했다. 29층 건물 두 채, 28층 건물 두 채가 좌우대칭으로 자리하는 대규모 프로젝트였다. 남쪽 두 채는 1956년에 완성되었으나 북쪽 두 채는 지어지지 못했다. 1959년 그린월드가 비행기 사고로 죽었기 때문이다.

새 건물은 본질적으로는 쌍둥이 아파트와 유사하지만 여러 측면에서 달랐다. 우선 기

레이크 쇼어 드라이브 860-880번지 아파트

둥이 밖으로 노출되지 않았다. 따라서 외부의 수직 부재는 일정한 크기와 간격을 유지할 수 있었다. 또한 건물의 하부는 콘크리트 기둥, 상부는 철골 기둥을 사용했고, 그 모두를 알루미늄으로 둘러쌌다. 미스는 이러한 방식을 '더욱 진보한 기술'이라고 규정하고, 이후의 유리 마천루 건축에 지속적으로 사용했다. 새로운 구축법의 핵심은 기둥을 유리 표면 안쪽에 두는 것이다. 건물이 온도의 변화에 따라 수축하고 팽창하는 것을 방지하려 함이었다. 철골 기둥을 외부로 노출시킨 쌍둥이 아파트에서 그런 문제가 드러난 것이다. 이렇게 유리 마천루가 구조적 미학적으로 완성되었다.

미스가 1958년 뉴욕에 완성한 시그램 빌딩. 그의 첫 오피스 빌딩이다.

유리 마천루는 대기업 최고경영자들의 눈길을 끌었다. 차갑고 세련된 외관은 지성과 부의 이미지로 이어졌기 때문이다. 진취적인 기업정신을 담아야 하는 사옥건축으로 안성맞춤이었다. 유리 마천루가 오피스 빌딩에 적용된 것은 당연하고도 자연스러웠다. 1952년에 설계사무소 S.O.M의 수석디자이너 고든 번셰프트Gordon Bunshaft, 1909~1990는 파크 애버뉴Park Avenue에 21층 규모의 오피스 빌딩 레버하우스Lever House를 철과 유리로 건축했다. 유리 마천루의 오피스 빌딩 시대가 시작된 것이다. 미스 자신도 첫 유리 마천루 오피스 빌딩인 시그램 빌딩Seagram Building을 38층 규모로 1958년에 완성했다. 맨해튼 중심에 드넓은 광장을 앞에 두고 당당히 서 있는 고전풍의 첨단 오피스 빌딩이다.

1950년대 말을 기점으로 유리 마천루는 누구도 막을 수 없는 대세가 되었다. 그리고 전 세계로 퍼져나갔다. 유리 마천루는 주로 오피스와 주택에 적용되었다. 미스가 유리 마천루를 오피스가 아닌 주택으로 먼저 구현한 것은 20세기 후반의 주택 사업에 중요한 선례를 제공했다. 주택이 오피스의 이미지를 가지는 것이 자연스럽게 받아들여진 것이다. 사실 주택은 외부로 생활의 흔적이 흘러나오는 것이 자연스럽고, 그것이 주택을 주택답게 하는 것이다. 그런데 기계화된 설비와 발전된 가전제품으로 인해 간결한 공간 속에 복잡한 주거기능을 수용하는 것이 가능해진 것이다. 결과적으로 오피스와 주택은 외관상으로는 구별하기 어렵게 되었다. 여러 나라에 널리 퍼진 오피스텔과 주상복합 아파트는 레이크 쇼어 드라이브 아파트의 완성과 함께 그 탄생이 예고된 것이다.

미스는 평생을 철과 유리로 짓는 건축에 골몰했다. 그는 1920년대 독일에서부터 1969년 사망할 때까지 40년이 넘는 기간 동안 철과 유리의 건축을 대상으로 외관과 공간 구성 그리고 그 구축 방법에 대해 연구하고 실험했다. 그는 철과 유리로 만들어내는 단순 명쾌한 형태를 "시대를 위한 형태a form for an epoch"라고 생각했다. 그는 "건축은 칵테일cocktail 이 아니다."라는 말을 자주 했다. 좋은 건축이 되기 위해서는 재료를 이것저것 섞는 것이 아니라는 말이다. 그는 그것을 숙련된 석공이었던 아버지로부터 배웠다. 성 토마스 아퀴나스와 성 아우구스티누스의 사상에 심취했던 미스는 그것으로부터 원리, 질서, 그리고 형태의 본질을 구했다. 미스에게 건축이 추구해야 할 최고의 가치는 '진실함truth'이었다. 진실함이 구현되었을 때만 건축은 아름답게 된다는 믿음을 끝까지 견지했다. 그는 여러 면에서 특별했다.

콘크리트 고층아파트의 탄생

유리 고층아파트를 미스가 만들었다면, 콘크리트 고층아파트는 누가 구상했을까? 그것은 여러 사람의 손에 의해 형상화되었다. 우리가 흔히 '탑상형' 또는 '타워형'이라고 부르는 뾰족한 고층아파트는 르코르뷔지에가 만든 것으로 알려졌다. 一자형 평면을 가지면서 높이 올라가는 판상형 고층아파트는 마르셀 브로이어Marcel Breuer, 1902~1981가 창안했으며, 그로피우스가 적극적인 홍보에 나섰다. 르코르뷔지에의 위니테 다비타시옹이 판상형 고층아파트가 널리 정착하는데 큰 힘을 실어주었다. 모두 '녹지 위의 고층주거'의 모델을 대표하는 주거형식이다. 1920년대에 등장한 이런 모델이 실제로 실현된 것은 제2차 세계대전이 끝난 이후였으니 전쟁이 그 일반화의 주역이었던 셈이다.

타워형 고층아파트는 오귀스트 페레가 창안했다고 하는 것이 정확하다. 다만 한 장의 스케치로 제시한 그의 마천루 구상만으로는 그를 '창안자'라고 부르는 것이 좀 과한 것인지 역사는 르코르뷔지에에게 그런 영광을 준다. 페레는 1905년경부터 '타워'에 대한 생각을 곳곳에 피력했다. 주로 글로 발표했으나, 1922년에는 프랑스의 주간신문 《릴뤼스트라지옹L'Illustration》에 실린 그림을 통해 구체적으로 보여 주었다. 길게 뻗은 파리의 생세르맹 대로Boulevard Saint-Germain를 따라 마천루가 끝없이 이어진다. '환상적인' 도시상이었다. 당시 뉴욕 맨해튼에 건축된 고층 상업건축에서 영향 받은 것이다.

르코르뷔지에는 페레의 사무실에서 '인턴사원'으로 일하던 시절 페레로부터 마천루 구상에 대해 들었고, 1915년에는 그것을 그린 스케치도 보았다. 페레는 젊은 건축가 지망생에게 미래도시의 상을 만들고 그것을 책으로 출판해 보라는 권유를 했다. 르코르뷔지에는 파리의 국립도서관을 드나들면서 동서양의 도시 구성을 섭렵했다. 그는 여러 도시 구성에 토니 가르니에의 공업도시 이념을 가미했고 최종적으로 페레의 마천루 모델을 번안한 자신의 타워를 얹어 미래도시의 상을 만들었다. 그것이 1922년에 발표한 '300만 인을 위한 현대도시'다. 르코르뷔지에의 타워는 페레의 모델을 +자형 평면 타워로 번안한 것이다. 그는 그것을 이후 제안한 여러 도시구상에 지속적으로 사용했다.

바우하우스의 교수 브로이어는 1924년 《바우벨트Bauwelt》 잡지사에서 시행한 '새로운 주거 형식' 공모 현상설계에 편복도형 6층 아파트를 제안했다. 6층은 당시로 는 '대단히' 고층이었다. 그는 1928년 시행된 베를린 슈판다우 자치구의 라이히스포르슝스 주거단지Siedlung Reichsforschungs 현상설계에 연속하는 세 동의 18층 아파트 계획안을 제출했다. 당시 그로피우스가 제시한 6동의 12층 아파트 계획안과는 비교할 수 없을 만큼 과감한 것이었다. 역시 바우하우스의 교수였던 루드비히 힐베르자이머 Ludwig Hilberseimer, 1885~1967의 역할도 무시할 수 없다. 그는 1924년 계획한 마천루 도시Hochhausstadt 구상안에서 15층 높이의 판상형 아파트가 끝없이 이어지는 현대도시 의 상을 제시했다. 힐베르자이머는 판상형 고층아파트를 계속해서 계획했고, 그 실현 을 위해 노력했다.

마르셀 브로이어가 1928년 현상설계에 제출한 18층 아파트 계획안 ⓒBauhaus–Archiv Berlin

레이크 쇼어 드라이브 860-880번지 아파트

구릉지에 펼쳐진 클리마 드프랑스. 다양한 형식의 주택이 섞여 있다. ©Stéphane Couturier

200개의 기둥으로 조성한
가난한 자들의 궁전

페르낭 푸이용,

클리마 드프랑스,

1957

인간을 사랑한
인간의 이야기

아프리카의 북부 알제리로 간다. 수
도 알제Algiers에 시대를 빛낸 집합주
택이 있다고 하면 의아할 것이다. 사
실이다. 20세기 주거사에 꼭 기록되
어야 할 '특별한 사건 같은 집합주택'
이지만 우리에게는 잘 알려지지 않
았다. 알제의 구시가를 카스바Casbah
라고 부른다. 사실상 아랍 도시의 구
시가는 모두 카스바로 불린다. 알제
카스바의 서쪽 외곽, 구릉지로 이루
어진 그곳에 클리마 드프랑스Climat
de France라는 주거지가 있다. 그 중심
에 거대한 집합주택인 '200 기둥200
Colonnes'이 있다. 20세기의 중요한 집

완성 직전의 클리마 드프랑스의 중심 건물 '200 기둥'. 촬영자
미상

합주택을 이야기하면서 이곳을 뺄 수 없는 것은 그 속에 담긴 '인간을 사랑한 인간의 이야
기' 때문이다. 그 사랑이 만들어낸 집합주택의 형태 또한 중요한 이슈다. "아프리카의 위니
테"라고 불리기도 하는 이 건물은 역사상 처음 등장한 '가난한 자들을 위한 궁전'이다.

　알제리는 100년 훨씬 넘게 프랑스의 지배를 받다가 1962년에야 독립 국가가 되었다.
8년간의 해방전쟁 끝에 간신히 얻은 독립이다. 알제리 국민이 펼친 프랑스와의 해방전쟁
은 가장 격렬한 20세기 반식민지 투쟁의 하나였다. 알제리에 미련을 가진 프랑스는 수단
과 방법을 가리지 않고 저항을 막았고, 알제리 국민은 끊임없이 폭동과 게릴라전을 펼쳤
다. 알제리 국민이 이렇게 극단적으로 저항한 것은 그만큼 프랑스의 식민지 착취와 압제가
심했다는 뜻이다. 식민지를 그대로 지키기 원했던 알제리 거주 프랑스인들은 드골Charles de
Gaulle, 1890~1970 대통령을 암살하려는 시도를 여러 차례 했다. 드골이 점차 알제리를 독립
시키는 쪽으로 방향을 틀었기 때문이다. 많은 난관이 있었지만 알제리 국민은 기어이 광
복을 이루어냈다.

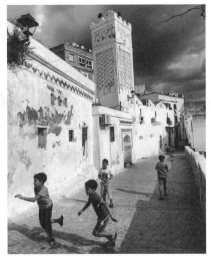

알제의 카스바에 있는 전통주택의 중정 ⓒJean-marie
Pirard, Wikimedia Commons

알제의 구시가지 카스바의 모습 ⓒRomanDeckert,
Wikimedia Commons

프랑스의 정치인 모두가 식민지를 억압한 것은 아니다. 개중에는 알제리인을 진심으로 위하고 아낀 사람도 있었다. 자크 슈발리에Jacques Chevallier, 1911~1971 같은 사람이 그랬다. 1953년부터 5년 남짓 알제 시장을 지낸 그는 자유주의자이자 깨어 있는 지성인이었다. 건축과 도시에도 조예가 깊었다. 사람들은 그를 "아랍인의 시장Mayor of Arabs"이라고 불렀다. 늘 알제리 사람들 편에서 일했기 때문이다. 그는 알제리 독립을 지지했고, 프랑스와 형제의 나라로 공존하기 바랐다. 그는 알제 시민에게 온전한 주거를 제공하기 위해 백방으로 노력했다. 원주민의 주거에 관한 프랑스 지배자들의 정책은, 그대로 방치하거나 아주 값싸게 지은 집에 수용하는 것이었다. 슈발리에는 달랐다. 그는 인간의 존엄과 프랑스가 표방하는 자유와 평등에 바탕을 둔 정책을 펼쳤다.

슈발리에는 자신을 도울 건축가를 찾았다. 페르낭 푸이용Fernand Pouillon, 1912~1986에게 도와줄 것을 간청했다. 푸이용은 우리에게는 다소 생소한 인물이지만 프랑스에서는 전후 공공주택 계획을 '다르게' 접근한 특별한 존재로 평가되고 있다. 그를 다룬 글과 책은 무수히 많다. 그는 에콜 데보자르에서 공부한 후 오귀스트 페레를 도와 마르세유 항구지역 재건사업에 참여했고, 계속해서 파리, 마르세유, 엑상프로방스에서 많은 공공주택을 계획하고 직접 건설도 했다. 페레의 영향 때문인지 근대의 건축언어로부터 일정한 거리를 두고, 역사와 전통을 존중했다. 그는 전후 프랑스 정부가 저소득 계층을 위해 마구잡이로 공공주택을 건설하는 것을 마땅찮은 눈으로 바라봤다.

푸이용의 마르세유에서의 활동을 눈여겨본 슈발리에는 그에게 간절한 편지를 보냈다. 1968년 출간한 자서전에서 푸이용은 그 편지의 일부를 이렇게 옮겼다. "나는 내 도시를 돌보고 싶습니다. 도시는 도움이 절실합니다. 시민들에게 거처를 마련해주어야 합니다. 사태는 심각합니다. 천지가 빈민굴입니다. … 지난 20년간 이 가난한 사람들을 위해 우리는 아무것도 하지 않았습니다. 여기는 모든 것이 유럽인에게 속합니다. … 우선 십만 호의 주택을 지어야 합니다. 그런 다음에 무엇을 더해야 할지 생각합시다." 슈발리에의 간청과 호소를 뿌리칠 수 없었던 푸이용은 1953년 슈발리에의 수석건축가가 되어 알제로 갔다. 많은 건축가가 엑상프로방스에서 열린 제9차 근대건축국제회의에 참석하기 위해 프랑스로 몰려갈 때였다. 그는 알제리에서 왕성하게 활동했으며, 건축가로서 절정기를 그곳에서 보냈다.

푸이용이 알제에서 처음 한 일은 디알 엘마슐르Diar el-Mahçoul라고 불리는 주거지 개발이었다. 슈발리에가 붙인 아랍어 이름으로, '풍요로운 땅'이란 의미다. 총 1,454세대의 주택으로 구성된 이 주거지가 괄목할 만한 것은 계획을 위한 '언어'를 무슬림 고유의 문화로부터 가져왔다는 사실 때문이다. 푸이용은 이곳에서 외부공간의 네트워크를 강조하고 건물이 공공공간을 둘러싸게 하는 등 근대건축과는 다른 언어를 구사했다. 그는 이곳에서 여러 건축문화의 중첩을 시도했는데, 하나는 오스만 제국의 문화, 다른 하나는 스페인풍의 이슬람 문화였다. 각각의 건물이 지니는 기념비적인 성격은 오스만으로부터, 그리고 건

푸이용이 알제에서 처음 개발한 주거지 디알 엘마슐르 ⓒXiaotong Gao, Wikimedia Commons

물로 둘러싸이는 광장, 정원, 분수가 딸린 파티오 등은 세비야Seville와 그라나다Granada로부터 온 것이다. 건축가는 거기에다 근대적 기술과 디자인을 가미했다.

푸이용은 자서전에서 처음으로 알제의 구시가를 본 소감을 이렇게 적고 있다. "나는 새로운 건축이 내 안에서 잉태되는 것을 느꼈다. … 나는 카스바와 나의 도시(마르세유) 사이에 어떤 다리를 놓을 것인가 고심했다." 푸이용의 건축이 우수하게 평가되는 것이 바로 이런 측면이다. 그는 단조로운 근대적 언어가 세상을 지배하던 시대에 지역의 전통을 존중하는 시도를 했다. 디알 엘마슐르의 무슬림 거주구역을 계획할 때 그는 많은 것을 카스바로부터 가져왔다. 모든 건물의 옥상을 여성을 위한 공간으로 할애한 것도 카스바에서 온 것이다. 알제리 사람들의 생활 패턴을 존중한 결과다. 디알 엘마슐르에서 보이는 카스바의 속성은 일일이 열거하기 어려울 정도로 많다.

클리마 드프랑스와
특별한 집합주택, 200 기둥

푸이용이 알제에서 한 최고의 프로젝트는 클리마 드프랑스다. 카스바의 서쪽에 자리하는 이 주거지는 지중해로의 조망이 펼쳐지는 북사면 구릉지에 자리한다. 4,500호의 주택을 수용하는 작은 신도시다. 푸이용은 구릉지를 따라 선형, 기역자형, 중정형, 타워형의 건물을 섞어 유기적인 복합체를 만들었다. 대지의 북쪽 경계에는 부드럽게 휘어지는 길을 따라

클리마 드프랑스 모형.
©L'association de Fernand Poullion

1880년에 제작된 그림에 묘사된 파리의 옛 궁전 팔레 루아얄

긴 곡선형의 건물을 둔 것이 특별하다. 복합체의 중앙에 거대한 블록형 집합주택인 200 기둥을 둔 것은 일종의 충격요법이다. 구릉지를 따라 질서와 무질서가 공존하는 아기자기한 집합체를 만들어낸 푸이용의 계획에 대해 비평가들은 "땅의 질서에 맞춘 어버니즘"이니 "새로운 카스바"니 하면서 후한 점수를 주었다.

200 기둥은 1957년에 완성되었다. 건물은 260×65m, 중정은 233×38m 크기다. 중정에는 항상 '거대한'이란 수식어가 따라붙는다. 푸이용은 이 공간의 크기를 파리의 옛 궁전 팔레 루아얄Palais Royal의 중정과 같게 했다. 과거에는 프랑스 왕족이 사용했고 현재는 파리 시민들이 즐겨 이용하는 공간을 식민지 알제리에 재현한 것이다. 푸이용은 시장 슈발리에게 무엇을 원하는지 정확히 간파했고, 아랍인의 자긍심을 높이기에 아주 적절한 공간을 구현했다. 그는 이 중정을 위해 많은 선례를 참고했다. 헬레니즘 시대의 아고라, 로마 시대의 포럼, 파리의 보주 광장Place des Vosges, 알함브라 궁전Alhambra의 사자의 중정Patio de Leones 과 아라야네스 중정Patio de los Arayanes. 그리고 1952년에 방문한 이란 이스파한Isfahan의 거대한 이맘광장Meidan Emam 역시 그가 떠올린 공간이다.

200 기둥은 4층 높이의 건물인데, 3층 높이의 열주랑이 중정을 둘러싼다. 건물의 정식 이름은 플라스 벤 엘라그라브Place Ben el Aghlab이지만 열주랑을 이루는 기둥의 숫자 때문에 흔히 '200 기둥'이라고 부른다. 이곳에는 800호의 주택, 200개의 상점, 의료시설과 학

200 기둥 건설 당시의 중정 모습 ©L'association de Fernand Pouillon

교를 두어 '자립적인' 커뮤니티의 중심이 되게 했다. 긴 건물의 양쪽 끝에는 높은 기둥으로 받친 장대한 주출입구를 두었고, 긴 면의 두 곳에도 그리 작지 않은 출입구를 두었다. 이 출입구를 경계로 복잡한 외부세계와 질서 잡힌 내부세계가 극명한 대조를 이룬다. 중정에 이르는 과정도 극적이다. 길에서 외부계단을 오르거나 내려와 계단참에서 90도로 방향을 틀어 출입구를 통과하면 넓은 중정으로 유도되고, 백색의 열주로 둘러싸인 거대한 공간이 눈앞에 전개된다. '여기가 과연 사람이 사는 건물인가?'라는 의구심이 생길 정도로 특별한 광경이다.

푸이용은 이 건물에 기념물의 속성과 주거의 속성을 잘 섞어 넣었다. 중정을 둘러싸면서 질서정연하게 배열된 기둥은 가장 중요한 기념물의 속성이다. 기둥은 폭이 1m이고 사이의 간격은 2m이므로 1-2-1-2의 리듬을 만들면서 이어진다. 이렇게 반복적으로 이어지는 중정의 표피는 옥상정원이 자리하는 건물의 최상부까지 이어진다. 7m 높이의 백색 기둥의 집합체는 당당하고 장중해 보는 사람을 숙연하게 만든다. 그런데 열주의 안쪽, 즉 회랑으로 들어가면 전혀 다른 양상이 전개된다. 기둥은 스크린으로 변해 뜨거운 햇빛을 차단하고 회랑과 주택에 그늘을 만든다. 그늘진 회랑을 따라 1층에는 상점과 주택의 출입구, 위에는 주택의 창문이 배열된다. 열주의 안쪽은 거주, 판매, 만남, 놀이 같은 크고 작은 생활이 전개되는 일상의 장소가 된다.

튀니지아의 전통주택에 설치된 마슈라비야.
무슬림의 옛 도시에서 흔히 볼 수 있는
아름다운 패턴의 창이다. ⓒMonaam Ben
Fredj, Wikimedia Commons

집합주택 200 기둥의 외벽. 무슬림 전통
도시주택의 창 마슈라비야를 재현한 것이다.
ⓒJaccline, Flickr

200 기둥의 옥상정원은 여성을 위한 공간이다. 카스바의 전통을 따른 것으로, 여성들이 작업하면서 교류하는 공간으로 계획되었다. 돔 지붕을 얹은 세탁실 수십 개가 일정한 간격으로 배열되었다. 건축가는 옥상으로 오르는 계단을 의도적으로 좁게 했는데, 구시가지에서 흔히 보이는 계단 같은 좁은 골목을 재현한 것이다. 옥상에 널린 울긋불긋한 세탁물, 그리고 모여서 얘기하는 여자들과 뛰어노는 어린이들이 200 기둥을 활기찬 공간으로 만들 것이라는 푸이용의 바람을 담았다. 그런데 이곳의 여자들은 그렇게 하지 않았다. 그들은 세탁물 바구니를 들고 좁은 계단을 오르내리려고 하지 않았고, 주택 안에서 빨래를 하고 창에서 내민 막대기에 세탁물을 걸어서 말렸다. 푸이용의 의도와는 달라졌지만, 무수히 내민 막대기와 펄럭이는 세탁물이 이곳을 매우 특별한 장소로 만든다.

클리마 드프랑스에서 보이는 알제리의 전통은 한둘이 아니다. 푸이용은 많은 주택에 파티오를 두었다. 파티오가 없는 주택에는 크게 돌출된 발코니를 두고 그 외부를 구멍이 무수히 뚫린 벽으로 가렸다. 프라이버시를 보호하고 그늘을 드리우기 위한 장치이지만 전통의 계승이기도 했다. 무슬림 전통주택의 마슈라비야Mashrabiya를 현대적으로 재현한 것이다. 마슈라비야는 밖에서 주택 안으로의 시선은 차단하지만 안에서 밖은 바라볼 수 있

클리마 드프랑스의 중심 건물 200 기둥의 오늘날의 모습.
제공: Ath Salem ⓒM. D. S. Akli

는 아름다운 패턴의 창으로, 지혜로운 장치다. 200 기둥의 외벽에 적용된 크고 작은 구멍의 모자이크 역시 마슈라비야를 재현한 것이다. 푸이용 자신은 200 기둥의 외벽을 계획하면서 구도시의 성벽과 알제리산 카펫에서 보이는 태피스트리 문양으로부터 영감을 받았다고 술회한 바 있다. 모두가 전통의 산물이다.

　　200 기둥에 대해 프랑스는 비판 일색이었다. 일부는 식민지 주민을 기념물에 수용한 것을, 일부는 단위주택이 좁은 것을 비판했다. 푸이용은 이렇게 응수했다. "사소한 문제에도 불구하고 건물이 가지는 사회적 개혁의 효과는 무시할 수 없다. 알제리 사람들은 이제 '진짜' 도시에 살게 되었다. 나는 프랑스인이 경멸하는 원주민을 격식 갖춘 건물에 수용했고, 근대 역사상 최초로 인간을 기념물에 살도록 했다. 가난한 알제리에서도 가장 가난한 사람들이 나의 의도를 이해했고, 그들이 자신의 건물에 '200 기둥'이라는 세례명을 부여했다." 알제 곳곳에 널린 판자촌은 물론 카스바와도 극명한 대조를 이루는 클리마 드프랑스는 파라다이스로 묘사되어왔다. 프랑스 관리들은 "이렇게 좋은 환경에 사는 사람들은 여타 지역 주민들에 비해 체제에 훨씬 순종적일 것"이라는 희망을 피력하기도 했다. 그렇지만 1960년 12월 발생한 대규모 반정부 시위 때 200 기둥의 주민 중 60여 명이 죽임을 당했다.

아프리카의
위니테

200 기둥의 중정은 늘 활기차다. 주민이 사랑하는 축구장이고 축제의 장이고 시장이다. 박애주의 정치인과 건축가가 합작해낸 북아프리카 최고의 공공공간이다. 200 기둥은 '노동자를 위한 궁전'과 르코르뷔지에의 이상적 공동체 위니테의 이념이 모두 담긴 탁월한 주거복합체다. "아프리카의 위니테"라는 별명이 그럴싸하다. 아마 유사한 모습을 가진 이런 규모의 건물이 파리 같은 서방의 도시에 건설되었다면 그 역사적 평가는 남달랐을 것이며, 늘 방문객으로 붐비는 명소가 되었을 것이다. 200 기둥은 1980년대에 건축가 리카르도 보필Ricardo Bofill, 1939~이 프랑스 곳곳에 지은 '노동자를 위한 궁전'보다 시간적으로 20년 이상 앞선다. 고전건축을 직접 차용하지도 않았고 지역의 고유한 문화에 대한 배려가 바탕에 깔려있으므로 설계방법론적인 측면에서도 훨씬 성숙한 건물이다.

이런 공간을 선사한 정치인 슈발리에는 알제리 해방 후에도 알제에 남아 그곳 시민으로 여생을 마쳤다. 1957년 파리에 정착한 푸이용은 국가주택협회Comptoir National du Logement, CNL라는 주택전문건설회사를 차렸다. 그는 구조의 효율화, 공간의 표준화, 공용 공간의 최소화, 공정의 최적화라는 방법을 통해 싼값에 우수한 주택을 건설하기 원했고, 그것을 직접 실행했다. 그가 이런 방법을 동원한 이유는 단순했다. 그의 말에 따르면, "사회적 약자를 향한 호의" 때문이다. 회사는 이익을 최소로 남기면서 '모두를 위한 주택, 모두가

푸이용이 설립한 건설회사 국가주택협회에서 파리에 건설한 아파트단지 레지당스 뒤퐁 뒤주르 Résidence du Point du Jour. 1963년 완성된 이 단지는 당시의 여느 아파트단지와는 많이 다르다. ⓒF.Photo, Flickr

소유할 수 있는 저렴한 주택'을 건설하기 위해 모든 수단을 동원했다. 그가 이런 방법을 동원해 싼값에 주택을 팔자 경쟁업체들의 질시가 엄청났다.

그가 건설한 아파트단지는 당시 프랑스에서 짓는 단지와는 외관과 공간구성이 본질적으로 달랐다. 그의 단지는 도시의 일부로 존재했다. 푸이용은 단지가 도시로부터 공간적으로 유리되는 것을 원치 않았다. 단지에는 중정과 광장 같은 둘러싸인 외부공간이 이어졌다. 당시 프랑스 정부에서는 대도시 주변에 그랑 앙상블Grands Ensembles이라 불리는 주거단지를 엄청나게 지었다. 다시 얘기하겠지만, 그랑 앙상블은 단조롭고 기계적인 환경으로 인해 많은 사회적 문제를 야기했다. 그런데 푸이용이 건설한 주거단지는 품위가 있었다. 아파트의 저층부에는 열주랑이 이어졌으며, 재료 또한 콘크리트 대신 자연스러운 질감의 돌을 부착했다. 그의 단지를 거닐면 마치 파리의 보주 광장에 있는 것 같은 느낌을 받는다.

그런데 아쉽게도 1961년 푸이용의 회사는 도산했다. 그는 다른 4명의 간부와 함께 불법회계와 횡령혐의로 기소되었고, 감옥에 갇혔다. 억울했던 그는 탈출을 시도했으나 이내 잡혔다. 그것으로 그의 프랑스에서의 활동은 끝이 났다. 감옥에 있는 동안 그는 성당건축에 관한 역사소설《수도원의 돌Les Pierres Sauvages》,1964을 썼다. 12세기 프랑스 남부에 지어진 르토르네 수도원Le Thoronet Abby의 건설에 얽힌 이야기다. 푸이용은 건축기술에 대한 탁월한 지식을 갖춘 사람이다. 그는 그런 지식을 바탕으로 성당건축에 생을 바친 중세시대 수도사들이 어떻게 이 위대한 성당을 지을 수 있었는가를 세세하고도 감동적으로 이야기했다. 프랑스에서 건축을 공부하는 학생들은 모두 이 책을 읽는다. 영어본The Stones of the Abbey도 출간되었으니, 한번 읽어볼 일이다.

1964년 출옥한 푸이용은 알제리로 갔고, 그곳에 정착해 이란, 모로코 등지를 돌아다니면서 많은 일을 했다. 1984년 73살의 나이에 그는 비로소 프랑스로 돌아갔다. 프랑스 정부는 그를 사면하고 레지옹 도뇌르 훈장을 수여했다. 그는 남은 생을 프랑스 남부에 소재한 벨카스텔 성Château de Belcastel의 복원에 바쳤다. 9세기부터 존재했으나 17세기부터 버려진 그 성의 존재를 우연한 기회에 알게 된 것이다. 그는 알제리로부터 여러 명의 석공과 10명의 스테인드글라스 장인을 불러서 그들과 함께 합숙하면서 성을 복원했다. 기계장비를 일체 사용하지 않고 성 위에 있는 산을 캐 돌을 조달했다. 일꾼들의 급료는 사비로 지급했다. 그들이 복원한 성 아래의 마을은 '프랑스에서 가장 아름다운 마을' 중 하나에 올라 있다. 그는 8년을 성에서 보냈고, 그곳에서 생을 마감했다.

프랑스의 그랑 앙상블

그랑 앙상블은 '실패 사례'에서 이야기하는 것이 적절하지만, 페르낭 푸이용이 워낙 싫어했으므로 그를 기리는 마음으로 여기에 쓴다. 그랑 앙상블은 1950년대에서 1970년대 사이 프랑스의 주요 도시에 건설된 대규모 아파트단지를 의미한다. '큰 조화'라는 용어의 의미는 얼마나 좋은가. 그런데 실상은 너무 단조롭고 기계적인 환경으로 인해 많은 사회적 문제를 야기했다. 그 결과 제2차 세계대전 이후 프랑스 주택정책의 실패를 대변하는 용어로 사용되고 있다. 문화국가를 표방하는 나라에서 행한 일이니 더욱 뼈아프겠지만 오늘날 프랑스 정부에서는 단지를 하나하나 개조하는 정책을 펴고 있으니 그것은 우리가 배워야 할 태도이자 방법론이다.

문제는 심각한 결핍에서 시작되었다. 전쟁의 피해도 상당했거니와 인도차이나와 알제리라는 두 곳의 큰 식민지를 잃어버린 것도 타격이었다. 식민지로부터 돌아오는 사람들이 넘쳤다. 1950년대 후반을 기준으로 400만 호의 주택이 부족했다. 정부에서는 대규모 단지를 마구 건설했다. 도시 내부에는 적절한 부지가 없었으므로 단지는 주로 도시 외곽에 건설되었다. 당연히 교통, 학교, 상점들로부터 고립되었다. 환경의 획일성과 단조로움은 더욱 치명적인 문제를 야기했다. 최소 비용으로 최대의 물량을 확보하겠다는 정부의 목표가 초래한 결과였다.

그랑 앙상블로 이주한 사람들은 혼란에 빠졌다. 이전에 살던 슬럼과 비교하면 물리적 환경은 분명 나아졌다. 그러나 단지는 근본적으로 취약했다. 주택의 면적은 너무 작았고, 이웃 간 소음은 심했고, 공공서비스는 열악했다. 건물의 시공 수준 또한 턱없이 낮았다. 단지에는 이웃 간 분쟁이 끊이지 않았다. 일상생활에 필요한 용품을 주변에서 구할 수 없는 주부들은 심각한 지리적 고립감에 시달려야 했다. 할 일 없는 청소년들은 집단을 만들어 일탈 행동을 일삼았다. 성인들 사이에는 알코올 중독자가 증가했고, 범죄가 빈발했다. 파리 외곽의 사르셀르 지구Commune de Sarcelles가 가장 악명 높은 그랑 앙상블이다. 지구를 놓고, "이런 실수는 더 이상 생각하지도 저지르지도 말아야 한다."라고 공개적으로 선언할 정도였다.

많은 전문가가 그랑 앙상블의 건설 중단을 촉구했다. 그렇지만 정부에서는 좀체 여론에 귀를 기울이지 않았다. 1960년대 중반부터 불만에 찬 거주자들이 드골 정부에 반대표를 던지자 뒤이은 퐁피두G. Pompidou 정부에서는 더 이상 그랑 앙상블을 짓지 않기로 결정했다. 1970년대에 들어와서야 거대한 사회적 실험은 종지부를 찍었다. 2000년대 초반부터 정부에서는 그랑 앙상블을 전면적으로 재조직하는 프로젝트를 가동했다. 거대한 주동 사이의 넓은 공지에 연립주택과 단독주택을 섞어 넣음으로써 마을 분위기를 만드는 작업이 대종을 이루었다. '내 집 만들기résidentialisation'라고 불리는 사업이다. 이런 방법으로 프랑스의 많은 단지가 개조되어 인간적인 주거지로 거듭났다.

프랑스의 악명 높은 그랑 앙상블 사르셀르 지구의 전경 ©Norma Evenson / Yale University Press

클리마 드 프랑스

노이에 파아 아파트 전경 ©Jürgen Howaldt, Wikimedia Commons

신개인주의 이념을 표출하는
곡선 표면의 고층아파트

알바르 알토,
노이에 파아 아파트,
1962

자연주의 건축가,
알바르 알토

알바르 알토Alvar Aalto, 1898~1976는 평생 500개가 넘는 건물을 설계했다. 물론 다 지어진 것은 아닌데, 단독주택, 교회, 공공건축, 대학캠퍼스가 그를 거장으로 이끌었다. 좋은 집합주택을 설계한 건축가로는 알려지지 않았다. 탁월한 집합주택을 여럿 설계했음에도 불구하고 다른 종류의 우수한 건물에 가려버렸다. 그의 많은 작업이 그렇듯 그가 남긴 집합주택역시 건축사에 커다란 존재감을 새겼다. 알토는 자신의 작업에 대해 세세하게 설명하지 않았다. "작품은 스스로가 말한다."라는 평소의 소신 때문이다. 사실 그의 집합주택을 보면딱히 설명 들을 필요가 없다. 평면을 들여다보면 모든 것이 이해된다. 그를 '논리적 건축가', '진정한 합리주의 건축가'라고 칭하는 것은 결코 과장이 아니다.

알토는 태생적으로 인간주의, 자연주의, 역사주의의 신봉자로 20대 초반부터 건축에관한 생각을 글로 발표했다. 그것을 읽어보면 건축의 본질을 인간과 자연으로부터 찾았음을 알 수 있다. 1925년에 쓴 글에서는 이렇게 얘기했다. "건축의 본질적인 목표는 자연스럽게 짓는 것이다. 논리적인 이유 없이는 어떤 짓도 해서는 안 된다. 불필요하게 만든 어떤 것도 시간이 지나면 추하게 된다." 일찍부터 자연주의 이념을 깨우친 알토는 풍토적인 것, 자

알토가 1933년 완성한 파이미오 결핵요양원의 외부 모습 ©Leon Liao, Wikimedia Commons

연스럽고 유기적인 형태에 애정을 표했다. 경관의 조화로운 일부가 되지 않는 건물은 짓지 말아야 한다고 주장하고 다녔다. 그리고 이 신념을 평생을 두고 지켜냈다.

알토도 시대를 거스를 수는 없었다. 근대주의라는 물결과 맞닥트려야 했다. 제2회 근대건축국제회의와 아테네 헌장을 발표한 제4회 회의에 참석했다. 르코르뷔지에, 지그프리드 기디온 같은 근대건축의 중심인물들과도 교유했다. 그런 활동과 더불어 근대의 언어에 지역적 색채를 가미한 건물을 설계했다. 1933년에는 파이미오 결핵요양원Paimio Sanatorium 을, 1935년에는 비푸리 도서관Viipuri Library을 완성했다. 덕분에 세계적으로 주목받는 건축가로 부상했다. 그를 근대건축의 중심인물로 만들어 준 사람이 건축이론가이자 비평가인 지그프리드 기디온이다.

근대건축의 이론적 전도사를 자처했던 기디온은 알토를 여느 기능주의 건축가들로부터 구분하고, 그의 건축에서 보이는 감성적이고 지역적인 속성에 대해 높이 평가했다. 그는 알토의 건축을 다루기 위해 대표저술인《공간, 시간, 그리고 건축》에 새로운 장을 추가해 1949년에 개정판을 냈을 정도다. 추가된 장의 제목은 "알바르 알토: 비합리성과 표준화 Alvar Aalto: Irrationality and Standardization". 이 글에서 기디온은 알토의 건축을 근대건축 역사에 정식으로 추가했는데, 실상은 새로 썼다고 하는 것이 맞다. 기디온에 의하면, 알토 건축의 특징은 "표준화와 비합리성이 공존하는 것"인데, 그것은 "역사가 아방가르드 건축에 요구한 도덕적 의무를 수행하기 위함이었고", 그렇게 함으로써 알토는 "인간의 삶이 건축과 일치함을 다시 한 번 굳건히 했다."라고 단정했다. 지극한 상찬이다.

기디온이 알토를 얼마나 좋아하고 인정했는지 그의 책을 보면 알 수 있다. 자신의 책에서 그로피우스, 르코르뷔지에, 프랭크 로이드 라이트, 미스 반데어로에를 "근대건축의 거장"이라고 칭했는데, 정작 알토에 관한 내용은 그들보다 더 많은 페이지를 할애했다. 또한 다른 건축가들과 다르게 알토의 인간적인 면모까지 다루면서 남달리 따뜻한 관심을 보였다. 기디온은 알토를 다룬 장에 39페이지를 할애했다. 그로피우스에게 35페이지, 르코르뷔지에에게 31페이지, 라이트에게 27페이지를 할애했고, 미스에게는 고작 23페이지를 할애했을 뿐이다. 기디온은 1949년 1월에 알토에게 편지를 보내 이렇게 얘기했다. "내가 당신에 관한 내용을 너무 많이 써서 내 친구들이 약올라할 것 같소. 그렇지만 그 장 덕분에 책이 말하려고 하는 내용이 분명하게 된 것은 다행이오."

알토의
집합주택

알토가 설계한 집합주택은 어떨까? 좋은 집합주택을 설계한 건축가는 도시와 자연 그리고 인간적 삶의 본질에 대한 이해가 남다르다. 알토 역시 그랬는데, 우선 '표준화'의 이념을 보는 눈이 남달랐다. 1941년 출간한 글에서 이렇게 말했다. "표준화란 모든 주택을 같은 모양으로 짓는 것 같은 형식상의 의미가 아니다. 표준화는 개개의 주택이 각기 다른 크기의 가족, 다양한 지형적 위치, 다른 방위와 전망 등에 쉽게 순응할 수 있는 유연한 시스템을 만들어내는 방법이다. … 모든 주택은 실제로는 이웃집과 달라야 한다." 집합주택에서 각 단위주택은 독자적인 특성을 가지는 동시에 단독주택이 가지는 이점 또한 가져야 한다고 단정했다. 대량생산의 대상인 집합주택에서도 개인주의의 가능성을 제시한 것이다.

알토는 컨베이어 벨트에서 기계적으로 찍어내는 자동차 같은 표준화를 가장 끔찍하게 생각했다. 건축에서 표준화는 생물학적 모델에 바탕을 두어야 한다고 생각한 것이다. 대표적인 양상은 봄에 들판을 뒤덮는 꽃을 보면 알 수 있다고 했다. 수천수만의 진달래는 같지만 모두 다르다는 것이다. 알토가 가진 이러한 생각은 그의 창작의 기본이 되었던 이념 즉 인간과 자연의 유기적 관계, 이성과 직관의 상호작용, 그리고 감성적 유기주의의 결과였다. 집합주택에 관한한 알토는 '기능적 합리주의'를 표방한 근대건축의 주류와는 분명

알토가 1949년 완성한 MIT의 기숙사 베이커 하우스. 출처: http://philip.greenspun.com

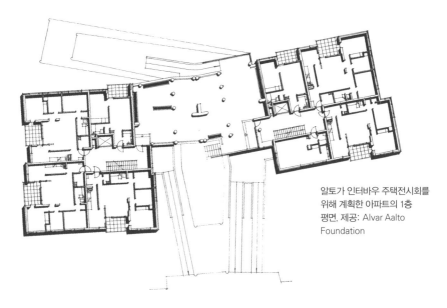

알토가 인터바우 주택전시회를
위해 계획한 아파트의 1층
평면. 제공: Alvar Aalto
Foundation

한 거리를 두었다. 그는 인간 실존에 대한 섬세한 해석을 통해서 기능성과 생산성에 대해 새로운 접근을 했다.

집합적 주거환경으로 주목받은 알토의 첫 작업은 1949년 완성한 MIT의 기숙사, 베이커 하우스 Baker House다. 이 건물부터 알토는 붉은 벽돌을 사용했다. 알토의 '붉은 벽돌의 시대'가 시작된 것이다. 구불구불 구부러지는 건물은 기존의 딱딱한 기숙사 형식을 완전히 탈피하는 혁명에 가까운 변신이다. 그는 학생의 입장을 철저히 고려한 계획을 했는데, 햇빛, 조망, 프라이버시를 모두 감안해 도출된 건물

알토가 1957년 베를린의 주택전시회 인터바우를 위해 계획한
아파트 ⓒSeier+Seier, Flickr

노이에 파아 아파트

의 평면은 W자 형태다. 남쪽으로 향하는 방의 수를 극대화하려면 그런 형태가 최상이었다. 결과적으로 개개의 방은 같은 모양과 크기를 가질 수 없고, 바라보는 조망도 모두 달랐다. 별동으로 계획된 식당은 천장에서 빛이 들어오는데, 둥근 창의 모양 때문에 학생들은 그곳을 "달빛 비추는 정원"이라고 불렀다.

알토는 1957년 베를린에서 개최한 주택전시회 '인터바우'에 초빙되었다. 전쟁으로 파괴된 한자지구Hansaviertel에 펼쳐진 이 전시회에 알토는 8층 규모의 아파트 한 동을 제시했다. 전시회에는 15개국에서 53명의 건축가가 초대되어 고층 및 중층 아파트, 연립주택, 단독주택 등 다양한 형식의 주택을 제안했다. 알토의 아파트는 르코르뷔지에의 위니테와 함께 가장 주목받았다. "사실상 최고"라는 찬사를 받았다. 집합주택에 대한 알토의 접근방식이 여타의 건축가와 많이 달랐기 때문이다. 그의 아파트는 5호의 주택이 조합된 두 동의 타워가 서로 맞물리면서 부드럽게 비틀어진 외관을 형성했다. 당시에 유행하던 판상형 아파트와 완전히 다른, 윤곽과 표피에서 섬세한 변화를 보이는 세련된 집합주택이다.

이 아파트에서는 알토의 오랜 주제의 하나인 '중정'이 재현되었다. 알토는 로마시대 도시주택의 내부 마당 아트리움을 위시해 여러 문화권에서 보이는 중정을 좋아했다. 그리고 시시때때로 그것을 재현했다. 베를린의 아파트에서 중정은 두 가지 형식으로 나타났다. 하나는 길에서 진입하면 바로 만나는 1층 중앙부가 아트리움으로 재현되었다. 열주랑이 이어지는 공용 공간으로서, 알토가 선호하던 로마시대의 중정이다. 또 다른 중정은 단위주택의 중앙에 자리한다. 알토는 거실과 발코니를 중앙에 두고 그 주변으로 여러 생활공간을 배열했다. '보호된 실내정원'을 주택 내부에 둠으로써 집합주택과 단독주택의 장점을 결합하는 것이 계획의 핵심이다. 발코니는 밖으로 조금씩 돌출시켜 각 주택을 밖에서 쉽게 식별할 수 있게 했다. 알토만의 독자적인 도시주택 모델이다.

부채꼴 평면의
노이에 파아 아파트

알토가 계획한 최고의 집합주택은 1962년 독일 브레멘에 완성한 노이에 파아 아파트Neue Vahr Apartment Tower다. 22층 높이의 미끈한 건물로 그때까지 유럽에 들어선 타워 중 가장 우아하다. 1960년을 전후해 브레멘은 도시의 동쪽에 노이에 파아 지구를 건설했는데, 개발을 주도한 회사는 알토에게 지구의 랜드마크가 될 수 있는 건물을 설계해 줄 것을 의뢰했다. 평소 알토는 고층아파트는 바람직하지 않은 것으로 단언해왔다. 그런데 1958년 이 아파트의 설계를 의뢰받았을 때 그는 땅이 가진 가능성을 놓고 여러 내용을 고려한 결과 고층아파트가 적당하다는 결론을 내렸다. 지구의 중심에 자리하면서 인공호수가 바라보이는 조망을 무시할 수 없었다. 그는 고층아파트가 자녀가 있는 가족에게는 적당하지 않지만 도심에 거주하는 독신자나 젊은 커플에게는 나쁘지 않다면서 평소의 생각을 바꾸었다.

알토는 대지가 가진 장점을 극대화했다. 건물의 평면을 넓게 펼쳐진 부채꼴 모양으로 만들었다. 결과적으로 건물은 부드럽게 휘어지면서 도시를 향해 시원하게 열린다. 단위주택의 평면은 도끼 형상을 가지면서 방사상으로 뻗어나간다. 햇빛이 풍부하지 않은 북유럽의 기후조건에서 최적의 환경을 지향한 것이다. 이렇게 단위주택이 조망과 향에서 최대 혜택을 얻도록 한 반면 복도와 계단실 같은 서비스 공간은 최소한으로 줄였다. 철저한 기능주의적 접근이다. 그가 존중한 인간중심의 기능주의는 표준과 반복을 버리면서 기하학으로부터 과감하게 탈피하는 것이다. 이 아파트가 뛰어난 이유가 바로 그런 점이다. 당시에 만연하던 비인간적이고 기계적인 주거환경에 대한 경고이면서 새로운 시대가 도래할 것이라는 외침과 같은 것이다.

한 층에는 기본적으로 9세대의 주택이 자리한다. 물론 이웃과 평면이 같은 주택은 없다. 규모는 작아서, 침실이 하나 있는 형식이 대다수다. 알토는 이런 공간의 협소함을 시각적으로 완화하기 위해 부엌과 거실 사이는 유리로 칸막이를 했다. 그리고 도끼 형상의 평면을 활용해 공간의 시각적 확장성을 강조했다. 즉 좁고 어두운 공간에서 넓고 밝은 공간으로 열리는 공간의 일상적 체험을 통해 '집이 좁다'는 느낌을 없애버린 것이다. 거주자가 문을 열고

투상도로 표현한 노이에 파아 아파트의 외관.
출처: Roger Sherwood, 《Modern Housing Prototypes》, Harvard University Press, ©1978 by the President and Fellows of Harvard College

노이에 파아 아파트

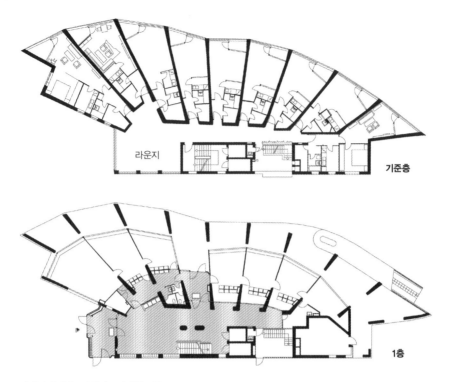

라운지

기준층

1층

노이에 파아 아파트의 평면도. 손세관 그림

집으로 들어서면, 욕실 앞의 좁은 통로를 만나게 되지만 부엌 앞을 거쳐 밝고 개방된 거실에 다다르면 탁 트인 시야가 전개된다. 알토는 이를 "사적 공간의 해방"이라고 불렀다. 공용복도의 구성에서도 유사한 방법을 사용했다. 즉 복도 끝에 밝고 개방된 라운지를 둔 것인데, 어두운 복도를 통과한 거주자는 이곳에서 호수를 향해 시원하게 전개되는 경치를 감상하면서 해방감을 즐긴다.

알토는 부채꼴 평면을 즐겨 사용했다. 볼프스부르크 문화센터Wolfsburg Cultural Center, 부옥센니스카 교회Vuoksenniska Church in Imatra 등 많은 프로젝트가 그랬다. 그가 부채꼴 평면을 즐겨 사용한 이유는 다양하다. 우선, 좋은 조망을 가지면서 내부에는 많은 햇빛이 들어올 수 있게 하려는 것이다. 외부와 접하는 개구부의 면적을 증대시키는 동시에 기하학적 형태가 가지는 경직성을 피한 결과가 부채꼴 평면으로 나타난 것이다. 둘째, 부드럽게 휘어지는 벽체로 둘러싸인 내부공간이 부여하는 심리적 안정성 때문이다. 인간의 활동을 보자기처럼 둘러싸는 벽체는 편안하고 아늑한 내부공간을 연출한다. 교회 같은 종교적 공간에 잘 어울린다. 셋째, 주변 환경과 조화를 이루기도 적절하기 때문이다. 건물이 자연이나 공원을 향하고 후면에는 도시적 환경이 있는 경우 부채꼴 평면이 좋다. 전면은 곡선으로 자연에 대응하고, 후면은 직선으로 도시에 대응하기 때문이다.

부채꼴 평면은 집합주택에도 지속적으로 적용되었다. 1966년에 완성된 헬싱키공과대학 기숙사에서는 베이커 하우스와 노이에 파아 아파트를 섞은 것 같은 평면 구성을 채택했다. 1967년 스위스 루체른에 완성한 쇤뷜 아파트Hochhaus Schönbühl에도 역시 부채꼴 평면이 적용되었다. 산과 호수의 전망이 남동쪽으로 펼쳐지는 이곳에 알토는 건물의 높이를 과감하게 16층으로 하고, 모든 주택에 최대한의 전망을 부여하는 계획을 했다. 이러한 일련의 부채꼴 평면의 집합주택을 통해서 알토는 집합주택에 대한 새로운 패러다임을 제시했다. 그것은 그가 '신개인주의New Individualism'라고 부르는 이념에 바탕을 둔 것이다. 즉 사는 집이 크든 작든 모든 사람은 '행복한 삶'을 즐길 권리가 있으며, 대량생산 체제에서도 개인의 요구는 최대한 존중되어야 한다는 이념이다. 20세기 후반에 가서야 본격적으로 등장하고 오늘날에도 받아들일까말까 하는 이념인데, 알토는 그것을 1950년을 전후해서 실현한 것이다.

건축의 중심은
인간이다

노이에 파아 아파트의 평면을 자세히 보라. 이렇게 아름답고 논리적인 평면을 어디서 찾을 수 있을까? 하나의 예술작품으로 다가온다. "아름다운 건물의 평면은 아름답다."라는 말이 이처럼 적절할 수가 없다. 평면에는 혁신이 담겨 있고, 결과적으로 근대의 정신이 뚜렷이 드러난다. 자유로운 평면, 단위공간의 개별성과 유연성, 내부와 외부의 유기적인 통합이 가감 없이 보인다. 알토가 추구한 표준화의 이념이 어떤 것인지 분명히 이해된다. "우리를 통제하는 표준화가 아닌 우리가 통제하는 표준화"라는 그의 이념 말이다. 그는 자전거 바퀴살처럼 조금씩 각도가 변하면서 방사하는 벽체를 부드럽게 휘어지는 외부 벽체와 만나게 함으로써 "유연하고 신축적인 표준화"가 어떤 것인지 보여 주었다. 기능주의에 대한 "인간적이고 깊이 있는" 접근이 이런 것이다.

기디온은 알토의 건축적 결실은 그가 인간을 깊이 성찰한 결과라고 했다. 그는 "알토

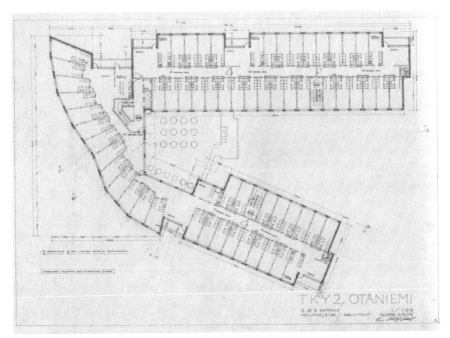

알토가 계획한 헬싱키공과대학 기숙사의 기준층 평면. 제공: Alvar Aalto Foundation

의 인간적인 면모를 얘기하지 않으면 건축가 알토에 대해 얘기할 수 없다."라고 하면서, 자신이 관찰한 알토는 사람들과 소통하는 능력이 대단하다고 했다. 알토가 기차에서 다리에 깁스를 한 할머니와 대화하는 장면을 떠올리면서 그가 동시대를 살아가는 사람들과 적극적으로 소통하고 그들로부터 디자인에 필요한 정보를 얻어내는 능력이 탁월하다고 했다. 이런 인간에 대한 연구가 알토의 유연하고 곡선적인 유기적 건축으로 표출되었다고 보았다. 그는 알토를 "스펀지 같은 사람"이라고 하면서, 모든 사건, 만남, 사람들로부터 들은 이야기를 하나로 결합시켜 건축에 녹여 넣는다고 했다. 그리고 그것이 진정한 시간·공간의 건축을 창조했다고 덧붙였다.

알토가 건물을 설계할 때 얼마나 인간을 연구하고 관찰했는지는 파이미오 결핵요양원을 어떻게 접근했는지를 보면 알 수 있다. 1933년 이 건물이 완성될 당시만 해도 결핵 환자는 엄청 많았지만 그들을 어떤 공간에 수용해야 하는지 정보가 없었다. 알토는 병자들의 행동과 심리에 대해 치밀하게 연구하고 이렇게 결론지었다. "일반적인 방은 서 있는 사람을 위한 방이고, 결핵 병실은 누운 인간을 위한 방이다. 따라서 색채, 조명, 난방 등 모든

210

알토가 만든 파이미오 의자 ⓒrocor, Flickr

파이미오 결핵요양원의 로비 ⓒLeon Liao, Wikimedia Commons

것은 그것을 염두에 두고 디자인되어야 한다." 그 결과 천장은 좀 어둡게 했고 몇 달이고 쳐다봐도 좋은 색을 칠했다. 환기는 물론 소음 방지에 이르기까지 누워 있는 환자의 심리가 반영되었다. 그가 만든 유명한 파이미오 의자 역시 장기 입원 환자에게 적당한 부드러운 곡선이 적용되었는데, 이 나무의자는 오늘날은 보통 사람이 더 많이 애용한다.

"건축은 인간이 그 중심에 서 있어야만 진정한 건축으로 존재한다. True architecture exists only where man stands in the center."

알토가 1958년 쓴 글이다.

주거단지 로미오와 줄리엣

신개인주의를 표방한 집합주택이 하나 더 있다. 슈투트가르트 외곽에 두 채의 아파트로 지어진 작은 주거단지 로미오와 줄리엣Romeo und Julia. 설계자는 지멘스슈타트 주거단지의 마스터플랜을 담당했던 한스 샤로운. 1959년에 완성되었으니 근대건축의 언어가 가장 왕성하게 빛을 발하던 때다. 샤로운은 이 단지에서 역동적인 형태언어를 구사한 결과 동시대에 유행하던 것과는 전혀 다른 모습의 주거지를 완성했다. 두 동의 아파트에 합리주의, 기능주의, 표현주의를 모두 녹여 넣었다. 아름다운 건물은 기본 바탕이고, 그것에 더해서 인간의 진정한 요구에 부응하고자 했다.

두 동의 아파트 중에서 동쪽에 있는 '로미오' 주동은 높이 200m에 육박하는 19층 높이의 타워다. 제2차 세계대전 이후 독일에 세워진 최초의 고층아파트다. 일그러진 사각형 평면의 주동에 뾰족한 발코니가 돌출되어 있다. 모든 주택이 충분한 햇빛을 받아들이는 동시에 건물에 역동적인 이미지를 부여하려는 의도에서 고안된 특별한 발코니다. 서쪽에 있는 '줄리엣' 주동은 5층, 8층, 12층으로 단계적으로 높아지는 건물로 말굽 모양의 평면을 가지는 역동적인 건물이다. 이 건물에서 가장 특이한 요소는 역시 뾰족하게 돌출된 발코니다. 외부를 향해서 별처럼 발산하는 모양이다.

단위주택의 윤곽, 그리고 공간의 구획은 변화가 많다. 변화는 줄리엣 주동이 특히 심해, 정사변형 공간을 찾기가 매우 어려울 정도다. 특히 거실의 형상에 변화가 많은데, 외부에 부착된 발코니와 연계해서 보면 그 정도는 더욱 심하다. 주인침실로 사용되는 큰 방은 L자형으로 꺾인 모양이다. 침대가 놓이는 공간과 생활하는 공간을 분리한 때문이다. 샤로운이 관찰한 현대인의 침실에서의 생활 패턴은 취침과 일상생활이 분리되는 것이 정상이다. 주택은 복도 쪽은 폭이 좁은 반면 밖을 향해서는 부채모양으로 퍼진다. 일조와 조망을 강조한 결과다.

'표준화'의 이념이 팽배하던 1950년대 후반에 단위주택의 개별화를 더욱 강조한 것이다. 샤로운은 진정 그리드와 기하학으로부터 자유로워지고 싶었다. 일찍부터 획일화의 폐해를 예견했고, 개별화의 시대가 올 것이라고 확신했다. 건물이 지니는 특이한 모습 때문에 많은 사람이 두 주동은 설계대로 완성되지 못할 것이라고 예상했다. 그렇지만 샤로운은 건물을 완전하게 완성했고, 당시 아파트의 문제였던 이웃 간의 소음, 층간 소음 같은 고질적인 문제를 말끔히 해결해냈다. 기계적 기능주의와 단순구성의 합리주의를 거부한 '로미오와 줄리엣' 단지는 근대의 기념비적 집합주택이 되었다.

로미오와 줄리엣 전경 ©pjt56, Wikimedia Commons

고층타워와 저층 주동이 결합된 피바디 테라스. 제공: Frances Loeb Library, Harvard University Graduate School of Design. 촬영: Lawrence Lowry

도시 맥락에 스며든
집합주택

호세 루이스 세르트,
피바디 테라스,
1964

집합주택은
도시의 일부이다

집합주택은 기본적으로 도시주택이다. 집합주택이 물리적으로 도시의 일부가 되는 것은 당연하다. 그렇지만 도시에 집합주택을 집어넣는 작업은 '고립'과 '홀로 서기'로 귀결되는 경우가 많다. 대다수의 집합주택은 특정한 '프로젝트'로 다루어져 시각적으로 두드러지는 동시에 주변 환경과 공간적으로 유리된다. '도시의 섬'이 된다. 제2차 세계대전 이후 미국과 유럽에 들어선 아파트단지 대부분이 그런 방식으로 지어졌다. 주변 환경과 자연스럽게 어우러지고 이어져서 도시의 일부로 인식되는 집합주택을 찾기란 하늘의 별 따기 만큼 어려운 일이 되었다.

우리나라의 상황은 '참담하다'고 해도 좋을 정도다. 모든 도시가 고립된 프로젝트의 집합으로 존재한다. 아파트단지는 담장으로 주변과 격리되고, 지정된 입구로만 출입한다. 단지는 개발 단위이자 생활 단위이고, 관리 단위다. 당연히 '도시의 섬'이다. 따라서 우리나라의 도시는 파편적인 생활 단위가 쪽모이처럼 모여 있는 양상이다. 이러한 공간적 격리는 당연히 사회적 격리로 이어진다. 고급 단지는 서민 단지와 대립적으로 존재하는데, 그것에 더해 마치 하나의 공동 결사체처럼 주변과 갈등하고 배타한다. 건설회사는 '차별화'를 내세우면서 이러한 상황을 부추기고, 정부와 지자체에서는 그게 무슨 문제가 되겠냐면서 대수롭지 않게 여긴다.

미국과 유럽 등에서 분리된 개발을 선호해 온 것은 경쟁이 심한 부동산 시장 탓이다. 주변과 구분되면서 특별한 이미지로 부각되는 집합주택이 분양에 유리하기 때문이다. 미국 같은 나라에서는 공간적으로 격리된 단지가 '안전한 구역'으로 인식

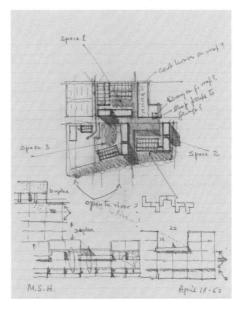

호세 루이스 세르트가 그린 초기 계획안 스케치. 처음부터 중정은 중요한 주제였다. 제공: Frances Loeb Library, Harvard University Graduate School of Design

되고, 범죄로부터 보호도 쉽다. 소비자들도 그런 환경을 선호했으므로 민간이 도시에 집합주택을 개발할 경우 주변과 격리되는 계획으로 쉽게 흘러갔다. 그렇지만 이러한 경향에 대한 반대 기류도 만만치 않았다. 20세기 후반부터 도시를 물리적 공간적 연속체로 바라보는 건축가와 이론가들이 늘어났고, 새로운 형식의 건물을 통해 도시와 주거환경의 관계를 긴밀히 하려는 다양한 시도가 나타났다.

그 시작점이 하버드 캠퍼스의 남동쪽 코너에 자리하는 집합주택 피바디 테라스다. 호세 루이스 세르트의 작업이다. 세르트는 르코르뷔지에의 동료이자 친구였으나 그와는 생각이 상당히 달랐다. 바르셀로나 태생인 그는 27세 때 운명적으로 르코르뷔지에를 만났고, 그를 도와 1947~1956년까지 근대건축국제회의의 의장으로 활동했다. 독재자 프랑코Fran-cisco Franco, 1892~1975의 폭정을 피해 미국으로 망명한 그는 하버드에 정착했고, 1953년부터 16년 동안 디자인대학원의 학장을 지냈다. 그는 세계에서 처음으로 도시설계urban design를 독립된 프로그램으로 만들고 '학문'으로 정착시켰다. 그의 인생 최고의 업적이었다. 세르트 덕분에 "저는 도시설계를 전공한 건축가입니다."라고 자신을 소개하는 사람이 생길 수 있었다.

'도시에 대한 의식'을 유난히 강조한 세르트는 동시대 건축가들과는 접근법이 '많이' 달랐다. 특히 두드러지는 것이 두 집합주택, 즉 피바디 테라스와 뉴욕 루스벨트 섬Roosevelt Island의 집합주택이다. 도시에 대한 의식을 가지고 집합주택을 계획한다? 집합주택을 도시설계의 대상으로 바라본다? 당연한 일이다. 그런데 세르트와 동시대 사람들은 그 당연한 일을 하지 않았다. 필립 존슨은 건축과 도시의 관계성을 중시했던 세르트를 일러 "이 시대 건축의 창립자 중 한 사람"이라고 했다. 그가 현대도시에서 중요하게 생각한 것은 길과 광장 같은 인간적 스케일의 외부 공간, 그리고 그것들을 통한 사회적 교류다. 그의 동료이자 정신적 스승 르코르뷔지에와 결정적으로 다른 점이다.

전문가들은 찬사를, 이웃 주민들은 비난을

피바디 테라스는 세계 곳곳에서 가족과 함께 공부하러 온 학생들을 위한 아파트단지다. 세 동의 22층 타워가 우뚝 서 있고 그 주변을 3~7층의 저층 주동이 감싸고 있는 형상이다. 캠퍼스를 감아 도는 찰스 강Charles River과 마주하는 부지에 이 단지가 들어서자 말이 많았

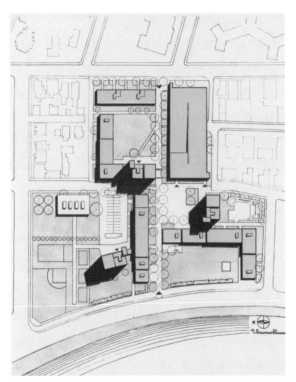

피바디 테라스의 주동 배열.
제공: Frances Loeb Library, Harvard
University Graduate School of
Design

찰스 강 건너에서 바라본 피바디 테라스의 타워 ©Daderot, Wikimedia Commons

다. 건축 커뮤니티에서는 일제히 찬사를 보냈다. 무미건조하고 기계적인 당시의 아파트단지와 확연히 차별되었기 때문이다. 그러나 일반인, 특히 하버드대학 주변에 사는 주민들은 이 단지가 고색창연한 하버드의 경관을 망친다면서 비판 일색이었다. 피바디 테라스는 "건축가들은 모두 좋아하는 반면, 다른 대다수 사람은 싫어하는" 집합주택이라는 흥미로운 세간의 평가를 받았다.

전문가들이 바라본 이 단지는 새로운 형식의 집합주택이다. 고층타워와 저층 주동이 유기적으로 결합되었거니와 주변 환경과의 공간적 관계를 잘 고려했기 때문이다. 단지는 상당한 밀도를 가져야 했다. 가족과 함께 입학하는 학생들의 숫자는 늘어갔지만 캠퍼스에는 충분한 땅이 없었다. 결국 세르트는 타워와 판상 주동을 긴밀하게 연계시키는 시도를 했다. 당시로서는 선례가 없는 일이다. 우선 저층 주동을 밖으로는 길과 공원에 면하게 하면서 안으로는 중정을 감싸도록 배열했다. 반면 타워는 단지 내부에 두어 밖에서 바라볼 때 위압적이지 않도록 했다. 결과적으로 저층 주동은 단지 내외부 사이의 완충장치가 되면서 연속적인 경관을 연출하고, 타워는 시각적인 포인트로 존재하게 된다. 도시경관과 주변 환경을 모두 고려한 계획이다.

이 건물이 하버드 캠퍼스가 아닌 다른 장소에 세워졌다면 평가는 훨씬 좋았을 것이다. 그런데 하버드 사람들과 캠퍼스 주변 주민들은 계속 불만을 표출했다. "괴물 같다", "차갑다", "매력이 없다", "주변을 압도한다" … 헤아리기 어려울 정도로 많았다. 여기까진 그래도 참을 만했다. 어떤 글쟁이는 이 건물에 대해서 "소련에 지은 집합주택 같다."라고 욕을 했다. 그런데 만약 그들이 세계 곳곳에서 어떤 아파트가 지어지고 있는지 알았다면 그렇게 공격하지는 못했을 것이다. 이 건물에 대한 적절한 평가는 하버드대학의 건축사를 쓴 배인브릿지 번팅Bainbridge Bunting이 내린 평가가 될 듯하다. "하버드에 세워진 가장 성공한 근대건축이며, 아마 세르트의 사무실에서 작업한 최고의 건물일 것"이라고 했다.

이 주거단지가 우수한 것은 고층과 저층 주동이 긴밀하게 연계되어 있다는 점이다. 고층 타워와 저층 주동을 일정 거리를 두고 배열하는 시도는 이전에도 있었다. '혼합 개발'이라고 불리는 수법이다. 1950년대에 개발된 런던 근교 로햄프턴의 알톤 지구가 대표 사례다. 그런데 세르트가 피바디 테라스에서 시도한 계획은 다른 개념이다. 세르트의 계획은 길이나 인접 주거지에 면해서는 저층 주동으로 대응하고 고층타워는 후면에 두는 방식으로, 경관과 밀도를 동시에 고려하는 접근법이다. 혼합 개발과 달리 높고 낮은 주동을 물리적·공간적으로 긴밀하게 연계시켰다. '결합 개발'이라고 부를 수 있는 이러한 계획 방법은 밀도, 환경, 경관을 염두에 두는 접근법으로, 단지계획의 새로운 패러다임이었다.

중정, 활기찬 표피, 타워

저층 주동과 중정, 타워. 피바디 테 라스는 여러 측면에서 흥미롭다. 우 선 하버드의 건축적 전통을 따른 점 이다. 영국 캠브리지대학의 맥을 잇 는 하버드는 대부분의 건물이 중정 을 둘러싼다. 세르트는 그런 전통을 받아들였다. 다만 캠퍼스의 주재료인 벽돌 대신 콘크리트로 건물을 구축 한 것이 중요한 변화다. 그렇다면 타 워는 왜 쓴 것일까? 당연히 밀도를

중세도시 산 지미냐노에 남아 있는 탑상주택 ©Mihael Grmek, Wikimedia Commons

높이기 위함이었겠지만, 그것만은 아니다. 이상하게 하버드 캠퍼스에는 높은 타워가 없었 다. 캘리포니아대학의 버클리 캠퍼스나 코넬대학의 중앙에 아름다운 타워가 서서 캠퍼스 를 상징하는 것과는 대조적이다. 피바디 테라스에 세 동의 타워를 세운 것은 다분히 의도 적이다. 세르트는 이 타워를 통해 캠퍼스에 강력한 수직적 악센트를 부여하려 했다.

타워라고 다 같은 타워가 아니다. 우리나라 곳곳에 우후죽순처럼 들어선 고층아파트 는 타워가 아니다. 타워는 어떤 의미를 담고 무엇인가를 상징한다. 사람들은 이 타워가 이 탈리아의 중세도시 산 지미냐노San Gimignano에 남아 있는 탑상주택casa torre을 연상시킨다 고 한다. 중세의 탑상주택은 각 가문에서 방어 목적으로 많이 지었으므로 별 의미는 없었 다. 그런데 오늘날 남아 있는 탑상주택은 도시의 역사와 문화를 상징한다. 세르트가 산 지 미냐노의 탑상주택을 보았고 그것을 이곳에 재현했는지 여부는 알 수 없다. 분명한 것은 그가 세 동의 타워를 통해 일련의 '의미'를 전달하려 했다는 것이다. 찰스 강을 앞에 두고 피바디 테라스를 멀리서 바라보면 결코 아파트로는 다가오지 않는다. 그것은 캠퍼스의 상 징이자 커뮤니티의 상징이다.

피바디 테라스의 중정 ⓒSeth Tisue, Flickr

호세 루이스 세르트가 좋아한 뉴욕 록펠러 센터의 중심 광장
ⓒDavid Shankbone, Wikimedia Commons

그렇다면 피바디 테라스의 중정은 단순히 캠퍼스의 전통을 받아들인 결과물일까? 그건 아니다. 세르트는 시대가 새로운 건축언어를 요구하는 것을 알았고, 그것에 대해 '인간적 건축'이라는 답을 제시했다. 그는 고층건물과 광대한 공간이 주류를 이루는 미국 도시의 중심부를 싫어했다. 인간적인 매력이 없기 때문이다. 그는 광장과 중정 같은 공간을 교류와 도시 활동의 중심으로 주목했다. 그리고 인간적 스케일, 커뮤니티 같은 속성을 도시와 주거지 계획의 중요한 목표로 설정했다. 그가 생각한 '도시 만들기'의 목표는 엄격한 기하학도 아니고 장대한 기념비적 공간도 아니었다. 도시에서 일어나는 인간의 활기차고 풍요로운 일상생활을 강조했다. 그렇기 때문에 광장과 중정은 꼭 필요한 공간이었다.

세르트는 제9차 근대건축국제회의에서 "이탈리아 광장에 대한 논의Discussion on the Italian Piazza"라는 글을 발표했다. '도시의 중심The Heart of the City'이란 주제로 미래 도시계획의 방향을 논의하는 회의에서 이탈리아 옛 도시의 광장에 대한 얘기를 했다는 것은 엄청난 애정을 가졌다는 뜻이다. 그는 이렇게 주장했다. "(광장은) 도시생활을 담는 그릇이다. 광장이 그렇게 되었을 때 그곳은 색채, 깃발과 현수막, 그리고 지속적으로 변화하는 다른 요소들과 함께 생동감으로 넘쳤다. 이런 역동적인 요소들이 도시의 중심을 활기차게 만들며 인간의 존재를 두드러지게 했다." 도시 외부공간이 지니는 활기와 역동성을 도시설계의 중요한 수단이자 목표로 보았던 세르트는 다양한 문화로부터 그 구체적인 방법론을 찾았다.

피바디 테라스

피바디 테라스의 고층타워에 적용된 다양한 패턴의 표피 ©Charles Tashima

　건물의 표피가 지니는 즐거움 역시 강조했다. 건물의 다양한 표정이 도시를 활력 있게 만든다고 생각한 것이다. 그는 미국 도시에서 유행하던 유리 표면의 커튼월을 못마땅하게 생각했다. 도시를 무미건조하게 만들고, 건물과 사람 사이의 관계를 소원하게 한다고 봤다. 세르트는 피바디 테라스의 표피에 다양한 색채를 부여하고 햇빛을 차단하는 여러 장치를 부착했다. 르코르뷔지에가 위니테에 적용한 브리즈 솔레유에 주목한 것이다. 그런데 세르트의 표피는 위니테의 그것보다 훨씬 정교하다. 주변 환경은 물론 내부공간과의 관계를 세심하게 따졌기 때문이다. 그는 근경과 원경을 모두 고려해 세 타워에 독특하고, 구성적이면서, 변화무쌍한 표피를 부여했다. 중정과 길에 면하는 저층 건물의 표피 또한 각종 색채와 질감을 부여해 활기찬 모습을 연출했다.

　건물 표피를 특별하게 만든 것은 커뮤니티 증진에 기여하려는 목적도 있었다. 특별한 모습의 환경에 거주하는 학생들은 쉽게 동질감을 공유할 것이므로 긴밀한 커뮤니티를 형성하리라는 것이 세르트의 생각이었다. 엘리베이터, 복도 같은 진입체계 역시 커뮤니티를 고려해 계획했다. 전략은 "동선의 집중을 통한 만남의 증대"였다. 엘리베이터는 타워에만 설치했으며, 3층마다 서도록 했다. 3층 단위로 엘리베이터가 서는 체계는 위니테의 영향이 컸는데, 거주자들의 자연스러운 만남을 촉진하기 위함이다. 엘리베이터가 서지 않는 층에 거주하는 학생들은 한 층을 올라가거나 내려가야 복도로 통하게 되고, 결과적으로 복도에서의 만남이 증대된다. 복도에서 사귄 인연은 자연히 중정으로 이어진다. 옥상정원을 바비큐 파티 등 다양한 용도로 사용하게 한 것도 목적은 유사했다.

단위주택은 원룸부터 3룸까지 다양하다. 세르트는 여기에다 어린이놀이터, 3곳의 유아원, 약국, 세탁실, 집회실, 2개의 세미나실, 창고, 주차장 등을 제공했다. 공공시설을 강조한 것은 르코르뷔지에가 위니테에 담은 정신을 따랐다. 세탁실, 약국 등은 중정 주변에 두어 이웃 주민들도 함께 사용할 수 있게 했다. 열린 공간 지향이다. 벽돌로 포장된 보행로는 단지의 외부에서 중정을 거쳐 찰스 강으로 이어지게 했다. 그러니까 피바디 테라스는 섬처럼 고립된 단지가 아니다. 미국의 건축 잡지 《프로그레시브 아키텍처Progressive Architecture》에서는 이를 두고 "피바디 테라스는 오늘날 유행하는 내향적 주거단지와 차별되는 주거지로서, 공정하고 동등한 커뮤니티를 지향하는 주거환경의 표상testament"이라는 평가를 내렸다.

고립된 섬이 아닌 도시적 단지 만들기

세르트가 뉴욕주 도시개발공사의 의뢰를 받아 1976년에 완성한 루스벨트 섬의 집합주택 또한 그의 최고 걸작 중 하나다. 루스벨트 섬은 맨해튼의 동쪽을 흐르는 이스트 강East River에 떠 있는 좁고 긴 섬이다. 거의 버려진 이곳을 뉴욕주 도시개발공사는 새로운 주거지로 개발했다. 섬의 마스터플랜은 당시 미국 최고의 건축가 필립 존슨이 수립했다. 도시개발공사에서는 이스트우드Eastwood라고 불리는 섬의 동쪽 지구에 대해 세르트에게 설계를 의뢰했다. 그는 이곳에서도 타워와 중·저층 주동을 긴밀하게 연계시키면서 단지를 하나의 완결된 유기체로 만들었다. 단지와 주변 환경과의 관계에 중요성을 둔 것도 피바디 테라스와 유사했다.

세르트는 섬의 중앙을 관통하는 길과 연계해서 고층주동을 두었다. 그리고 건물의 높이를 단계적으로 낮추어 강에 면해서는 저층주동을 배열했다. 이렇게 함으로써 단지는 상당한 밀도를 달성하면서도 모든 주택은 좋은 조망을 가질 수 있었다. 단계적으로 낮아

뉴욕 루스벨트 섬 집합주택의 전경. 건물의 높이는 강 쪽으로 가면서 단계적으로 낮아진다.
제공: Frances Loeb Library, Harvard University Graduate School of Design. 촬영: Steve Rosenthal

지는 건물의 옥상을 정원으로 활용했으면 좋았을 테지만 뉴욕의 법규는 그것을 허용하지 않았다. 그렇지만 그는 단지에 다양한 외부공간을 부여해 주민들의 커뮤니티 활동을 적극 지원했다. 늘 밝은 햇빛이 충만한 중정이 이곳의 가장 중요한 외부공간이다. 건물의 높이를 단계적으로 낮추는 주동계획 수법은 세르트의 제자인 우규승Kyu Sung Woo, 1941~에게 전수되었다. 우규승은 그것을 서울의 '올림픽 선수촌 아파트'에 적용했다. 올림픽 선수촌 아파트 이야기는 뒤에서 하겠다.

집합주택에 대한 세르트의 접근법은 단순하지만 효과는 확실했다. 길에 면하는 건물은 낮게 깔아 연속적 경관을 연출하고, 높은 건물은 뒤에 두어 위압감을 줄이는 계획. 낮은 건물은 ㄱ자, ㅁ자로 배열해 외부공간을 둘러싸게 하고, 높은 건물은 시각적 악센트로 활용하는 계획. 이제는 도시설계의 기본으로 간주되는 접근법인데, 그것을 처음 제시한 사람이 세르트다. 이런 방법을 적절히 활용하면 아파

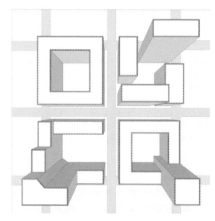

저층과 고층주동을 결합하는 결합개발의 다양한 양상.
출처: Sam Davis (ed.), 1977. 손세관 수정해 그림

224

1991년 일본 후쿠오카시에 들어선 집합주택 넥서스 월드의 계획안. 길에 면해 낮은 건물들을 배열하고 뒤에는 두 동의 타워를 시각적인 액센트로 두었다. ⓒFukuoka Jisho. 출처: 《JA: The Japan Architect》, 1991년 가을호

트단지가 고립된 섬이 되는 것을 방지할 수 있다. 차일렌바우 같은 기계적 주동 배치나 단지 전체에 탑상형 주동을 균등 배치하는 반 도시적인 접근과는 확실히 다른 방식이다. 미국과 유럽에서는 1970년대 후반부터 이러한 계획수법이 일반화했고, 오늘날에는 보편적인 형식으로 정착했다. 일본에서도 흔히 사용하는 계획기법인데, 우리나라에서는 이런 기법을 채용하는데 소극적이다. 답답하고 안타까운 현상이다.

피바디 테라스

혼합개발, 그리고 런던의 알톤 지구

혼합개발mixed development은 고층과 중·저층 주동을 다양하게 섞어서 단지를 조성하는 방식이다. 1950년대 초반 영국에서 시작되었다. 런던 주의회가 런던 근교 로햄프턴에 건설한 알톤 지구Alton Estate가 가장 우수한 혼합개발의 사례로 꼽힌다. 동·서 두 단지로 나뉘어 1959년에 완성된 알톤 지구는 영국 근대건축의 커다란 성취로 일컬어진다. 이 단지 이후 혼합개발 기법이 적용된 단지는 세계 곳곳에 건설되었지만 알톤 지구만큼 우수한 사례는 찾기 어렵다.

혼합개발 방식을 채택한 배경은 다양했다. 우선 선택의 다양성 때문이었다. 젊은 부부는 고층아파트나 4층 내외의 연립주택에, 아이 많은 가족은 마당 있는 주택에, 그리고 노인은 단층주택이나 아파트에서 사는 것이 적절하다는 것이 영국 관리들의 판단이었다. 혼합개발은 이 모두를 가능케 했다. 또한 건축적 변화와 공간적 다양성을 달성할 수 있기 때문에 단순하고 기계적인 구성이란 위험을 피할 수 있었다. 물론 혼합개발을 하려면 해결해야 할 과제도 많았다. 다양성 속에서도 질서를 찾아야 하고, 외부공간을 적절히 배열해야 하고, 고층 주동에서 저층 주동으로의 시선도 차폐해야 했다.

이런 번거로움에도 불구하고 혼합개발이 시도된 가장 큰 이유는 바로 주거환경의 '영국스러움Englishness' 때문이다. 전쟁이 끝나고 공공이 주택건설 사업을 본격화하자 영국 건축가들은 독일이나 프랑스와는 차별되는 그들만의 주거지 만들기를 시도했다. 그들은 스칸디나비아 국가들이 건설한 주거지로 눈을 돌렸다. 10층 내외의 타워, 즉 탑상형 주동이 낮은 건물 사이에 자리하는 목가풍의 주거지. 영국 건축가들은 뾰족한 탑상형 주동이 자연 경관을 크게 해치지 않는다는 사실에 주목하고, 그것을 저층 주동과 혼합하는 방식에 눈을 돌렸다.

1955년 완성된 동쪽 단지는 세대수의 절반 이상을 11층 높이의 타워에 수용하고, 나머지는 4~5층 규모의 복층아파트와 2층 연립주택에 수용했다. 저층 주동은 경사지붕을 씌운 벽돌조 건물로, 부드러운 시선의 변화를 연출하면서 아기자기하게 자리한다. 목가적이고 인간적인 단지라는 평가를 받는 이유다. 그런데 서쪽 단지를 계획한 건축가들은 상당히 다른 접근을 했다. 그들이 마르세유의 위니테에 꽂혀버린 탓이다. 그들은 위니테를 판박이처럼 닮은 5동의 판상형 주동을 건설했다. 그리고 12층 높이의 타워, 4층 아파트, 2층과 단층의 연립주택을 사이사이에 배열했다. 이곳의 타워는 역사상 처음으로 등장한 요철 없는 말끔한 타워다.

비평가들은 동쪽 단지는 '스칸디나비아풍의 신인간주의', 서쪽 단지는 '르코르뷔지에풍의 형식주의'라는 성격을 부여했다. 영국은 오늘날까지도 이 알톤 지구의 우수성을 자랑한다. '빛나는 도시Radiant City'의 이상과 영국적 경관을 모두 담고 있다는 것이 우수성의 근간이다.

혼합개발 방식으로 건설한 로햄프턴 알톤 지구의 서쪽 단지 ©London Metropolitan Archives

피바디 테라스

집합의 본질을
다시 생각하다

20세기 후반 들어 집합주택과 관련한 가장 괄목할 만한 현상은 '집합'에 대한 개념의 변화다. 과거에 성행하던 단순한 형태의 반복과 규모의 거대화는 점차 사회적 저항에 직면했다. 사회는 집합의 본질에 대한 물음을 던지고, 인간 삶에 부합하는 집합체의 성격에 대해 새로운 모색을 시작했다. 건축가들은 단위주택이 모여서 이루는 집합체의 형상, 그리고 집합체를 이루는데 작용하는 매개체의 형태와 기능 등에 대해 새롭게 관심을 가졌다. 더 나아가서 유기체의 집합형태가 새로운 관심의 대상이 되었다. 단순히 형태의 문제가 아니었다. 인간이 모여서 이루는 공동체 및 사회적 교류의 문제였다. 건축가들은 근대건축이 만들어낸 집합체는 인간이 이루는 진정한 공동체와는 관련이 없다고 판단하기 시작했다.

고층을 버리고 저층 주거환경으로 눈을 돌렸다. 그렇지만 기존의 저층주택으로는 한계가 있었다. 저층이면서도 적정한 밀도를 달성할 수 있는 주거형식을 모색하던 건축가들은 '저층·고밀 집합주택'이라는 새로운 형식을 고안해냈다. 사실 새로운 형식을 고안했다기보다 과거의 모델을 바탕으로 새롭게 번안했다는 말이 더 적절하다. 이전에도 지구상에는 저층·고밀 주거환경이 각양각색으로 존재하고 있었기 때문이다. 중세 이후 서양 도시의 주거환경은 대부분 상당한 밀도를 유지하고 있었다. 베네치아 같은 도시의 밀도는 상상 이상으로 높았다. 이슬람 문화권을 포함한 동양의 도시도 마찬가지였다. 건축가들은 그런 역사적 주거환경을 새로운 눈으로 바라보면서 일련의 실마리를 찾았다.

고층으로부터 눈을 돌리자 선택할 수 있는 형태는 무궁무진했다. 2~4층 정도의 저층주택을 대지 위에 촘촘하게 밀집시키는 '카펫 하우징carpet housing'이 가장 자연스러운 선택이었다. 토착적 자연발생적 주거환경을 연상시키는 이런 형식은 무질서하고 복잡해 보이지만 실제로는 수준 높은 질서체계를 유지한다. 유기적 집합체가 지니는 부분과 전체의 위계적 질서, 성장과 변화, 생성과 소멸의 메커니즘이 적용된 집합체이기 때문이다. '길의 부활' 역시 건축가들에게는 매력 있는 주제였다. 그들은 '빛나는 도시' 이념 이후 거부된 전통적인 길을 부활시켜 집합의 새로운 매개체로 사용했다.

여기에서 소개하는 다섯 집합주택은 새로운 집합의 이념을 제시한 기념비적 주택이다. 인공의 구축물이지만 자연성을 극대화하는데 주력한 작업이거나, 도시적 복합성을 추구한 작업이다. 이전에 지어진 집합주택들과 차원을 달리한다는 의미다. 모두 젊고 참신한 건축가의 작업이다. 그들은 기성세대가 미처 생각하지 못했던 주거 이념을 과감히 제시했으며, 주거환경에 대한 패러다임을 바꿔버렸다. 아틀리에 파이브, 모셰 사프디, 루이스 사워, 니브 브라운, 마키 후미히코. 모두 여기에 소개되는 작업을 통해 세상에 처음 이름을 알린 건축계의 샛별이다.

하늘에서 본 할렌 주거단지 ©Archive Atelier 5

20세기 최초의
저층·고밀 집합주택

아틀리에 파이브,
할렌 주거단지,
1961

르코르뷔지에가 제시한
저층·고밀 주거환경의 상

고층타워를 '발명한' 르코르뷔지에는 아이러니하게도 저층·고밀 집합주택의 창시자이기도 하다. 지중해를 사랑한 거장은 여름이면 주로 그곳에서 지냈다. 1951년부터는 모나코에서 그리 멀지 않은 카프 마르탱Cap Martin에 '카바농Cabanon'이라고 불리는 통나무 오두막을 짓고 그곳에서 쉬고 사색하고 일했다. 그런 그에게 지중해 연안

르코르뷔지에가 카프 마르탱 인근에 계획한 집합주택 로케 로브의 스케치. ©FLC/ADAGP, Paris-SACK, Seoul, 2019

두 곳을 대상으로 저층 집합주택을 설계해달라는 의뢰가 거의 동시에 들어왔다. 생트 봄 Ste-Baume, 1948과 로케 로브Roq et Rob, 1948. 프로방스에 있는 생트 봄에는 188호 규모로, 카프 마르탱 인근에 있는 로케 로브에는 47세대 규모로 계획이 수립되었다. 아쉽게도 두 프로젝트는 모두 실현되지 못했다. 다만 로케 로브는 이후 아틀리에 파이브Atelier 5가 계획한 할렌 주거단지Siedlung Halen를 위시해 많은 집합주택의 모델로 사용되었다.

두 계획은 성격이 매우 유사했는데, 모두 경사지에 바짝 붙은 테라스하우스로 대지에 순응하는 집합주택이다. 르코르뷔지에가 젊은 시절 신봉했던 고층주거의 개념을 완전히 탈피한 계획이다. 단위주택의 공간구성은 위니테 다비타시옹의 그것을 거의 그대로 사용했지만, 천장은 동굴을 연상시키는 둥근 아치 형상이다. 거장은 두 계획을 위해서 우선 옛날부터 코트다쥐르Côte d'Azur에 있던 마을을 살펴보았다. 집이 다닥다닥 붙어있지만 모두 바다를 향한 조망을 향유하고 있었다. 이를 참고해 두 계획에서도 주택을 긴밀하게 붙이면서 모두 바다를 향하도록 했다.

르코르뷔지에가 이런 계획을 한 배경에는 그가 알제리에서 본 그곳의 토착 건축의 영향이 더욱 컸다. 르코르뷔지에는 1931년에서 1942년 사이에 여러 차례 알제리를 방문했고, 크고 작은 계획을 했다. 실현된 것은 없었다. 그렇지만 그는 알제리와 사랑에 빠졌다. 알제리의 건축과 도시구성에 매료되었다. 특히 음자브 계곡M'zab Valley 주변의 토착마을과 구릉지를 따라 자연발생적으로 성장한 도시들에 무한한 애정을 표했다. 태양 빛으로 밝게 빛

나는 건물들, 지형의 변화, 다양한 식생, 그리고 공기가 발산하는 향긋한 냄새, 이 모두를 그는 '교향악'이라고 묘사했다. 그것을 풍만한 몸을 가진 알제리 사람에 비유하기도 했다. 르코르뷔지에는 알제리 사람을 그린 여러 장의 스케치를 남겼다. 알제리에서 조화의 이념에 대해 새롭게 깨달은 것이다.

르코르뷔지에는 알제의 구시가지 카스바를 특별히 좋아했다. 페르낭 푸이용과 비슷한 경험을 한 것이다. "건축과 도시계획 모든 면에서 걸작"이라고 규정하고, 아름답다, 매력적이다, 사랑스럽다 등과 같은 다양한 미사여구를 동원해서 칭찬했으며, "결코, 절대, 절대로 부수어서는 안 된

5 ALGER - Vue générale prise de la Casbah

르코르뷔지에가 사랑한 알제의 구시가지 카스바의 모습. 20세기 초반에 만든 그림엽서

다."라며 강조하고 또 강조했다. 카스바의 좁은 길을 걷다가 문이 열린 집으로 들어가면 나타나는 2층 높이의 중정에 대해 "경이롭다"라고 했다. 아치로 둘러싸인 이 공간을 "사랑스러운 중정"이라고 묘사한 반면, 아파트로 둘러싸인 유럽의 중정을 "사악한 중정"이라고 했다. 주택 상부의 개방된 테라스 역시 좋아한 공간이었다. 르코르뷔지에는 이렇게 결론 내렸다. "'문명인(유럽인)'들은 구멍 속의 쥐처럼 살고, '야만인(알제리인)'들은 조용하고 행복하게 산다."

그가 진행한 저층 주거지 계획 중 로케 로브 계획안은 알제리의 속성을 특히 많이 담고 있다. 중앙에 광장이 있고 경사면을 따라 길이 반복적으로 이어지는 계획이다. 비평가들은 그것을 "구릉지에 펼쳐진 위니테"라고 규정했지만, "현대적 재료로 구현한 카스바"가 더욱 적절한 표현이다. 길과 연계해서 작은 커뮤니티 공간을 배열한 이 계획은 낮고 응축된 공동체의 실현이었다. 집을 촘촘히 붙여서 밀도를 높인 그 계획은 지중해 연안이라는

할렌 주거단지

장소성을 철저히 살렸다. 그러면서도 공사의 효율성을 위해 표준화의 개념을 도입했고, 위니테 다비타시옹에서 사용했던 '모뒬로르' 체계를 적용했다. 지붕에는 잔디를 입히고 지중해 식물을 심었다. 건물이 자연으로부터 튀는 것을 막은 것이다. 철저한 '지역주의' 계획이었다. 옛것과 새것을 섞고, 기후, 대지, 식생, 조망에 철저히 순응한 것이다. 거장의 변신이다. 바야흐로 '창작의 3기'로 접어든 것이다.

경사지에 펼쳐놓은
위니테 다비타시옹

스위스를 여행하는 관광객은 베른에는 잘 가지 않는다. 중세의 모습을 고스란히 간직하고 있는 아름다운 도시지만 빛나는 호수나 눈 덮인 준봉이 보이지 않기 때문이다. 그런데 건축가나 건축가 지망생이라면 베른에 가야 하고, 꼭 들러야 할 곳이 있다. 중심에서 북쪽으로 5km 정도 떨어진 수풀 속에 있는 할렌 주거단지이다. 아레 강Aare River이 내려다보이는 완만한 경사지에, 땅에 바짝 붙은 모습으로 자리하는 특별한 주거지다. 건축가 그룹 아틀리에 파이브가 계획해 1961년에 완성한 것으로, 역사적으로 매우 중요한 집합주택이다. 20세기 최초로 지어진 저층·고밀 집합주택이기 때문이다. 이 작은 주거단지가 완성되자 저층 집합주택의 전범으로 여겨지고, 계획의 에이비시로 간주되어 왔다.

베른을 휘감고 흐르는 아레 강을 마주하는 할렌 주거단지 ⓒArchive Atelier 5

아틀리에 파이브는 에어윈 프리츠Erwin Fritz, 1927~1992, 사무엘 거버Samuel Gerber, 1932~1998, 롤프 헤스터베르그Rolf Hesterberg, 1927~2013, 한스 호스테틀러Hans Hostettler, 알프레도 피니Alfredo Pini, 1932~, 5명의 젊은 건축가가 1955년에 문을 연 설계사무소다. 그들은 르코르뷔지에와 상당한 인연이 있었다. 우선 모두 한스 부레히뷜러Hans Brechbühler, 1907~1989의 문하생이다. 스위스의 근대건축을 대표하는 한스 부레히뷜러는 1930년대 초반 파리의 르코르뷔지에 사무실에서 일했다. 아틀리에 파이브를 만든 젊은 건축가들은 한스 부레히뷜러를 멘토로 모셨고, 그로부터 르코르뷔지에의 건축언어를 전수받았다. 에콜 데보자르에서 공부한 사무엘 거버는 비록 짧은 기간이지만 르코르뷔지에의 사무실에 근무했다. 그들은 르코르뷔지에가 설계한 건물로부터 이런저런 요소를 가져와 그것을 조합해 나름의 형태로 구현했다. 그들의 작업에서 르코르뷔지에의 색채가 강하게 드러나는 이유다.

할렌 주거단지가 완성되자 사람들은 르코르뷔지에의 로케 로브 계획안을 베낀 것이라고 단정했다. 젊은 건축가들도 그것을 부정하지 않았고, 거기다 위니테 다비타시옹의 특성까지 섞어 넣었다고 자랑스럽게 실토했다. 사실 이 단지는 단위주택의 형식, 그것을 반복하는 집합방식, 전면 발코니와 브리즈 솔레유, 거친 콘크리트 마감 등 일일이 열거하기 어려울 만큼 위니테 다비타시옹과 흡사하다. 이 단지는 "경사지에 펼쳐놓은 위니테"라는 얘기를 듣는다. 아틀리에 파이브 구성원 중에서 가장 젊은 알프레도 피니는 이 단지를 계획할 때 겨우 23살이었다. 그는 마르세유의 위니테 다비타시옹을 최고의 모델로 삼은 이유에 대해 이렇게 얘기했다. "우선은 그 엄격하고 간소한 모습에 반해서, 그리고 이미 지어져 있기 때문에."

만약에 아틀리에 파이브가 오로지 르코르뷔지에의 집합주택을 모델로 이 단지를 계획했다면 그리 좋은 평가를 받지 못했을 것이다. 그들은 베른의 전통주택에서도 중요한 내용을 가져왔다. 길에 면해 상점이 있는 베른의 상인주택은 가운데에 중정이 있고, 좁고 길게 뒤로 이어진다. 이런 중세 특유의 공간구성을 할렌 단지의 단위주택에 적용했다. 단지 내부로 자동차가 드나들지 못하게 한 것도 보행도시 베른의 속성을 반영한 것이다. 그들은 역사와 현대가 공존하는 단지를 만든 것이다. 르코르뷔지에는 할렌 단지에 대해 많이 들었으나 직접 가보지는 않았다. 대신 사무실의 이탈리아인 동료를 보내 단지를 둘러보게 했다. 르코르뷔지에는 할렌 단지에 대해 칭찬을 아끼지 않았다고 한다.

이 단지는 누구의 의뢰를 받아 설계한 것이 아니다. 아틀리에 파이브를 시작한 5명은 베른 근교에 땅을 보러 다녔다. 일거리를 찾아 나선 것이다. 그리고 현재의 부지를 찾아냈다. 그렇지만 건설비용을 마련하는 것은 쉬운 일이 아니었다. 이리저리 자본가를 끌어들여 합작회사를 만

할렌 주거단지의 공간구성. 출처: 《Lotus》 No.10, Nov. 1975

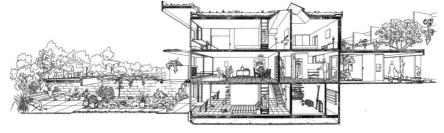

3층으로 구성되는 할렌 주거단지의 단위주택 단면 스케치. 제공: Atelier 5 ©Archive Atelier 5

들고, 자신들이 직접 나서서 집을 팔기로 했다. 1959년에 모두 79세대를 수용하는 단지가 착공되었다. 자본주의적 발상으로 시작한 프로젝트였지만 경관 좋은 숲속에 있는 땅을 크게 손상할 수 없었으므로 저층으로 단지를 짓기로 했다. 그래도 손해를 볼 수는 없었으므로 충분한 밀도를 확보했고, 표준화 수법을 사용해 건설비용을 절감했다. 대지 주변에 두 채의 모델하우스를 지어서 일반에게 공개했다. 2년 동안 3만 명이 다녀갔다. 그렇지만 단지가 완성된 지 2년이 지난 1963년에야 집이 다 팔렸다.

오늘날의 눈으로 본다면 이 단지가 그리 특별하다고는 할 수 없지만, 단지가 완성된 1961년이라는 시점에서는 이야기가 달라진다. 당시 유럽의 대다수 국가에서는 고층단지를 건설했다. 설사 고층이 아니라고 해도 판상형 주동 위주의 기계적 단지를 많이 건설했다. 그런데 이곳에는 3층 건물이 촘촘히 밀집된 구릉지 위의 연립주택 즉 저층·고밀 집합주택이 들어선 것이다. 저층·고밀 집합주택은 이 단지가 완성되고 10년 이상이 지난 1970년대부터 유럽과 미국에서 본격적으로 건설되었다. 이 단지는 집합주택의 패러다임을 바꿔버린 최초의 모델인 것이다. 단지가 완성되어 각 매체에 등장하자 세계 건축계는 쇼킹한 일로 받아들였다. 이런 모습의 집합주택은 그 이전에는 상상하기 어려웠다.

할렌 주거단지의 중심에 자리하는 광장의 모습. 제공: Atelier 5 ©Archive Atelier 5

1 할렌 주거단지의 북쪽에 자리하는 수영장. 주민들이 가장 사랑하는 외부공간이다. 제공: Atelier 5, 촬영: Yoshi Kusano
2 할렌 주거단지의 광장에서 벌어지는 주민들의 모임 장면. 제공: Atelier 5, 촬영: Yoshi Kusano

할렌 정신, 프라이버시와 커뮤니티의 완전한 조화

단지는 주민들로부터 많은 사랑을 받았다. 단위주택이 가지는 거주성과 완벽한 프라이버시 때문이다. 가장 일반적인 단위주택의 유형은 3층 규모에 방이 4~6개 있는 형식이다. 이 경우 진입은 거실과 식당이 있는 중간층으로 한다. 위층에는 침실과 작은 발코니가, 아래층에는 작업실이나 아이방으로 쓸 수 있는 공간이 있다. 경사지의 이점을 활용한 공간구성이다. 주택은 좁고 길다. 전면에는 마당이, 그리고 후면에는 부엌과 통하는 후정이 있다. 모든 주택은 강과 계곡을 향한 조망을 향유하면서 햇빛도 충분히 받는다. 그러면서도 각 주택의 프라이버시는 철저히 확보된다. 최상층의 발코니에서 일광욕을 하는 사람은 밖으로부터의 시선에 전혀 방해받지 않는다. 정원에서의 행위도 밖에서는 전혀 보이지 않는다.

단지는 자족적 커뮤니티로 구현되었다. 도심으로부터 떨어진 이곳에는 수영장, 어린이놀이터, 집회소, 공동세탁장, 셀프 주유소, 차고, 가게를 겸한 레스토랑 등이 설치되었다. 아틀리에 파이브는 이 단지가 지중해의 구릉지 마을 분위기를 가졌으면 했고, 그런 배경에서 좁은 계단과 보행로를 유기적으로 연계시켰다. 단지 중앙에는 광장을 두어 보행자가 늘 그곳에 이르게 했으며, 커뮤니티 활동이 자연스럽게 일어나도록 했다. 광장에 면해서는 보일러실 굴뚝을 높이 세워 마을의 상징적 중심이 되게 했다. 이 단지는 비록 교외에 자리하지만 상당히 고밀도의 환경을 유지하므로 도시에 더욱 어울린다. 비평가들은 프라이버시와 커뮤니티를 모두 존중하면서도 도시적 분위기를 유지하는 저층 집합주택의 이념에 대해서 '할렌 정신Halen Spirit'이라는 이름을 붙여 주었다.

아틀리에 파이브는 이 단지에 '지들룽siedlung'이란 이름을 붙였다. 지들룽은 전원도시의 축소판으로, 넓은 녹지 위에 건물이 듬성듬성 자리하는 주거지를 말한다. 그런데 이 단지는 내부에 녹지가 없다. 길에 면해 주택이 촘촘히 이어지고, 중앙에는 바닥이 딱딱한 광장이 있고, 남북으로 계단이 관통하는 이곳은 응축된 도시다. 여러 공공시설을 갖추어 독립된 공동체를 지향한다는 측면에서는 지들룽이라고 할 수 있으나 거기까지다. 할렌 단지는 이념적 형식적으로 도시성이 바탕에 깔려있다. 이 단지가 베른의 교외가 아니고 서울이나 뉴욕의 한구석에 들어섰다면 '도시 속의 도시'로서 완벽하게 작동했을 것이다.

이 단지에 오래 거주한 주민들은 그곳을 유토피아, 파라다이스라고 부르기를 서슴지 않았다. 많은 연구자가 단지의 주민을 인터뷰했다. 이 단지에서 살다가 떠난 사람들은 이

구동성으로 '커뮤니티 감각'에 대해서 언급했다. 베른에서 다리를 건너면 바로 바라보이는 '흰색으로 빛나는 단지'는 잊을 수 없는 이미지로 각인되었다고 한다. 그들은 단지 북쪽에 있는 수영장을 가장 좋았던 공간으로 언급했고, 그 옆에 놓인 바비큐 그릴 또한 매우 중요한 장소로 언급했다. 단지 중앙의 광장은 매우 활기찬 공간이었고, 길과 계단도 단지의 어린이들이 사랑한 공간이었다. 가보면 사람은 별로 없고 스산한 외부공간이 대다수를 이루는 전원풍의 지들룽과는 완전히 다른 양상이다.

단지에 살던 주민의 회상을 들어보자. "사회적 삶과 사적 생활의 조화가 완벽했다. 여름이면 사람들이 음식을 가지고 나와서 같이 먹었다. 내가 살았던 주거지 중에서 이웃과 가장 친밀하게 지낸 곳이었다." 75호에 살았던 베른하르트 에거Bernhard Egger의 회상이다. "이 단지는 다른 주거지에서는 불가능한 것이 모두 달성되었다. 아주 작은 공간을 쓰면서도 이렇게 많은 사람에게 질 높은 삶을 가능케 한 것이다. 이곳에는 프라이버시와 사회적 커뮤니티의 조화가 완벽하게 이루어졌다." 15호에 살았던 우어스 하인베르크Urs Heinbergm의 회상이다.

할렌 정신의 확산

이탈리아에서 발간하는 건축 잡지 《카사벨라Casabella》는 1961년 12월호에 할렌 단지를 크게 다루었다. 편집 책임자는 알도 로시Aldo Rossi, 1931~1997. 그는 단지에 완전히 반해버렸다. 냉철한 이론가였던 로시는 단지가 지닌 참신한 개념, 격조 있는 형식주의, 그리고 우수한 거주성을 높이 평가했으며, 그것이 르코르뷔지에의 혈통으로부터 왔다는 사실을 강조했다. 이후 많은 잡지와 서적에서 이 단지를 조명했다. 단지의 엄격한 구축체계에 대해서 언급하고, 논리적인 공간구성에 대해서 평가했다. 무명의 아틀리에 파이브는 이 집합주택 하나로 일약 세계적으로 주목받는 건축가 그룹이 되었다. 1997년 암스테르담 외곽에 들어선 집합주택 보조코WoZoCo 하나로 세계적인 설계집단이 되어버린 MVRDV에 비견할 만하다.

많은 건축가가 이 단지를 찾아왔다. 매체의 힘이다. 그들은 모두 커뮤니티와 프라이버시의 완벽한 조화에 놀라워했다. 1964년 이곳을 찾은 노먼 포스터Norman Foster, 1935~는 이렇게 썼다. "커뮤니티와 프라이버시에 관한 학술적 이론과 실제 지어진 단지가 이렇게 완벽하게 일치하는 사례를 다른 데서 찾을 수 있을까? 확신과 긍정이 만들어낸 이런 커뮤니티를 보는 것은 너무 즐겁다." 리처드 로저스Richard Rogers, 1933~는 이 단지를 "근대건축 운동의 가장 중요한 결실 중 하나"라고 인정했다. 가장 깊은 인상을 받은 사람은 네덜란드의 구조 주의 건축가 헤르만 헤르츠베르허르Herman Hertzberger, 1932~였다. 그는 이 단지를 '랜드마크'라고 규정하고, "마르세유의 위니테보다 더욱 진전된 모델이며, 르코르뷔지에도 이렇게 접근했어야 했다."라고 덧붙였다. 이 단지를 '인간적인 장소'라며 진정으로 좋아했다.

할렌 단지는 곳곳에 복제되었다. 단지 구성이 복제되기도 했고, 저층·고밀 집합주택이라는 이념이 복제되기도 했다. 영향이 직접 닿은 곳은 영국이다. 영국에서는 1960년대 초반부터 고층아파트에 대한 회의가 팽배하고 있었다. 고층아파트로 이루어지는 기계적 단지는 영국인의 정서와 맞지 않았다. 할렌 단지는 변화를 모색하던 영국 건축가들에게 큰 자극과 함께 방향전환의 계기를 제공했다. 이 단지를 보고 고무된 런던 캄덴Camden 자치구의 관리들은 새로운 공공주택은 모두 저층·고밀 집합주택으로 짓겠다고 공표해버릴 정도였다. 1965년의 일이다. 1970년대 초반에 할렌의 모델은 미국으로 전파되었다. 1968년 설립된 뉴욕주 도시개발공사는 저층·고밀 집합주택의 개발과 보급을 주도했다. '할렌 정신'을 이어받았기 때문이다.

뉴욕주 도시개발공사가 지은 저층·고밀 집합주택

할렘 정신은 미국으로 전파되었다. 1970년대 이후 미국에는 도시주택의 형식에 상당한 변화가 발생했다. 변화의 주체는 민간과 공공을 망라했는데, 1968년 설립된 뉴욕주 도시개발공사는 저층·고밀 집합주택의 개발에 주도적인 역할을 했다. 공사는 과거 미국 대도시에서 성행하던 판상형 고층 아파트단지 위주의 재개발이 사실상 실패라는 것을 인정하고, 그것과 획기적으로 차별되는 주거환경을 조성하기 위해 다각적인 노력을 했다. 그들은 기존의 도시구조를 존중하고, 장소의 특성을 살리며, 각 주택에 개별성을 부여하고, 커뮤니티 감각을 증진시키는 것을 사업의 주요한 목표로 삼았다. 공사는 초고층, 고층, 중층, 저층, 도시형, 교외형 할 것 없이 다양한 개발을 했는데, 가장 주력한 것은 역시 저층·고밀 집합주택이었다.

공사가 특히 강조한 것은 영역성의 확보이다. 사적 영역에서 공적 영역에 이르는 영역의 단계적 구성을 분명히 하는 것이다. 당시 새로운 학문 분야로 대두된 환경심리학에서는 집합주택에서의 영역성 확보가 주민의 안전과 커뮤니티 증진에 도움이 된다는 주장이 제기되었다. 장소성 또한 공사가 중요하게 생각한 이념이다. 공사에서는 이런 이론을 바탕으로 독자적인 '주택 기준Criteria for Housing'을 만들고, 공사가 건설하는 모든 주택에 이 기준을 적용했다. 공사는 당대 일류 건축가들에게 설계를 의뢰했는데, 공공주택에도 세련된 디자인을 적용함으로써 그동안 공공주택에 씌워진 나쁜 이미지를 벗기고자 했다.

1972년 이사카Ithaca에 완성한 엘름가 주거단지Elm Street Housing가 공사가 처음으로 지은 저층·고밀 집합주택이었다. 중앙의 완만한 경사지에는 마당 있는 단독주택을 촘촘히 배열하고, 언덕의 정상부와 아래쪽에는 5층 아파트 및 3층 연립주택을 배열했다. 더불어 전통적인 길의 개념과 다양한 색채 계획 등 새로운 계획 요소를 적극 반영했다. 할렘 정신의 구현이며, 미국 공공주택의 변신이었다. 공사는 집합주택 계획의 목표를 다음과 같은 7항목으로 정했다. 커뮤니티 감각, 용이한 어린이의 보호 및 감시, 안전성, 쉬운 유지 관리, 거주성, 주변 환경과의 조화, 공간 사용의 융통성. 공사는 이런 지표를 바탕으로 저층주택의 모델을 만들었고, 실제 대지에 적용했다.

공사는 자신들이 개발한 모델과 사업을 중심으로 1973년 6월부터 8월까지 뉴욕 현대미술관에서 전시회를 개최했다. '집합주택의 새로운 기회: 대안으로서의 저층 Another Chance for Housing: Low-Rise Alternatives'이라는 제목으로 열린 전시회는 저층·고밀 집합주택이 주인공이었다. 뉴욕 현대미술관에서 집합주택을 주제로 전시회를 연 것은 매우 이례적이다. 그만큼 공사는 집합주택에 대한 새로운 인식이 형성되길 바랐고, 자신들의 사업이 널리 알려지길 원했다. 전시회는 근대 주택사에서 매우 중요한 이벤트로 기록된다. 공사는 이렇게 미국 주거문화를 선도했는데, 1975년 재정 악화로 파산선고를 하고 활동을 접었다. 아쉬운 대목이다.

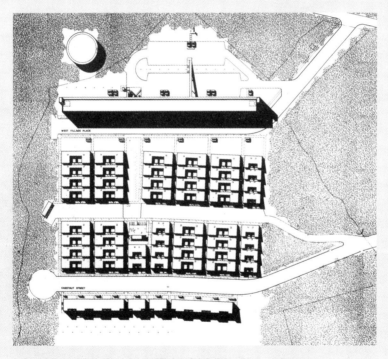

뉴욕 도시개발공사가 건설한 이사카의 엘름가 주거단지 배치도. ©Werner Seligmann
출처: 《도시주타쿠(都市住宅)》 1978년 3월호

할렘 주거단지

해비타트 67 그리고 공중의 정원, 제공: Safdie Architects, 촬영: Tim Hursley

도시에 구축한
산토리니의 구릉지 마을

모셰 사프디,

해비타트 67,

1967

1967년 캐나다 몬트리올에서 만국박람회가 열렸다. 늘 미국에 뒤처지는 나라로 평가받던 캐나다로서는 국가의 위상을 드높이기 위한 야심찬 기획을 한 것이다. 10월 혁명 50주년을 기념하려는 소련이 모스크바를 개최지로 내세우고 경쟁했으나 결국 몬트리올로 결정되었다. 총 62개국이 참가했는데 아랍, 아프리카, 아시아 국가는 물론 신생 독립국까지 참여했다. 우리나라도 김수근金壽根, 1931~1986이 설계한 아름다운 한국관을 지었다. 박람회의 주제는 '인간과 그의 세계Man and His World'였으며, '인간과 도시' 또한 중요한 테마 중 하나였다. 6개월 동안 5천만 명의 관람객이 전시회장을 찾았으니 인구 2천만 명에 불과했던 캐나다로서야 대성공이었다.

가장 인기를 끈 건물은 모셰 사프디Moshe Safdie, 1938~가 설계한 집합주택 해비타트 67Habitat 67이었다. 벅민스터 풀러Buckminster Fuller, 1895~1983가 설계한 지구 모양의 미국관이나 프라이 오토Frei Otto, 1925~2015가 막구조로 설계한 독일관 같은 특별한 건물이 즐비했으나 관람객들은 해비타트 67로 몰려갔다. 집합주택이 엑스포의 상징이자 주인공이 된 것이다. 당시 캐나다의 수상 레스터 피어슨Lester Pearson, 1897~1972은 모노레일을 타고 전시장을 쭉 둘러보다가 이 건물을 가리키면서 이렇게 선언했다. "누가 우리에게 환상이 부족하다고 말한다면, 우선 이 건물을 본 다음에 그렇게 얘기하시오." 박람회가 끝나사 90개의 전시관은 하나둘씩 없어졌지만 캐나다 정부는 두 건물만은 그대로 남겨두었다. 풀러의 건물과 해비타트 67.

해비타트의 인기는 두 가지 이유 때문이다. 첫째, 집이 가진 기존의 이미지를 깨버렸다. 사프디는 여기서 20세기에 유행하던 단순한 형태의 집합주택을 부정하면서, 그것은 도시적 삶의 본질과는 관련이 없다는 메시지를 선언적으로 던졌다. 둘째, 공업화 주택이 무엇인지 구체적으로 보여주었다. 근대 건축가들이 끊임없이 추구한 조립식, 프리패브, 표준화 등 새로운 공법을 적용한 주택의 대량생산 방법을 대중에게 알렸다. 그는 단위주택을 이루는 유닛을 프리패브 공법으로 제작하고 그것을 현장에서 조립했다. 그 결과물은 건축가들에게는 '집합주택에 대한 새로운 정의'로, 대중들에게는 '우주시대의 주택'으로 다가갔다.

1938년생인 사프디는 이스라엘 출생의 유대인으로, 캐나다로 가족 이민을 갔다. 부모

하늘에서 본 해비타트 67. 제공: Safdie Architects, 촬영: Tim Hursley

는 아들이 사업을 하길 원했으나, 사프디는 몬트리올 소재 맥길대학교 건축학부에 등록했다. 6년제 건축학사 프로그램이다. 그게 그의 최종 학력이다. 해비타트가 그의 석사 논문의 결과물이라는 정보는 잘못된 것이다. '선발된 학생' 자격으로 미국 곳곳을 돌아본 사프디는 미국의 대도시들이 잘못 성장하고 있다는 사실을 간파했다. 도심에는 고층아파트가, 교외에는 단독주택이 끝없이 이어지는 현상은 정상이 아니었다. 그는 "아파트를 재창조하겠다."라는 생각을 했다. 그 결과, 모든 단위주택이 정원을 가지고 개방된 '길'을 통해 각 주택으로 진입하는 아파트를 구상하기 시작했다. 그리고 그것을 졸업논문으로 구체화했다.

맥길대학의 졸업논문은 설계도면과 간략한 보고서 정도가 다였다. 그는 당시 대학에 방문교수로 왔던 산디 판힝컬Sandy van Ginkel, 1920~2009을 지도교수로 선택했다. 그게 그의 최고의 행운이었다. 네덜란드 출신의 판힝컬은 사프디에게 팀 텐의 이론을 소개하면서 알도 판에이크에 대해 연구해 볼 것을 권했다. 사프디는 설계 프로젝트 '삼차원 모듈러 건물 시스템'과 보고서 《도시생활의 사례A Case for City Living》를 제출하고 1961년에 졸업했다. 판힝컬 사무소에서 잠시 일한 사프디는 미국으로 가서 루이스 칸Louis Kahn, 1901~1974 밑에서 일했다. 그런 그에게 판힝컬이 중요한 제안을 했다. 몬트리올에서 열릴 엑스포에 그의 졸업

설계를 발전시켜 미래 집합주택의 마스터플랜을 제안해보라는 것이었다. 당시 판힝컬은 엑스포 67의 마스터플랜 수립에 깊이 간여하고 있었다.

사프디는 졸업 설계를 발전시킨 3차원의 도시마을을 제출했다. 1,000세대의 주택에, 상점, 커뮤니티 센터, 학교까지 포함하는 작은 도시였다. 모든 주택은 하늘을 향해 개방되었고, 아랫집의 옥상을 윗집에서 마당으로 사용하는 구성이다. 캐나다 정부는 25살의 건축가 지망생에 불과했던 사프디의 계획을 받아들였다. 너무 젊고 경험이 없다는 우려에도 불구하고 그의 제안을 받아들인 것은 그것이 미래의 비전을 담고 있었기 때문이다. 그런 파격적인 모습과 내용을 담는 집합주택 정도가 되어야 엑스포가 표방하는 미래의 인간을 위한 주거라고 할 수 있었다. 사프디는 2008년의 한 인터뷰에서 그때의 일을, "동화 같은, 너무나도 동화 같은 사건"이었다고 회상했다. 신데렐라의 탄생이다. 사프디의 앞날에는 탄탄대로가 기다리고 있었다.

자연을 형상화한 인공 구축물

사프디는 현장에 살다시피 하면서 공사를 지휘했고, 박람회 일정에 맞춰 건물을 완성했다. 성 로렌스 강Saint Lawrence River에 면해서 들어선 건물은 규모가 대폭 줄어서 158세대의 집합주택으로 구현되었다. 공공시설도 야외수영장, 테니스 코트 정도만 제공되었다. 원래 배

해비타트 67 건설 현장에서 크레인으로 유닛을 운반하는 모습. 제공: Safdie Architects

당되었던 4,200만 (캐나다)달러의 예산이 1,150만 달러로 삭감되었기 때문이다. 현장 옆에 설치한 공장과 기계설비를 위해서만 500만 달러가 소요되었다. 15개의 평면 유형과 복잡한 외관으로 이루어진 건물은 생각보다 건설이 힘들었다. 힘은 들었지만 건물에 대한 반응은 뜨거웠다. 언론에서는 "환상적인 실험", "건축적 경이"라고 떠들었다. 무엇보다도 박람회가 표방한 진보된 과학기술 그리고 끊임없이 발전하는 국가의 이미지에 딱 부합되었다.

그렇지만 사프디의 생각은 좀 달랐다. 그는 과학적 진보보다는 집합주택의 본질을 바꾸려고 했고, 그것이 주효한 것이 성공의 열쇠라고 생각했다. 해비타트 67의 뜨거운 인기에 대해서 "일반적 아파트가 아닌 다른 유형을 바라는 대중의 요구에 부응했기 때문"이라고 술회했다. 그리고 그것을 다음과 같은 짧은 선언문으로 정리했다. "모두에게 정원을For Everyone a Garden." 그가 1974년에 출간한 책의 제목이기도 하다. 그런데 그게 그리 쉬운 목표는 아니었다. 사프디는 자신이 제시한 형태를 실제로 구현하기 위해 수없이 많은 밤을 뜬눈으로 지새워야 했다. 사람들은 육중한 철 구조물을 곳곳에 세우고 유닛을 끼우는 방식을 제안했다. 그렇지만 그는 그것을 따르지 않았다. 그렇게 하면 자연스러운 형태를 만들 수 없고, 모든 주택이 정원을 가질 수도 없었다.

유닛을 차곡차곡 겹쳐 쌓아야 사프디의 목표가 달성될 수 있었다. 그렇지만 그것은 많은 부작용을 초래했다. 하부 유닛은 상부 유닛의 하중을 모두 견뎌야 하므로 벽체가 많이 두꺼워져야 했다. 주택의 공간구성에 많은 변화를 주는 것도 생각보다 비용이 많이 들었다. 공업화 주택이 일반 주택보다 훨씬 쌀 것이라는 생각은 오산이었다. 해비타트 67의 단위 주택에 소요된 비용은 평균 14만 (캐나다)달러로, 타운하우스 6~8채 정도 짓는 비용과 맞먹었다. 아마 한두 개의 표준적인 유형을 설정하고 그것을

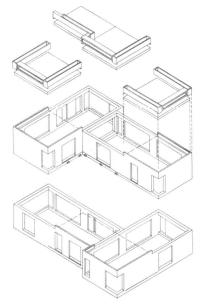

단위주택 구축을 위한 프리캐스트 콘크리트 부재의 조합 방법.
제공: Safdie Architects

반복해서 쌓았다면 비용은 훨씬 적게 들었을 것이다. 건물에는 다른 문제도 많이 발생했다. 유닛과 유닛 사이의 접합부는 쉽게 물이 스며들어 잦은 보수가 필요했다. 또한 외부로 노출된 벽체의 면적이 커서 난방비는 일반 주택보다 두 배 정도가 들었다.

산토리니 최북단의 이아 마을 ⓒHarvey Barrison, Wikimedia Commons

해비타트 67은 12층 규모이고, 주택은 원룸에서 4룸까지, 면적으로는 60~160m²까지 다양하다. 주택의 규모는 유닛의 수로 결정된다. 한 유닛은 5.25×11.5m 크기, 높이 3m다. 유닛은 현장 옆에 설치한 공장에서 만들었다. 공장에는 큰 거푸집 형틀을 설치했고, 콘크리트를 보강하는 철제 프레임을 설치한 후 콘크리트를 부어 넣었다. 건조가 끝난 유닛은 조립 라인으로 옮겨져 전기, 파이프 등 기계설비 장치를 부착하고, 마루를 깔았다. 단열재, 창문, 프리패브로 만든 부엌과 화장실을 설치하면 유닛이 완성되었다. 유닛은 크레인으로 들어 올려서 해당 위치에 고정했다. 해비타트는 이런 유닛 354개가 조합된 결과물이다. 여섯 곳에 엘리베이터를 두었고, 6층과 10층에 공중 가로를 설치했다. 유리를 씌운 이 선형 공간이 커뮤니티를 위한 중심시설이다.

해비타트 67이 거둔 성공의 근원은 자연지향에 있다. 그것은 아날로그적 집합체로서, 인공의 구축물이지만 어디까지나 자연발생적 주거환경을 모델로 만든 것이다. 사프디는 지중해의 산토리니섬이나 이탈리아 구릉지 마을을 몬트리올의 한구석에다 재현했다. 바로 이런 측면이 이 집합주택을 20세기 건축 분야 최고 발명품의 하나로 만들었다. 그런데 20대 초반의 젊은이가 어떻게 그런 생각을 할 수 있었을까? 자연의 집합체에서 미래적 집합주택의 상을 가져온다는 것이 그리 쉬운 일인가. 사람들은 아메리카 토착 원주민이 살던 프에블로Pueblo의 주택을 이야기한다. 사프디가 대학시절 했던 뉴멕시코 여행에서 계단형으로 지어진 프에블로의 집합주택을 보았고, 그것으로부터 일련의 영감을 받았다는 것이다.

그럴 수도 있겠지만, 나는 아무래도 사프디와 알도 판에이크와의 관계에서 실마리를 찾는 것이 맞다고 본다. 다시 언급하겠지만, 판에이크는 세계 곳곳의 토착주택을 관찰하고 그것에서 유기적 집합체의 본질과 가치를 인식한 개척자다. 그는 도시와 마을의 공간구조와 구조주의 철학을 연계시켰고, 팀 텐의 활동을 논리적 바탕 위에 세운 지식인이자 행동가다. 사프디의 지도교수 판힝컬은 판에이크와 여러 프로젝트를 같이 하면서 그의 생각을 상세히 간파하고 있었다. 사프디에게 그것을 세세하게 전했을 것이다. 사프디가 판에이크와의 관계에 대해 언급한 적은 없지만, 이런 유추밖에는 달리 해답을 찾을 수가 없다. 어쨌든 사프디는 단 하나의 프로젝트를 통해서 집합적 주거환경에 관한 인식체계를 바꾸어버렸다.

불발로 끝나버린
해비타트 짓기 열풍

해비타트에서 살고자 하는 사람들이 줄을 섰다. 그렇지만 임대료는 생각보다 비쌌다. 1980년대 중반 정부는 이 건물을 민간에게 매각했고, 이후 각 단위주택을 사고팔 수 있었다. 오늘날은 의사, 변호사 같은 전문직 종사자들이 내부를 우아하게 개조해서 살고 있다. 인기가 많아서, 주택이 간혹 경매에 나오면 가격이 얼마에 형성될지 알 수가 없다. 사프디 자신도 펜트하우스에 주택을 소유하고 있다. 이 건물이 왜 이런 인기를 구가하고 있는

해비타트 67의 옥상정원 ⓒBrian Pirie, Wikimedia Commons

해비타트 뉴욕의 모델.
현수교의 원리를 적용한
제2기 계획이다. 사프디
사무실에서는 당시 제안한
구조 원리를 명확히
보여주기 위해 이 모델을
다시 제작하고 2015년
뉴욕에서 열린 전시회에
내놓았다. 제공: Safdie
Architects

것일까? 그것은 모든 주택에 전원주택의 거주성을 제공한다는 사프디의 계획목표가 빛을 발하고 있기 때문이다. 도심에 근접한 위치에 강을 향해 탁 트인 전망을 향유하는 마당 있는 주택이 그리 찾기 쉬운가. 거기에다 국보급 집합주택이라는 프리미엄까지 붙어있으니.

사프디는 박람회가 끝나자마자 해비타트를 복제해서 지어달라는 요구를 곳곳으로부터 받았다. 뉴욕1967, 푸에르토리코1968, 예루살렘1969, 테헤란1976 등을 대상으로 구체적인 계획이 진행되었다. 이런 정도의 뜨거운 관심이라면 사프디의 바람대로 "해비타트로 세상을 바꿀 수 있을 것" 같았다. 뉴욕에서는 이스트 강에 면해 50층 높이의 구릉지 형상의 타워가 들어서는 해비타트 뉴욕Habitat New York 계획이 수립되었다. 사프디는 현수교 구조를 응용해 주택을 공중에 매다는 공법을 구상했다. 그의 계획이 실현되었다면, 건물은 주택, 오피스, 상업시설, 주차장 등 복합적인 용도로 사용되었을 것이다. 그런데 그가 수립한 계획은 모두 성사 직전에 무산되었다. 사프디는 그 이유에 대해서, "경제적 이유, 여론의 반대, 건축법의 까다로움" 등이 복합적으로 작용한 탓이라고 회상했다.

해비타트는 더 이상 실현되지 못했지만 사프디는 세계적인 건축가가 되었다. 그는 세계 곳곳에 미술관, 오피스, 대학캠퍼스 등 많은 건물을 지었다. 쌍용건설이 시공해 우리에게도 잘 알려진 싱가포르의 마리나 베이 센즈 호텔도 그가 계획한 것이다. 해비타트는

싱가포르에 건설된 스카이 해비타트
©Edward Hendriks

많은 건축물의 모델로 작용했다. 특히 일본의 메타볼리즘 건축에 상당한 영향을 주었다. 일본의 젊은 건축가들이 메타볼리즘이란 이념을 처음 제시한 것은 1960년이다. 그리고 1970년 오사카에서 열린 엑스포 70에서 다양한 시도를 선보였다. 실제 건물을 통해 그 이념을 구체적으로 보여 준 것은 1972년 도쿄에 건설된 나카긴 캡슐 타워Nakagin Capsule Tower다. 건축가 구로카와 기쇼黑川紀章, 1934~2007가 설계한 이 건물은 큐빅 형상의 유닛을 지그재그로 쌓아 올려 구축했다. 시스템은 약간 달랐지만 해비타트 67에서 많은 내용이 왔다.

해비타트는 21세기에 들어와서 많이 달라진 모습으로 다시 나타나고 있다. 그것도 아시아에서. 중국과 싱가포르 등의 부동산 개발회사가 사프디를 초빙해 해비타트를 연상시키는 고층의 주거용 건물을 건설하고 있다. 중국 허베이성華北省 친황다오秦皇島에 짓고 있는 골든 드림 베이Golden Dream Bay와 싱가포르에 들어선 스카이 해비타트Sky Habitat가 그것이다. 골든 드림 베이는 계단 형상의 30층 타워 4동으로 이루어진다. 바다를 향한 전망 확보가 제일의 목표였다. 스카이 해비타트 역시 2동의 38층 타워가 브리지로 연결된 형상이다. 건물의 외부로 무수히 많은 테라스가 돌출되어 있다. 유사한 건물이 스리랑카의 수도 콜롬보와 중동의 한 도시에 들어설 계획이다.

끝없이 나타날
해비타트의 변형

개발회사에서 해비타트 67과 유사한 건물을 지으려고 하는 이유는 무엇일까? 소비자에게 어필하기 때문인데, 핵심은 바로 '공중에 매달린 정원'이다. 해비타트가 표방한 다른 내용은 다 빼고 '공중에 매달린 정원' 하나만 부각해도 아파트의 상품 가치가 올라간다. 고층아파트의 단면을 계단 형상으로 만들면 자연히 생겨나는 무수히 많은 테라스. 사프디의 아이콘이면서 부동산 개발회사에 어필하는 상품의 이미지이다. 해비타트의 변형이 세계 곳곳에 등장하는 것은 자연스러운 현상이다. 앞으로도 계속될 것인데, 우리나라는 언제쯤 될 것인가 궁금하다. 우리나라 개발회사에 새로운 상품의 아이템을 알려준다는 측면에서 몇몇 사례를 소개하도록 한다.

뉴욕 맨해튼 남단 트라이베카에 들어선 고층아파트 레오나드 56 ⓒPotro, Wikimedia Commons

다양한 도판과 함께 친절하게 소개할 수 없어 아쉽다. 구글로 들어가서 이미지를 찾아볼 것을 권한다. 해비타트의 가장 먼 친척부터 보자면, 렘 콜하스Rem Koolhaas, 1944~의 사무소 OMA가 설계한 싱가포르의 집합주택 인터레이스Interlace가 우선 눈에 띈다. 해비타트와 판상형 아파트가 교배한 결과 튀어나온 이 건물은 상세한 설명이 필요할 듯하다. 잠시만 기다리시라. 뉴욕 맨해튼 남단 트라이베카Tribeca에 들어선 레오나드 56 56 Leonard은 57층 규모의 아파트다. 건물을 설계한 헤르조그 앤 드뫼롱Herzog & de Meuron은 이 건물을 "하늘에 쌓은 집houses stacked in the sky"이라고 불렀지만, 일반인들은 젠가 타워Jenga Tower라고

건축가 비야케 잉겔스가 토론토에 계획한 해비타트 2.0. 제공: BIG-Bjarke Ingels Group

부른다. 날렵한 건물은 위로 오를수록 조금씩 허물어지고, 상층부로 올라갈수록 현저히 복잡해진다. 해비타트의 이미지가 어른거린다.

이탈리아 건축가 스테파노 보에리Stefano Boeri, 1956~가 "수직의 수풀vertical forest"이라고 부르면서 계획한 타워를 보면 옆으로 삐죽삐죽 튀어나온 발코니에 수목이 가득하다. 도시의 공기를 정화하겠다는 의도가 담겼는데, 중국의 개발회사들은 그것을 더욱 확대해 산의 형상을 가지는 거대한 주거지로 개발하려 한다. 해비타트와 노골적으로 비슷한 건물은 덴마크 건축가 비야케 잉겔스Bjarke Ingels,1974~가 토론토에 계획한 '해비타트 2.0'이다. 도심에 자리하는 이 복잡한 건물은 부드럽게 굽이쳐 흐르는 스카이라인을 만들면서 모든 주택에 개방된 마당을 제공한다. '해비타트의 사촌'이라고 할 수 있을 것인데, 사프디를 좋아하는 잉겔스는 계속해서 해비타트의 변형을 2.3, 5.6 등으로 만들어가고 싶어한다.

집합주택 인터레이스

2013년 싱가포르에 지어진 집합주택 인터레이스는 특별한 모양을 하고 있다. 일단 보면 "아하 저런 형태가 있을 수 있지."라는 생각이 들지만, 그것을 생각하고 실현하는 일은 쉽지 않았을 것이다. OMA와 아시아 지역을 책임지는 파트너 올러 스헤이런Ole Scheeren, 1971~이 설계했다. 6층 규모의 판상형 주동을 이리저리 겹쳐 쌓아서 모두 8개의 육각형 중정을 둘러싸고 있다. 중정은 닫혀 있지 않고 개방적으로 이어진다. 6층 규모의 블록이 4번 겹쳐지면 24층 높이가 되므로 결코 저층이 아니다. 주동의 크기는 일정한데, 총 31개를 쌓아 1,040세대의 주택을 수용했다. 설계자는 '수직적 마을vertical village'을 구현해 다양한 사회적 공간과 자연적 환경을 모두 수용하려 했다고 한다.

인터레이스는 서로 얽혀 있다는 뜻이다. 해비타트 67이 단위주택을 서로 겹쳐놓은 데 반해 인터레이스는 큰 단위의 주거환경을 겹쳐놓았다. 복잡성을 탈피하고 건설의 효율성을 도모했다. 기존의 고층 아파트단지를 완전히 다른 형태와 내용으로 탈바꿈시킨 것이다. 설계자는 그것에 대해 "기존의 집합주택에 대한 노골적인 반전"을 시도했다고 밝혔다. 경직된 제도, 쉬운 건설, 이익 추구라는 굴레가 상호작용해서 만들어낸 정형화된 집합주택의 틀을 과감하게 깨려고 했다는 것이다. 그들은 1960년대에 만들어진 고층아파트가 강력한 흡인력이 있는 것은 사실이지만 진정한 삶을 수용하는 데는 실패한 모델이라고 규정했다. 그런 기계적 환경 대신 인간성과 장소성이 풍부한 공간을 만들려고 했다고 한다.

이곳의 백미는 옥상정원이 연출하는 커뮤니티 공간의 수직·수평적인 네트워크다. 중정이 일차적인 커뮤니티 활동의 중심이라면 옥상정원은 그 다음 단계의 중심인데, 선택할 수 있는 옥상정원이 '곳곳'에 있다는 것이 이곳만의 특징이다. 수영장을 비롯한 다양한 공공시설에서 벌어지는 커뮤니티 활동은 그 다음 단계다. 이것이 설계자의 의도인데, 실제로는 어떻게 작동하는지 아직 밝혀진 것은 없다. '공중에 매달린 정원'이라는 사프디의 이념이 이렇게 변안될 수 있다는 사실이 놀랍다. 다만 인터레이스가 모든 사람으로부터 긍정적인 평가를 받는 것은 아니다. 광대하게 조성된 단지가 풍기는 위압적인 분위기는 이 단지를 '인간적'이라고 느끼게 하지는 않는다. 어쨌든 집합주택 인터레이스는 여러 매체에 등장했고, '어반 해비타트 어워드Urban Habitat Award'를 포함해 많은 상을 받았다.

싱가포르에 들어선 집합주택 인터레이스 ⓒMike Cartmell, Wikimedia Commons

펜스 랜딩 스퀘어의 단지 내부 모습. 1층 세대에는 전용 마당이 제공되었다.
©Louis Sauer Associates, 촬영: David Hirsch, 출처: 《도시주타쿠》 1980년 1월호

카펫 하우징

루이스 사워,
펜스 랜딩 스퀘어,
1970

카펫 하우징,
도시주택의 새로운 대안

1970년을 전후해서 영국과 미국은 고층아파트와 결별했다. 여러 배경이 있지만 결정적인 계기는 폭파 사건 때문이다. 영국에서는 런던 동부에 지은 고층아파트 로난 포인트Ronan Point가 가스폭발 사고로 허물어졌다. 23층 높이의 로난 포인트는 대형 콘크리트 패널을 볼트로 고정시키는 신공법으로 건설했지만 작은 가스 폭발 때문에 건물의 한 귀퉁이가 모두 내려앉았다. 1968년 발생한 이 사고로 4명의 주민이 사망하고 17명이 크게 다쳤다. 미국에서 발생한 고층아파트 폭파는 사건이기는 했지만 사고는 아니었다. 바로 악명 높은 프루이트 아이고 주거단지를 허물어버린 '자발적 폭파'가 사건의 주인공이다.

하늘에서 본 펜스 랜딩 스퀘어 ©Louis Sauer Associates, 촬영: Norman McGrath, Flickr

　　두 사건에 대한 사회적 파장은 대단했다. 영국에서는 고층아파트에 대한 사회적 비난이 쇄도했고, 많은 지식인과 시민단체가 우려의 목소리를 높였다. 이 사건을 계기로 영국은 더 이상 고층아파트를 짓지 않았으며, 노후한 고층아파트는 서둘러서 허물어버렸다. 임대아파트를 고층으로 짓겠다는 계획이 올라오면 정부에서는 보조금을 주지 않았다. 미국에서는 각종 언론매체에서 프루이트 아이고 단지 폭파를 큰 사건으로 취급했다. 근대건축의 공과를 평가하는 논쟁에 단골처럼 등장했고, 학자들은 나름대로 다양한 분석을 내놓았다. 이렇게 되자 고층아파트는 나쁜 것이라는 사회적 인식이 확산되었다. 전문가뿐 아니라 일반 시민들도 그러한 인식을 공유하게 된 것이다.

미국의 전설적인 환경운동가 제인 제이콥스. 1961년 뉴욕 웨스트 빌리지 살리기 운동을 할 때의 모습이다.

미국 사회가 고층아파트를 부정적으로 본 데에는 환경운동가 제인 제이콥스Jane Jacobs, 1916~2006도 큰 역할을 했다. 도시개발의 패러다임을 바꿔버린 책《위대한 미국 도시의 죽음과 삶The Death and Life of Great American Cities》, 1961을 쓴 그는 '미국식 재개발'에 대해 계속해서 반대의견을 피력했다. 즉 전통적인 주거지를 '슬럼'으로 규정해 쓸어버리고 그곳에 고층아파트를 건설하는 개발은 반도시적이고 반인간적인 행위임을 주장하고, 그것을 막기 위해 끊임없이 여론을 환기시켰다. 고층아파트를 대량으로 건설하는 식의 개발은 인간보다 건물을 우위에 두는 개발로 관료적 사고의 결과라고 외쳤다. 건축이나 도시계획을 정식으로 공부한 적이 없는 사람이지만 전통적 지속적 환경을 보호해야 한다는 주장은 미국의 대중에게 설득력 있게 받아들여졌다.

제이콥스의 가장 큰 적은 '뉴욕의 불도저' 로버트 모지스Robert Moses, 1888~1981였다. 그는 시장 직속의 공원위원회 의장과 같은 공식 직함을 12개나 동원해 뉴욕을 대대적으로 뜯어고쳤다. 수십 년 동안 도시 곳곳에 다리, 고속도로, 터널을 건설하고, 공원 면적을 늘리고, 엄청난 양의 공공주택을 지었다. 그는 뉴욕 곳곳에 산재한 광대한 땅을 슬럼으로 규정하고, 그 모두를 재개발하겠다고 공언했다. 그가 건설한 주거환경은 예외 없이 프루이트 아이고 단지를 닮은 모습이다. 제이콥스는 그리니치빌리지Greenwich Village 재개발, 맨해튼 남부Lower Manhattan 고속도로 건설 등 모지스가 벌인 사업마다 반대운동을 펼쳤다. 그리고 여론싸움에서 항상 이겼다. 결국 1968년 모지스는 시의 모든 사업에서 손을 뗐다. 이런 과정을 거치면서 미국에서 고층아파트 건설은 점차 사라져갔다.

고층아파트를 버린다면 대안을 찾아야 했다. 그렇다고 무작정 층수를 낮출 수는 없었

펜스 랜딩 스퀘어

다. 연립주택 같은 기존의 저층주택으로는 적정한 밀도를 달성하기 어려웠다. 건축가들은 저층이지만 상당한 밀도를 달성할 수 있는 주거형식을 모색했다. 그 결과 등장한 것이 저층·고밀 집합주택이다. 새로운 주거형식이지만 건축가들이 참고할 선례는 많았다. 브링크만이 설계한 스팡언 지구 집합주택이나 아틀리에 파이브가 설계한 할렌 주거단지 등이 중요한 선례로 활용되었다. 그런데 사실은 근대 이전의 많은 자연발생적 주거환경이 고밀도 환경을 이루고 있었으므로 그것으로부터 실마리를 찾으면 되었다. 서울의 가회동 같은 곳을 연구하면 우리 정서에 맞는 저층·고밀 집합주택의 아이디어가 무수히 나올 것이기 때문이다.

저층·고밀 집합주택은 다양한 형식으로 나타났다. 카펫 하우징이라고 불리는 형식이 가장 일반적이고 선형 집합주택linear housing과 중정형 집합주택block housing이 뒤를 이었다. 카펫 하우징이 선호된 이유는 대지를 효율적으로 활용할 수 있고, 무엇보다도 단독주택의 성능을 수용하는데 유리했기 때문이다. 계획을 위한 선례도 많고 연구도 어느 정도 되어 있었다. 하버드대학의 세르게 체르마예프Serge Chermayeff와 크리스토퍼 알렉산더Christopher Alexander가 1963년에 출간한 책 《커뮤니티와 프라이버시Community and Privacy》는 카펫 하우징에 대한 이론서로 많이 활용되었다. 자연발생적 주거환경이 담고 있는 지혜를 활용하자는 것이 책이 주는 가장 커다란 메시지였다.

미국의 전통적 도시주택의 재해석

1970년대에 등장한 가장 뛰어난 카펫 하우징은 필라델피아의 펜스 랜딩 스퀘어Penn's Landing Square다. 3층의 저층주택을 대지 위에 촘촘하게 깔아놓은 모습이다. 1970년 이 건물이 완성되어 분양을 시작했을 때 소비자들은 뜨겁게 반응했다. 모습과 내용 모두 새로운 도시주택이었다. 교외의 단독주택을 떠나 도심으로 회귀하기를 원하는 중산층에게 이보다 더 좋은 선택이 없었다. 위치, 외관, 공간구성, 안전 등 모든 측면에서 탁월했다. 집은 순식간에 모두 팔려버렸다. 그도 그럴 것이, 소비자들은 자신이 기다리고 기다리던 타운하우스가 부활해서 나타났다고 생각했다. 17~18세기 런던, 그리고 18~19세기 필라델피아, 보스턴, 뉴욕 등에서 일반화된 타운하우스가 새로운 얼굴을 하고 귀환한 것이다.

품위 있고 아름다운 도심의 주거지. 건물이 들어선 필라델피아 소사이어티 힐Society

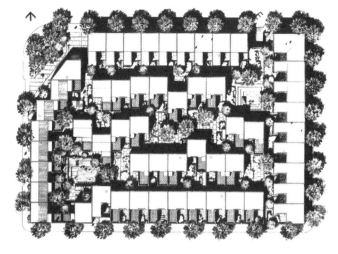

펜스 랜딩 스퀘어의
배치도. 카펫을 깔아
놓은 것처럼 매우 높은
밀도를 형성한다. ©Louis
Sauer Associates, 출처:
《도시주타쿠》 1980년
1월호

Hill이 그렇다. 전통적인 타운하우스가 밀집되어 있는 유서 깊은 주거지다. 이곳은 10m 정도로 건축 높이가 제한되어 있었다. 설계자 루이스 사워Louis Sauer, 1928~는 이런 조건을 최대한 활용했다. 높이가 제한된 것은 나쁜 조건이지만 달리 생각하면 좋은 조건이기도 했다. 지역의 특성을 존중하고 그 가치를 되살리는 계획을 할 수 있기 때문이다. 사회·심리학적 연구를 게을리하지 않았던 그는 예비 고객들의 요구를 정확히 간파했다. 기품 있는 도시주택을 원하는 중산층이 많다는 사실. 그래서 미국의 전통적 도시주택을 새로운 모습으로 부활하는 계획을 세운 것이다. 이 건축가를 탁월한 집합주택 계획가이자 저층·고밀 집합주택의 개척자로 치는 이유가 바로 이런 점이다.

루이스 사워가 탁월한 집합주택 계획가가 될 수 있었던 배경은 더 있다. 하나는 그가 베네치아에 오래 머물면서 그곳의 공간구조를 세심하게 살핀 것이다. 다른 하나는 루이스 칸에게서 도시건축의 정수를 전수받은 것이다. 어머니가 이탈리아인인 사워는 대학을 졸업한 후 이탈리아를 여행하고, 특히 베네치아에 오래 머물면서 그곳의 공간구조를 세심하게 관찰했다. 고도로 밀집된 주거환경을 형성한 베네치아로부터 그는 땅을 알뜰하게 사용하는 '도시건축의 존재 방식'을 깨우쳤다. 그는 이탈리아 건축가 지노 발레Gino Valle의 소개로 루이스 칸을 만났고, 그의 문하에서 석사학위를 취득했다. 칸을 존경했던 그는 기품 있는 건축의 존재감, 장소 만들기, 재료의 섬세한 사용 등 많은 내용을 전수받았다. 그가 필라델피아에 정착한 것도 칸과 계속 교유하고 싶었기 때문이다.

펜스 랜딩 스퀘어에 형성된 코트와 좁은 골목길 ⓒLouis Sauer Associates, 촬영: Norman McGrath, 출처: 《도시주타쿠》 1980년 1월호

펜스 랜딩 스퀘어는 한 블록으로 이루어진다. 하늘에서 보면 기역자 형상의 단위주택이 블록 전체에 촘촘히 깔려있다. 3층 높이임에도 불구하고 에이커 당 50호의 주택을 수용하는 고밀도의 환경이다. 단위주택도 원룸에서 4룸까지 다양하다. 길에 면해 3층 전체를 사용하는 큰 주택과 3층을 아래위로 나눠서 쓰는 작은 주택으로 구분된다. 작은 주택은, 1층과 2~3층을 각각 한 세대가 사용하는 형식, 1층과 2층 절반, 3층과 2층 절반을 각각 한 세대가 사용하는 형식으로 나뉜다. 모든 주택은 1층에 있는 독립된 출입구를 통하므로 이 집합주택에는 로비, 복도, 계단실 같은 공용 공간이 전혀 없다. 또한 모든 주택에 전용 외부 공간을 제공했다. 1층 주택에는 마당을, 2~3층 주택에는 넓은 테라스를 부여했다. 따라서 이곳의 주택은 단독주택에 버금가는 성능을 가진다.

블록은 외부를 향해서는 견고한 성을 이룬다. 외부인에게는 출입이 전혀 허용되지 않는다. 길에 면하는 주택은 길에서 직접, 그리고 블록 내부에 있는 주택으로는 세 곳의 출입구를 통해 진입한다. 주민들은 지하에 주차를 한 후 계단을 통해 데크 레벨로 오르고 그곳에서 각자의 주택으로 출입한다. 이렇듯 외부를 향해서는 방어적이지만 블록의 내부에서는 전혀 다른 양상이 전개된다. 땅에서 반 층 정도 떠 있는 데크에는 광장, 코트 등 크고 작은 외부공간이 좁은 골목길과 연계되어 있다. 시각적 변화가 풍부한 커뮤니티 공간이 전개되는 것이다. 데크의 한쪽 코너에는 이 단지의 중심적 커뮤니티 시설인 야외수영장이 마련되어 있다. 이런 변화 많고 풍요로운 외부공간은 베네치아를 연상케 한다.

1층   2층   3층   B형

단위주택의 평면. A형은 1층과 2~3층을 각각 한 세대가, B형은 1층과 2층 절반, 3층과 2층 절반을 각각 한 세대가 사용한다. 손세관 그림

유서 깊은 주거지에 들어선 새로운 환경. 시각적으로 두드러지면 안 된다. 사워는 새로운 환경을 주변과 조화롭게 공존시키는데 고심했다. 답은 밝은 갈색 벽돌로 마감한 세련되고 계산된 표피에 있었다. 그는 건물의 입면에 4.2m 모듈을 적용했는데, 그것은 필라델피아의 전통주택을 분석한 결과였다. 따라서 펜스 랜딩 스퀘어가 외부로 풍기는 이미지는 주변의 타운하우스와 크게 차별되지 않는다. 주택의 내부는 개인의 사적 생활을 담는 그릇이지만 외부는 도시민이 공유하는 사회적 가치를 표출하는 것이 정상이다. 사워의 생각이다. 그는 소사이어티 힐에 모두 13개의 프로젝트를 진행했는데, 모두 전통과 현대를 접목시켰다. 그의 작업 덕분에 소사이어티 힐은 세련되고 활기찬 지역으로 탈바꿈했다.

고층아파트 소사이어티 힐 타워스와는 대조를 이루지만 주변의 전통적 환경과는 잘 어울리는 펜스 랜딩 스퀘어 ⓒLouis Sauer Associates, 촬영: Norman McGrath, Flickr

펜스 랜딩 스퀘어에 입주하는 것은 쉽지 않다. 찾는 사람은 많지만 매물은 드물다. 꼭 이사 가야 하는 거주자는 친구나 일가친척에게 집을 넘겨준다. 사람들이 이 집합주택에 애착을 가지는 가장 큰 이유는 바로 단독주택에 버금가는 개별성과 거주성이다. 사워는 미국 중산층이 선호하는 주거환경에 대해 잘 간파했고, 그들의 요구에 정확히 대응했다. 이 집합주택과 바로 인접해 있는 세 동의 고층아파트 소사이어티 힐 타워스Society Hill Towers는 늘 매물이 넘친다. 중국 태생의 미국 건축가 이오 밍 페이I. M. Pei, 1917~2019가 설계한 이 31층 높이의 고층아파트에는 사람들이 별 매력을 느끼지 못한다. 고객의 열망을 반영하지 않은 그저 그런 주거환경이다. 103세대에 불과한 펜스 랜딩 스퀘어의 주민은 필라델피아의 특권층이다.

샌프란시스코에 지어진
카펫 하우징의 또 다른 모델

미국 대도시 곳곳에 중산층을 위한 저층·고밀 집합주택이 건설되었다. 사워의 작업이 널리 알려지면서 카펫 하우징도 인기리에 지어졌다. 펜스 랜딩 스퀘어에 버금가는 카펫 하우징을 하나 고른다면, 샌프란시스코에 들어선 골든 게이트웨이 코먼스Golden Gateway Commons를 꼽는다. 설계자는 피셔·프리드먼 건축사무소Fisher & Friedman Associates. 미국 서부

를 대표하는 집합주택 전문 건축가 그룹이다. 이 사무소가 1970년대 후반 샌프란시스코 골든 게이트웨이 지구의 세 블록을 대상으로 건설한 카펫 하우징이 코먼스다. 그들의 대표작으로 꼽히는 우수한 집합주택이다. 이 집합주택을 하늘에서 보면 붉은색의 정사각형 카펫을 세 장 펼쳐놓은 것처럼 보인다. 155세대의 여유 있는 중산계층을 위한 주거환경이다.

골든 게이트웨이 코먼스는 5층 높이로 복합 기능을 가지는 집합주택이다. 1~2층은 상업시설과 주차장으로, 3~5층은 주택으로 사용된다. 붉은 벽돌로 마감한 건물은 길에 면해 표피의 변화가 많다. 벽이 리드미컬하게 돌출되고, 상부에는 큰 아치가 반복된다. 포스트모던 양식의 특별한 외관이다. 그렇지만 3~5층에 자리하는 주택은 길을 향해서는 딱히 주택의 분위기를 풍기지 않는다. 입면의 변화가 풍부한 오피스 정도로 다가온다. 그런데 블

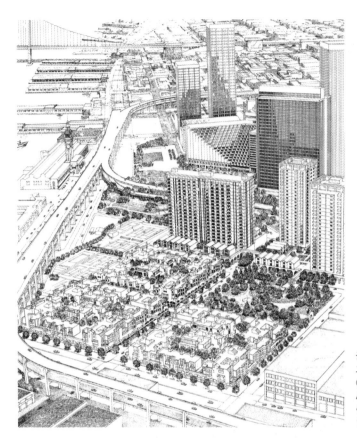

골든 게이트웨이 코먼스를
그린 조감 스케치
©Fisher-Friedman
Associates, 출처:
《도시주타쿠》 1986년
10월호

록의 내부로 들어가면 분위기는 완전히 달라진다. 주택은 외부공간과 연계해 다양한 클러스터를 이룬다. 압권은 3층 바닥에 조성된 외부공간이다. 요소요소에 광장, 코트 등이 형성되고, 분수가 물을 뿜고, 풍요로운 수목이 수풀을 이룬다. 이리저리 이어지는 선형의 공간을 따라 걸으면 마치 중세 이탈리아의 도시를 거니는 듯하다.

　샌프란시스코 도심과 근접한 이곳에 어떻게 이런 저층 집합주택이 들어서게 된 것일까? 빈 땅으로 남아 있던 이 블록을 개발하기로 한 1970년대 중반 샌프란시스코 시민들은 고층아파트를 원하지 않았다. 그들은 세계 3대 미항인 샌프란시스코에 고층 건물이 마구 들어서는 것을 달가워하지 않았다. 특히 이곳은 샌프란시스코 언덕의 정상부인 텔레그라프 힐Telegraph Hill에서 바다를 향해 열리는 조망의 중심부에 있다. 설계를 맡게 된 피셔·프리드먼 건축사무소에서는 초고층에서 완벽한 저층에 이르기까지 건물 형태에 대한 모든 가능성에 대해서 연구했다. 그리고 가장 최적의 안으로 제시한 것이 저층에 주차공간을 두고 그 상부에 주택을 두는 저층·고밀의 복합개발이다. 도시주택에 대한 선입견을 획기적으로 바꿔버린 것이다.

우리나라에서
카펫 하우징은 불가능할까

루이스 사워와 피셔·프리드먼 건축사무소는 고층주택의 시대가 갈 것이라는 사실을 정확하게 간파했다. 그들은 단독주택의 장점과 도시의 활력을 동시에 누릴 수 있는 주택 즉 도심의 저층·고밀 집합주택이 그 대안이 될 것이라고 확신했다. 1970년대로 접어들면서 미국의 중산계층 수요자들은 단독주택의 성능을 가지는 도심의 집합주택을 찾고 있었다. 그들은 세련된 저층·고밀 집합주택을 보자 곧 그것에 열광했다. 편리한 접근성, 선택의 다양성, 독특한 디자인, 고급스러운 이미지가 좋았다. 지금도 그런 건물이 미국 대도시의 도심에 들어서면 소비자는 뜨거운 반응을 보인다.

중산층을 위한 도심의 우아한 저층 집합주택. 규모는 100세대 내외. 조그마한 블록 전체를 차지하는 규모. 설계자는 계획의 목표를 다음과 같이 두는 것이 정상이다. 집합주택이지만 모든 단위주택이 단독주택에 버금가는 거주성을 가질 것. 거기에다 세련된 디자인을 적용해 특별한 개성을 가지면서 주변과 조화도 잘 된다면 더욱 바람직할 것이다. 모든 단위주택이 마당을 가지는 집합주택. 모셰 사프디의 계획 목표이기도 했고 루이스 사워의 목표이기도 했다. 콘크리트로 지어진 삭막한 고층아파트를 고가에 구입하는 시대가 지속될까? 서구 사회는 이미 방향전환을 했고, 일본도 비슷한 방향으로 가고 있다.

우리나라의 건설사에서는 펜스 랜딩 스퀘어 같은 카펫 하우징을 지을 수 없는 것일까? 왜 고층아파트, 주상복합아파트 같은 탐욕스러운 주거환경만을 짓는데 주력하는 걸까? 오늘날 우리나라의 상황에서 가장 안타까운 대목의 하나다. 높은 땅값 때문에 불가능하다고 할지 모른다. 저층으로 카펫처럼 깔아 계산이 나오지 않는다면, 고층의 타워 한두 동과 병치하면 해법이 찾아질 것이다. 얼마 전 우리나라의 한 건설사가 고유의 브랜드 가치를 내세운 '차별화된' 아파트를 개발하겠다면서 그 방법을 물어온 적이 있었다. 나는 이렇게 답해주었다. "기존 모델을 완전히 포기할 용기가 있다면 답이 보일 것입니다." 답은 천지에 널려있는데, 그것을 보지 못한다. 단 하나에 꽂혀있기에.

펜스 랜딩 스퀘어

뉴욕의 불도저, 로버트 모지스

로버트 모지스의 이야기를 안 할 수 없다. 미국 역사에서 이 사람 만큼 평가가 극명하게 엇갈리는 인물이 없기 때문이다. 그를 묘사하는 말은 엄청나게 많다. 건설의 달인, 불도저, 마이클 코를레오네Michael Coleone, 영화 《대부》속 인물 등. 그는 시장 같은 선출직 공무원으로 일한 적은 없다. 대신 뉴욕시 공원위원회 위원장을 비롯해 시장과 주지사로부터 위임받은 직함을 한꺼번에 12개나 가지고 활동했다. 그리고 30년이 넘는 기간 동안 로마 황제에 비견되는 권력을 구사하면서 뉴욕의 물리적 환경을 개조했다. 수많은 공원, 고속도로, 다리, 그리고 공공주택이 모두 그의 손을 거쳐 건설되었다. 1924년 그가 뉴욕에서 일을 시작할 때 공원을 포함한 놀이공간의 수는 119개였는데 1968년 사임할 때 그 숫자는 777개였다. 링컨센터, 유엔본부, 롱아일랜드의 존스 비치, 센트럴파크 동물원 등 무수히 많은 건물과 위락시설을 건설했다.

맨해튼, 퀸즈, 브롱크스를 잇는 트리보로우 다리를 건설하고, 그것을 관리하는 회사를 자신의 통제아래 두었다. 모지스는 다리 중간에 자리한 랜들스 아일랜드Randall's Island의 호화로운 사무실에서 지냈다. 그곳에는 허락 없이 아무도 들어갈 수 없다. 그는 그곳에 커다란 뉴욕 지도를 걸어놓고 도시의 미래를 그렸다. 그의 꿈은 '어린이같이' 순진무구했나. 푸르고 깨끗하며 질서정연하고 자동차가 사통팔달 달리는 도시를 만드는 것. 그런 도시에 '슬럼'은 용납될 수 없었다. 그는 도시의 슬럼을 모두 제거하기 위해 수단과 방법을 가리지 않았으며, 뒷거래까지도 서슴지 않았다.

모지스는 언론을 장악하는데 천재적인 재능을 발휘했다. 우선 자신의 이미지를 깨끗하게 포장했다. 시로부터 한 푼의 돈도 받지 않았다. 모든 생활비와 활동비는 어머니의 구좌에서 나왔다. 그러므로 언론은 그를 부패와는 완전히 분리해서 생각했다. 그렇지만 트리보로우 다리에서 거둬들이는 천문학적인 통행료가 사실 모두 그의 것이나 다름없었다. 《뉴욕타임스》에서는 그를 "우리 시대의 가장 위대한 공무원"이라고 썼다. 어떤 언론인은 그를 "돈 한 푼 받지 않고 뉴욕시민들이 값싸게 야외생활을 즐기게 하려고 수십 년을 밤낮없이 일해온 사람"이라고 썼다. 그는 대중의 지지를 한몸에 받았다. 그가 끝없이 공원을 건설해서 시민에게 제공했기 때문이다. 그가 어떤 일을 벌여도 사람들은 그를 지지했으므로 시장도 주지사도 그를 건들 수 없었다.

그런 그도 1960년대에 들어와서 급격히 허물어졌다. 치명적인 실수 몇 건 때문이다. 유서 깊은 펜실베이니아 역을 허물겠다고 한 일, 그리니치빌리지와 맨해튼 남부 일대를 쓸어버리겠다는 시도. 최악의 실수는 1964년 뉴욕 만국박람회의 실패였다. 그의 터무니없는 고집으로 인해 많은 나라에서 박람회 참가를 거부하자 뉴욕은 국제적인 망신을 당해야 했다. 그제야 뉴욕 주지사는 그를 모든 자리에서 사임시켰다. 그의 행적과 뉴욕 근대화의 역사를 버무린 책《실세The Power Broker》가 1974년에 출간되자 그의 민낯은 여지없이 드러났다. 로버트 카로Robert A. Caro가 쓴 이 책은 퓰리처상을 받았다. 미국의 전임대통령 버락 오바마Barak Obama는 22살에 이 책을 읽었고, 정치가 지망생으로서 많은 깨달음을 얻었다고 한다. 도시계획가와 행정가를 지망하는 사람이 모두 읽는 이 책이 우리나라에서 출간되지 않는 것은 이상한 일이다.

브루클린과 맨해튼을 잇는 배터리 다리의 모델을 보고 있는 로버트 모지스

펜스 랜딩 스퀘어

알렉산드라 로드 주거단지를 관통하는 보행가로 롤리 웨이 ⓒ손세관

길,

커뮤니티의 중심이 되다

니브 브라운,

알렉산드라 로드 주거단지,

1978

한 시대의 집합주택에는 그 시대가 가지는 도시에 대한 생각이 투영된다. 1930년대부터 20세기 후반에 이르는 기간 동안 도시에 대한 생각은 이리저리 변했다. 그런 변화는 '길'에 대한 태도에 고스란히 표출되었다. 근대적 도시계획의 이념과 함께 길은 일단 부정되었다. 르코르뷔지에는 '빛나는 도시'의 구상에서 건물로 둘러싸인 전통적인 길을 철저히 부정했다. 그는 좁은 길과 광장을 사랑했던 카밀로 지테의 공간개념에 대해 "시대착오적", "당나귀의 길" 같은 용어를 사용해 혹평했다. 르코르뷔지에를 옹호한 지그프리드 기디온은 한술 더 떴다. "자신의 시대를 망각한 도시계획가이며, 현대 산업의 굉음을 향해 중세의 노래를 부름으로써 스스로 음유시인으로 전락해버린 사람"이라고 썼다. 지테를 정상적인 사람으로 안 본 것이다.

이렇게 부정된 길은 팀 텐 그룹에 의해 절반 정도 부활되었다. '절반'이라고 할 수밖에 없는 이유는 그들의 길의 개념에는 인공성과 추상성이 강하기 때문이다. 그들은 공중 가로 또는 내부 가로 같은 변형된 길의 개념을 사용했다. 그런 인공적인 길은 대부분 정상적으로 작동하지 않았고, '실패한' 주거환경의 주역이 된 경우가 많았다. 1970년대에 들어와서야 길은 본래의 모습을 되찾았다. 신합리주의를 표방하는 유럽의 건축가들이 나서서 인공의 길을 완전히 배제해버린 것이다. 그들은 단어 자체가 의미하는 대로 길을 해석하고, 길이 다시 지면으로 내려와 본연의 모습을 갖도록 했다. 길은 중정, 광장 같은 공간과 함께 나타났고 전통적인 도시 블록도 부활했다.

집합주택에도 커다란 변화가 생겼다. 길이 계획의 중심에 등장한 것이다. 이런 변화의 대표적 모델이 런던 북서쪽 캄덴 자치구에 자리한 알렉산드라 로드 주거단지Alexandra Road Estate다. 단지의 동서를 관통하는 긴 보행 가로 롤리 웨이Rowley Way가 만들어내는 경관은 그저 놀라울 뿐이다. 단지의 몸통을 이루는 건물은 수백 미터 길이로 이어진다. 완만한 곡선을 그리면서 이어지는 기나긴 건물과 그것과 연계해서 이어지는 보행 가로를 보노라면 '참 지혜로운 계획'이라는 생각이 든다. 이렇듯 과감한 접근이었으므로, 이 건물은 상찬도 많이 받았지만 그에 못지않게 뜨거운 논란에 휩싸였다. 그 주인공이 건축가 니브 브라운 Neave Brown, 1929~2018이다.

책임건축가
시드니 쿡과 니브 브라운

서울의 종로구 정도에 해당하는 런던의 캄덴 자치구에는 우수한 집합주택이 유난히 많다. 1965년 자치구 발족과 함께 책임건축가로 부임한 시드니 쿡Sydney Cook, 1910~1979 덕분이다. 영국은 1963년 런던행정법을 발효시켜 과거 런던 주의회에서 통합적으로 운영하던 주택, 교육 등 제반 행정을 자치구 단위로 시행하도록 했다. 그리고 런던의 많은 구를 인구 20~25만 명 단위로 통합하여 32개의 광역 자치구로 조정했다. 새로 발족한 캄덴 자치구에 시드니 쿡이 부임한 것은 영국 공공주택의 역사에서 최대의 사건이면서 행운이었다. 쿡은 영국의 공공주택을 획기적으로 바꾸고자 한 개혁가다. 그는 인재를 보는 눈도 매서웠는데, 자신과 이상을 공유하는 젊고 패기 있는 건축가들을 콕콕 집어서 불러 모았다. 니브 브라운도 그중 하나다.

많은 집합주택이 쿡의 지휘·감독아래 계획되고 건설되었다. 그는 노동자에게 씌워진 '공공주택 거주자'라는 사회적 낙인을 벗겨버리고 싶었다. 그리고 노동자들이 자신의 주택을 자랑하고 사랑하기를 바랐다. 이런 생각을 가진 쿡의 지휘아래 40여 명의 캄덴 자치구 소속 건축가들은 고층아파트를 대신하는 도시주택의 적절한 모델을 찾는 데 주력했다. 그들은 단위주택의 개별성을 강조했으며, 주택을 도시의 유기적인 일부로 만들기 위해 길에 중요성을 부여했다. 동시에 모든 주택에는 작으나마 전용의 마당을 부여하고자 했다. '도시 속 나의 정원' 이념을 강조한 것이다. 당시로서는 대단한 모험이자 실험이었다. 그렇지만 사람들은 그들이 시행한 사업을 '성공적'이라고 평가하는 데는 인색했다. 어쨌든

니브 브라운이 캄덴 자치구에 지은 플릿 로드 테라스하우징의 중정. 하부에는 주차장이 있다. ©Steve Cadman, Wikimedia Commons

알렉산드라 로드 주거단지

1965~1980년 사이에 캄덴 자치구에서 시행한 도시주택 실험은 역사적으로 매우 중요한 '사건'이다.

니브 브라운은 시드니 쿡과 뜻이 잘 맞았다. 브라운은 이렇게 단언했다. "낮게 지어야 한다. 잘 계획된 외부공간을 통해 건물과 대지를 철저히 결속시켜야 한다. 우리가 전통적으로 짓던 주택의 질을 다시 찾아야 한다. 연속적이고, 두드러지지 않고, 세포처럼 존재하고, 반복되면서, 배경처럼 존재하는. 그런 속성은 언제든 좋은 결과를 낳는다." 쿡과 브라운이 선호한 것은 영국의 전통적 도시주택 즉 타운하우스였다. 길을 따라 밀집한 노동자용 타운하우스의 앞에는 스투프stoop, 현관 앞 계단가 있고 뒤에는 정원이 있었다. 중산층 주택도 마찬가지였다. 배스Bath의 로열 크리센트Royal Crescent 같은 집합주택은 중산층을 위한 주택이지만 본질은 노동자용 타운하우스와 같았다. 이런 영국 고유의 도시주택을 새로운 모습으로 재현하는 것이 그들의 과제였다.

니브 브라운은 미국 태생으로 영국 AA스쿨을 졸업했다. 그는 1966년 런던의 윈스콤 거리Winscombe Street에 면해 5채의 주택이 연속하는 작은 규모의 집합주택을 설계했다. 타운하우스의 현대적 재현이었다. 그것을 본 쿡은 브라운을 초빙해 자치구에서 짓는 플릿 로드 테라스하우징Fleet Road Terrace Housing의 계획을 맡겼다. 71호 규모의 집합주택으로, 계단 모양의 단면을 가지는 저층의 테라스하우스가 3열로 반복되는 형상이다. 주택에는 단층 복층 구분 없이 모두 전용 마당이 제공되었다. 그리고 과거의 공공주택에서 보이는 계단실, 엘리베이터 등은 모두 사라졌고, 모든 주택은 보행전용 골목길에서 직접 진입했다. 아틀리에 파이브의 할렌 주거단지를 연상시키는 혁신적 계획이었다.

턱없이 긴 주동과
거친 질감

니브 브라운이 알렉산드라 로드 주거단지 계획에 착수한 것은 1968년이다. 부지는 600m에 이르는 길고 세장한 땅이다. 그는 긴 보행도로 양쪽에 주택이 배열되는 선형의 저층·고밀 집합주택을 제시했다. 주택뿐 아니라 학교, 어린이집, 커뮤니티 센터, 공원, 상가 등을 아우르는 복합적인 환경이다. 파격적인 계획에 자치구의 모든 건축가는 놀라움을 감추지 못했고, 그 실현 가능성을 걱정했다고 한다. 그도 그럴 것이, 브라운의 계획안은 법규와 지구의 조닝을 전혀 고려하지 않은 상태였다. 그렇지만 계획은 설득력 있고, 충분한 세

수백 미터 길이로
이어지는 알렉산드라
로드 주거단지의
몸통 건물 ©Giogo,
Wikimedia Commons

대수를 확보했다. 자치구의 규정은 에이커 당 136명을 수용하면 되는데, 브라운의 계획은 216명을 수용했다. 브라운이 주택위원회에 계획안을 발표하자 위원들 모두가 자리에서 일어나서 뜨거운 박수를 보냈다고 한다.

완성된 단지는 세 켜의 건물군으로 구성된다. 가장 후면에 있는 건물은 8층 높이에 길이 400m에 달하는 긴 성채다. 건물은 끝에서 끝까지 한 덩어리로 이어지는데, 그 전면에 단지의 동서를 관통하는 보행 가로 롤리 웨이가 지난다. 지역의 동서를 이어주는 이 길은 이웃 주민들까지 출퇴근, 통학, 놀이 등 다용도로 이용하는 생활공간이다. 이 길이 가지는 강렬한 존재감 때문에 현지에서는 이 단지를 그저 '롤리 웨이'라고 부른다. 롤리 웨이 앞으로 4층 높이의 건물이 이어지면서 길을 둘러싼다. 이어서 넓은 공원이 펼쳐지고, 세 번째 건물군이 그 경계를 이룬다. 4층 높이의 세 번째 건물군은 인접하는 에인스워스 주거단지 Ainsworth Estate와 길을 마주하고 있다. 에인스워스 웨이라고 불리는 이 길 역시 지역의 동서를 이어주는 중요한 보행 가로다.

북쪽에 자리하는 긴 주동은 모습이 특이하다. 창이 거의 없는 후면은 육중하고 폐쇄적인 반면, 넓은 창과 테라스가 반복되는 전면은 매우 개방적이다. 왜 이런 모습을 취하는 것일까? 그것은 이 건물이 '장벽' 역할을 해야 하기 때문이다. 건물 바로 뒤로 런던 유스턴역과 영국 북부를 연결하는 철로가 지나는 탓이다. 소음과 시각적 무질서를 차단해야 했

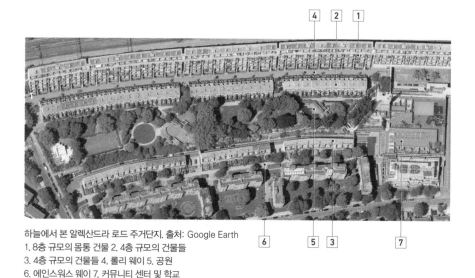

하늘에서 본 알렉산드라 로드 주거단지. 출처: Google Earth
1. 8층 규모의 몸통 건물 2. 4층 규모의 건물들
3. 4층 규모의 건물들 4. 롤리 웨이 5. 공원
6. 에인스워스 웨이 7. 커뮤니티 센터 및 학교

다. 건축가는 대지가 가지는 이런 약점을 역으로 이용하기 위해 고심을 거듭했는데 그 결
과 이처럼 독특한 주동을 구상하게 되었다. 스타디움의 일부처럼 보이는 건물은, 전면은
완만한 경사를 이루면서 롤리 웨이를 향해 내려가고, 후면은 콘크리트 뼈대가 반복되고
입체감이 강한 벽체를 연출한다. 그렇지만 신기하게도 건물은 위압적이거나 비인간적으로
느껴지지 않고 아기자기하고 다채롭게 다가온다.

모든 단위주택이 단독주택에 버금가는 거주성을 가지도록 한다. 니브 브라운과 시드
니 쿡이 가장 중요하게 생각한 계획의 목표였다. 이곳도 예외가 될 수 없었다. 우선 단위주
택의 형식을 최대한 다양하게 했다. 1인 가구부터 6인 가구까지 여러 형태의 가족을 골고
루 수용할 수 있었다. 복층주택을 되도록 많이 확보한 것은 이곳을 아이가 있는 가족을 위
한 주거지로 만들기 위함이다. 모든 주택에는 비록 테라스지만 전용의 마당을 부여했다.
주동의 단면을 계단상으로 만든 결과 다양한 크기의 테라스가 많이 만들어진 덕택이다.
모든 주택으로의 진입은 보행 가로와 개방된 직선계단을 통하게 했는데, 절반 이상의 세대
에게 전용 계단을 부여했다. 이 모든 내용은 건축가가 플릿 로드 테라스하우징에서 이미
적용한 것들이다.

단지에는 런던 전통 주거지역의 특성이 많이 반영되었다. 북쪽 두 켜의 건물은 길 양
쪽으로 수백 미터씩 이어지는 런던의 타운하우스를 재현했다. 전통적인 타운하우스는 좁

1. 커뮤니티 센터 쪽에서 바라본 8층 규모의 몸통 건물. 완만한 경사를 이루는 표피는 다채롭고 인간적이다. ⓒ손세관

2. 8층 규모의 몸통 건물에 설치된 개방된 직선계단. 이 단지는 절반 이상의 세대에게 전용 계단을 부여했다. ⓒ손세관

3. 단위주택의 전면부. 비록 테라스지만 전용의 마당을 부여했다. ⓒ손세관

4. 알렉산드라 로드 주거단지 몸통 건물의 후면부. 육중하고 폐쇄적인 모습이다. ⓒMark Ahsmann, Wikimedia Commons

알렉산드라 로드 주거단지

런던의 이튼 스퀘어.
알렉산드라 로드
주거단지에는 이런
전통적인 주거지의 속성이
많이 반영되었다. ©CVB,
Wikimedia Commons

은 길을 사이에 두고 조밀하게 밀집되어서 충분한 햇빛을 받을 수 없는 경우가 많다. 그렇지만 브라운은 길을 중심으로 하늘을 향해 벌어지는 단면을 사용함으로써 그런 문제를 해결했다. 전통에 기능주의를 접목한 것이다. 단지 중앙에 넓게 펼쳐진 공원 역시 영국의 전통주거지에서 온 것이다. 과거 런던에는 공원을 가운데 두고 타운하우스가 그것을 둘러싸게 하는 개발이 성행했다. 레스터 스퀘어, 켄싱턴 스퀘어 같은 수많은 스퀘어가 다 그렇게 개발된 것이다. 단지의 중앙에 넓은 공원을 두고 그 주변으로 건물을 배열한 것은 스퀘어의 개발 수법에서 온 것이다.

이렇게 지어진 단지는 한동안 혹독한 비판에 시달렸다. 비판은 전문가와 일반 시민 모두로부터 쏟아졌는데, 건물이 지어지는 기간 내내 계속되었고, 완성된 다음에도 이어졌다. 사람들은 수백 미터 이어지는 턱없이 긴 주동을 보면서 어이없어했다. 건물은 콘크리트를 현장에서 타설해서 지었으므로 거친 질감이 그대로 드러났다. 르코르뷔지에가 위니테 다비타시옹에서 사용한 베통 브뤼 수법을 적용한 것이다. 그런데 이 거친 콘크리트 처리수법도 비판의 대상이었다. 너무 생경한 모습이기 때문이다. 사람들은 생각보다 많이 소요된 공사비도 그냥 넘어가지 않았다. 건축가는 기차가 내는 진동의 피해를 받지 않도록 건물의 기초에 고무 패드를 까는 등 다각도의 조치를 취했다. 건물을 깐깐하게 짓다보니 공사비는 늘어날 수밖에 없었다.

한동안 괴물 취급을 받아온 알렉산드라 로드 주거단지의 강건한 모습. 특별한 도시경관을 연출하고 있다. ⓒGiogo, Wikimedia Commons

괴물에서
영국의 자랑거리로

니브 브라운은 알렉산드라 로드 주거단지 때문에 상당한 곤욕을 치렀으며, 건축가로서의 이력에도 치명적인 상처를 입었다. 개인적 불운에 정치적 격동이 겹친 탓이다. 단지는 우선 그 특이한 형태 때문에 많은 오해를 불러일으켰고, 늘어난 공사비 때문에 '낭비'라는 비난을 계속 들어야 했다. 각종 언론에서는 이 단지를 향해 '재앙', '실패'라고까지 공언할 정도였다. 더 나이가서 "어느 누구도 그런 곳에서는 살기를 원치 않을 것"이라면서 대놓고 깎아내렸다. 자꾸 늘어나는 비용 때문에 공사는 밥 먹듯이 중단되었다. 때를 맞추어서 인플레이션이 덮쳤다. 공사비는 천정부지로 늘어났는데, 원래 계획된 715만 파운드는 2,090만 파운드까지 늘어났다. 8년이란 긴 세월이 걸린 후에야 비로소 완성된 단지는 "영국에 건설된 가장 비싼 공공주택"이란 명예로운(?) 오명이 붙었다.

1978년 선거에서 노동당은 보수당에 참패했다. 선거운동 기간 내내 보수당은 캄덴 자치구의 공공주택이 '낭비'라고 공격했다. 선거가 끝나자 새로운 정권은 가장 비용이 많이 든 공공주택 알렉산드라 로드 단지를 대상으로 공식적인 조사에 착수했다. 니브 브라운도 공금을 유용했다는 혐의로 상당 기간 조사를 받아야 했다. 조사가 끝나자 니브 브라운은 영국을 떠났고, 더 이상 영국에서 활동하지 않았다. 주로 네덜란드에서 일하던 그는

알렉산드라 로드 주거단지

73세가 되어서야 영국에 돌아왔는데, 평생의 염원인 화가가 되기 위한 공부 때문이었다. 영국왕립건축가협회는 "1960~1970년대 주거환경 혁신에 기여한 공"으로 니브 브라운을 2018년 골드메달 수상자로 결정했다. 그는 메달을 목에 걸고 얼마 지나지 않은 2018년 1월 세상을 떠났다.

시드니 쿡이 건설한 집합주택은 시간이 지나면서 정당한 평가를 받았다. 오늘날에는 그의 작업에 대해 '개혁적', '선구적'이라는 용어를 쓰는데 주저하는 사람은 없다. 쿡이 캠덴에서 책임건축가로 일한 8년 동안 총 40개에 가까운 집합주택이 건설되었다. 쿡은 1973년 사임했는데, 그의 이념은 캠덴의 건축과가 폐지되는 1980년까지 이어졌다. 캠덴에 지어진 집합주택 여럿이 국가 건축유산으로 지정되었다. 1993년에는 알렉산드라 로드 주거단지가, 2003년에는 플릿 로드 테라스하우징과 브랜치 힐 주거단지Branch Hill Estate가 지정되었다. 2010년에는 니브 브라운이 캠덴 자치구에 오기 전에 설계한 윈스콤 거리 집합주택이 목록에 올랐다. 니브 브라운이 영국에 지은 건물 모두가 건축유산에 등재되었다. 한 건축가의 작업이 모두 유산이 된 것은 영국 역사상 처음이다.

한동안 런던 시민들은 알렉산드라 로드 주거단지를 괴물로 취급했다. 그런데 그곳에 입주한 주민들은 크게 만족했으며, 보행 가로 롤리 웨이에 대단한 자부심을 가졌다. 사람들의 인식이 바뀐 1980년대로 들어서면서 이 단지는 "영국이 자랑하는 단지"가 되었다. 한 비평가는 이 단지에 대해 "제2차 세계대전 이후 영국의 공공주택이 이룬 커다란 성취를 대변하는 작업"이라고 칭찬을 아끼지 않았다. 세계 각국으로부터 수많은 사람이 알렉산드라 로드 주거단지를 보기 위해 캠덴을 찾는다. 단지는 많은 영화의 배경으로 등장했고, 다큐멘터리로 만들어졌고, 강의실에도 끊임없이 등장한다. 니브 브라운과 시드니 쿡은 집합주택에 진정한 인간의 길을 부활시켰고, 영국에서 가장 특별한 도시경관 중 하나를 연출해 냈다.

시드니 쿡의 성취가 우리에게 주는 메시지는 무엇일까? 세 가지로 추려본다. 첫째, 길이 도시주택의 가장 중요한 공간적 바탕이 되어야 한다. 그것은 50년 전이나 지금이나 변하지 않는 진리다. 길은 도시의 핏줄로서, 취향과 생활양식을 달리하는 모든 사람이 서로 섞이고 삶을 공유하는 가장 도시적인 장소이다. 캠덴의 건축가들은 이러한 생각을 모두 공유했고, 그것에 부응해서 집합주택을 설계했다. 둘째, 집합주택을 설계한다는 것은 단지 건물의 형태와 공간을 설계하는 것이 아니고 사회적 관계를 위한 물리적 장치를 계획한다는 사실이다. 개인과 공공의 관계, 가족 구성원 사이의 관계, 어른과 어린이의 관계, 나와 이웃과의 관계, 주민 사이의 관계, 이 모든 것을 그들은 중요하게 고려했다. 그것이 성공한 집합주택의 전제가 되어야 한다고 생각했다.

가장 중요한 세 번째, 시드니 쿡과 그의 동료들이 가진 비전과 창의성이다. 그것이 우리에게 커다란 영감을 준다. 그들의 설계는 분석적이면서도 미래지향적이고, 합리적이면서도 상상력이 풍부하며, 현실적이면서도 시적이었다. 인간의 삶의 공간은 그렇게 설계해야 한다. 그들은 그러한 설계를 통해서 동시대에 지어진 어떤 집합주택보다 우수한 건물을 지었다. 50년이 지난 오늘날까지 그들의 태도는 빛을 발하고 있다. 시드니 쿡과 니브 브라운의 작업에 대해 더 알고 싶다면 최근 출간된 《쿡의 캄덴Cook's Camden》, 2017을 주문해서 읽어보시라.

신합리주의 건축, 길과 광장의 부활

길과 광장의 도시. 그 부활의 신호탄은 신합리주의 건축이고, 개척자는 알도 로시이다. 그의 추종자인 라텐덴차La Tendenza 그룹, 그리고 레온 크리어Léon Krier, 1946~, 오스발트 웅거스Oswald M. Ungers, 1926~ 같은 건축가들이 뒤를 이었다. 그들이 강조한 것은 이랬다. 오랜 시간 조정되고 다듬어진 주거유형을 존중하고, 건축과 도시공간의 역사적 생명력을 중시한다. 그런 내용은 알도 로시가 쓴 《도시의 건축L'Architettura della Città》, 1966에 잘 담겨 있다. 이 책에서 로시가 추출한 도시의 본질을 딱 한 마디로 요약하면, '도시는 건축'이라는 것이다. 건축은 아름다움을 바탕으로 만들어지고, 생활을 윤택하게 하는 장치로서 창조된다. 그러므로 도시는 인간이 달성할 수 있는 가장 우수한 성취여야 하고, 어디 하나 허술한 곳 없는 예술적 산물이어야 한다.

이런 이념은 1970년대 이후 많은 도시설계와 집합주택 프로젝트에 스며들었다. 도시형태학의 관점에서 도시를 만들고 주거환경을 조성하자. 이런 주장이 설득력 있게 받아들여지면서 역사적 도시가 가진 공간구조를 현대에 재현하는 작업이 곳곳에서 시도되었다. 르네상스와 바로크 시대의 도시구성이 버젓이 현대도시에 들어오거나, 아예 신도시 전체를 그렇게 계획하는 것이 조금도 이상하지 않게 되었다. 형식주의가 강조된 공간구성이 수백 년의 시간을 뛰어넘어 오늘에 재현되는 것이다. 직선으로 뻗은 가로수길의 끝에는 개선문이 있고, 열주로 둘러싸인 광장과 길이 길게 이어지고, 궁전을 닮은 건물이 반복되는 도시. 좌우대칭의 구성에 축과 상징성이 강조되는 주거환경.

이런 주거환경이 처음 제시된 것이 1974년 레온 크리어가 계획한 로열 민트 스퀘어 집합주택Royal Mint Square Housing 계획안이다. 제2차 세계대전 이후에 계획한 주거환경에 길, 광장, 블록이 처음으로 등장한 것이다. 런던에 들어서는 계획이었는데, 실현되지는 못했다. 블록 전체를 건물로 둘러싼 다음 블록을 대각선으로 가로지르는 길을 부여하고, 길 가운데 광장을 조성한 구성이다. 설계자는 여기서 기능성과 편리함은 포기하는 대신 눈과 발을 즐겁게 하는 호사스러움을 거주자들에게 주는 전략을 택했다. 계산된 미학이 적용된 아름다운 건물들, 열주로 둘러싸인 길, 나란히 늘어선 나무, 인간적 스케일의 광장, 조각과 조형물, 건물과 조경의 긴밀한 대화. 이 프로젝트가 실현되었다면 시민들은 걷는 즐거움과 보는 즐거움을 함께 만끽했을 것이다.

다소 불편하더라도 역사적 깊이가 있는 주거환경. 집합주택을 아름다운 도시 만들기의 수단으로 사용하는 계획. 그것이 신합리주의를 표방하는 건축가들이 선호하는 주거환경이다. 과거 근대건축이 추구한 주거환경에서는 그 주인공이 단위주택이었다. 완결적인 내부 공간, 침해받지 않는 사적 공간이 계획의 우선이었다. 그 결과, 도시미의 측면에서는 빈약하면서 공공공간의 질은 낮은 주거환경이 조성되었다. 그 반대 즉 도시의 이미지를 먼저 생각하고 집합주택을 계획하면 단위주택의 완결성은 다소 희생될 수 있으나 공공공간의 질은 높아지고 도시는 아름다워진다. 그동안의 선택은 한쪽으로 치우쳤는데, 계속 그렇게 할 것인가의 여부는 우리에게 큰 의문으로 다가온다.

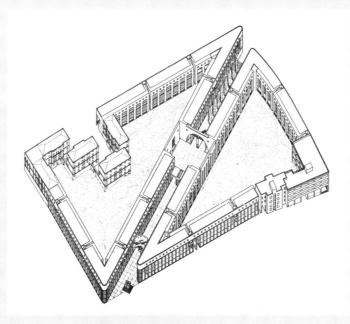

레온 크리어가 계획한 로열 민트 스퀘어 집합주택. ©Léon Krier, 출처: 《도시주타쿠》 1978년 6월호

알렉산드라 로드 주거단지

하늘에서 본 힐사이드 테라스, 제공: Maki & Associates ⓒASPI

시간이 만들어낸
특별한 집합체

마키 후미히코,

힐사이드 테라스,

1969년(제1기 준공),

1992년(최종 준공)

단지 탈출과 nLDK 탈피를 위한
돌파구 찾기

2004년 일본에서는 흥미로운 심포지엄이 하나 열렸다. 《마이니치신문每日新聞》이 주관한 행사의 주제는 '51C는 굴레인가? 전후에서 현대까지의 집합주택 탐구'였다. 심포지엄의 결과물은 《「51C」 가족을 담는 상자의 전후와 현재》로 출간되었는데 일본에서 건축과 주택 전공자들의 필독서이다. 그렇다면 51C는 도대체 무엇인가? 1951년 작성한 일본 공영주택의 표준설계도 중에서 C형을 말한다. 패전의 상처를 닦아내던 1951년 일본 정부에서는 앞으로 지을 공공주택의 표준설계를 A, B, C 세 종류로 작성했는데, 각각 16평, 14평, 12평 규모다. 가장 작은 C형이 전국적으로 가장 많이 건설되었고, 그 계획 이념은 5년 후에 설립된 일본주택공단에 전해져서 계속 복제되었다.

51C의 계획개념이 적용된 1950~1970년대 일본 아파트의 표면 ⓒmxmstryo, Wikimedia Commons

51C는 일본 공공주택의 원형이다. 그런데 비단 공공주택뿐 아니고 그들이 '만숀'이라고 부르는 민간의 분양아파트에도 51C의 에센스는 그대로 적용되었다. 농촌주택, 단독주택 등 모든 형식의 주택에도 그 이념이 스며들었다. 바다 건너 우리나라에도 들어왔다. 1962년 설립된 대한주택공사가 지은 아파트에도 51C의 계획개념이 그대로 적용되었다. 그만큼 51C는 일본뿐 아니라 우리나라에도 깊이 침투해 있는 아파트 평면의 기본형이다. 당연히 그것은 현대의 건축가들에게는 극복해야 할 대상이기도 하다. 건축가 야마모토 리켄山本理顯, 1945~은 2005년 도쿄에 시노노메 캐널 코트 코단Shinonome Canal Court CODAN이란 주거단지를 완성한 이후, 설계 개념을 묻는 질문에 이렇게 답했다. "51C를 부수어버리는 설계를 했다."

51C가 담고 있는 이념은 단순하다. '식사를 할 수 있는 넓은 부엌을 두는 것'. 식당, 부엌, 즉 DK형 평면을 도입한 것이다. 과거 일본의 전통주택에서는 방에서 잠도 자고 밥도 먹었다. 식당이 따로 없었다. 그런데 새로운 평면에서는 식침분리가 행해진 것이다. 그리

고 DK는 점차 LDK 즉 거실, 식당, 부엌으로 확대되었다. 생활이 윤택해지면서 집기가 증가하고, 서양식 생활이 도입되면서 거실이 들어온 것이다. 51C의 기본형에는 방이 둘 있었는데, 주택의 규모가 확대되자 방의 수가 늘어났다. 결국 일본에서는 nLDK(n은 방의 숫자)의 공간구성이 주택의 기본형으로 정착되었다. 일본에서 51C라는 용어는 nLDK와 같은 뜻으로 쓰인다.

그런데 51C를 왜 상자라고 부를까? 이유는 그것이 주변으로부터 고립된 닫힌 공간이면서 획일적인 성냥갑 아파트와 떼놓을 수 없기 때문이다. 일본은 1950~1970년대에 일자형 판상 주동 위주의 아파트단지를 국토 곳곳에 건설했다. nLDK 구성의 단위주택을 무수히 반복하는 주거환경 확산의 주역은 일본주택공단이다. 일본에는 '단지'라는 용어가 일반화했고, '단지의 나라'라는 불명예스러운 닉네임도 얻었다. 돌파구가 필요했다. 돌파구는 두 가지 목표에서 찾아야 했다. 첫째, 고립된 섬처럼 존재하는 단지에서 탈피해 집합주택이 도시의 유기적 일부가 되는 방법을 찾아야 했다. 둘째, 51C로 대표되는 단위주택의 구성이 변해야 했다. 표준적인 핵가족이 급속히 사라지는 현실에서 사회를 향해 닫힌 상자는 변화가 필요했다.

이런 사회적 요구에 일본 사회는 빠르게 대응했다. 1970년대 중반부터 상황이 조금씩 변했다. 그들 스스로 '집합주택의 디자인 혁명 시대'라고 부르는 시대가 열린 것이다. 1980년대

1970년대 이후 일본 건축가들이 주목하기 시작한 길 중심의 집합체. 일본의 선형 마을 이가를 본 모습이다.
©Shokokusha, 촬영: S. Higuchi

힐사이드 테라스

부터는 본격적으로 다양화가 시도되었다. 능력 있는 건축가들이 집합주택 계획에 참여하면서 길, 마당, 중정 같은 공간적 요소가 중요하게 부각되기 시작했다. 단위주택의 공간구성과 집합의 방식에 변화가 생기고, 집합주택의 표피 또한 각양각색의 표정을 지니게 되었다. 이런 변화를 이끈 하나의 프로젝트가 있다. 도쿄 다이칸야마에 들어선 힐사이드 테라스Hillside Terrace. 건축가 마키 후미히코槇文彦, 1928~가 설계한 복합건축물로 주거, 상업, 문화시설이 혼재한다. 건물은 단정하고 소박한데, 파급효과는 매우 컸다. 도도한 시대적 변화를 촉발하는 방아쇠를 당긴 것이다.

진정한 의미의 도시주택

힐사이드 테라스의 가장 큰 가치는 진정한 의미의 도시주택으로 실현되었다는 것이다. "주택은 도시의 일부분이어야 한다."라는 당연하고도 본질적인 존재 방식을 일본에서 처음으로 제시한 것이다. 마키는 250m가 넘는 좁고 긴 부지에 25년 동안 건물을 지었다. 도시주택의 존재 방식을 하나하나 보여준 것이다. 1기 사업인 A, B동이 1969년에 완성되고, 6기인 F, G동이 완성된 것이 1992년이다. 마키가 힐사이드 테라스를 통해 제시한 도시주택의 존재 방식에 대해 일본 사회는 '쇼크'에 가까운 자극을 받았다. 일본 건축계는 그동안 자신들이 해오던 방식이 무지의 소산이었다는 사실을 자각했으며, 도시, 역사, 전통에 모든 답이 있다는 사실을 새삼 인식했다. 어쨌든 힐사이드 테라스를 통해 일본 사회는 집에 대한 생각을 바꾸게 되었다.

마키는 일찍부터 집합체에 대한 독자적인 논리를 구축했다. 그는 1952년 도쿄대학을 졸업하기도 전에 일본 건축계의 대부 단게 겐조丹下健三, 1913~2005 사무실에서 일했다. 하버드대학에서 석사과정을 마친 그는 28살에 워싱턴대학의 교수가 되었다. 그리고 1958년부터 유럽, 중동, 인도를 두루 돌아다니면서 도시건축의 집합형태를 관찰했다. 드디어 1960년 '메타볼리즘 회의'로 알려진 세계디자인대회에서 마키는 자신만의 독자적인 집합 이론을 제시했다. 시간성과 지역의 고유성을 바탕으로 하는 유기적 집합체 개념이다. 그는 같은 해 스미스슨 부부의 초청으로 프랑스에서 열린 팀 텐 회의에 참석하고, 구조주의 건축의 최고 이론가 알도 판에이크와 교유했다. 1962년 하버드대학의 교수가 된 그는 당시 디자인대학 학장 호세 루이스 세르트와 실무를 함께 했다.

마키는 1965년 일본으로 돌아와 사무실을 연 지 2년 만에 힐사이드 테라스의 계획을 의뢰받았다. 39세의 젊은 마키에게는 대단한 행운이었다. 쌀장사로 돈을 벌어 부동산 사업을 시작한 아사쿠라朝倉 가문은 누대에 걸쳐 다이칸야마에 땅을 소유하고 있었다. 당시 다이칸야마는 구릉지의 한적한 고급주택지로서 도쿄의 중심으로부터 상당히 떨어져 있었다. 아사쿠라 부동산은 미국에서 교수를 지낸 촉망받는 건축가 마키에게 차례차례 일을 맡겨 이 일대를 조금씩 변모시켜나갈 작정이었다. 그들은 마키에게 이곳을 "조화롭고 특별한 장소"로 만들어 달라 요청했다. 그들이 건축가에게 요구한 내용은 사실상 그게 다였다.

힐사이드 테라스는 오늘날 작은 도시로 변모했다. 중·저층의 건물이 길을 따라 다양한 모습으로 자리하고, 특별한 성격의 공공공간이 서로 긴밀하게 연계되고, 계단, 통로, 경계, 수목이 모이고 흩어지고 이어지면서 흥미로운 전체상을 형성하고 있다. 힐사이드 테라스를 포함하는 다이칸야마 일대는 도쿄의 최고급 주거지이자 가장 고상한 상업지로 자리잡았다. 당연히 힐사이드 테라스가 중심 역할을 했다. 힐사이드 테라스는 30년에 걸친 도쿄 도시설계의 역사, 근대건축의 발전, 마키 후미히코의 건축적 언어의 변화가 모두 응축된 곳으로, '작은 도시'라고 규정해야 마땅할 장소다.

일본의 전통 도시주택 마치야가 연속한 가나자와의 히가시 차야가이 지구 ⓒLordAmeth, Wikimedia Commons

힐사이드 테라스

1. 1969년에 완성된 힐사이드 테라스의 1기 사업 A, B동 건물 ⓒWiiii, Wikimedia Commons
2. A, B동의 저층부. 1층에는 점포가 있고 상층에는 복층형 주택이 있다. ⓒ손세관
3. 2기 사업으로 완성된 C동 건물. 중앙에 중정이 자리한다. ⓒ손세관

1기 사업에서 6기 사업까지,
모두 다르게

1기 사업은 A, B 두 동으로, 길에 바짝 면하는 3층 규모의 건물이다. A동의 저층부에는 레스토랑이, 상부에는 그 주인의 주택이 복층으로 자리했다. B동의 하부에는 상점이, 상부에는 네 채의 복층주택이 연립으로 자리했다. 당시로서는 생소한 집합주택이다. 상업시설과 주택을 같이 두는 것도 그랬고 복층주택도 그랬다. 당시 일본에서는 nLDK 구성을 가지는 단층 아파트 즉 플랫만 지었다. 판에 박힌 공간구성에서 유일한 변화는 방의 숫자가 1~3개로 달라지는 것뿐이었다. 마키가 새로운 형식의 도시주택을 제시할 수 있었던 것은 역사에서 일련의 해법을 찾았기 때문이다. 도시 속 삶의 양식, 즉 도시주택의 존재 방식에 대한 해법을 과거의 주택에서 구했다. 그가 택한 주택의 공간구성은 근대 이전 유럽의 도시주택 즉 타운하우스에서 일반화한 것이다.

  그것은 일본의 옛 주택에서 온 것이기도 하다. 일본의 전통 도시주택 마치야町屋는 길에 면해 상점이 있는 주택이고, 큰길 후면에 자리한 노동자주택 나가야長屋 또한 길에서 직접 진입한다. 일본이 단지의 나라가 되면서 주택과 길의 관계는 소원해졌고, 길 중심의 주거문화는 사라져버렸다. 마키는 길과 긴밀한 관계를 가진 과거의 도시주택에 현대의 표피를 씌우고 "주택은 도시와 유리될 수 없다."라는 사실을 새삼 분명히 했다. 1기 사업이 완료된 상태에서는 그의 그런 의도가 확실히 전달되지 못했다. 1973년 2기 사업이 끝나고 나서야 사람들은 비로소 마키의 의도를 이해할 수 있었다. 여러 건물이 군을 이루면서 만들어내는 선형의 집합체는 이전의 집합주택과는 전혀 다른 양상으로 인식되었고, '길의 부활'이라는 참신하면서도 강력한 메시지로 전달되었다.

  2기 사업에서 마키는 1기와는 다소 다른 접근을 했다. 중앙에 중정을 두어 그곳을 중심으로 여러 활동과 소통이 일어나게 했다. 중정의 1층은 상점으로, 2~3층은 주택으로 둘러싸인다. 쇼핑객은 길에서 중정으로 자연스럽게 유도되어 마치 상업가로의 일부처럼 중정을 인식하는 반면, 2~3층에 거주하는 주민은 중정을 주거지의 중심으로 인식한다. 3기 사업도 중정을 중심으로 했는데, 이번에는 여유로운 전원풍의 공간으로 조성했다. 원래 그곳에 있던 고대의 무덤을 보호해야 했기 때문이다. 그럼에도 중정과 길과의 관계는 여전히 긴밀했다. 길에 치우친 D동에는 원룸 주택이 도입되었다. 사무실 같은 다른 용도로 전환할 수 있는 가능성을 염두에 둔 것이다.

F, G동 건물의 테마로 사용된 카츠라 리큐. 일본의 다실 건축을 대표한다. ©KimonBerlin, Wikimedia Commons

1992년 완성된 힐사이드 테라스의 6기 사업 F, G동 건물 ©Wiiii, Wikimedia Commons

3기 사업에 이어 들어선 덴마크 대사관의 설계 역시 마키가 했다. 대사관은 자연히 힐사이드 테라스의 일부가 되었다. 4기 사업은 인접한 작은 부지에 사무용 건물을 짓는 것이었는데, 완성된 두 기하학적 건물은 전체의 일부로서 크게 두드러지지 않는다. 5기 사업은 1기와 2기 사업부지 중간의 남은 빈 땅에 새로운 생명을 부여하는 작업이었다. 1985년 이곳에 공연, 전시, 회의를 위한 문화 공간 설계를 의뢰받은 마키는 고심 끝에 그런 공간은 지하에 두고 지상은 비워서 광장으로 활용하는 계획을 세웠다. 그렇게 조성된 힐사이드 플라자에는 코너에 세워진 원통형 계단실이 지상에 드러난 유일한 건물이다. 모든 개발이 완료된 후 광장 한쪽에 힐사이드 테라스 전체 모습을 보여 주는 부조 형태의 모형이 설치되자 광장은 지구의 상징적 중심이 되었다.

6기 사업은 3기 사업의 맞은편에 자리한다. 건물의 높이를 10m 이하로 해야 한다는 법규상의 제한이 없어졌으므로 사업은 이전보다 높은 밀도로 진행되었다. 역시 중정이 매개공간으로 사용되었으나 이전보다 크기는 작아지고 건물과의 관계는 더욱 긴밀해졌다. 주거는 주로 건물의 2~3층 후면에 두었으므로 도시의 혼잡으로부터 격리될 수 있었다. 묵직한 느낌으로 자리하는 1~3기의 건물에 비해 6기의 건물은 가볍고, 투명해지고, 정교해졌으며, 건물의 코너는 더욱 예리하게 처리되었다. 동시에 여러 단계의 공간을 거치는 진입 체계, 내부공간과 외부공간의 긴밀한 시각적 관계 등 전통건축에서 보이는 특징이 곳곳에서 구현되었다. 에도시대부터 내려오는 수키야數寄屋 즉 다실茶室 건축을 현대적으로 번안한 결과다. 교토에 소재한 카츠라 리큐로 대표되는 다실 건축이 중요한 테마였다.

도시설계의 가장 중요한 요소는 시간이다

마키는 힐사이드 테라스를 '시간의 풍경Landscape of Time'이라고 스스로 규정했다. 즉 시간이 누적되어 만들어진 장소라는 의미다. 그것은 각기 다른 양상으로 만들어진 건물이 하나하나 모여서 전체를 이루는 특별한 집합체. 힐사이드 테라스를 이루는 건물들은 형태, 공간구성, 재료 등에서 각기 다르지만 사실상 크게 다르지는 않다. 동시에 유사한 것 같지만 실상은 많이 다르다. 각각의 건물은 계획된 시점에서는 최적의 해답으로 도출되었지만 일정 시간이 지난 후에 부가된 새로운 건물은 그것과는 다른 내용, 다른 형태, 다른 표피를 가지고 들어섰다. 이렇게 형성된 집합체에서는 인위적인 형식이나 위계성을 찾을 수 없다. 집합의 모든 단계는 미리 기획된 결과가 아니고, 다음 단계의 개발에 대한 어떤 예정도 없이 여백과 모호함을 남겨두면서 마무리되었기 때문이다.

개발자의 필요에 의한 것이었지만, 힐사이드 테라스는 서서히 만들어진 장소다. 도시는 하루아침에 만들어질 수 없으며 도시설계의 가장 중요한 요소가 시간이라는 평범한 진리가 이곳에 담겨 있다. 마스터플랜에 의해 한꺼번에 건설된 근대의 많은 주거지와 확연하게 차별되는 측면이다. 마키는 일찍부터 시간이 만들어낸 집합의 가치를 알아보았다. 그는 젊은 시절 세계 곳곳의 전통 도시를 돌아다니면서 작은 매스가 응집된 집합을 관찰하

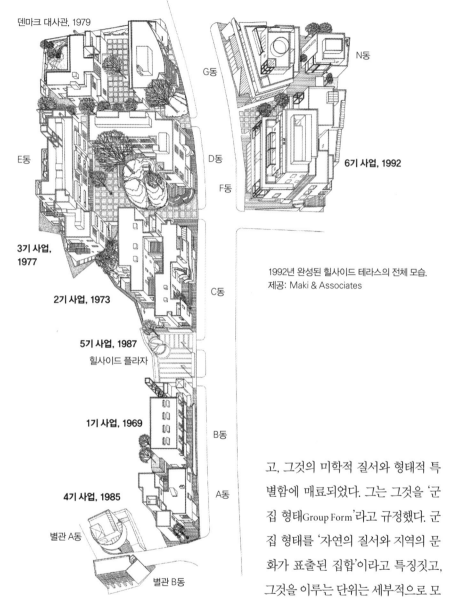

덴마크 대사관, 1979

G동

N동

E동

D동

F동

6기 사업, 1992

3기 사업,
1977

2기 사업, 1973

C동

5기 사업, 1987

힐사이드 플라자

1기 사업, 1969

B동

4기 사업, 1985

A동

별관 A동

별관 B동

1992년 완성된 힐사이드 테라스의 전체 모습.
제공: Maki & Associates

고, 그것의 미학적 질서와 형태적 특별함에 매료되었다. 그는 그것을 '군집 형태Group Form'라고 규정했다. 군집 형태를 '자연의 질서와 지역의 문화가 표출된 집합'이라고 특징짓고, 그것을 이루는 단위는 세부적으로 모두 다를지라도 그것이 모인 전체상은 변치 않고 지속될 것이라고 단언했다.

마키는 1964년 발표한 논문 "집합적 형태에 대한 탐구Investigation in Collective Fom"에서 군집 형태는 근대건축이 추구한 형태와는 완전히 다른 것임을 천명했다. 그는 찬디가르Chandigarh나 브라질리아Brasilia 같이 일련의 법칙과 규율에 의해 계획된 도시를 '구성적 형태Compositional Form'로, 수많은 기능을 한꺼번에 담는 메타볼리즘 건축은 '거대 형태Mega Form'로 규정했다. 그는 이런 형태는 서구적 개념인 반면 군집 형태는 유기적인 집합을 지향하는 일본적 개념이라고 주장했다. 마키는 힐사이드 테라스에 자신의 집합이론을 적용해 독자적인 '공생의symbiotic 주거환경'을 만들어낼 수 있었다. 토착건축을 통해 수립한 이론을 현대도시에 적용한 결과는 '긍정적'이자 '성공적'인 것으로 판명되었다.

구성적 형태   거대 형태   군집 형태

1964년 발표한 논문 "집합적 형태에 대한 탐구"에서 마키가 규정한 세 종류의 집합체. 출처: a+t research group, 2013

힐사이드 테라스가 근대 집합주택 발전에 기여한 역할은 생각보다 크다. 힐사이드 테라스가 완성된 1년 후인 1993년에 나타난 일본 내·외의 반응이 그것을 말해준다. 일본 건축잡지《겐치쿠분카建築文化》에서는 1993년 4월호에 실은 '일본 집합주택의 궤적'이란 특집기사에서 힐사이드 테라스를 "일본 역사에서 가장 중요한 의미를 가지는 집합주택"으로 선정했다. 주택 전문가 107명에게 물어본 결과였다. "도시에 기반을 둔 의미 있는 작업"이라는 것이 가장 큰 이유였다. 일본에서는 힐사이드 테라스가 한 세기 이상 잃어버린 '길 중심의 주거문화'를 다시 찾는 계기를 제공했다는 점에 가장 큰 가치를 부여했다. 건물과 주변 환경이 이루는 통합과 조화를 가장 높이 평가한 것이다.

그런데 서구 건축가들의 눈에 비친 힐사이드 테라스의 가치는 다소 다르다. 그들이 바라본 힐사이드 테라스의 우수함은 서구의 근대건축과 일본 고유의 건축문화가 잘 융합하고 있다는 점이다. 그들은 길과 중정이라는 동양적 공간을 매개로 펼쳐지는 건축의 현대성과 공간적 다양성을 높이 평가한다. 한 비평가는 "힐사이드 테라스에는 도쿄라는 도시가 지니는 혼란과 매력이 모두 담겨 있다."라고 했다. 건축계의 노벨상이라고 불리는 프리츠커상의 1993년 수상자는 마키였다. 일본으로서는 단게 겐조에 이은 두 번째 수상자였다.

메타볼리즘 건축

메타볼리즘 건축은 1960년 도쿄에서 열린 세계디자인대회에 처음으로 제시되었다. 대회는 일본에서 처음 열린 국제적 이벤트였다. 근대건축국제회의가 공식적으로 종료된 지 1년이 지난 시점에 열린 국제회의는 일본 건축계로서는 중요한 기회였다. 패전으로 나라가 거덜난 이후 한국전쟁이라는 기회를 발판으로 경제적 호황을 누리기 시작한 그들로서는 건축을 통해 일본문화의 독자성을 알릴 수 있는 기회를 맞은 것이다. 그들은 그 회의에서 "메타볼리즘 1960: 새로운 도시이념의 제안Metabolism 1960 - Proposals for a New Urbanism"이라는 선언문을 87쪽에 달하는 책자와 함께 내놓았다. 그 선봉에는 일본 건축의 대부 단게 겐조가 있었다.

그들은 미국 도시사회학자 에른스트 부르게스Ernst Burgess, 1886~1966가 1925년 발표한 논문에서 사용한 '사회적 메타볼리즘social metabolism'에서 메타볼리즘이란 용어를 차용했다. 메타볼리즘은 신진대사란 뜻으로, 생물학 용어다. 그들은 그것을 일본문화의 특징과 버무렸고, 범세계적으로 적용할 수 있는 이념이라면서 세계의 건축·도시 커뮤니티에 내놓았다. 도시는 살아있는 생명체다. 그것을 이루는 세포는 탄생, 성장, 변화, 소멸, 재생을 지속해나간다. 그러므로 끝없는 신진대사의 과정을 이어가는 것이 도시다. 소멸은 탄생을 전제로 하고, 파괴는 창조를 전제로 한다. 생명체가 평화로운 조화를 이루듯 건축과 도시를 융합하고, 인간과 사회와 자연의 조화로운 통합을 이루자. 이것이 그들의 논리이면서 메시지였다.

단게 겐조는 구로카와 기쇼, 이소자키 아라타磯崎新, 1931~ 같은 젊은 건축가들과 함께 만든 도쿄만 프로젝트1960를 이념의 대표적 모델로 제시했다. 키쿠다케 키요노리菊竹清訓, 1928~2011가 도쿄만을 대상으로 계획한 마린 시티Marine City, 1959 또한 중요한 모델이었다. 키쿠다케의 계획안은 1959년 오텔로에서 열린 근대건축국제회의에서 단게 겐조가 이미 발표한 바 있었다. 두 계획안은 모두 유기체를 지향했다. 단게의 계획은 척추동물을, 키쿠다케의 계획은 나무를 모델로 했다. 주택은 모두 세포로 규정되었고, 개인의 요구에 따라 언제든지 개조, 증축, 교체가 가능했다. 마스터플랜은 배제되었고, 사회구조의 변화에 유연하게 대응하는 모델로 제시되었다.

일본 건축가들은 메타볼리즘 건축이 일본문화의 결정체라는 사실을 여러 사례를 들어 설명했다. 예를 들어, 그들의 자랑 이세신궁伊勢神宮은 7세기이래로 20년마다 새롭게 짓는다는 사실, 또한 교토 소재의 다실 카츠라 리큐는 150년 기간 동안 두 번을 증축해 비대칭 구조가 되었다는 사실을 들어 일본은 순환과 재생의 문화인 것을 강조했다. 그렇지만 마키 후미히코는 단게와 키쿠다케의 모델은 일본적인 집합체가 아니라는 주장을 폈다. 레이너 밴험Reyner Banham, 1922~1988 같은 비평가 역시 그 모델은 "자발적인 건축 과정이 그 속에서 유발될 수는 있지만, 그것은 어디까지나 전문 건축가가 만들어 놓은 틀 속에서만 가능하며, 따라서 결국 특정 건축가가 가진 상징적 미학적 가치를 반영할 뿐"이라고 결론 내렸다. 자연발생적인 집합체와는 거리가 멀다는 말이다.

키쿠다케 키요노리가 도쿄만을
대상으로 계획한 마린 시티
©Kikutake Kiyonori

역사, 문화,
도시의 존중

1970년대가 되면서 인간의 삶터를 '유토피아'로 만들겠다는 환상은 사라졌다. 기능과 생산에 초점을 맞추어 주거환경을 바라보던 기존의 태도 역시 한계에 봉착했다. 사람들은 그런 접근법으로는 미래 희망이 없다는 사실을 깨닫기 시작했다. 여러 나라에서 질보다 양을 중시하고 과정보다 결과를 중시하는 접근방식을 포기하기 시작했다. 그 폐해가 엄청났기 때문이다. 대신 역사성, 시간성, 고유성 같은 가치에 주목하고 인간적, 문화적, 복합적, 지속가능한 환경에 관심을 가졌다. 주거지와 도시의 유기적 관계성 또한 새롭게 부각되었다. 주거환경을 바라보는 눈이 획기적으로 바뀐 것이다.

'자각'의 결과다. 주거환경 계획 과정에서는 두 가지 면에서 방향 전환이 일어났다. 첫째, 중앙집중식 상의하달식 의사결정체계에서 탈피하여 지역의 특성과 사용자의 요구를 존중하는 방향으로 변화했다. 계획 과정을 중시하고 여러 주체의 요구를 수용하는 좀 더 복합적인 접근을 시도한 것이다. 둘째, 주거환경의 미적, 건축적 가치를 존중하고 역사적 의미와 시대적 정당성을 강조하는 쪽으로 태도가 바뀌었다. 두 방향 모두 근대건축이 표방한 절대성, 보편성, 추상성을 부정하는 것이다. 대신 문화적 상대주의를 존중하고 개별문화의 특별함과 다름을 인정했다. 개혁에 가까운 전환이다.

건축가들은 대대로 내려오는 공간구조를 탐구하고 재해석해 계획의 원리로 삼으려고 했다. 주거환경의 독자성을 구현하는 중요한 수단이라고 생각했기 때문이다. 기능보다는 의미를 강조하고, 합리성보다는 정서적 풍요로움에 중요성을 두는 새로운 이념이었다. 하버드대학의 피터 로우Peter Rowe, 1947~는 이러한 변화된 이념을 '개혁된 근대주의reformed modernism'라고 규정했다. 그리고 그 바탕은 "현대는 전통의 결과라는 사실을 인정하는 것"이라고 했다. 즉 전통은 문화적 산물이고, 현대는 전통의 연속적 결과물이라는 것이다. 따라서 미래 또한 과거로부터 유리되지 않고 특정 문화의 성격을 이어간다는 것이다. 과거와 미래를 같은 선에 두는, 역사에 대한 새로운 해석이다.

여기에서 소개하는 다섯 집합주택은 모두 역사, 문화, 도시, 장소를 염두에 둔 작업이다. 뉴캐슬의 비커 월 주거단지는 지역의 전통과 주민의 요구를 계획의 중심에 둔 프로젝트로, 집합주택 계획의 새로운 장을 열었다. 포르투갈 에보라의 말라게이라 지구는 과거와 현대가 공존하고 미래를 관통하는 수준 높은 역사 해석이 돋보인다. 보필의 집합주택은 "노동자를 베르사유 궁에 살게 하겠다."라는 독특하고 야심찬 접근법의 산물이다. 베를린의 라우흐슈트라세 주거단지는 집합주택을 도시의 유기적 일부로 바라보면서 도시의 역사적 흔적을 되살렸다. 우리나라의 올림픽 선수촌·기자촌 아파트 역시 역사와 도시를 대하는 방법이 독자적이다. 우리나라의 아파트를 '시대를 빛낸 집합주택'의 하나로 꼽을 수 있는 것이 얼마나 다행인지 모르겠다.

비커 재개발 주거단지를 둘러싸는 거대한 벽체 비커 월 ©손세관

주민을 위한,
주민에 의한 주거지 만들기

랠프 어스킨,
비커 재개발 주거단지,
1982

뉴캐슬의
대표적 슬럼

비커Byker. 영국 뉴캐슬Newcastle upon Tyne 동쪽 외곽에 자리하는 주거지. 1969년 건축가 랠프 어스킨Ralph Erskine, 1914~2005은 그곳에 작은 '가게'를 하나 냈다. 지구를 동서로 가로지르는 켄달 거리Kendal Street에 면하는 이 가게로는 비커의 어느 곳에서도 쉽게 접근할 수 있었다. 가게의 이름은 이랬다. 건축가의 상점Architect's Shop. 지구의 여느 상점과 비슷한 이 가게에서 파는 상품은 '새로운 주거'였다. 가게는 주민들이 새로 입주할 집에 대해 듣고 말하고 논의하고, 협상하는 곳이었다. 어스킨이 늘 있지는 않았고, 그를 대신해 건축가 버논 그레이시Vernon Gracie가 상주했고, 건축가를 지망하는 어스킨의 딸도 자주 눈에 띄었다. 그레이시는 2층에서 부인과 살면서 주민들을 상대했다. 가게 문은 늘 열려있었고, 일 없는 주민들은 그곳에 와서 죽치고 앉아서 떠들다가 갔다.

비커는 열악한 주거지였다. 그곳에는 2층의 타운하우스와 백투백 주택back-to-back house이 밀집해 있었다. 대부분 1866년에서 1921년 사이에 지어진 주택이다. 백투백 주택은 뒤쪽 벽을 서로 맞대면서 이어지는 독특한 형식의 연립주택으로, 채광과 통풍이 매우 제한

재개발이 진행되기 전 비커의 모습. 1969년부터 7년 동안 비커에 거주하며 주민들을 인터뷰하고 사진으로 기록한 시르카 리사 콘티넨이 찍은 사진이다. 제공: Amber Films ©Sirkka–Liisa Konttinen

적이다. 20세기 초반부터 이곳에 사람들이 몰려들었는데, 1911년 한 해에만 만 명이 넘는 인구가 이곳에 들어왔다. 탄광이나 조선소에서 일하는 노동자들이었다. 좁은 골목이 격자로 이어지는 이 단조롭고 빽빽한 주거지는 슬럼으로 변해갔다. 1951년 시행한 조사에 의하면, 뉴캐슬 전체 주택의 33%가 욕실이 없을 정도로 환경의 수준이 낮았다. 그런데 비커는 욕실은 물론 화장실도 없는 주택이 태반이었다. 그렇지만 주민들의 결속력은 높았다. 끈끈한 커뮤니티를 형성하고 있었다.

때를 맞춰 정치인 한 사람이 등장했다. 이름은 댄 스미스T. Dan Smith, 1915~1993, 별명은 미스터 뉴캐슬Mr. Newcastle. 그는 1959년부터 1965년까지 뉴캐슬 시의회 의장을 지냈다. 그의 꿈은 뉴캐슬을 '현대화'해 '북반부의 브라질리아'로 만드는 것이었다. 그는 도시의 우중충한 건물을 대거 부수어버리고 산뜻하게 탈바꿈시켜 칙칙한 공업도시의 이미지를 벗기고자 했다. 도시에 널리 퍼져있는 슬럼도 재개발해 현대적 주거지로 만들어야 했다. 당연히 비커도 포함되었다. 도시계획과 주택건설을 전담하는 계획국을 영국에서 처음으로 시산하에 둔 것도 그였다. 이 야심찬 인물은 르코르뷔지에와 덴마크 건축가 아르네 야콥센Arne Jacobsen, 1902~1971을 뉴캐슬로 초빙하기까지 했다. 아마 그가 1973년 수뢰 사건에 휘말리지 않았다면 두 건축가는 영국에 건물을 세웠을지 모른다.

랠프 어스킨을 비커로 불러들인 사람은 계획국의 첫 책임자 윌프레드 번스Wilfred Burnes, 1923~1984였다. 그는 두 개의 어려운 문제를 해결할 사람을 찾았다. 첫째는, 지구 북쪽을 지나도록 예정된 고속 간선도로에서 파생된 문제였다. 도로로 소요되는 공간은 물론 소음 피해를 줄이기 위해 양쪽으로 상당한 거리를 확보해야 했다. 상당수 주민이 살던 곳을 떠날 수밖에 없었다. 둘째는, 주민의 결속력이었다. 80%의 주민이 지구를 허물고 건물을 새로 짓는 것에는 찬성했지만 이웃과 동네를 떠나는 것에는 반대했다. 결국 번스는 커뮤니티를 유지하는 재개발을 하겠다고 결정했다. 시에서는 어스킨이 뉴캐슬 인근의 킬링워스Killingworth에서 했던 저층 주거단지 계획을 눈여겨보았고, 그를 적임자라고 판단했다. 1968년 가을에 제의를 받은 어스킨은 한 달 동안 진중한 숙고를 거친 후에 자신이 그 일을 하겠다고 결정했다.

어스킨이 비커에 '가게'를 낼 즈음 또 한 사람의 특별한 인물이 비커에 들어왔다. 핀란드 출신의 사진작가 시르카 리사 콘티넨Sirkka-Liisa Konttinen, 1948~. 21살의 이 젊은 사진가는 1969년 주택 하나를 구해 비커에서 7년을 살았다. 그는 카메라를 들고 비커 곳곳을 다니면서 주민 속에 섞여들었다. 동네와 사람들을 찍고, 그들과 진솔한 대화를 나눴다. 당시 찍은 흑백사진은 옛 비커가 없어지기 전후 주민들의 생활을 가감 없이 전달한다. 나는 여태껏 그렇게 아름답고 애틋한 기록사진을 보지 못했다. 시르카는 당시 찍은 사진을 모아 1983년 사진집《비커》를 출간했다. 비커를 떠난 후에도 그는 뉴캐슬 곳곳에서 많은 사람과 장소를 찍었다. 2005년 그는 비커로 돌아가 새로운 장소와 사람들을 찍었다. 그 결과는 2009년 컬러 사진집《다시 찾은 비커Byker Revisited》로 출간되었다.

비커 주민을 위한
비커 만들기

어스킨은 사회주의자이자 박애주의자였다. 그는 퀘이커 교단이 운영하는 학교를 다녔다. 장로교회 목사였던 아버지는 인간의 평등함과 '공공의 선'을 강조했는데, 그런 교육에 힘입어 그는 사회봉사자로서 전문가의 책무를 인식했고, 인간을 존중하는 작업을 하리라 스스로 생각했다. 런던 리젠트가 기술대학Regent Street Polytechnic에서 5년간 건축을 공부한 어

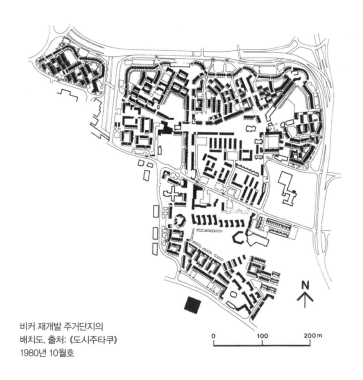

비커 재개발 주거단지의
배치도. 출처: 《도시주타쿠》
1980년 10월호

0   100   200 m

스킨은 나치가 유럽 전역을 침공하자 자전거에 배낭을 싣고 유럽 곳곳을 돌아다녔다. 다른 문화를 받아들이는 훈련을 스스로 했다고 한다. 건축가가 된 그는 스웨덴에 정착했다. 영국보다는 사회주의적 이상을 펼치기 좋았기 때문이다. 그의 피 속에는 유토피아를 지향하는 인본주의 이념이 녹아있었다. 환경 문제와 사회적 갈등을 동시에 해결하면서 커뮤니티의 요구에 진솔하게 부응하는 건축 작업을 하자는 것이 그의 소신이었다.

비커의 계획을 맡기로 한 어스킨은 이렇게 선언했다. "비커 주민이 원하는 대로, 인근 지역의 주민이 원하는 대로, 그리고 시당국이 원하는 대로 사업을 진행하겠다." 그리고 개발을 위한 다섯 목표를 제시했다. 첫째, 물리적·사회적·경제적 측면 모두에서 조화를 이루는 환경을 조성한다. 둘째, 지역에서 이어져 내려오는 전통을 계승하고 지역의 특성을 지킨다. 셋째, 주민의 사회적 결속력과 생활패턴을 조금도 손상시키지 않으며, 원하는 주민은 모두 재정착시킨다. 넷째, 남쪽으로 경사진 땅의 특징을 최대한 살려서 좋은 조망과 충분한 일조를 부여한다. 다섯째, 지구 안에 건설되는 모든 단지는 각자 독자적인 성격을 가지게 한다. 지구를 값싸게 개발하겠다는 전제를 놓고서도 어스킨은 이렇게 야심찬 목표를 설정했던 것이다.

가장 눈에 띄는 것이 둘째, 셋째 목표다. 20세기를 통틀어 이런 목표를 달성한 집합주택은 존재하지 않는다. 그런데 어스킨은 비커에서 그것을 실현했다. 바로 이점이 이 주거단지가 특별한 이유다. 싹쓸이 철거재개발이 성행하던 1960년대의 상황에서 주민의 생활패턴을 유지하고 모든 주민을 재정착시키겠다는 것은 주거환경에 대한 패러다임을 일거에 비껴버린 것이다. 당시 어스킨이 내건 슬로건은 "비커 주민을 위한 비커Byker for the Byker People"를 만들겠다는 것이다. 주거환경을 물리적 환경뿐 아니라 사회적 환경으로 확대시킨 일대 혁신이었다. 어스킨은 이를 위해 종전의 재개발과는 완벽하게 차별되는 '롤링 프로그램rolling programme'이라는 사업방식을 동원했다.

롤링 프로그램은 우리가 순환 재개발이라고 부르는 방식과 유사하다. 지구의 일부를 철거한 후 그곳의 주민을 인접한 곳으로 이주시키고, 그곳에 새로운 건물을 지어 주민들을 재정착시키는 방법이다. 시에서는 원래 1,000~1,200세대의 주민을 한꺼번에 이주시킬 계획이었으나 어스킨은 250세대로 줄였다. 그 결과 작업은 신속하게 진행되었고, 대량건설에서 나타날 수 있는 획일성의 위험도 피할 수 있었다. 롤링 프로그램의 첫 단계는 '자넷 스퀘어Janet Square'라는 작은 시범단지를 건설하는 것이었다. 47세대의 주택으로 이루어진

건설 중인 비커 재개발 주거단지. 롤링 프로그램을 적용해 단계적으로 건설했다.

단지에는 자원해서 이주를 원한 가족을 수용했다. 그리고 그들의 생활을 관찰하고 불만과 희망사항을 청취했다. 이렇게 파악한 주민의 요구는 다음 계획에 반영했고, 또다시 파악한 요구는 그 다음 계획에 반영했다.

북쪽에는 벽을,
남쪽 구릉지에는 전원도시를

어스킨은 고속 간선도로에 대응할 때에도 특별하고 과감하게 접근했다. 시에서는 도로와 지구 사이에 방음벽을 세우는 대책 정도만 가지고 있었다. 그런데 어스킨은 방음벽 대신 거주 가능한 벽체를 생각했다. 3층에서 8층까지 높이가 변화하면서 1km 이상 이어지는 장대한 '벽wall'을 통해 문제를 한꺼번에 해결했다. '벽'은 상당수의 주민을 수용하는 동시에 도로의 소음과 겨울에 북쪽에서 불어오는 찬바람을 적절하게 차단했다. 어스킨이 건설한 이 단지의 정확한 이름은 비커 재개발 주거단지Byker Redevelopment Housing Estate인데 흔히 '비커 월'로 불리는 이유가 바로 '벽'이 표출하는 압도적 인상 때문이다. 지구상에는 쇼킹한 모습의 집합주택이 적잖이 건설되었는데, 비커 월은 단연 그 최고 중 하나다.

어스킨은 어떻게 이런 벽체를 생각했을까? 그것은 그가 과거에도 유사한 계획을 했기 때문이다. 영국보다 추운 스웨덴에 정착한 어스킨은 1950년대 중반부터 혹한지방의 이상

어스킨이 1958년에 작성한
'혹한의 도시' 계획안 ©Ralph
Erskine, 촬영: ArkDes

적인 도시에 대해 연구했다. 그가 1958년에 작성한 계획안을 보면, 도시의 북쪽과 동·서쪽을 거주 가능한 벽체로 둘러싸면서 찬바람이 불어오는 쪽에는 창을 거의 내지 않는 개념을 적용했다. 그는 이러한 '혹한의 도시' 개념을 스웨덴의 두 도시 키루나Kiruna와 스바파바라Svappavaara에 건설할 집합주택 계획에 적용했다. 비커 월은 1930년대 르코르뷔지에가 알제의 해안을 대상으로 한 '선형도시 계획안Plan Obus'을 연상시키기도 한다. 그렇지만 어스킨이 르코르뷔지에의 선형도시를 참고했다는 증거는 없다.

비커 월은 전·후면이 완전히 다르다. 남쪽을 향하는 전면은 개방적이다. 밝은 갈색의 저층부 위에 초록색, 푸른색, 붉은색 등 밝고 경쾌한 색채의 발코니가 연속적으로 이어진다. 그리고 벽체 전체에 걸쳐 넓은 개구부가 리드미컬하게 설치되었다. 후면은 매우 폐쇄적이다. 방어벽 역할을 하는 후면 벽체에는 욕실, 부엌, 계단실을 위한 작은 창만을 냈다. 어스킨은 자칫 무미건조할 수 있는 후면 벽체의 단조로움을 줄이기 위해 다양한 색채의 벽돌을 사용해 아기자기한 패턴으로 모자이크 처리했다. 벽체 전체를 하나의 예술품으로 다룬 것이다. 벽체에 큰 굴곡을 주어 리드미컬하게 이어지게 한 것도 후면의 무미건조함을 줄이려는 노력이었다. 재개발 사업이 진행되는 동안 예정된 간선도로는 지하철을 건설하는 것으로 변경되었지만 비커 월은 계획대로 마무리되었다.

단지 주민의 15% 정도가 '벽'에 산다. 주로 아이가 없는 부부나 노인계층이다. 5% 내

비커 재개발 주거단지

밝고 경쾌한 색채의 발코니가
연속적으로 이어지는 비커 월의 전면
ⓒ손세관

비커 월의 후면. 다양한 색채의
벽돌로 모자이크를 제작했다.
ⓒ손세관

외의 주민은 연결주동에 산다. 연결주동은 '벽'과 2층의 연립주택을 매개하는 건물이다.
8층 건물과 2층 건물이 만날 때 생기는 높이의 격차를 줄이기 위해 중간 성격의 건물을 군
데군데 세운 것이다. 연결주동은 '벽'과 만나는 곳에서는 4~5층이지만 점차 낮아져서 연립
주택과 섞이게 된다. 80%의 주민은 연립주택에 산다. 연립주택은 주로 중정 즉 코트를 중
심으로 배열되었지만, 클러스터가 이루는 변화는 이루 말할 수 없이 다양하다. 연립주택에
이주한 주민들은 대단히 만족했다. 화장실도 없는 주택에 살다가 마당 딸린 2층 주택에 살
게 되었으니 얼마나 기뻤을까.

    2,200여 세대를 수용하는 대규모 단지를 완성하는 과정에서 어스킨은 지도자적 태

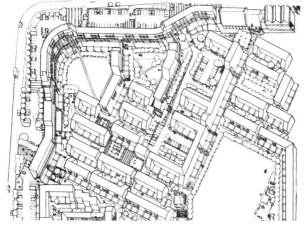

비커 재개발 주거단지의
다양한 주거 유형을
보여주는 투상도.
제공: Peter G. Rowe

타인 강을 향하는 완만한
구릉지를 따라 '마을'을
이루는 연립주택 ⓒ손세관

도를 버렸다. 그는 주민이 환경을 스스로 만들어가는 것을 도와주면서 그들에게 최대한의
선택권을 보장하는 방법을 택했다. 주민들은 주택은 물론 같이 살 이웃도 선택할 수 있었
다. 그들은 입주하기 6개월 전쯤 건축가와 만남을 가졌다. 잘 그려진 투상도를 통해 미래의
주택을 소개받은 주민들은 10일간 생각할 시간을 가진 후에 수정을 요구하거나 아예 거부
할 수 있었다. 주민이 '왕'인 셈이었다. 이런 과정을 통해 어스킨은 대다수의 주민을 '만족
스럽게' 재정착시켰다. 시당국은 어스킨의 이런 접근에 난색을 표했으나 그는 대화와 설득
을 통해 그의 방식을 관철시켰다. 이렇게 해서 13년이 넘는 기간 동안 차근차근 단지를 완
성해나갔다.

비커 재개발 주거단지

완성된 비커 월 주거단지는 상반된 두 얼굴을 동시에 지닌다. 한편으로는 강건하고, 특별하며, 기념비적이지만, 다른 한편으로는 부드럽고, 소박하며, 변화가 많다. 전자는 벽이라는 수사적 요소가 강력한 아이콘으로 작동한 탓이고, 후자는 나무와 벽돌이 많이 사용된 목가적 토착적 분위기 때문이다. 단지의 북쪽은 벽체가 부드러운 심벌을 이루는 반면, 남쪽은 타인 강Tyne River을 향해 완만한 구릉지를 타고 내려가는 '전원 속의 마을'을 이룬다. 어스킨은 대학을 졸업하자마자 영국의 두 번째 전원도시 웰윈Welwyn의 설계에 참여했다. 그때 그는 레이먼드 언원의 설계 이론에 심취했다. 비커 주거단지가 표출하는 친근한 이미지는 언원의 영향이 크다. 다양한 양상이 공존하는 이곳은 시각적으로는 통일성이 다소 결여되어 있지만 자연스럽고 인간적이다.

어스킨의 인간주의 미학에 결정적인 영향을 끼친 인물은 '도시 풍경townscape'의 주창자 고든 컬런Gordon Cullen, 1914~1994이었다. 동갑인 두 사람은 같은 대학을 다니면서 친구로 지냈다. 컬런의 생각을 받아들인 어스킨은 평생을 자연적, 지역적, 생태적 이념이 깔린 근대건축을 추구했다. 그 결과 그는 주변 환경과 자연스러운 조화를 이루면서 풍요로운 경관이 연출되는 주거환경을 만들어내는데 주력했다. 건물의 마감재로 목재를 많이 사용한 것도 그런 이유에서였다. 그런데 비커 월에서 목재를 많이 사용한 것은 다른 이유도 있었다. 주민들이 자신의 주택을 쉽게 개조하고 바꿔나갈 수 있도록 한 것이다. 목재는 다루기 쉬우므로 주민들은 언제든지 난간과 발코니를 바꾸고 색을 다시 칠할 수 있다. 주거는 늘 변하는 실체인데, 그런 변화의 주체는 주민 스스로라는 사실을 강조한 것이다.

'시민 건축가'가 만들어낸 변화

비커 월에는 과거의 흔적과 기억이 고스란히 남아 있다. 주민들이 사용하고 아끼던 시설과 장소를 그대로 남긴 것이다. 우선 지구를 남북으로 가로지르는 래비 거리Raby Street를 남겼다. 비커의 가장 중요한 생활공간이었다. 시플리 거리Shipley Street에 면하는 공중목욕탕도 남겼다. 노동자의 커뮤니티에서 공중목욕탕은 참으로 소중한 장소였다. 원래는 철거하기로 했지만 주민들의 강력한 희망에 따라 남겨두었다. 건축가는 한술 더 떠서 이 목욕탕을 '벽'의 일부로 포함시켰고, 건물 옆에 빛나는 금속 굴뚝을 높이 세워 그곳이 단지의 중심임을 알렸다. 지구 내부에 있던 4곳의 교회, 4곳의 학교, YWCA 건물, 2곳의 노인정, 도서관,

비커 재개발 주거단지의 공중목욕탕. 금속으로 만든
굴뚝을 세워 단지의 중심이 되게 했다. ⓒ손세관

비커 재개발 주거단지에 있는 연립주택의 정원 ⓒ손세관

커뮤니티 센터, 여러 종류의 클럽과 사회시설을 그대로 남겨 주민들이 사용하게 했다. 돌
로 포장한 보도, 그리고 동네 한 곳에 서 있던 사자머리 조각상도 남겼다.

비커 월은 20세기 최고 집합주택의 반열에 서 있다. 값싸게 지은 이 단지의 건축적 가
치는 그리 대단하다고 할 수는 없다. 이 단지가 빛나는 것은 그것이 담고 있는 정신 때문이
다. 건축가는 이 단지를 전문가로서가 아니고 일반인 즉 시민으로 접근했다. 어스킨이 '보
통 시민으로서의 건축가'의 상을 역사상 처음으로 제시한 것이다. 데이비드 하비David Har-
vey, 1935~는 이렇게 말했다. "세상의 변화와 함께 우리 스스로도 변화한다. 그렇다면, 정신적
물리적으로, 우리 스스로를 변화시킬 준비가 되어있지 않다면 어느 누가 사회의 변화를
이야기할 수 있을까?" '시민 건축가'는 스스로를 변화시킴으로써 사회의 변화를 모색했다.
건축가의 상을 바꾸고, 계획의 방법을 바꾸고, 그리고 경직된 주거환경의 모습을 바꾸었다.

유네스코에서는 비커 월을 '뛰어난 20세기 건축물' 목록에 올렸고, 영국 정부에서는
국가 건축유산으로 지정했다. 그동안 비커 월이 여러 기관과 단체들로부터 받은 각종 포
상은 헤아릴 수가 없다. 비커 월이 20세기에 시행된 가장 성공적인 재개발 사업의 결과물
이라는 사실을 부정하는 사람은 없다. 많은 찬사를 받고 상을 받았다는 사실은 그리 중요

하지 않다. 이런 주거단지가 지구상에 존재한다는 사실 자체가 얼마나 다행인가. 서서히 쇠락해져가는 이 단지를 원상태로 회복하기 위해 영국 정부에서는 2년 예정으로 2,600만 파운드의 예산을 투입했다. 2014년 4월부터 시작된 작업은 지붕을 새로 씌우고, 문과 창문을 교체하고, 건물의 색채를 원상태로 회복시켰다.

비바 비커 월!

고든 컬런의 '도시 풍경'

근대건축국제회의가 아테네 헌장을 발표하고 전 세계가 근대적 도시이념에 빠져들즈음 영국에서는 그것과는 반대되는 도시구성을 옹호하는 글이 등장하기 시작했다. 1940년대 중반부터 1950년대 중반까지 꾸준히 《아키텍추럴 리뷰Architectural Review》에 발표된 '도시 풍경' 연재이다. 처음에는 잡지의 사장 겸 편집인 휴버트 헤스팅스Hubert de C. Hastings, 1902~1986가 이보르 드울프Ivor de Wolfe라는 필명으로 쓴 글에 고든 컬런이 독특한 스타일로 그린 스케치를 곁들였다. 그들이 글과 그림을 통해 전하려 한 내용은 이랬다. 역사의 흔적이 켜켜이 쌓인 영국의 작은 도시들은 아름답다. 그 도시들은 시각적으로 변화가 많고, 흥미로우며, 사람들을 즐겁게 한다. 아기자기한 공간들이 연속되는 이런 도시는 기능적인 측면에서는 다소 떨어질진 몰라도 미학적 수준은 매우 높다는 것을 알아야 한다.

시간이 지나면서 연재는 고든 컬런이 맡아서 글도 쓰고 그림도 그렸다. 1940년대 중반부터 《아키텍추럴 리뷰》에서 일한 컬런은 처음에는 그림 그리는 제도사로 일했으나 차차 도시정책에 관한 글을 쓰는 이론가로 변신했다. 그는 '도시 풍경' 연재기사를 쓰는 한편 영국 고유의 도시경관의 우수함을 알리는 글을 잡지에 꾸준히 기고했다. 그의 글과 그림은 영국의 도시계획과 경관계획에 많은 아이디어를 제공했다. 특히 그만의 독특한 스케치 스타일은 이후 영국 건축가들의 건축 표현수법에도 커다란 영향을 주었다. 컬런은 도시 풍경에 관한 그간의 글과 그림을 정리해 1961년 《축약된 도시 풍경The Concise Townscape》이란 책으로 출간했다. 책은 15판이 넘게 인쇄되었고, 20세기 도시설계 분야의 가장 영향력 있는 서적의 하나로 전 세계에서 읽히고 있다.

컬런이 '도시 풍경' 탐구를 통해 말하려는 내용은 간단하다. 대중이 쉽게 이해할

고든 컬런의 《축약된 도시 풍경》에 실린 영국 브릭스엄의 모습 ©1961 The Architectural Press (Taylor & Francis Books UK의 게재 허가)

수 있는 건축과 도시공간의 이미지를 찾자는 것이다. 그의 탐구는 일반 사람들이 가지는 상식 수준에서 '좋은 도시공간'이란 무엇인지를 묻는 것이고, 그것에 대한 답 또한 가장 명쾌한 수단인 그림으로 제시했다. 그의 주장은 이랬다. 좀 더 사실적이고, 시각적으로 변화가 있으며, 장소성이 존재하는 공간이 근대건축이 추구하는 추상적 공간보다 우수하며 우리의 일상을 즐겁게 한다. 컬런은 대중이 좋아하는 공간이야말로 가장 우수한 공간이라는 사실을 상기시켰고, 힙리직 프로그램에 의해시 '창출'되었지만 '존재하지 않는' 허구의 이미지를 배격할 것을 요구했다. 건축과 도시를 보는 가치관에 변화가 생긴 것이다. 어떤 비평가는 이런 변화에 대해, 하나의 논리를 무조건적으로 추종했던 무지로부터 벗어난 "자각의 결과"라고 했다.

비커 재개발 주거단지

말라게이라 지구. 주택이 곳곳에서 군을 이루고 수로망이 그것을 하나로 엮어준다. 제공: Peter G. Rowe

역사성, 근대성, 지역성을
모두 품은 집합주택

알바루 시자,

말라게이라 지구,

1977년(1단계 준공),

1998년(최종 준공)

포르투갈의
새마을 운동

축구의 나라 포르투갈에도 우리나라의 새마을 운동 같은 환경개선 운동이 있었다. 그 운동의 중심에 포르투갈 최고의 건축가 알바루 시자Alvaro Siza, 1933~가 있었다. 본 얘기에 앞서 1974년 4월 발생한 쿠데타 얘기부터 해야겠다. 포르투갈은 1926년부터 48년 동안 여러 독재자의 억압에 시달리다가 좌파 군부에 의한 무혈 쿠데타가 성공하면서 민주국가가 되었다. 젊은 장교들이 쿠데타를 일으킨 가장 큰 이유는 정부의 식민지 정책이 실패하면서 앙골라, 모잠비크 같은 아프리카 식민지의 반군들과 끊임없이 전쟁을 지속한 데 있었다. 지키지 않아도 될 식민지들을 지키기 위해 막대한 비용과 인력이 소모된 것이다. 시민들이 시장에서 사온 빨간 카네이션을 군인들의 소총에 걸어주었다고 해서 이 쿠데타는 '카네이션 혁명'으로 불린다.

당시 포르투갈은 서유럽에서 가장 가난한 나라였다. 일인당 국민소득은 가장 낮고, 문맹률은 가장 높아서 성인의 30~35%가 글을 몰랐다. 유아사망률은 스웨덴의 4배를 기록했다. 부의 양극화가 극도로 심해서, 극소수의 사람들이 국부의 대부분을 차지했다. 농업과 공업을 망라해 노동자들은 심하게 착취당했다. 착취는 농업 분야에서 특히 심했다. 20세기에도 봉건적 장원 제도를 유지했던 이 나라에서는 3%의 인구가 국토의 97%를 소유하고 있었다. 주로 극소수의 귀족, 은행, 보험회사, 기업이 토지를 소유하고 있었는데, 농사도 짓지 않고 그냥 내버려 두는 땅이 태반이었다. 에이커 당 밀의 생산은 다른 유럽 국가의 50%에 불과했다. 혁명이 일어나지 않았다면 포르투갈은 삼류국가로 전락해버렸을지 모른다.

저소득 계층의 주택문제는 '심각'이란 단어로는 묘사가 부족했다. 한마디로 끔찍했다. 도시고 농촌이고 할 것 없이 국민의 절반 이상이 돼지우리 같은 주거환경에서 살았다. 포르투Porto 같은 대도시에는 섬이란 뜻의 일하ilha가 곳곳에 형성되어 있었다. 좁은 길을 사이에 두고 15m² 미만의 집이 다닥다닥 붙은 슬럼이었다. 도시에 있었지만 그야말로 사회적으로 고립된 섬이었다. 범죄와 폭동의 진원지이자 전염병의 온상이었다. 대도시와 인접한 농촌에는 불법 판자촌이 난립했다. 국가 전체 주택의 40%에만 물이 직접 공급되었고, 도시 인구의 17%만이 공공 하수체계의 서비스를 받았다. 새로 출범한 혁명정부는 이런 문제에 시급하게 대응해야 했다. 그렇다고 정부가 모든 것을 맡아 하기에는 상황이 너무 심각했다.

젊은 건축가들이 나섰다. 그들은 각 지자체를 도와 도시 빈민을 위한 환경개혁을 이끌었다. 그것이 '살Serviço de Apoio Ambulatório Local, SAAL 운동'이다. 그대로 번역하면, 지역을 돕기 위한 긴급 서비스 정도가 될 듯하다. 도시와 농촌에 널리 퍼진 불량주거지를 개선하고 새로운 주택을 건설하려는 일종의 새마을 운동이었다. 정부는 재정을 투입했고, 건축가는 팀을 꾸려 기술을 제공했고, 주민은 노동력을 투여했다. 건축가들이 조직한 팀은 '타격대'로 불렸는데, 건축가, 엔지니어, 사회운동가, 법률가를 포함하는 팀이었다. 운동은 전국적으로 전개되었고, 싼값에 비교적 양호한 주택을 공급할 수 있었다. 살 운동의 결과 포르투갈에는 수만 호가 넘는 새로운 주택이 건설되었다.

살의 활동을 되돌아보기 위해 2007년 제작한 다큐멘터리 영화 〈작전 살〉의 포스터 ©Midas Films

알바루 시자가 포르투에 건설한 보사 집합주택 ©Manuel de Sousa, Wikimedia Commons

말라게이라 지구

살 운동은 20세기에 전개된 가장 독특한 주택건설 수법으로, 반민 반관의 자력갱생 운동이었는데 아쉽게도 짧은 기간에 막을 내렸다. 운동이 시작되었을 때에는 모두가 고무되고 희망을 가졌으나 실제 사업은 생각보다 힘이 들고 진행속도도 더뎠다. 결국 정부는 1976년 10월 운동의 종료를 선언하고 주택건설은 지자체에서 맡아서 하도록 결정했다. 아쉽게 끝난 26개월간의 고된 실험이었다. 운동기간 동안 알바루 시자는 고향인 포르투에서 활동했고, 노동자의 생활양식을 몸으로 체험했다. 그는 당시 40대 초반의 젊은 건축가였으나, 근대건축의 미학에 치우치지 않고 국가적 전통의 계승이라는 이념 또한 중요하게 생각했다. 그가 포르투갈을 넘어 세계적으로 인정받게 된 배경이다. 그는 포르투에 보사Bouça, 상빅토르São Victor 같은 혁신적인 집합주택을 건설했다. 건물의 형태는 단순했으나, 저층·고밀이고, 도시조직에 순응하며, 내부에는 중정을 품고 있었다.

백색으로 빛나는 저층 주거지, 말라게이라 지구

알바루 시자는 1976년 에보라Évora시로부터 일을 하자는 연락을 받았다. 에보라가 어떤 도시인가? 2세기 경 로마의 주거지로 시작해 다양한 문화가 켜켜이 쌓여있는 아름다운 역사도시로, 유네스코 문화유산에 등재된 포르투갈의 자랑이다. 이런 아름다운 도시도 주택

완만한 구릉지에 자리하면서 흰색으로 빛나는 말라게이라 지구의 주택 ⓒFG+SG Architectural Photography

부족으로 심각한 어려움을 겪고 있었다. 에보라 시정부는 1975년 새롭게 출범한 좌파 정부였다. 그들은 도시 외곽의 빈 땅을 반강제로 수용했다. 과거 독재정부 시절에 소수 지배층이 소유했던 땅이다. 그들은 그렇게 확보한 땅 중에서 말라게이라Malagueira라고 불리는 곳을 저소득층을 위한 주거지로 개발하기로 하고, 시자에게 계획을 의뢰했다. 에보라 시정부가 시자를 책임건축가로 지목한 것은 포르투에서 그가 했던 활동을 좋게 보았기 때문이다. 시정부는 시자가 포르투에서 사용했던 건축언어를 말라게이라에서도 그대로 사용해 주기를 바랐다.

에보라의 서쪽 성곽을 나서 리스본을 향하면, 야트막한 언덕을 따라 흰색으로 빛나는 집합주택이 눈앞에 넓게 펼쳐진다. 말라게이라 지구Malagueira Quarter다. 집합주택이 이리 아름다울 수 있을까? 그것도 저소득층을 위해 값싸게 지은 집합주택이. 지구는 기존 마을과 경작지 사이사이 빈 땅에 짜깁기하듯 퍼져있어 어디가 경계인지 알 수가 없다. 2층 주택이 주종을 이루지만 1층도 간간이 있다. 총1,200호의 주택이 쪽모이처럼 자리한 지구다. 서유럽에서 제일 가난한 나라에 지어진 집합주택이지만 20세기 유럽에 지어진 최고의 집합주택 중 하나로 꼽힌다. 이곳이 이렇게 우수한 집합주택이 된 배경은 여러 가지이겠지만 가장 큰 이유는 시자가 포르투갈 서민들의 생활과 의식을 속속들이 파악하고 있었기 때문이다.

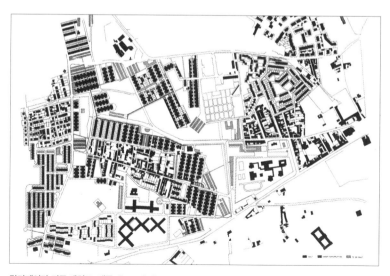

말라게이라 지구 배치도. 제공: Peter G. Rowe

말라게이라 지구는 카펫하우징이다. 카펫하우징은 저소득층 주택으로는 잘 짓지 않는다. 필라델피아의 펜스 랜딩 스퀘어 같은 카펫하우징은 고급주택이다. 그런데 말라게이라의 주택은 저소득층 주택이고, 25년 이상 임대 후 분양주택으로 전환하는 조합주택이다. 시자는 왜 중·고층으로 건물을 짓지 않았을까? 어떤 비평가는 이렇게 말했다. "알바루 시자가 설계한 건축의 의미는 몇 마디 말로 설명하는 것이 어렵다. 그의 건축은 매우 미묘하고 지혜롭기 때문이다. 그의 건축에는 많은 의미가 담겨있다." 사람들이 알바루 시자를 '시인'에 비유하는 것도 그런 이유에서다. 비평가는 계속해서 말한다. "그는, 여타의 유명 건축가들과는 다르게, 항상 사회를 위해 유익한 무엇인가를 한다." 정확한 평가다. 시자가 여기서 저층·고밀 집합주택을 채택한 것은 지역사회를 위한 계획을 했기 때문이다. 그는 말라게이라 프로젝트를 살 운동의 연장으로 생각한 것이다.

주택은 크기가 모두 같다. 대지는 8×12m, 길의 폭은 6m, 예외가 없다. 대략 100호의 주택이 모여서 하나의 커뮤니티를 이룬다. 시자는 의도적으로 길 중심의 집합체계를 만들었다. 모든 주택의 1층에는 중정이, 그리고 2층에는 개방된 테라스가 마련되었다. 그것도 의도적이다. 주택에 중정을 둔 것은 전통에 따른 것이다. 무슬림의 지배를 받은 스페인과 포르투갈의 주택은 파티오 주택이 일반적이다. 주택의 가운데에 중정이 있다는 의미다. 말

말라게이라 지구의 단위주택의 모습. 1층에는 중정이,
2층에는 테라스가 제공되었다. 제공: Peter G. Rowe

길에서 시간을 보내는 말라게이라 지구의 주민들
©FG+SG Architectural Photography

라게이라 지구는 이런 일관성 속에서 변화도 뚜렷하다. 변화는 길과 중정의 관계에서 나온다. 중정이 길에 직접 면하는 주택, 그리고 중정이 안쪽에 있어 길에 직접 면하지 않는 주택, 두 종류다. 주택의 외관은 단순하고, 흰색 일색이다. 길 쪽에는 창도 별로 없다. 따라서 주택의 구분은 쉽지 않다. 출입구 색깔, 창문 셔터, 창틀, 중정에 심은 식물 등이 조금씩 다를 뿐이다.

　　길 중심의 집합체계를 만든 것도, 2층에 개방된 테라스를 둔 것도 모두 의도적이라고 했다. 이유는 이렇다. 여기 주민들은 라틴 민족이다. 명랑하고, 쾌활하며, 즐겁게 산다. 이웃은 물론 동네 전체가 친구요 이웃사촌이다. 1년 내내 쾌청한 이곳에서 주민들은 주로 2층 테라스에서 시간을 보낸다. 테라스에 앉아 길 건너 이웃과 큰 소리로 떠든다. 길을 내려다보면서 오가는 사람들과도 대화를 나눈다. 길에는 사람들이 삼삼오오 서서, 때로는 앉아서, 떠든다. 그들의 일상이다. 이곳의 길은 주민들의 모든 활동을 수용한다. 통로이자, 놀이터이고, 교제하는 장소이고, 주차공간이다. 지표면이 오르락내리락 변화하므로 길의 단면에도 변화가 많다. 시자는 이런 지형의 변화를 잘 이용해서 되도록 길이 아늑하게 둘러싸인 공간이 되게 했다. '보호된 생활공간'을 연출한 것이다. 만약 시자가 저층·고밀이 아닌 다른 형식을 선택했다면 주민들의 이런 생활을 담을 수 있었을까?

　　이곳을 애써 '지구'라고 부르는 데는 그럴 만한 이유가 있다. 주택이 집약되어 통합된 단지를 이루는 대신 이곳저곳 흩어져서 군을 이루기 때문이다. 원래 경작지였던 이곳은 농가가 듬성듬성 산재해 있고, 남쪽에는 고층아파트가 자리하고 있다. 이런 부지를 놓고 시자는 마치 자투리 헝겊으로 조각보를 짜깁기하듯 크고 작은 블록을 이리저리 끼워 넣어 전체 지구를 구성했다. 이런 접근법에 대해 사람들이 시비를 걸자 시자는 이렇게 응대했다. "로마는 하루아침에 만들어지지 않았네." 그는 블록과 블록 사이에 남겨진 땅을 '틈새fissure'라고 불렀는데, 시간이 그것을 채워갈 것이라고 보았다. 그러므로 그런 틈새를 일부러 많이 만들었다. 세월이 지나 틈새가 채워지면 지구는 옛 건물과 새 건물이 비빔밥처럼 공존하는 자연스러운 주거지가 될 것을 예견하면서.

산재한 주거지를 하나의 지구로
이어주는 장치, 수로

이 정도로 작업을 끝냈다면 알바루 시자가 아니다. 시자는 여기저기 산재하는 블록을 하

말라게이라 지구의 수로인 수평 덕트. 시멘트 블록이 표출하는 질감이 질박하다. ©Torchondo, Wikimedia Commons

나로 이어주는 특별한 장치를 고안했다. 2층 높이로 떠서 지구 곳곳을 지나는 수로망이다. 엄격히 말하면 수로라기보다는 수평 덕트이다. 주택에 물과 전기를 공급하는 덕트를 지상으로 드러내서 위로 올렸다. 땅에 묻으면 비용이 많이 발생하고, 유지·보수를 위해서 일일이 땅을 헤집어야 한다. 시자는 최소한의 비용으로 지구의 인프라를 해결했다. 콘크리트와 시멘트 블록을 섞어서 만든 덕트는 질박하다. 흰색의 주택과는 시각적으로 확연하게 차이가 난다. 이 덕트가 길게 이어져서 지구 사이사이로 뻗어 나가는 광경은 경이롭다. '비커 월' 정도의 경이로움은 아니지만 덕트가 연출하는 시각적 효과는 대단하다. 주택이 이곳저곳에 산재하는 주거지를 하나의 지구로 통합하는 데 이만큼 안성맞춤인 것은 없을 듯하다.

덕트의 역할은 여기서 끝나지 않는다. 덕트는 상징적 은유적 장치이기도 하다. 어쩌면 그 역할이 더욱 중요할지 모른다. 덕트는 현대와 로마시대를 시간적으로 이어준다. 에보라에는 로마시대에 구축한 수로가 도시의 중심을 관통한다. 거대한 아치 구조의 수로는 에보라를 상징하는 중요한 유물이자 도시의 아이콘이다. 시자는 새로운 주거지와 에보라를 같은 이미지로 엮는 장치로서 덕트를 사용했다. 그런데 덕트는 "내가 기념물이다!" 하고 외치지 않는다. 그저 익명의 장치로서 존재한다. 그것은 말라게이라 지구를 처음 찾아오는 방문객들에게는 매우 생경하고 의아하게 느껴진다. 이게 뭐지? 라는 생각이 드는 것이다. 그러나 지구의 주민들과 에보라 시민들의 눈에는 자연스럽고도 당연한 구조물이다. 인식을 공유하고 있기 때문이다. "우리는 로마시대의 수로가 있는 에보라의 시민"이라는 인식을.

고유의 주거문화와
결합한 근대와 미래

말라게이라 지구는 수수께끼 같은 집합주택이다. 근대적이고, 국제적인데, 게다가 지역적이다. 여러 양상이 교묘하게 공존한다. 비평가들이 이구동성으로 긍정적인 평가를 내리는 것도 바로 그 때문이다. 우선 근대의 이미지를 강하게 풍긴다. 장식 없는 흰색 벽체, 단순명쾌한 기하학적 구성, 절제된 창의 배열 등은 근대건축의 특징이다. 1920년대에 지어진 독일의 근대적 집합주택, 그중에서도 에른스트 마이의 집합주택과 매우 유사하다. 또한 단위주택만 놓고 본다면, 아돌프 로스가 1923년 베네치아 리도Lido 섬에 계획한

에보라에 남아 있는 로마시대 수로의 흔적. 트라베사 다 카라사 거리로, 아치 하부에 주택이 들어서 있다. ⓒKen & Nyetta, Wikimedia Commons

빌라 모이시Villa Moissi와 매우 흡사하다. 건물의 볼륨, 창문의 배열, 사각형의 중정 등 여러 측면에서 그렇다. 또한 주택이 모인 형상은 건축가 아우트가 1917년에 계획한 해변가로 집합주택 계획안Seaside Housing Project과 유사하고, 1927년 바이센호프 주택전시회에 지어진 그의 연립주택과도 닮은 점이 많다.

더욱 흥미로운 점은 말라게이라 지구가 에보라의 주거지와도 유사한 점이 많다는 것이다. 좁은 길을 따라 이어지는 중정형 주택, 자갈이 깔린 길, 흰색의 벽체, 창이 억제된 1층 외벽 등 헤아릴 수 없을 만큼 많다. 에보라 구시가지의 고색창연한 거리 트라베사 다카라사Travessa da Caraça를 거닐면 말라게이라 지구와 흡사한 경관이 눈앞에 전개된다. 로마시대에 건설된 수로가 지나고 아치 하부에 들어선 주택이 길을 따라 이어지는 광경이다. 그런데 말라게이라 지구의 어떤 것도 에보라로부터 직접 온 것은 없다. 주거지를 형성하는 원리

에보라의 주거지.
말라게이라 지구의 주택과
흡사하다. ⓒJudelle
Drake, Flickr

말라게이라 지구의 길과
주택의 모습 ⓒyoxito,
Flickr

즉 유전자가 작동한 결과 자식같이 닮은 주거지가 실현된 것이다. 말라게이라 주변에 산재하는 농가주택도 시자에게 많은 모티브를 제공했다. 단위주택이 취하는 8×12m의 부지는 주변의 농가주택이 취하는 가장 일반적인 크기이고, 주택의 색채, 표피 등 비슷한 것이 한둘이 아니다. 에보라의 주택이 주변의 농가주택을 경유해 말라게이라 지구로 스며들었다는 의미다.

알바루 시자는 세계적으로 활동하는 건축가이지만 뼛속들이 포르투갈 건축가다. 그가 추구하는 건축은 범세계적인 건축이지만 그 본질적인 가치는 조국의 역사로부터 온다. 그의 역사의식은 로마시대에서 중세를 거쳐 미래에 다다른다. 그가 말라게이라 지구에서 채택한 중정은 에보라의 중정이기도 하지만 로마시대 도시주택의 중정이기도 하다. 그리고 그것은 앞으로도 계속 이어져갈 미래의 중정이다. 그는 과거의 유산을 통해 현재의 요구에 부응했고, 미래의 비전을 제시했다. 포르투갈 사람들의 생활을 담기에 중정보다 더 좋은 공간은 없다. 주거지의 길도 마찬가지다. 수백 년이 지나도 포르투갈 사람들은 길에서 놀고, 교제하면서 그것을 중심으로 일상생활을 영위할 것이다. 시자는 말라게이라 지구를 계획하면서 에보라 고유의 도시주택과 주민의 삶으로부터 공간적 해답을 찾았다. 그 결과 역사와 문화의 향기가 있으면서도 미래를 통찰하는 주거지를 만들 수 있었다.

말라게이라 지구를 가보라. 도회적이면서 세련된 느낌이 강하지만 주변으로부터 유리되지 않는다. '프로젝트'라는 인위적인 느낌이 없으며, 모든 것이 자율적 자생적이다. 지구는 특별한 장소로 인지되기보다는 도시의 익숙한 어떤 부분이 옮겨진 모습이다. 완성된 단지라는 느낌이 전혀 없으며, 시간의 흐름에 따라 언제든지 바뀔 수 있는 변화의 여지가 곳곳에서 보인다. 시자는 의도적으로 완벽한 전체상을 피하고 시간의 힘에 완성을 맡기는 '미완의 여백'을 추구했다.

1988년 하버드대학에서는 '영국 황태자가 주는 도시설계상Prince of Wales Prize in Urban Design'의 첫 번째 수상작으로 비커 월 단지와 말라게이라 지구를 공동으로 선정했다. 말라게이라 지구를 선정한 이유는 다음과 같았다. "전체 지구에서부터 단위주택 세부에 이르기까지 장소성을 명확하게 표출하고 있으며, 토속성에 직접 의지하지 않으면서도 지역 고유의 문화적 성격을 잘 표현하고 있다."

말라게이라 지구

포르투의 집합주택 보사

카네이션 혁명이 성공하자 숨죽이고 살던 포르투갈의 가난한 사람들이 거리로 쏟아져 나왔다. 그들은 "평화와 빵을, 그리고 집과 건강과 배움을 달라!"고 외쳤다. 혁명정부는 서둘렀고, 주택문제를 해결하기 위한 수단으로 살 운동을 지원했다. 주요 도시에서 운동이 들불처럼 퍼져나갔다. 그렇지만 일은 생각만큼 순조롭게 진행되지 못했다. 재정적 어려움이 생각보다 심했고, 기술과 노동력의 조달도 쉽지 않았다. 전국적으로 4만호에 가까운 주택의 건설이 시작되었으나 계획대로 완료된 것은 별로 없었다. 1976년 정부가 운동의 중단을 선언하면서 대부분의 건물은 미완의 상태에서 건설이 종료되었고, 사람들은 그런 곳에라도 들어가서 삶을 영위했다. 알바루 시자가 포르투에 계획한 보사 집합주택도 예외가 될 수 없었다.

시자는 혁명이 일어나기 전인 1973년 이미 보사 집합주택의 계획에 착수했다. 정부로부터 주택기금을 지원받기로 하고 시작한 일이었다. 부지는 삼각형의 땅인데, 북쪽으로는 철로가 지나가고 있었다. 시자는 소음을 차단하기 위해 북쪽에는 높은 벽을 설치하고, 네 동의 판상형 건물이 반복되는 계획을 수립했다. 계획한대로 북쪽에 높은 벽이 설치되었다면 건물 사이의 공간은 자연히 중정이 되었을 것이다. 그런데 가운데 두 동의 건물이 일추 완성될 스음 성부는 살 운동의 중단을 선언했다. 공사는 운동이 중단된 이후에도 계속되어서 1978년까지 이어졌다. 그렇지만 계획된 131세대의 절반에도 못 미치는 58세대만이 간신히 완성되었다. 북쪽의 벽은 건설되지 못했고, 건물 사이의 공간은 그냥 흙바닥으로 방치되었다.

시자가 수립한 계획은 흥미로웠다. 복층으로 계획된 단위주택은 한 층이 4×12m 크기다. 전면 폭을 4m로 한 것은 당시 포르투 곳곳에 있던 극빈층 주거지 일하에 있는 주택의 크기가 4×4m인 것에 근거한다. 1~2층을 차지하는 주택의 거실·식당은 2층에 있었다. 그런데 3~4층을 차지하는 주택의 거실·식당은 3층에 있었다. '사회적 공간'을 서로 가까이 배치한 것이다. 아래윗집의 원활한 교류를 위한 배열이다. 2층에 있는 거실로는 집 앞에 설치된 직선계단을 통한다. 3~4층 주택으로의 출입은 주동 양끝에 있는 계단실을 통해 건물 전면에 있는 복도를 거치게 했다. 그런데 공사가 중단될 때 주동 양끝의 계단실은 완성되지 못했고, 주민들은 임시로 만든 사다리를 이용해서 오르내렸다.

1999년 포르투 시정부는 알바루 시자를 초빙해 보사 집합주택을 원래 계획대로 완성해줄 것을 요청했다. 기적 같은 일이다. 포르투갈이 유럽연합의 일원이 되고 유서 깊은 이 역사도시로 많은 관광객이 몰려오자 도심 집합주택을 그렇게 방치해둘 수는 없었다. 1992년 프리츠커상을 수상한 시자는 이미 거물 건축가가 되어있었지만 기꺼이 일을 맡아서 완벽한 삶의 터전으로 재현해 놓았다. 작업은 2006년에 완료되었다. 북쪽의 높은 벽은 단지와 철로를 구분하는 장벽이기도 하고 전철역에서 단지로 통하는 대문이기도 하다. 수십 년 동안 슬럼처럼 방치된 집합주택 보사는 이제 포르투의 자랑이 되었다. 원래 이곳에 살던 사람들은 대부분 돌아오지 못했다. 대신 예술가, 건축가 등 젊은이들이 이곳에 입주해 세련된 주거지로 가꾸어가고 있다.

2006년에 완성된 보사 집합주택 ©João Ferrand

말라게이라 지구

파리 근교 마른 라발레에 들어선 아브락사스 집합주택. 오른쪽 큰 건물이 '궁전'이다.

노동자들의
궁전

리카르도 보필·타예르 데아르키텍투라,
아브락사스 집합주택,
1983

프랑스 건축의 본류는
바로크 양식이다

1978년 파리에서는 어이없는 사건이 벌어졌다. 새롭게 파리 시장에 취임한 자크 시라크 Jacques Chirac, 1932~는 한창 진행 중이던 레알Les Halles 광장의 공사를 돌연 중단시키고, 그때까지 지어진 건물은 모두 허물어버릴 것을 지시했다. 현상설계를 통해 광장 계획안을 뽑았는데, 당선자는 리카르도 보필이었다. 퐁피두센터와 루브르 사이에 자리한 레알 광장은 과거 파리 시민에게 신선한 식품을 공급하는 시장이었고, 1970년대 이후에는 교통의 요충지로 많은 사람이 오가는 파리의 핵심 공간이었다. 정부에서는 19세기에 철과 유리로 지은 시장을 허문 자리에 광장을 조성하기로 하고, 1975년 현상설계를 시행했다. 시민들이 좋아한 계획안은 장 클로드 베르나르Jean Claude Bernard, 1930~의 안이었는데 대통령 지스카르 데스탱Giscard d'Estaing, 1926~은 보필의 안을 선호했다.

보필의 안은 고전주의 색채가 농후했다. 열주가 이어지는 아케이드가 광장을 둘러싸고, 개선문과 그리스풍의 야외극장이 마주하고 있다. 지스카르 데스탱은 보필의 안이 프랑스의 영광을 이어갈 것으로 생각했다. 루브르, 베르사유, 개선문, 에펠탑으로 이어지는 프랑스 고전건축의 맥을 잇는 계획이라고 생각한 것이다. 대통령은 보필의 안을 노골적으로

파리 레알 광장 건설을 위해 리카르도 보필이 수립한 계획안의 모형. 제공: Ricardo Bofill Taller de Arquitectura

밀었는데, "미켈란젤로 이후 가장 위대한 건축가"라는 미사여구를 동원해가면서 보필의 안을 지지했다. 그렇게 해서 광장의 건설이 시작되었는데 새로 뽑힌 시장이 6개월 만에 공사를 중단시킨 것이다. 시라크는 신선한 근대건축을 선호하는 사람이었다. 그는 스스로 레알 광장 계획을 담당할 건축책임자를 자처하고, 원점에서 계획을 새로 시작하도록 했다.

보필에게는 치욕적인 일이었다. 그렇지만 1974년부터 1981년까지 대통령을 지낸 지스카르 데스탱의 후광을 입은 보필은 1970년대 후반부터 바로크 시대의 궁전 같은 집합주택을 프랑스 곳곳에 지었다. 모두 정부에서 발주한 노동자용 집합주택이다. 보필은 그것을 "노동자들의 궁전"이라고 불렀다. 프랑스 정부에서는 무미건조한 노동자 아파트 그랑 앙상블이 '실패'로 귀결된 이후 새로운 양식의 집합주택을 찾고 있었는데, 보필의 집합주택이 노동자들에게 어필할 것이라고 기대했다. 보필의 집합주택이 이전의 노동자용 주택과 차원이 다른 것은 분명하지만, 그것을 이상하게 보는 사람도 많다. 역사적 건물의 복제와 그것이 표방하는 극단적 상징주의 때문이다.

이 책을 읽는 독자들에게 이 얘기는 하고 넘어가야겠다. 사실 보필이 계획한 집합주택은 '시대를 빛냈다'고 하기에는 논란의 여지가 많다. 나는 그의 집합주택을 서른 사례에 포함시킬까 말까 매우 고심했다. 그가 받고 있는 부정적 평가를 외면하기 어렵기 때문이다.

리카르도 보필이 1970년대 초반 스페인의 휴양지 알리칸테에 건설한 집합주택 '붉은 벽' ©Enrique Domingo, Flickr

아브락사스 집합주택

다만 그가 추구한 "노동자들도 궁전에 살게 하겠다!"라는 목표는 오늘날 우리 사회에 이념적으로 어필한다. 또한 보필의 작업이 집합주택의 외관에 커다란 변화를 시도한 것도 부정할 수 없는 사실이다. 논란의 여지는 있지만, 미래 세대 건축가들의 교육을 위해서도 논의가 필요하다는 생각에서 고심 끝에 목록에 포함했다.

보필은 건축가 수업을 제대로 받지 못했다. 스페인 카탈루냐의 부유한 건설업자의 아들로 태어난 그는 바르셀로나에서 건축을 공부했으나 가족이 독재자 프랑코Francisco Franco, 1892~1975에 저항하는 바람에 스위스로 갔다. 그는 스위스에서 공부를 계속했으나 건축가 자격을 취득하지는 못했다. 1963년 23살의 보필은 친구와 가족 중심의 설계집단 타예르 데아르키텍투라Taller de Arquitectura를 조직했다. 건축 공방이란 의미인데, 건축가, 디자이너, 수학자, 음악가, 시인, 철학자 등 다양한 사람으로 구성되었다. '닥치는 대로 일하자'라는 뜻이기도 했다. 무미건조하고 비인간적인 건축을 싫어했던 그들은 "근대건축에 대해 '악랄한 저항brutal protest'을 할 것"이라고 공개적으로 선언했다. 처음에는 주로 카탈루냐의 지역적 전통에 바탕을 두고 그것에 표현주의를 접목한 집합주택을 설계했다.

그런데 1970년대 중반부터 보필과 타예르 데아르키텍투라는 이전과는 완전히 다른 건축을 시작했다. 활동 근거지를 파리로 옮기고 구성원을 보강하면서 팀의 성격을 바꾼 그들은 건축적 영감의 근원을 바로크와 신고전주의 건축에 두었다. 본격적인 시작이 레알 광장의 현상설계 계획안이다. 프랑스 건축의 본류를 바로크 건축으로 보았기 때문인데, 베르사유 궁전을 그 최고의 모델로 설정했다. 그리고 그들은 르네상스, 바로크 및 신고전주의 건축의 완전한 복제를 지향하는 완결적 고전주의를 추구했다. 또한 그들은 과거 바

베르사유 인근 신도시 생캉탱앙이블린에 지은 레자르카드 뒤라크(왼쪽)와 르비아뒤크(오른쪽) ⓒJean-Marc Astesana, Flickr

로크 건축이 추구한 '통합된 어버니즘integrated urbanism'을 지향함으로써 건축과 도시의 완전한 조화를 시도했다. 근대의 녹색도시 이념이 초래한 반도시적인 폐해를 치유하고자 한 것이다.

집합주택으로 구현한
바로크식 정원

베르사유 인근 신도시 생캉탱앙이블린Saint-Quentin-en-Yvelines에 지은 레자르카드 뒤라크Les Arcades du Lac와 르비아뒤크Le Viaduc가 보필 팀이 처음 계획한 '궁전'이다. 둘로 나누어 있지만 실제는 하나의 프로젝트로 르라크Le Lac라고 불리는 인공호수 조성 프로젝트의 일부다. '대중을 위한 베르사유Versailles for the People'를 표방한 계획은 당시로서는 워낙 특별했으므로 실현하기가 쉽지 않았다. 레자르카드 뒤라크는 인공호수에 면해서, 르비아뒤크는 호수로 뻗어 나와 물에 떠있는 모습으로 지어졌다. 보필과 타예르 데아르키텍투라는 어수선한 신도시 주거환경과 완벽하게 대조되는 새로운 환경을 만들고자 했고, 반듯하게 뻗어가는 길과 그것으로 둘러싸이는 기하학적 블록을 의도적으로 조성했다. 그리고 길이 교차하는 곳에는 광장을 두었다.

　　바로크식 정원을 참고한 결과였다. 베르사유 궁전 후면에 있는 정원을 보면, 수목을 질서정연하게 다듬어 통일된 체계 안에서 축을 중심으로 배열했다. 자연마저 국왕에게 복종한다는 의미이다. 보필 팀은 그런 정원을 '질서의 정원ordered garden'이라고 명명하고 그것을 건축으로 바꾸었다. 프랑스 국민에게 매우 익숙한 공간구성이었기 때문이다. 74호의 주택을 수용하면서 물에 떠있는 르비아뒤크는 특별한 집합주택이다. 그런데 과거 프랑스 귀족의 별장형 성채를 생각해보면 별로 이상할 것도 없다. 프랑스 루아르Loire 지방에 있는 슈농소 성Château de Chenonceau은 물 위에 지은 성채다. 보필이 처음 프랑스에 지은 이 단지의 주택은 창과 발코니를 모두 외부 질서에 맞추었다. 생활에 대한 고려는 다소 거칠다. 보필이 설계한 모든 집합주택이 그런 속성을 가지고 있다.

기존의 통념을 뒤집기 위한
다양한 시도

노동자용 주택에 관한 한 보필 팀의 대표작은 아브락사스 집합주택Les Espaces D'Abraxas이다.

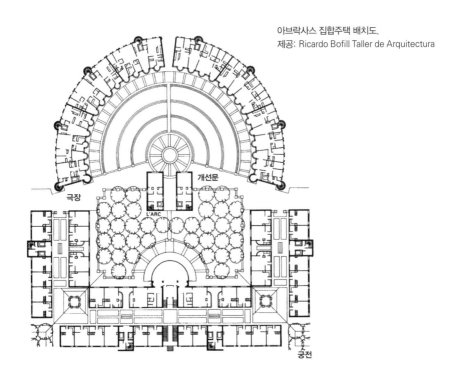

1983년 파리 외곽 신도시 마른 라발레Marne-la-Vallée에 들어선 '궁전'이다. 강력한 고전주의적 구성을 취하는 짜임새 있는 주거단지다. 아브락사스는 고대의 문헌에 등장하는 최고 신으로, 선과 악을 상징하며 신비로움의 표상이다. 아브락사스 집합주택은 591세대를 위한 임대주택인데, 거주자 대부분이 아프리카로부터 이민 온 유색인종이다. 그들을 위해 이런 장식적이고 상징적인 건물을 지을 수 있었던 것은 사회당, 공산당 같은 진보적 정치집단의 강력한 지지가 있었기 때문이다. 그만큼 이 집합주택에는 '노동자들의 궁전'을 만들려는 의지가 강하게 표출되었다.

아브락사스 집합주택은 세 동의 건물로 이루어진다. 중앙의 개선문을 중심으로 서쪽에는 반원형 평면의 극장이, 동쪽에는 ㄷ자형 평면의 궁전이 축을 따라 배열되었다. 보필 팀은 이 집합주택의 선례를 바로크로 설정했지만 세부 구성에서는 프랑스 출신으로 환상적 건축을 추구한 불레Étienne-Louis Boullée, 1728~1799, 르두Claude-Nicholas Ledoux, 1736~1806 같은 건축가의 작업을 많이 참조했다. 따라서 이 집합주택은 바로크와 신고전주의 양식이 혼합되고 거기에 '환상적'이라는 조미료가 가미된 것이다. 그런 까닭에 〈브라질Brazil〉(1985), 〈헝

거게임Hunger Games〉(2012) 같은 판타지 영화가 이곳을 배경으로 촬영하고, 셀 수 없이 많은 사진가의 작업이 이곳에서 이루어졌다.

보필 팀은 아브라삭스 집합주택에서 기존의 통념을 뒤집어버리는 시도를 여러 가지 했다. 노동자들이 주로 거주하는 신도시의 중심에 노동자의 이미지와는 완전히 다른 화려한 모습의 집합주택을 둔 것이 첫 번째 뒤집기다. 노동과 가난의 색깔은 완전히 지워버리고 풍요와 여가의 장소인 관광지의 이미지를 집합주택에 부여했다. 인근에 있는 파리 디즈니랜드가 그런 이미지에 상승작용을 불러일으킨다. 두 번째는 고전주의를 표출하는 세 동의 표현적인 건물과 정교하게 구성된 외부공간을 통해 완벽한 통합의 이미지를 부여한 것이다. 즉 녹지 위주의 느슨한 단지 대신에 철저하게 '방어적인 성채', '그들만의 세계'를 구현함으로써 일반적인 집합주택의 이미지를 뒤집어버린 것이다.

가장 특별한 뒤집기는 건축이 보편적으로 추구하는 조화의 개념을 버린 것이다. 보필 팀은 여기서 상상을 초월하는 거대한 기둥과 왜소한 기둥을 병치시키고, 육중한 콘크리트 덩어리와 반사하는 유리를 넓은 면적으로 병치시켰다. 이런 부재의 특별한 구성을 통해서 보는 사람들에게 이상하다, 특별하다 같은 인상을 주려고 했다. 조화와 부조화의 경계를 넘나들 정도로 과감하고 파격적인 구성을 시도했다는 의미다. 그런 작업의 결과는 '건축의 복합성'을 증진시키고 도시의 즐거움을 상승시킨다. 그들이 이렇게 한 이유는 보필이 평소에 자주 언급하듯이, "일상생활은 진부하면 안 되고, 풍부한 의미로 격상시켜야 한다."라는 지론에 따른 것이다.

아브락사스 집합주택의 중앙에 자리하는 개선문. 뒤에 보이는 건물이 극장이다. ⓒFred Romero, Flickr

중정에서 바라본 반원형 건물 극장의 모습. 반짝이는 유리 기둥은 주택의 거실과 침실의 창문이다. ⓒFred Romero, Flickr

아브락사스 집합주택

단지의 한가운데에 개선문을 둔 것은 다분히 의도적이다. 10층 규모의 이 건물은 주변의 두 건물보다는 낮지만 단지의 물리적 중심이자 시각적 초점이다. 20호의 주택을 수용하는 건물인데 그런 기능은 '전혀' 드러나지 않는다. 이 건물을 무대로 설정한 보필 팀의 생각과는 상관없이 주민들에게는 문으로서의 의미가 더욱 크다. 밖에서 동쪽 또는 서쪽의 높은 입구를 통해 단지 내부로 들어온 주민들이 자신의 주택으로 가기 위해서는 6층 높이로 높게 뚫린 개선문을 지나야 한다. 청소나 하역 같은 허드렛일을 하는 주민들은 이 문을 통과하는 행위에 대해 '낭만적'이라고 좋아한다. 한때 폭동의 온상으로 지목되어 이 단지를 철거해야 한다는 논란이 있었을 때도 주민들이 가장 많이 언급하고 애착을 보인 것이 바로 이 개선문과 그 주변 공간이었다.

반원형 건물은 극장이다. 다양한 모습의 기둥이 만들어내는 수직적 리듬이 건물을 극장처럼 보이게 한다. 건물의 바깥쪽에 규칙적으로 배열된 8개의 육중한 기둥은 10층 높이로 치솟아 있다. 이 기둥들은 실제로는 계단실이다. 단지 안쪽에는 유리 기둥을 일정하게 반복시켰는데, 기둥의 외피를 반사유리로 처리한 것 역시 파격이다. 유리 기둥 역시 구조체와 아무 상관 없이 주택의 거실과 침실의 창문으로 기능할 뿐이다. 유리 기둥 상부를 장식하는 수평부재의 역동적 구성 또한 시각적 효과가 강력하다. 건물로 둘러싸인 외부공간은 노천극장으로, 그리스 시대의 극장을 재현한 것이다. 극장에는 무대가 있어야 할 텐데, 그 역할은 개선문이 담당한다.

동쪽에서 단지를 ㄷ자로 둘러싸는 건물이 궁전이다. 441세대의 주택을 수용하는

궁전을 올려다본 모습. 거대한 쌍기둥 및 몸통의 일부가 사라져버린 기둥이 인상적이다.
©ACME, Flickr

19층 높이의 건물로서, 공상과학 영화에나 등장할 것 같은 초현실적인 이미지를 표출한다. 보필 팀은 이 건물의 외관에 그동안 고전건축의 발전과정에 등장한 파격적인 계획기법을 모두 적용했다. 스케일의 극적인 변화, 대조적인 요소의 병치, 몸통의 일부가 사라져버린 기둥과 거대한 쌍기둥의 사용 등이다. 그리스·로마 시대의 고전건축이 추구하던 정적이고 안정적인 시각적 이미지에 과감한 변화를 추구한 것이다. 주로 '다이내믹'이란 형용사로 묘사되는 이런 수법은 매너리즘 건축의 대가였던 미켈란젤로Michelangelo, 1475~1564가 시작한 것인데, 18세기에 활동한 프랑스 건축가 르두가 그것을 더욱 발전시켰다.

그런데 보필 팀이 구사한 구성의 과감성은 과거 대가들의 수법을 훨씬 뛰어넘는다. 고전건축이 추구한 조화의 원리를 여지없이 파괴한 것처럼 보일 정도다. 보필 팀은 건축의 정적인 균형을 의도적으로 파괴해버림으로써 고전적 구성의 현대적 재편을 시도했다. 이렇듯 과감한 시각적 효과를 강조하다보니 보이는 모습과 쓰이는 용도는 전혀 일치하지 않는다. 일부 비평가들이 이 건물에 대해 좋은 점수를 주지 않는 것이 바로 '외관과 내부 기능의 불일치'였다. 페르낭 푸이용이 알제에서 시도한 '노동자를 위한 궁전'과도 차별되는 측면이다. 이런 약점을 극복하기 위해 보필 팀은 나름 거주성을 높이려는 노력을 다양하게

파리 외곽 신도시 세르지 퐁투아즈에 들어선 집합주택 벨베데레 생크리스토프.
제공: Ricardo Bofill Taller de Arquitectura

아브락사스 집합주택

했다. 단위주택의 깊이를 8.1m로 해 전·후 양방향에서 채광과 통풍을 확보하도록 했고, 대부분의 주택은 복층으로 계획했다.

건물의 구축 방법은 단순했다. 콘크리트 패널 조립. 싼값에 '궁전'을 짓는 방법이다. 보필 팀은 입면의 체계적 분할을 전제로 공간을 계획하고, 부재의 변화는 최소화했다. 패널은 크기 6.07×2.7m, 무게 3~6톤 정도였다. 공장에서 만든 패널을 크레인으로 운반해 현장에서 조립했는데, 공장생산품의 조합체가 초래할 조악함을 방지하기 위해 많은 연구를 했다. 콘크리트 표면을 다양하게 처리하는 기술과 재료의 부드러운 이음매를 위한 섬세한 디테일을 고안했다. 콘크리트에 산화재를 섞어서 색을 내고, 약품처리를 하여 표면에 광택을 내는 등 여러 방법을 동원했다. 이음매를 부드럽게 하는 특수한 시멘트를 만들기 위해 무수한 실험을 거쳤다. 콘크리트라는 거친 재료를 고귀한 재료로 승화시키기 위한 노력이었다.

보필 팀의 집합주택을
어떻게 볼 것인가

아브락사스 집합주택 이후에도 보필 팀은 계속해서 고전주의 양식의 건물을 지었다. 파리 외곽 신도시 세르지 퐁투아즈Cergy-Pontoise에 1986년 완성한 벨베데레 생크리스토프Belvedere Saint Christophe는 380호의 주택과 상점 등 여러 시설을 수용하는 복합건축이다. 거대한 반달형 건물과 중정을 둘러싸는 사각형 건물이 좌우대칭으로 축을 이루는데, 보필 팀은 영국 배스에 있는 바로크 양식의 집합주택 킹스 서커스King's Circus와 로열 크리센트로부터 영감을 얻어서 이 건물을 설계했다. 반달형 광장의 중심에는 오벨리스크를 연상시키는 탑을 세웠고, 탑을 중심으로 남북 및 동남 방향으로 뻗어 나가는 강력한 축이 형성되었다.

보필 팀이 시행한 가장 큰 프로젝트는 프랑스 남부 도시 몽펠리에Monpellier에 완성한 안티고네Antigone이다. 36만m²에 이르는 광대한 부지 위에 역사적 도시의 중심부를 재건하는 이 야심찬 계획은 전 세계 건축계의 이목을 집중시켰다. 축을 따라 이어지는 기하학적 광장이 만들어내는 장쾌한 바로크적 구성으로, 20세기에 프랑스에서 행해진 가장 규모가 큰 도시설계 프로젝트다. 보필 팀이 마스터플랜을 수립하고 10년이 넘는 기간 동안 많은 건축가가 건물을 채워 넣었다. 바로크 시대의 위대한 건축가 베르니니Gian Lorenzo Bernini, 1598~1680가 살아서 이 안티고네를 보았다면 자신이 완성한 성 베드로 성당 앞의 광장은 그저 오두막 정도에 불과하다고 생각했을 것이다.

보필과 타예르 데아르키텍투라는 세계에서 가장 인기 있는 건축가 그룹의 하나가 되었다. 그들은 이제 고전주의를 벗어난 작업도 많이 하므로 일정한 틀 속에서 평가하기도 어렵다. 그렇지만 그들이 그동안 해온 고전주의 집합주택에 대해 많은 사람이 이런저런 평가를 내렸다. 부정적인 견해가 더 많다. "괴물 같다", "슈퍼스타가 되려 한다" 등등 감정 섞인 혹평이 대부분이다. 그들의 집합주택을 놓고 냉정한 평가를 내린 권위 있는 한 학자의 견해는 다음과 같다. "보필 팀의 관심은 건물의 파사드와 좌우대칭의 주거 블록을 어떻게 앉히느냐에 국한되어 있는데, 집합주택에서 이런 극단적인 고전적 상징주의는 시대에 맞지 않으며 설득력이 부족하다." 이 책을 읽는 독자들의 생각은 어떠신지.

프랑스 남부 도시 몽펠리에의 중심에 들어선 안티고네 지구. 제공: Ricardo Bofill Taller de Arquitectura

아브락사스 집합주택

유형으로 접근한 갈라라테제 집합주택

집합주택에 '역사'를 접목하는 방법은 다양하다. 리카르도 보필은 역사적 건축의 이미지를 직접 전달했다. 알바루 시자는 에보라의 역사적인 선례를 현대의 건축언어와 교묘하게 섞어 넣었고, 결과적으로 말라게이라 지구를 탁월한 장소로 구현해 냈다. 알도 로시와 카를로 에이모니노Carlo Aymonino, 1926~2010는 좀더 고차원적인 접근을 했다. 역사에서 형태 구성의 원리를 찾는 '유형학적 접근'을 선택한 것이다. 그들은 1974년 밀라노에 완성한 갈라라테제 집합주택Gallaratese Housing을 대상으로 지역에서 오랫동안 내려오는 형태와 공간의 에센스를 심어 넣었고, 그것을 통해 '의미가 풍부한 건축' 그리고 '말하는 건축'을 실현했다.

밀라노의 북서쪽 외곽에 위치하는 이 단지의 정식 이름은 몬테 아미아타 주거단지Monte Amiata Housing Complex이지만 통상적으로 갈라라테제 집합주택이라고 부른다. 건물이 취하는 특이한 모습뿐 아니라 그렇게 만들어지는데 작용한 특별한 이론 때문에 전 세계로부터 주목을 받아왔다. 두 건축가가 추구한 집합주택은 도시의 이념을 함축하는 복합체였다. '도시 속의 소도시'를 구현하려는 것이었다. 5동의 주동은 야외극장과 그 주변의 두 삼각형 광장을 중심으로 군을 이룬다. 주동을 지나는 회랑형 복도는 모두 야외극장과 광장으로 이어진다. 회랑형 복도와 광장을 의도적으로 사용한 것이다. 길과 광장이 생활의 중심이 되는 이탈리아의 전통도시를 재현한 것이다.

로시가 설계한 한 동의 건물이 특히 눈길을 끈다. 건물의 끝에서 끝까지 이어지는 복도를 따라 좌우에 얇은 판상의 기둥을 촘촘히 배열하고, 중앙에는 네 개의 육중한 원통형 기둥을 두었다. 로시는 이 회랑형 복도를 밀라노 노동자 주거지역의 길에서 유추했다고 실토했다. 그는 노동자 주거지역의 길에서 "다채로운 인간관계가 마구 혼합된 독특한 생활양식"을 목격했고 그것을 이 집합주택에서 재현하려고 했다. 길에서 보이는 일상적인 행위 즉 어린이가 뛰어놀고 어른들이 활발히 교제하는 도시적인 삶을 이곳에 담고 싶었다는 것이다. 이렇듯 그는 길을 집합주택 설계를 위한 가장 중요한 '유형'으로 생각했다. 하나의 원리로 보았다는 것이다.

로시는 건축 작업에서 가장 중요한 과정을 "유형을 선택하고 조합하는 과정"이라고 했다. 한 사회의 역사와 관습을 건축설계의 중심에 둔다는 뜻이다. 유형은 사회의 구성원들이 공유하는 '집단의 기억collective memory'에 바탕을 둔다. 그것은 한 사회가 문화적 고유함을 유지하는 '바탕' 또는 '원리'가 되는 것이다. 로시는 이 건물에서 밀라노 시민들이 생활하면서 친숙해지고 기억에 남는 유형을 선택하고 그것을 순수 기하학적 형태로 풀어냈다. 그가 이 건물에서 채택한 기둥, 포티코, 아케이드, 길, 광장, 기념물 같은 것들은 밀라노 시민들에게는 너무나도 친숙한 공간이나 오브제이다. 모두가 고유한 유형인 것이다.

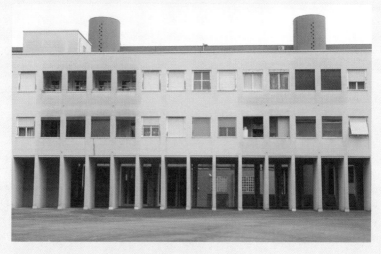

알도 로시가 설계한 갈라라테제 집합주택의 주동 외관 ⓒvictorillen, Flickr

아브락사스 집합주택

라우흐슈트라세 주거단지의 동쪽 주동. 이 반달형 건물이 단지의 얼굴이자 정문이다. ©Jim Hudson

블록을 지키는
집합주택

로브 크리어 외,
라우흐슈트라세 주거단지,
1985

오래된 건물이라고 해서 함부로 부수어버리면 안 된다. 옛 건물이 많이 남아 있는 지역의 재개발은 신중하게 해야 한다. 당연한 것으로 생각되는 이 말이 1970년대에서야 간신히 사회적으로 받아들여졌다. 근대화 과정에 유럽에서는 많은 역사적 건물이 철거로 사라졌다. 미국 도시들 역시 다를 바 없다. 천 년이 넘는 역사적 흔적이 켜켜이 쌓인 이탈리아나 스페인 같은 나라에서 엄청나게 많은 역사적 건물이 파괴되었다. 도시 전체를 '박물관'으로 취급해야 함에도 불구하고 도시 곳곳이 개발의 미명아래 훼손되었다. 사실 그들은 급변하는 근대화의 과정에서 역사적 도시를 어떻게 보존하고 이어가야 하는지 방법을 몰랐다.

이탈리아 최고의 관광지인 로마를 보자. 성 베드로 성당, 콜로세움, 판테온 같은 기념비적 건물이 눈에 띈다. 그렇지만 오래된 주거지, 뒷골목, 소규모 광장같이 생활의 흔적이 담긴 공간은 보이지 않는다. 대부분 사라져버리고 없다. 로마가 피렌체, 베네치아 같은 도시와 비교되는 가장 아쉬운 점이다. 로마에서는 옛 주거지를 모두 부수어버리고 전혀 새로운 환경으로 조성했다. 1861년 이탈리아가 통일을 이루고 수도를 로마로 정한 이후 수도 정비 사업을 펼쳤다. 그들은 콜로세움처럼 위대한 유산이 '지저분한' 주거지로 둘러싸인 것을 부끄럽게 생각하고 대대적인 정비 사업을 펼쳤다. 이탈리아의 정치가들은 그러한 도시

볼로냐의 구시가지. 새로운 도시재생과 보존사업을 통해 전통적 주거환경을 잘 보존했다.

정비 사업이 잘못된 것인 줄 몰랐다.

뼈아픈 실책이 거듭된 이후에야 개선된 도시재생 수법이 시작되었다. 시작은 이탈리아 볼로냐에서이다. 1966년 건축이론가 레오나르도 베네볼로의 발의로 시당국에서는 새로운 방식의 재생과 보존사업을 시행했다. 비로소 도시와 주거지는 공동의 기억이 누적된 문화적 산물이라고 인식한 것이다. 시에서는 도심의 버려진 옛 건물을 시민의 공간으로 활용하는 전략을 적극 모색하고, 쇠락한 주거지에는 새로운 숨결을 불어넣었다. 모든 건물은 크기에 따라 구분해, 큰 공간은 도서관, 미술관 등 공공시설로 활용하고, 길에 면하는 주택의 1층 공간은 장인을 위한 공방 등으로 활용했다. 모든 건물의 개조에는 엄격한 규제를 적용했다. 이 재생사업으로 볼로냐는 세계적으로 주목받는 문화도시가 되었다.

유럽 각국에서도 서서히 도시재생의 방향을 틀었다. 도시의 중요한 주거지는 되도록 철거를 억제하는 쪽으로 방향을 잡았다. 그 선봉에 베를린이 있다. 베를린에서는 1973년 살로텐부르크 자치구의 '블록 118block 118' 재생사업에서 철거 없는 도시재생을 시도했다. 블록 118은 19세기에 임대주택 위주로 건설된 베를린의 전형적인 주거 블록으로, 밀도는 높고 공간구조는 복잡했으므로 과거 같으면 가차 없이 철거해야 할 대상이었다. 그런데 전문가들로 구성된 개혁적인 시민단체는 철거 없이도 지역이 새롭고 활기 넘치는 공간으로 재생될 수 있음을 주장했다. 그들은 우선 연구를 통해 가능성을 제시하고, 1975년 시행된 실제 사업을 통해 그것을 입증했다. 그들은 그런 방법을 '진중한 도시재생Careful Urban Renewal'이라고 불렀다. 주창자는 건축가 하르트 발테어 헤머Hardt-Waltherr Hämer, 1922-2012였다.

베를린의
국제건축전시회 이바

1970년대 중반의 베를린은 문제가 많았다. 유서 깊은 역사 도시이지만 전쟁과 분단의 상처가 너무 컸다. 도시에는 빈 땅이 곳곳에 방치되어 있었다. 게다가 마구잡이식 주택공급으로 인해서 도시경관의 수준은 현저히 저하된 상태였다. 무엇인가를 해야 했다. 마침내 1974년부터 베를린을 새롭게 구축하자는 논의가 시작되었다. 두 가지 방법이 제시되었다. 진중한 도시재생을 통해 쇠락한 도심을 재생하는 것, 새로운 주거환경을 조성해 도시의 면모를 일신하는 것. 두 방법 모두 도시의 역사를 존중하고 고유한 도시조직을 지켜나간다는 전제가 필요했다. 그리고 사업을 세계적인 관심을 끄는 '축제'로 발전시키자는 아이디어가 제시되었다.

이렇게 해서 1987년 베를린에서는 '국제건축전시회'가 열렸다. 흔히 '이바HBA'라고 불리는 이 전시회는 20세기 건축사에 중요하게 기록된 이벤트로서, 독일에서 세 번째로 열린 국제적인 건축전시회였다. 첫 번째는 1927년에 열린 바이센호프 주택전시회, 두 번째는 1957년 베를린에서 열린 인터바우 전시회. 이바를 포함한 세 전시회는 모두 주택이 주제였다. 그런데 이바는 앞선 두 전시회와는 달리 도시 곳곳에 지은 집합주택을 실제 상황 그대로 보여주는 열린 전시회였다. 이바는 크게 두 부분으로 나뉜다. 하나는 재개발 위주의 올드 이바Old IBA, Altbau로, 크로이츠베르크Kreuzberg 지구가 대상 지역이었다. 다른 하나는 건물의 신축 사업이 주를 이루는 뉴 이바New IBA, Neubau로서 남부 티어가르텐 지구Südliches Tiergartenviertel를 포함해 여러 지구가 대상 지역이었다.

올드 이바를 책임진 하르트 발테어 헤머는 진중한 도시재생을 본격적으로 펼쳤다. 뉴 이바를 책임진 건축가 요제프 클라이휘스Josef P. Kleihues, 1933~는 '도시의 비판적 재구축 Critical Reconstruction'이라는 이념을 내걸었다. 도시의 고유한 구조를 존중하면서도 현대적 감각과 미래지향적 건축언어를 수용하자는 것이다. 도시는 역사적 현상이지만 그것을 구

'이바' 이전(위)과
이후(아래)의 베를린 중심부
도시조직의 변화. 출처:
《Bauwelt》, no.72, 1981

352

축하는 태도는 최첨단이어야 한다는 변증법적인 입장을 강조한 것이다. 그는 전시회에 참여한 건축가들의 독자적인 접근과 창의적 표현을 적극적으로 이끌어내려고 했다. 또한 새로 짓는 건물의 재료와 표피의 파격성에도 제동을 걸지 않았다. 도시구조의 연속성은 지키되 실험정신과 대담성도 동시에 요구한 것이다. 역사를 바탕에 두면서도 미래를 지향하는 도시공간을 구축하고자 한 것이다.

열린 블록형
집합주택

이바를 위해 많은 집합주택이 새로 지어졌는데, 그중에서 하나만 꼽자면 나는 라우흐슈트라세 주거단지Urban Villas in Rauchstrasse를 지목한다. 남부 티어가르텐 지구의 한 블록을 이루는 작은 단지인데, 단지가 면하는 길의 이름을 따서 그렇게 부른다. 룩셈부르크 출신의 건축가이자 이론가인 로브 크리어Rob Krier, 1938~가 1980년에 시행된 현상설계를 거쳐 전체 계획을 수립했다. 특별한 모습의 블록형 집합주택이다. 과연 이것을 블록형 집합주택이라고 해도 좋을까. 고개를 갸웃하게 만든다. 블록의 네 면이 건물로 막힌 폐쇄적 구성이 아니고 독립된 건물이 일정한 간격을 두고 블록을 둘러싸고 있기 때문이다. 따라서 단지는 폐쇄적인 동시에 개방적이다. 이바의 전시 카탈로그에서는 이를 '개방형 블록the open plan block'이라고 규정하고 있다.

왜 이런 열린 블록형 집합주택이 등장한 것일까? 그것은 '도시형 빌라urban villa'라는 새로운 주거형식과 관련이 있다. 이 단지를 보면, 장방형 부지의 동·서쪽에 각각 긴 선형의 건물이 있고 그 사이에 6동의 건물이

라우흐슈트라세 주거단지.
개방형 블록의 형상이다. 제공:
Rob Krier

　　　　　　　　　　　　　　　라우흐슈트라세 주거단지

서 있다. 도시형 빌라로, 이바가 낳은 새로운 형식의 집합주택이다. 그렇지만 발명품은 아니고 전통의 유산이다. 빌라는 이탈리아, 독일을 위시한 유럽 여러 나라의 상류계층이 거주한 큰 규모의 단독주택으로서, 19세기 베를린에도 무수히 많았다. 이바를 위해 건축가들은 과거의 빌라를 형식적으로 변형해 소규모 집합주택으로 만들었다. 한 층에 4~5호의 주택이 자리하는 5층 내외의 집합주택이므로 우리나라의 다세대·다가구 주택과 큰 차이가 없다.

도시형 빌라는 단독주택의 이미지와 집합주택의 효용성을 동시에 가진다. 집합주택이지만 단독주택과 같은 독자성을 표출하는 것이다. 도시형 빌라에 사는 주민들은 비록 집합주택에 살지만 단독주택에 사는 것과 다름없다는 생각을 하게 된다. 뉴 이바를 총괄한 클라이휘스는 물론 로브 크리어도 도시형 빌라가 가지는 이런 이점을 잘 알고 있었다. 그런데 도시형 빌라가 블록과 따로 놀게 되면 도시의 공간적 질서체계를 손상할 염려가 있었다. 따라서 그들은 블록의 질서를 지킨다는 원칙 속에서 도시형 빌라를 건축했다. 그 결과가 열린 블록형 집합주택으로 귀결된 것이다. 기존의 블록형 집합주택이 지니는 폐쇄성을 완화하면서도 다양한 건축적 표현이 가능하게 된 것이다. 동시에 건물이 일정한 간격으로 이어짐으로써 가로의 연속성도 지킬 수 있게 된 것이다.

라우흐슈트라세 주거단지는 조화를 지향하면서도 개별 건축의 존재감 또한 강조했다. 크리어가 조정자 역할을 맡고 블록을 둘러싸는 빌라와 여타 건물은 각기 다른 건축가들이 맡아서 설계하는 방식을 취했다. 첫 번째 등장한 인물이 알도 로시다. 그는 단지의 북서쪽 코너에 한 채의 건물을 지었다. 남서쪽 코너에 있던 기존의 건물과 완전한 대칭으로 노

블록의 동쪽 주동. 중앙의 반달형 건물과 두 동의 도시형 빌라가 하나로 결합된 형상이다. ⓒTomas Riehle/ARTUR IMAGES

중정에서 바라본 동쪽 주동. 벽돌로 마감한 중정쪽 표피는 친근하다. 제공: Gunnar Klack

란색 수평 띠가 들어간 벽돌 건물이다. 원래 있던 건물은 1938년까지 룩셈부르크 대사관으로 사용된 L자형 건물이다. 로시는 기존 건물에 자신의 건물을 소박하게 맞추었다. 그리하여 두 건물은 좌우대칭으로 당당히 자리했고, 전체 블록에 질서와 위엄을 더하게 되었다. 단지 전체의 조화를 존중하는 로시의 이러한 태도는 마치 무리의 인도자처럼 블록 내부의 모든 건축적 행위의 기준이 되었다.

로시 건물의 반대편 즉 블록의 동쪽 끝은 로브 크리어가 설계를 맡았다. 그가 설계한 육중하고 상징적인 건물은 블록의 얼굴이자 정문 역할을 한다. 두 유형의 건물, 즉 중앙의 반달형 건물과 두 동의 도시형 빌라가 하나로 결합된 형상이다. 그렇게 한 이유는 이 건물이 두 가지 역할을 동시에 해야 하기 때문이다. 반복되는 도시형 빌라의 리듬을 그대로 이어가는 역할, 중정을 가로막아 독립되고 폐쇄된 공간으로 만드는 역할. 이렇게 한 결과 실제로는 6동의 도시형 빌라가 있는 블록을 내려다보면 8동의 도시형 빌라가 있는 것처럼 보인다. 독립된 도시형 빌라가 이루는 리듬의 연속성이 단지의 동쪽 끝까지 유지되고 있는 것이다.

반달형 건물은 외부를 향해서는 배타적인 반면 중정을 향해서는 친근하다. 바깥쪽은 돌로, 중정 쪽은 벽돌로 마감한 때문이다. 크리어는 반달형 건물의 하부에 아치형 입구를 두고 그 위에는 조각상을 설치했다. 그는 처음부터 아치 위에 조각상을 두고 싶어 했다. 르네상스 시대 팔라초palazzo의 입구 위에 설치한 상징물을 재현하고자 한 것이다. 그가 처음 제안한 조각상은 너무 심각한 모습을 하고 있었기 때문에 이바 위원회로부터 거부되었다. 결국 베네치아 풍의 가면을 쓰고 웃고 있는 사나이의 반신상으로 교체되었다. 가면에 금박을 입힌 이 익살스러운 조각상으로 인해 건물은 배경이 되고 즐거운 모습의 인간이 단지의 주인공이 되었다. 조각상은 '이곳은 즐거운 인간이 사는 곳'이라는 의미를 듬뿍 전달하고 있다. 건축과 조각의 결합은 성공적이었다.

블록의 중앙에 배열된 6동의 도시형 빌라는 다소 엄격한 규제 속에서 계획되었다. 한 변이 21.45m인 정사각형 평면에, 층수는 5층, 외부에는 과다한 표현을 하지 말 것 등의 조건이 붙었다. 설계자들에게는 상당히 곤혹스러운 조건이었다. 라우흐슈트라세에 면하는 전면 중앙과 그 왼쪽 측면에 위치하는 건물은 원래 스위스 출신의 건축가 마리오 보타Mario Botta, 1943~가 맡아서 계획했다. 그런데 밀라노에서 구체적인 계획안을 확정하는 자리에서 그는 예외적으로 심한 조건에 격하게 불만을 토로하고 계획에서 손을 떼고 말았다. 전

라우흐슈트라세
주거단지에 배열된
도시형 빌라 중 하나.
마리오 보타를 대신해
로브 크리어가 설계했다.
제공: Gunnar Klack

한스 홀라인이 설계한
도시형 빌라. 곡선적인
다채색의 상자로
구현되었다. ©Hans
Hollein Archives

체 계획을 책임진 크리어는 부랴부랴 빈 출신의 건축가 한스 홀라인Hans Hollein, 1934~2014에
게 중앙 주동의 계획을 맡겼고, 본인이 그 옆의 건물을 맡아서 계획했다.

  6동의 도시형 빌라는 모두 개성적인 모습을 취한다. 계획의 초기 단계부터 크리어는
건물을 '흰색 상자'로 구현해 줄 것을 건축가들에게 주문했다. 르네상스 시대 팔라디오의
빌라가 보여주는 규율과 위엄을 담아줄 것을 기대한 것이다. 그렇지만 건축가들은 다양하
게 대응했다. 조르조 그라시Giorgio Grassi, 1935~는 20세기 초반의 금욕주의를 함축하는 좌우
대칭의 흰색 상자를 구현한 반면, 한스 홀라인은 곡선적인 다채색의 상자로 대응했다. 신

리터슈트라세 북부 주거단지. 로브 크리어가 이바를 위해 계획한 두 단지 중 하나다. 제공: Rob Krier

진건축가들도 나름대로 독자적인 아이디어를 제시했다. 크리어는 건축가들의 뒤는 아이디어를 조정하면서 전체적인 조화를 이루도록 노력했지만 사실은 스스로에게조차 엄격한 통제를 할 수 없었다고 실토했다.

도시는 살아있는
생물체이다

200호 남짓의 주택을 수용하는 작은 주거지 라우흐슈트라세 주거단지가 지니는 역사적 의미는 각별하다. '주거환경은 도시의 물리적·공간적 조직의 일부'라는 20세기 후반의 새로운 논리를 실증적으로 가시화한 첫 사례이기 때문이다. 로브 크리어는 동생 레온과 함께 주거환경과 도시조직의 유기적 통합을 위한 방법론 개발에 주력했다. 그는 1975년에 출간한 첫 저서 《도시공간Stadtraum》을 통해 유럽 각국에 현존하는 다양한 도시공간을 대상으로 세심하게 유형적 분석을 하고, 역사적 도시공간을 재구축하는 방법을 구체적으로 제시했다. 이바를 위해 건설된 라우흐슈트라세 주거단지와 리터슈트라세 북부 주거단지 Ritterstrasse-Nord Housing는 그런 방법론을 처음으로 실현한 사례이다.

라우흐슈트라세 주거단지

베를린 도시 모델의 일부. 블록의 형상을 유지하면서 보존하고 바꾸어나가는 전략을 쓴다.
ⓒkellerabteil, Flickr

요제프 클라이휘스와 로브 크리어는 이바를 통해 블록이 도시조직의 기본이며 블록을 지키는 집합주택이 가장 이상적인 도시주거라는 사실을 보여주었다. 도시미는 블록의 조화를 통해서 달성된다는 베를라허의 논리를 계승하면서도 21세기적 감각에 맞게 발전시켰다. 블록이라는 틀을 유지하면서도 그 속에 자리하는 건물의 개별성을 허용하고 장려한 것이다. 그들은 현대도시에 담긴 사회적 다양성과 구조적 복합성에 대해 현실적인 대안을 제시했다. '규율 속의 다양성'은 현대 도시인의 다이내믹한 삶에 적절하게 대응하는 도시설계의 중요한 방법론이 되는 것이다. 그런 측면에서 라우흐슈트라세 단지는 이바 전시회의 시범단지적인 성격을 띠고 있다. 실험정신을 담으면서도 도시적 질서는 깨지 않는 집합주택. 현대사회는 그런 집합주택을 요구하고 있다.

새로운 개발이어도 도시조직의 틀은 유지한다. 역사적 가치가 있는 건물은 보존하고 그것과 연계해서 새로운 건물을 붙여나간다. 역사를 바탕으로 미래를 지향한다. 도시재생의 기본방향이다. 세계적인 계획가들이 이바를 통해 추구한 도시개발의 방법론이다. 그런데 우리도 그런 방법을 쓰는가? 아니다. 그것은 모든 것을 한꺼번에 바꾸는데 익숙한 우리에게는 불편하면서도 '바보 같은' 방법이다. 빠른 속도의 도시개발에 익숙해 있는 우리는 지키는 개발보다는 허물어버리는 개발을 해왔다. 우리에게 도시를 개발하게 하는 힘은 권력과 자본이고, 수단은 마스터플랜이었다. '도시의 흔적', '도시조직 이어나가기', '진중한 도시재생'은 그들의 이야기이지 우리의 관심사는 아니다.

하지만 도시는 살아있는 생물체인 걸 어쩌랴. 그것은 뚝딱 완성되는 것이 아니고 늘 변화하는 실체인 것을. 생물체의 변화에서 급작스러운 것은 없다. 늘 유지하고 흔적을 이어나간다. 몸의 일부인 간을 절제해도 시간이 지나면 원래 모습 그대로 복원되는 것처럼. 도시의 건전한 변화는 블록의 형상을 유지하면서 그 속에서 조금씩 덧붙이고 바꾸어나가는 것이다. 그런데 우리는 재개발의 광풍 속에서 인간적 스케일의 블록을 무수히 부수어버렸다. 블록의 크기가 작고 길과 만나는 부분이 많을수록 집은 도시의 일부가 되고 커뮤니티는 긴밀해진다. 우리 도시에서 작은 블록이 사라지는 것에 비례해서 인간적인 길도 사라지고 자동차 위주의 길은 계속 늘어난다. 급조된 큰길을 따라 부조화한 현대식 건물이 마구잡이로 채워진다. 우리 강토에 역사 도시가 있는가? 지금이라도 멈추고, 조금씩, 천천히, 차근차근 도시를 만들어가야 한다.

라우흐슈트라세 주거단지

키르히슈타이크펠트, 역사적 도시조직을 재현한 신도시

도시의 일부를 대상으로 역사적 조직의 회복을 시도한 프로젝트는 더러 있다. 이바가 대표 사례다. 그런데 새로운 도시를 대상으로 역사적 조직을 현대적으로 재현한 시도는 매우 드물다. 독일 포츠담Potsdam의 동남부에 자리하는 키르히슈타이크펠트Kirchsteigfeld가 그런 희귀한 사례 중 하나다. '미니 신도시' 정도의 규모로 인구 5천 명을 수용하는 도시로 계획되었으며, 1990년대에 걸쳐 개발되었다. 과거 동베를린에 거주하던 주민 중 수준 이하의 주거환경에 살던 사람들을 수용하기 위해 만든 도시다. 건축가 로브 크리어가 크리스토프 콜Christoph Kohl, 1961~의 협조를 받아 전체 계획을 수립했다.

크리어는 자신의 도시구성 이론을 이곳에 모두 쏟아부었다. 길, 광장, 블록, 중정으로 이루어지는 이 도시는 현대적인 재료, 기술, 디자인을 적용했지만 어디까지나 유럽의 역사 도시를 재현한 것이다. 따라서 이 도시의 주인공은 광장과 길이다. 도시에는 원형, 사각형, 말굽형 등 여러 형태의 광장이 곳곳에 자리한다. 이곳의 도로는 자동차 위주의 도로가 아니고 적당한 폭을 유지하는 인간적 스케일의 길이 자연스러운 변화를 만들면서 이어진다. 길의 변화는 블록의 변화와 함께한다. 크리어는 길과 광장의 선과 형태를 통해 다양한 블록의 형태를 조정했다. 그 반대일 수도 있다. 즉 블록의 형상을 통해 길과 광장의 모습을 결정했다고 할 수도 있기 때문이다.

키리히슈타이크펠트에는 전원도시의 이념이 접목되었다. 크리어는 이곳에서 폐쇄된 블록 대신에 '개방형 블록'의 개념을 적용했다. 그렇게 함으로써 오픈스페이스가 블록과 블록 사이를 빠져나가면서 연속적으로 이어지게 하고, 거주자들의 시선과 동선 또한 유기적으로 연결시켰다. 시각적으로 변화가 풍부한 도시를 만든 것이다. 크리어는 중정의 크기와 비례를 분석하여 겨울에도 충분한 햇빛이 들도록 했다. 따라서 이곳의 중정은 빛과 신선한 공기가 충만하고 늘 푸른 공간으로 인식된다. 이 도시의 거주자들은 광장과 중정을 오가면서 도시적 분위기와 전원적 분위기를 번갈아 즐긴다. 그것이 이 도시가 성공할 수 있는 가장 큰 요인이었다.

크리어는 블록을 이루는 건물을 여러 개의 작은 덩어리로 나눈 다음 그 각각을 다른 건축가들에게 맡겨 계획하도록 했다. 베를린의 라우흐슈트라세 주거단지에서 했던 방법이다. 크리어는 개별 건축가들의 작업을 전체 틀 속에서 조율했고, 그 결과 이 도시는 유럽의 오래된 역사 도시처럼 조화로운 콜라주를 이루게 되었다. 다양한 색채 계획을 적용한 것이 이 도시의 또 다른 특징이다. 색채계획은 무엇보다 각 지구에 독자성을 부여하려는 의도가 가장 컸다. 크리어는 도시를 여러 개의 지구로 나누고 각 지구에 특정한 색을 주조색으로 적용했다. 주조색은 흰색, 노란색, 푸른색, 붉은색 네 종류이고, 60여 종에 달하는 변조색이 조화롭게 적용되었다. '규율 속의 다양성'을 구현하기 위한 전략이었다.

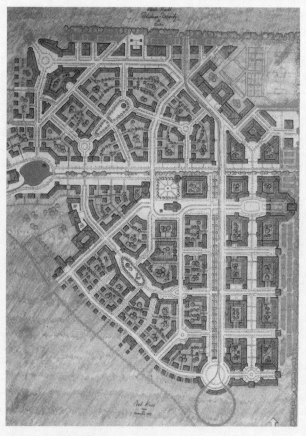

신도시 키르히슈타이크펠트의 공간구성. 제공: Rob Krier

라우흐슈트라세 주거단지

하늘에서 본 올림픽 선수촌 아파트. 제공: Kyu Sung Woo Architects

올림픽이 낳은
대한민국 최고의 아파트단지

___

우규승·건축연구소 일건(황일인, 김인석, 최관영),
서울 올림픽 선수촌·기자촌 아파트,
1988

대한민국에도 자랑할 만한
아파트단지가 있다

우리나라에 '시대를 빛낸 집합주택'이 존재할까? 우리는 1962년 최초로 아파트단지를 건설한 이후 끔찍하게 많이 지어댔고, '아파트 공화국'이라는 별칭까지 가지게 되었다. 50년 넘게 쉬지도 않고 온 국토가 대형·고층 아파트단지로 뒤덮이고 있는 특별한 나라가 된 것이다. 우리나라에 이념, 디자인, 거주성의 측면에서 세계에 내놓을 집합주택이 있을까? 수십억 원을 호가하는 아파트가 즐비하니까 부동산적 가치가 뛰어난 주거지는 많다. 그런데 진정 우수한 집합주택, 모두가 인정하는 살고 싶은 주거지가 있을까? 선뜻 떠오르지 않으니 마음이 편치 않다. 일본의 집합주택 여러 곳을 '시대를 빛냈다'고 주장하는 나로서는 자괴감에 봉착하게 된다.

다시 '따뜻한' 눈으로 그동안 지어진 많은 아파트와 연립주택을 하나하나 짚어보았다. 외국에서 건축·도시 전문가가 찾아와서, "자랑스럽게 내놓을 수 있는 한국의 집합주택 한 군데를 보여주시오."라고 요청한다면 과연 어디로 안내한다는 말인가? 진정 없을까? 단 하나 떠오르는 '물건'이 있다. 서울 송파구에 자리하는 올림픽 선수촌·기자촌 아파트. 흔히 올림픽 선수촌 아파트라고 부르는 아파트단지. 한국의 60년 아파트 역사 가운데 가장 우수한 단지라고 분명히 말할 수 있다. 20세기 세계사 전체를 놓고 '시대를 빛낸 집합주택'이라고 말할 자신은 없지만 우리에게는 분명 의미 있는 성취가 담긴 집합주택이다. 한국 주거사에 한 획을 그었으며 미래의 방향을 제시한 집합주택이라고 단언할 수 있다.

1988년 서울올림픽 기간에는 선수와 기자들을 위한 빌리지로, 올림픽 이후에는 서울 시민의 삶터로 지은 아파트단지다. 5,540세대를 수용하는 대형 단지로, 1984~1985년에 시행한 현상설계를 통해 지었다. 명색이 국제현상공모였으나 세계적으로 알려진 건축가들이 작품을 내지는 않았다. 다만 김중업1922~1988, 류춘수1946~, 조성룡1944~ 등의 이름이 눈에 띄는 것을 보면 국내 건축계로서는 매우 중요한 이벤트였다. 총 100팀이 신청했으나 실제로 작품을 제출한 것은 39팀이었다. 심사도 국내의 전문가들이 했다. 태릉선수촌장이 왜 심사위원에 포함되었는지는 알 수 없으나 당시로는 최고의 심사위원단이 작품을 평가했다. 당선자는 재미 건축가 우규승과 황일인1941~이 대표로 있는 건축연구소 일건.

이 단지 이전에 우리나라에서 아파트를 짓기 위해 현상설계를 한 경우는 흔치 않았다. 1986년 아시안 게임을 대비해 지은 아시아선수촌 아파트가 유일했다. 그만큼 아파트 디자인에 대한 사회적 관심도는 낮았다. 올림픽 선수촌 아파트가 시범적 성격이 강했다는 의미이기도 하다. 그렇지만 이 단지가 완성된 이후 한국의 아파트는 급격한 고층·고밀화의 과정을 겪으면서 퇴보의 길로 들어섰다. 노태우 정부에서 주택 200만 호를 짓겠다면서 분당, 일산 등 5대 신도시를 건설하고부터 나락으로 떨어지기 시작했다. 아파트를 주로 설계해 온 한 대형 설계회사의 대표가 한 이야기다. "신도시 건설 당시 아파트 설계가 너무 몰려서 A단지 설계도면을 표지만 B단지로 바꿔서 관청에 제출하는 일이 부지기수였는데, 공무원들이 전혀 문제 삼지 않았다." 이렇게 흘러왔다.

어쨌든 우리는 1988년 대한민국 역사상 가장 우수한 아파트단지를 지었다. 건축연구소 일건은 이전에 대규모 아파트단지를 설계한 이력이 없다. 반면 우규승은 미국에서 아파트단지 설계에서 중요한 족적을 남겼다. 뉴욕주 도시개발공사에서 1975년 시행한 루스벨트 섬 집합주택 현상설계에서 공동당선자의 한 사람으로 선정되었다. 단지는 실제로 건설되지는 못했으나 당시 시행된 현상설계는 미국 아파트계획 역사에 매우 중요하게 기록되어 있다. 1941년생인 우규승은 1967년 미국으로 가서 컬럼비아대학과 하버드 건축대학원에서 공부한 후 보스턴 인근의 케임브리지에 설계사무소를 열고 건축가로 활동했다. 한국에는 환기미술관1992과 광주 국립아시아문화전당2006 등 소수의 건물을 남겼으나 미국에는 많은 건물이 있다.

우규승과
루스벨트 섬 현상설계

올림픽 선수촌 아파트로 들어가기 전에 루스벨트 섬 현상설계에 대해 좀 얘기해야겠다. 두 프로젝트 사이의 연관성이 상당하기 때문이다. 1968년 설립된 뉴욕주 도시개발공사는 질 높은 집합주택을 많이 지었다. 맨해튼 동쪽 이스트 강에 떠있는 루스벨트 섬 역시 중요한 개발대상지였다. 공사에서는 하버드대학의 호세 루이 세르트에게 계획을 의뢰해 섬의 동쪽 지구인 이스트우드를 1969년에 이미 발주했고, 이어서 서쪽 지구인 웨스트우드West-wood를 대상으로 현상설계를 시행했다. 1,000세대를 수용하는 아파트단지 설계에 전 세계로부터 250개가 넘는 계획안이 제출되었다. 웅거스O. M. Ungers, 1926~2007, 렘 콜하스 등 세계적인 건축가들이 즐비했다. 공사는 그중 4개의 작품을 순서 없이 1차 당선작으로 선정했는데, 하나가 우규승의 안이었다.

1975년 뉴욕 도시개발공사에서 시행한 루스벨트 섬 현상설계에 제출한 우규승의 계획안.
제공: Kyu Sung Woo Architects

우규승의 안이 정답에 가장 가까웠다. 루스벨트 섬 현상설계를 다룬 여러 기사와 글에서 가장 많이 언급된 것도 우규승의 안이었다. 공사가 요구한 내용은 "사회적 교류와 근린 감각을 증진할 수 있게 해 달라"는 것과 "안전, 어린이 감시 및 거주성의 향상" 등이었다. 우규승은 고층과 중층 주동이 중정을 둘러싸고, 그것이 반복되면서 도시의 맥락에 완전하게 순응하는 계획을 제시했다. 사적 공간에서 공적 공간에 이르는 단계적 위계성이 뚜렷했다. 3층을 서로 연결하는 커뮤니티 가로를 설치하고, 길에서 에스컬레이터로 그곳으로 직접 이르게 하는 아이디어는 획기적이었다. 무명의 젊은 건축가의 작품이었지만 내용이 단단하고 혁신적이었다.

그렇지만 우규승의 아이디어는 실현되지 못했다. 1975년 4월 29일 자 《뉴욕타임스》 기사에 의하면, 도시개발공사는 22,500달러에 불과한 상금을 네 명의 당선자에게 나눠주고 최종 계획을 제출할 것을 요구했다. 그런데 실상 공사는 프로젝트를 이미 포기한 상태였다. 회복할 수 없을 만큼 심각한 재정난에 허덕이고 있었다. 최종 계획을 제출하기 전에 공사는 결국 도산했다. 34세의 한국 출신 건축가 우규승으로서는 좌절이었다. 비평가들은 그의 안이 "세르트의 작업을 많이 닮았다."라면서 지지를 보냈으나 신은 그에게 빠른 출세를 허락하지 않았다. 그러나 그는 미국 건축계에 자신의 이름을 알릴 수 있었고, MIT 등 여러 대학에 출강하는 기회를 얻었다.

한국의 마을 재현

그로부터 10년이 지난 1985년 우규승은 서울올림픽을 위한 선수촌·기자촌 현상설계에 참여했다. 여러 상황은 뉴욕과 다르지만 대도시에 짓는 고층·고밀 아파트라는 기본적인 조건은 별반 다르지 않았다. 우규승과 건축연구소 일건은 주어진 거대한 대지에 한국의 전통마을을 재현했다. 중심에 공공시설과 상징적 공간이 자리하고, 넓게 펼쳐지는 완만한 언덕을 따라 집이 모여 있는 아늑한 한국의 마을. 그것이 계획의 출발점이었다. 그 결과 24층 높이의 타워는 단지의 외곽을 둘러싸게 하고 중앙을 향해 점차 낮아지는 주동을 배열

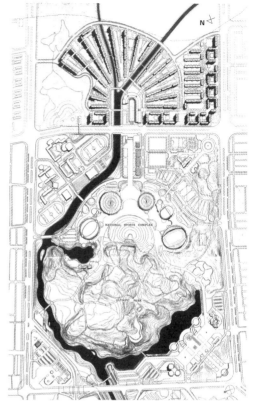

올림픽 선수촌 아파트의 전체 공간구성. 제공: Kyu Sung Woo Architects

했으며, 중앙에는 공공시설과 광장을 두는 계획으로 귀결되었다. 대지를 관통하는 Y자형 물길이 단지와 일체를 이루게 한 것도 한국적 마을을 염두에 둔 배려였다.

단지는 크게 두 덩어리로 이루어진다. 중앙의 큰 덩어리는 부챗살 구성이다. 강력하고 역동적인 주동의 배열이지만 주변으로부터 시각적으로 유리되거나 두드러지지 않는다. 남쪽으로는 도시조직의 일부로 섞여 들어가고, 동쪽으로는 보존 녹지를 부드럽게 포용하면서 멀리 남한산의 산록과 적절하게 어우러진다. 한편, 서쪽과 남쪽 주변부에 자리하는 ㄴ자형의 덩어리는 기하학적이며 구성적이다. 일관되게 마당을 둘러싸는 격자형 조직을 연출한다. 24층, 12~14층, 8층 높이의 주동이 길에 면해서 또는 길과 직각을 이루면서 자리하는데, 높이와 배열은 철저하게 원칙과 리듬을 따른다. 그 결과 단지의 바깥 켜는 길을 향

서울 올림픽 선수촌·기자촌 아파트

가까이서 내려다본 올림픽 선수촌 아파트. 공간의 위계성, 인간적 스케일, 커뮤니티 감각 등 여러 측면이 배려되었다.
제공: Kyu Sung Woo Architects

해 길게 펼쳐지고, 연속하는 건물이 리듬감 있는 음악을 연출한다. 베를라허가 지향한 도시의 표면을 만들어낸 것이다.

단지는 베를린의 말굽형 주거단지를 연상시킨다. 두 단지가 가지는 가장 큰 유사점은 강력한 중심적 구성이 표방하는 상징주의다. 베를린의 단지는 중심에 거대한 말굽형 주동을 두고 그것이 중앙의 연못과 광장을 둘러싸게 했다. 생활의 구심점인 동시에 사회적 결속의 매개체로 의도된 것이다. 올림픽 단지 중앙의 뒤집힌 J자형 건물과 광장 또한 같은 의도로 계획되었다. 올림픽 기간에는 선수회관으로 그리고 이후에는 단지의 중심상가로 사용되는 중앙의 건물은 밤낮으로 빛을 발산하는 '펼쳐진 유리탑'이다. 주거지를 하나의 결속체가 되게 하는 상징주의는 어느덧 사라졌는데, 우규승과 건축연구소 일건이 그것을 부활시킨 것이다. 그들은 이 중심공간과 서쪽의 올림픽 공원을 강력한 축으로 연결시킴으로써 서울에서 유일한 바로크풍의 공간을 만들어냈다.

밖으로는 도시에, 안으로는
자연과 커뮤니티에 대응하다

올림픽 선수촌 아파트는 전통을 계획의 출발점에 두었지만 현대의 도시형 단지가 갖추어

올림픽 기간에는 선수회관으로, 이후에는 중심상가로 사용되는 단지 중앙의 건물. 제공: 일건 건축사사무소

야 할 요건을 고루 충족시키고 있다. 모든 계획요소와 공간구성이 논리적이며, 단지의 규모와 밀도를 감안하면 믿기 어려울 정도로 구성이 명쾌하다. 건축가들은 이 단지를 놓고, 외부를 향해서는 도시에 맞추고 내부를 향해서는 자연과 커뮤니티에 맞추었다. 가장 높은 주동이 24층이므로 분명 고층 주거단지다. 그런데 이 단지는 '녹지 위의 고층주거'와는 거리가 멀다. 고층 주동을 송곳 다발처럼 녹지 위에 뿌려놓은 한국적 단지와는 차원을 달리한다. 낮게 시작한 층수는 조금씩 높아지면서 자연을 향해 부드럽게 솟아오른다. 이런 구성을 '주변 환경에 순응한다'라고 한다. '맥락적'이라고 해도 좋다.

이 단지에는 도시와 전원이 공존한다. 중정을 둘러싸는 사변형의 집합체를 구현한 때문이다. 전원을 중정에 가두어 폐쇄성을 강조했다. 우규승은 이런 기법을 루스벨트 섬 현상설계에 적용했는데, 그의 은사인 호세 루이 세르트로부터 배운 것이다. 위요된 도시공간을 선호했던 세르트는 하버드대학의 피바디 테라스에서 처음으로 중정을 둘러싸는 저층 주동과 고층타워의 결합을 시도했고, 그것을 루스벨트 섬에 다시 적용했다. 그는 그곳에서 고층에서 저층으로 높이가 단계적으로 변하는 판상 주동을 사용했는데, 우규승은 그것을 올림픽 단지에 적용했다. 올림픽 단지에 사용된 중정은 두 종류다. 하나는 방사하는 주동으로 둘러싸인 긴 마름모꼴 중정이고, 다른 하나는 장방형의 중정이다. 모두가 답

저층에서 고층으로 단계적으로 높아지는 주동의 배열. 제공: 일건 건축사사무소

방사하는 주동으로 둘러싸인 긴 마름모꼴 중정. 제공: Kyu Sung Woo Architects, 촬영: Mick Hales

답하게 느껴지는 폐쇄된 공간이 아니고 편안하게 열린 공간이다.

단지에서 경험하는 경관의 변화와 공간의 다양함은 놀라울 정도다. 외부에서 올림픽 플라자와 중심상가를 관통해 단지 내부로 들어가면, 우선 맞이하는 6층의 주동은 전혀 거부감이 없다. 내부로 발길을 옮기면, 폐쇄되고 한정된 외부공간은 어느덧 개방적으로 변한다. 방사하는 주동으로 둘러싸인 공간은 한 켜는 주차장 그리고 한 켜는 공원·녹지, 어린이놀이터로 교차해서 반복된다. 보행공간이 교차하는 결절부 곳곳에 광장, 공공시설 등이 자리하는데, 그

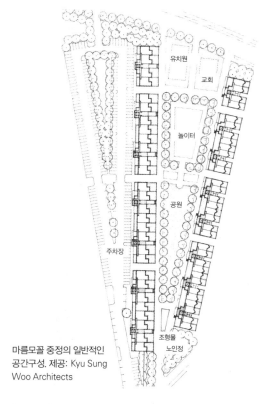

마름모꼴 중정의 일반적인 공간구성. 제공: Kyu Sung Woo Architects

배열에는 일정한 규칙이 있다. 건물 높이의 변화, 외부공간의 위치와 크기의 변화 등이 상호작용한 결과 단지의 어느 곳이든 보이는 경관이 모두 다르다. 때로는 건물과 건물이 겹쳐서 근경으로 다가오고, 때로는 고층주동이 멀리 원경으로 다가온다. 도시의 주거단지에서 이렇게 다양한 공간체험을 할 수 있다니.

이 단지에는 한국 최초로 복층 아파트가 제공되었다. 전체 세대수의 20% 정도에 해당한다. 방사하는 판상형 주동 중 양쪽 끝의 6층, 24층 주동을 제외한 8, 10, 12, 16층 주동에 복층 아파트가 배치되었다. 한옥으로부터 가운데가 빈 복층 평면을 차용했다는 것이 설계자의 설명이다. 그 결과 기존의 아파트와는 차별되는 특별한 입면이 형성되었다. 그런데 복층 아파트는 분양에 애를 먹었다. '좁고 답답하다'라면서 소비자들이 외면한 탓이다. 어렵사리 분양이 완료되었으나 입주 후 채 1년이 되지 않아 대부분 개조되었다. 위니테를 연상시키는 깊은 발코니는 입주자들이 임의로 설치한 창문에 의해 사라졌다. 복층의 흔적은 주동의 후면에만 남아있다. 거주자들의 개조행위를 터무니없다고 폄하할 수는 없을 테지

만, 이 단지가 요즈음 지어졌다면 양상은 많이 달라졌을 것이다.

올림픽 선수촌 아파트가 한국 최고의 단지라는 주장에 수긍하시는지? 다시 정리해 보면 다음과 같은 이유에서다. 첫째, 이 단지는 한국인의 정서를 담고 있다. 서양의 산물인 아파트단지를 한국의 전통적 마을로 구현한 건축가들의 의지는 지역주의이자 문화적 자긍심의 표현이다. 둘째, 세계에서 유사한 사례를 찾기 어려울 정도로 규모가 큰 단지를 명쾌한 공간구성으로 체계화한 것이다. 그것을 위해 건축가들은 한국 최초로 '닫힌 중정' 중심의 주동 배열을 시도했다. 그 결과는 공간의 위계성, 인간적 스케일, 커뮤니티 감각 등 많은 측면에서 성공적이다. 셋째, 이 단지에는 상징성과 일상성, 도시와 전원, 기하학과 자연주의 등 대조적인 요소들이 교묘하게 공존하면서 통합되어 있다. 이런 단지가 한국에 있다는 사실이 얼마나 다행인지 모르겠다.

1. 올림픽 선수촌 아파트에서 복층형 주동의 전면부 모습. 제공: Kyu Sung Woo Architects, 촬영: Mick Hales

2. 복층 아파트의 내부. 우리나라에서 최초로 시도된 복층의 공간구성이다. 제공: Kyu Sung Woo Architects

3. 올림픽공원에서 바라본 올림픽 선수촌 아파트. 여느 아파트 단지와는 차원을 달리하는 경관을 연출한다. 제공: Kyu Sung Woo Architects, 촬영: Mick Hales

이 단지를 꼭
재건축해야 할까

이 단지가 봉착하고 있는 가장 큰 현안은 재건축이다. 2018년이면 법이 정한 재건축 요건을 충족한다. 용적률 137%에 불과한 이 단지가 300% 정도의 단지로 변하면 아파트 소유자가 얻는 이익은 상당할 것이다. 주민들 90%가 동의한다고 하니 사업은 추진될 것이다. 수주에 뛰어드는 건설회사는 "세계가 부러워하는 작품을 완성하겠습니다." 같은 슬로건을 내걸 것이다. 이건 실제로 반포 주공 1단지 재건축 수주를 위해 G 건설회사가 내건 문구였다. 부동산이 주거문화를 지배하는 우리나라에서나 통하는 거짓말이다. 세계가 부러워하는 작품은커녕 세계에서 가장 흉측한 단지를 안 만든다면 다행일 것이다.

올림픽 선수촌 아파트의 주민 중에는 자신이 사는 단지의 역사적·건축적 가치를 알고 재건축에 반대하는 사람들이 있겠지만 그건 극소수에 불과할 것이다. 이대로 두면 단지는 사라질 것인데 그것은 기막힌 일이다. 마포아파트는 사라졌고, 반포 주공 1단지, 여의도 시범아파트 등도 조만간 사라질 운명에 처해있다. 모두가 역사적인 아파트이다. 마포아파트는 우리나라 최초의 아파트단지였다. 우리 국민이 근대적 삶을 시작한 장소로, 한국 주거문화의 중요한 이정표이다. 한편으로는 우리 국민을 주변과 고립시킨 단지 문화가 시작된 곳이기도 하므로 미래 세대에게는 중요한 교과서이자 박물관이다. 그걸 그렇게 흔적도 없이 사라지게 한 것이 옳은 일이었을까?

올림픽 선수촌 아파트는 우리가 어렵사리 만들어낸 문화재다. 그런 사실은 주민들은 물론 서울시도 모르는 것 같다. 앞에서 언급했듯 베를린은 1920~1930년대에 건설한 주거단지 6곳을 유네스코 세계문화유산에 등재시켰다. 그들은 아파트단지를 문화재로 모신 것이다. 문화재를 뭉개버리고 40~50층 초고층 아파트단지를 건설하는 나라는 대한민국밖에 없을 것이다. 올림픽 선수촌 아파트만은 제발 보호했으면 좋겠다. 요즈음 세간의 이슈는, 아파트를 재건축할 때 한 동의 건물을 흔적으로 남기자 말자의 논란이다. 그런데 올림픽 선수촌 아파트만은 단지 전체를 그대로 남겨야 한다. 이 단지의 재건축에 사인하는 시장은 문화시장이 아닌 것은 물론이고 역사에 큰 오점을 남긴 시장이 될 것이다.

디자인 명품 주거단지

외국의 건축·도시 전문가가 올림픽 선수촌 아파트를 둘러본 다음 '자랑할 만한 집합주택'을 한 곳 더 보자고 하면 어떻게 할 것인가? 2016년 이전에는 사실상 보여줄 곳이 없었다. 이제는 서울 세곡동에 들어선 'LH 강남 힐스테이트' 단지와 그 주변의 두 단지를 보여주면 어느 정도 체면은 선다. 여기에는 배경 설명이 좀 필요할 듯하다.

2008년 발족된 국가건축정책위원회는 천편일률적인 우리 아파트에 변화를 주려했고, 시범적 단지를 건설하기로 했다. 프로젝트 이름은 '디자인 명품 주거단지'였다. LH공사에서는 당시 '보금자리 주택' 지구로 지정된 세곡동 일대를 대상으로 국제현상공모를 시행했다. 세 블록으로 이루어진 약 3,000세대 규모의 아파트 지구다. 프리츠 판동언Frits van Dongen, 1946~, 야먀모토 리켄, 뷔니 마스Winy Mass, 1959~가 초빙된 건축가였고, 승효상1952~을 포함한 국내 건축가들도 작품을 제출했다. 열띤 토론과 투표를 거친 끝에 10년 임대 후 분양하는 A5블록은 프리츠 판동언이, 임대아파트 A3블록은 야먀모토 리켄이, 그리고 40세 이하의 신진건축가에게 기회를 주는 분양아파트 A4블록은 이민아1966~가 설계자로 결정되었다.

한국의 아파트와 '완전히 다른 모습'을 보여주겠다는 목표에 가장 잘 부합한 것이 프리츠 판동언의 계획안이다. 암스테르담의 집합주택 '더 웨일The Whale' 즉 고래를 더욱 복잡하게 변형시킨 6각형의 블록형 집합주택 9동(A5블록 6동, A3블록 3동)을 배치한 안이다. 프리츠 판동언은 그것을 '다이아몬드 블록diamond block'이라고 불렀으며, 사각형 블록이 지니는 단조로움을 탈피하는 계획이라고 설명했다. 한 주동 내에서도 건물의 높이는 3층에서 16층에 이르는 변화를 보였다. 산이 많은 한국의 지형을 고려한 계획이다. 그대로 단지가 완성되었다면 대모산을 배경으로 파동 치는 주동들이 이루는 경관이 압권이었을 것이다.

그런데 단지는 원안대로 완성되지 못했다. 일차적인 문제는 단위주택에 있었다. 판동언이 계획한 단위주택은 2베이를 기본으로 했다. 거실, 안방 뒤쪽에 부엌, 식당이, 그리고 그 후면에 2개의 침실이 배열되는 형식이다. 한국에서는 팔 수 없는 평면이었다. 단위주택을 대폭 수정한 A5블록은 2016년 비로소 완성되었다. LH 강남 힐스테이트라는 이름을 얻은 단지는 원안에 비해 많이 달라졌다. 원래 계획된 6개의 주동은 5개로 줄어들었다. 그 대신 주동의 몸집은 비대해졌다. 역동적으로 파동 치는 모습도 많이 둔해졌고 표피도 '한국적'으로 바뀌었다. 이런 변형에도 불구하고 이 단지는 기존의 우리 아파트단지와는 차원이 다르다.

이런 단지를 지어놓고도 LH공사는 홍보에 소극적이다. 원래 의도는 이 단지를 시범적으로 만든 다음 적극적으로 홍보하는 것이었다. 그리하여 우리 국민들의 뇌리에 박힌 아파트에 대한 고정된 이미지를 바꾸자는 것이었다. 그런데 LH공사는 이 단지를 거의 숨기다시피 하고 있다. 이런 단지를 자꾸 지으라고 하면 감당이 안 되기 때문이리라. 따라서 이 단지를 알고 있는 사람은 생각보다 많지 않다. 이 글을 읽는 사람들은 한 번 가보시길.

서울 세곡동에 들어선 LH 강남 힐스테이트 단지의 조감도 ©LH 한국토지주택공사

서울 올림픽 선수촌·기자촌 아파트

세기말,
미래의
주거상 찾기

1970년대를 지나면서 바야흐로 시대는 세기말을 향했다. 건축가들은 미래를 희망하고 새로운 사회를 그렸다. 산업사회가 만들어낸 주거환경에 대한 아쉬움이 바탕에 깔려있었다. 인류의 주거환경은 괄목할 수준으로 향상했으나 실수의 잔재도 곳곳에 남아있었다. 철학자들은 생태, 순환, 조화, 공유 같은 주제를 다가올 시대의 이념과 가치체계로 제시했다. 환경과 친화하고 조화하는 삶에 새삼 중요한 가치를 부여한 것이다. 그렇지만 건축가들은 같은 보조로 대응하지는 않았다. 시대가 지향하는 전반적인 분위기와 사회적 상황에 대응하면서도 각자 독자적인 이념과 목표를 내걸고 활동했다. 새로운 주거환경을 향한 다양한 실험. 전형적인 세기말의 경향이었다.

사회는 빠르게 변하고, 주택에 대한 수요와 요구 또한 세분되었다. 사회가 처한 구조적 복합성에 대응할 현실적 대안을 찾아야 했다. 더 이상 마스터플랜과 가이드라인은 통하지 않을 것이므로 모든 가능성을 열어두고 사회의 요구에 부응해야 했다. 특히 개인의 선택의 자유와 개별적인 요구를 존중하는 단위주택 계획이 새로운 목표로 인식되었다. 현대 사회에 맞는 공동체의 상도 찾아야 했다. 과거와 같은 커뮤니티는 더 이상 존재하지 않는다는 사실을 직시한 것이다. 많은 건축가가 표준이나 규율에서 벗어난 독창적인 방법으로 집합주택에 접근했다. 당연히 구성과 조형은 다양성으로 이어졌다. 현대 도시인의 다이내믹한 삶에 대해 '비표준적 건축'이라는 패러다임을 제시하고 거주자들에게 최대한 선택의 자유를 주는 계획은 어느덧 새로운 경향이 되었다.

이러한 변화 속에서도 사려 깊은 건축가들이 그린 새로운 집합주택은 과거의 산물을 바탕으로 했다. 우수한 집합주택은 과거의 산물을 기저에 깔고, 현재의 요구에 대응하며, 미래에의 비전을 담는다. 세기말의 건축가들은 근대적 언어를 사용해서 계획하면서도 미래의 상을 담기 위해 노력했다. 일부 건축가들은 가족구조의 변화를 주시했다. 가족이 해체되는 상황에서 과거의 주거상은 사회구조와 맞지 않았다. 그러면서도 인간은 모래알처럼 뿔뿔이 흩어져서 살 수는 없으므로 집합에 대한 새로운 모색이 시도되었다. 주거의 모습은 조금씩 변해갔다. 유형은 크게 변화하지 않았지만, 재료는 달라졌고 주거공간을 이루는 세부 요소들도 조금씩 모습을 달리했다.

여기에서 다루는 집합주택은 모두 그런 세기말적 양상을 보여준다. 물론 건축가마다 포커스는 다르다. 집합의 본질을 다시 살펴본 사람, 거친 땅에 새로운 생명력을 불어넣어 특별한 장소를 창출한 사람, 새로운 공동체의 상을 추구한 사람, 새로운 재료와 공간개념으로 저소득층을 위한 수준 높은 주거환경을 제공한 사람, 선택의 다양성을 극대화한 사람 등 각양각색이다. 그런데 모두에게 공통되는 것은 주거 본연의 가치에 충실하면서도 과거의 주거환경과는 매우 차별되는 주거의 상을 제시했다는 것이다. 우리는 이 집합주택을 통해 미래 인간 삶의 모습을 그릴 수 있다.

로테르담의 상징인 큐브하우스 ©Tom Parnell, Flickr

도시에 만든
집의 수풀

핏 블롬,

큐브하우스,

1984

도시 속
마을 만들기

성냥갑 아파트를 공격할 때 흔히 사용하는 이미지가 있다. 로테르담 중심부에 자리하는 큐브하우스Cube Houses. 건축을 잘 모르는 사람들에게 사람이 사는 집이라고 설명하면 모두가 고개를 갸우뚱한다. 45도로 기울어진 노란색 큐브가 나란히 공중에 떠있는 모습이 집의 이미지를 벗어나기 때문이다. 이 건물은 보통 옆에서 바라보게 되는데, 사람들은 건축가가 튀는 건물을 만들기 위해 과장된 계획을 했다고 생각한다. 그런데 건물의 전체상을 파악하고 나면 그런 오해는 사라진다. 실상 이 건물은 구조주의 철학의 건축적 결정체로서, '도심에 자리하는 마을'을 실현하려고 한 것이다. 개혁적 건축가가 오랫동안 사색하고 성찰하면서 모색한 결과물이다.

핏 블롬Piet Blom, 1934~1999. 큐브하우스의 설계자다. 다소 생경한 이름이다. 설계한 건물이 그리 많지도 않거니와 외관도 그리 과장되지 않은 것이 대부분이다. 그는 자신의 철학과 맞지 않는 건물은 설계하기를 마다했다. 따라서 매스컴의 조명을 받는 스타 건축가가 될 수 없었다. 그의 평생의 모색과 화두는 '마을 만들기'였다. 그 최종 결실이 로테르담의 큐브하우스다. 그는 제2차 세계대전 이후 네덜란드가 처한 '소외된 인간'과 '분열된 사회'를 극복하는 것이 건축가의 사명이라고 생각했다. 무미건조한 환경과는 다른 건축을 통해 사람들이 유기적으로 어우러지는 사회를 구현하려고 했다. 그 실천적 방법이 '도시 속 마을'을 실현하는 것이었다.

핏 블롬이 '마을 만들기'를 평생의 화두로 삼은 것은 두 가지 배경 때문이다. 첫째, 암스테르담의 요르단 지구에서 태어나고 자란 때문이다. 요르단 지구는 1960년대까지는 그야말로 암스테르담에서 가장 활기찬 저소득계층 거주지였다. 블롬은 그곳에 대해, "모든 것이 있었으며, 기능의 구분이라고는 없었고, 일상생활은 모두 그곳을 중심으로 행해졌다." 라고 묘사했다. 블롬은 평생 그런 장소를 재현하고 싶어 했다. 둘째, 그가 20세기 네덜란드 최고의 건축이론가로 꼽히는 알도 판에이크의 계승자였기 때문이다. 블롬이 판에이크를 만난 것은 암스테르담 건축아카데미Amsterdam Academy of Architecture 1학년 때였다. 목수로 훈련받던 그가 뒤늦게 대학에 진학해서 막 재능을 발휘하기 시작한 시점이다. 블롬 인생 최대의 변곡점이었다.

1956년 핏 블롬이 대학에 들어갈 때 나이는 군대에 갔다 온 22살이었다. 학교는 일종의 직업학교로서, 강의는 저녁에 했다. 우리로 치면 건축전문대학 야간부 정도라고 할 수 있다. 정규교육을 받을 수 있었던 것도 행운이지만 판에이크에게 배울 수 있었던 것은 행운 중의 행운이었다. 판에이크는 당시 네덜란드를 휩쓸고 있던 기능주의와는 완전히 다른 이념을 가진 건축가로서, 학생들에게 실용주의적 사고를 전혀 강조하지 않았다. 그는 학생들의 생각을 존중하고 그것을 발전시켜나가도록 계속 자극하고 북돋우는 교육을 했다. 그리고 그가 다녀온 북아프리카 마을 이야기를 위시해서 좋은 건축에 대한 생각을 학생들에게 자주 얘기해주었다.

알도 판에이크의
이념을 실현한 수제자

그렇다면 판에이크는 어떤 생각을 가진 건축가였을까? 그는 근대건축이 초래한 기계적 주거환경에 논리적으로 반기를 든 지식인이자 행동하는 건축가였다. 취리히 공과대학에서 건축을 공부한 그는 그곳에서 지그프리드 기디온의 부인이자 미술사학자 카롤라 벨커Ca-rola Welcker, 1893~1979를 만나 많은 아방가르드 예술가들과 사귀었다. 그리고 '상대성Relativity'의 이념에 심취했다. 세계는 고정적·위계적 질서에 의해 움직이는 것이 아니며, 문명의 중

알도 판에이크의 카스바 이론이 가장 잘 반영된 암스테르담 시립고아원 ⓒAldo van Eyck Archives

하늘에서 본 모로코
페스의 중심부. 전형적인
카스바의 모습이다.
출처: Google Earth

심은 무수히 많다는 논리다. 따라서 세계 어느 곳이든 중심일 수 있으며, 모든 가치관은 동
등하다는 생각이다. 판에이크는 이런 가치관을 건축에 접목시키려 했다. 근대건축보다는
토속적 건축에 관심을 가졌고, 여러 차례 북부 아프리카의 도시와 마을을 찾아다니면서
인류 주거환경의 원초적 존재 방식을 탐구했
다. 그리고 팀 텐을 구성하고, 그것을 이론적으
로 이끌었다.

　판에이크의 이론을 요약하면 두 가지로
정리할 수 있다. 중간 영역in-between 이론과 카
스바Kasbah 이론. 중간 영역 이론은 다분히 동
양적인 사고체계다. 예를 들면, 한옥의 대청마
루는 안인가 밖인가? 주택 앞의 계단 즉 스투
프는 집인가 길인가? 두 개의 영역이 겹쳐지는
이런 이중적 성격의 공간은 근대가 만든 도시
에서는 찾기 어려운 '탄력적' 공간이다. 열리면
서 닫히고, 내부이면서 외부인 이런 공간은 인
간적 정서에 부합하는 공간이다. 원래 인간은

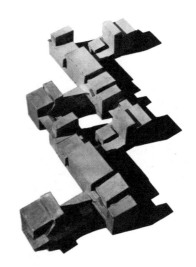

1959년 잡지 《포룸》에 실린 핏 블롬의 도시설계
작품 '도시에서도 마을에서처럼 살아야'. 제공:
Dirk Verwoerd

양면적 속성을 가지기 때문이다. 판에이크는 '경계threshold'를 매우 중요한 공간으로 생각
했다. 즉 길, 주택 앞의 계단, 발코니 같은 전이공간을 '경계'라고 규정하고, 건축과 도시를
잇는 중간영역으로 중요하게 생각했다. 분단과 분절로 특징되는 현대도시에서 다양한 형
태의 경계는 인간 생활을 풍요롭고 즐겁게 하는 것이다.

카스바 이론에서 카스바는 이슬람의 전통도시를 의미하는데, 카스바는 유기적 집합
체와 같은 의미로 사용된다. A라는 단위가 모여서 Aa가 되고, Aa가 모여서 Aaa가 되고,
Aaa가 모여서 Aaaa가 되는 집합체가 있다고 하자. 카스바는 A, Aa, Aaa, Aaaa가 구성적으
로 모두 같다. 이슬람의 도시를 보면 주택, 동네, 도시는 모두 중심에 핵이 있는 구심적 형
태를 취한다. 부분과 전체가 구성적으로 같은 것이다. 생물체, 분자의 집합, 복합적 사회 등
유기적 구조의 본질이 그렇다. 판에이크는 "도시는 주택이고 주택은 도시"라는 선언과 함
께 구조주의 건축이론을 구축했다. 그는 단순한 구조의 근대도시와 완벽하게 차별되는 집
합체를 카스바라고 설정하고, 그것이 진정 인간을 위한 건축과 도시가 된다고 생각했다.

핏 블롬은 판에이크의 이론을 참으로 잘 구현했다. 그리고 일찍부터 두각을 나타냈
다. 졸업하기 1년 전인 1959년에 당시 네덜란드 최고의 건축잡지 《포룸》에 작품이 실렸다.
편집을 맡고 있던 판에이크가 블롬의 도시설계 작품을 실은 것인데, 제목은 '도시에서도
마을에서처럼 살아야Let the cities be inhabited as villages'였다. 처음으로 수강한 도시설계 과목의
과제물로 규모가 큰 집합주택이다. 변화하는 지형에 따라 외부계단이 곳곳에 자리하고 다

핏 블롬이 헹엘로에
완성한 집합주택
카스바 ©Archangel12,
Wikimedia Commons

큐브하우스

양한 크기의 주택이 마당을 중심으로 밀집하는 구성이다. 블롬이 처음으로 구현한 '마을' 즉 카스바였다. 판에이크는 그것을 전후 네덜란드가 지향해야 할 개혁의 방향을 함축하는 작업으로 조명했다. 그는 그것을 오텔로에서 열린 근대건축국제회의에서 자신의 작업과 함께 발표했고, 단조롭고 기계적인 주거환경에 대한 대안적인 모델로 제안했다.

블롬은 뒷말썽이 많았던 졸업 설계 '노아의 방주Noah's Ark'를 제출하고 졸업했다. '뒷말썽'에 대해서는 나중에 얘기하겠다. 1961년 사무실을 낸 블롬은 카스바를 실제로 구현하려고 했다. 그런데 그런 일은 쉽사리 주어지지 않았다. 그렇지만 누구에게나 기회는 찾아오는 법. 1960년대 말 네덜란드 정부는 각 지자체에 보조금을 주어 '실험주택' 짓는 일을 시작했다. 블롬은 독일과 인접한 소도시 헹엘로Hengelo에 실험주택 '카스바' 계획안을 제출했다. 1969년 그것이 채택되었고, 128세대 규모의 집합주택 '카스바'는 역동성이 넘치는 '도시 속의 마을'로 구현되었다. 모든 주택은 콘크리트 기둥으로 떠받쳐진 인공대지 위에 자리한다. 하부는 길, 상점, 주차장, 텃밭, 녹지, 놀이터로 활용되었다. 주거와 일터가 혼재하고, 주택의 규모와 공간구성에 변화가 많고, 여러 계층의 사람들이 섞여서 살았다.

큐브하우스로
구현한 카스바

큐브하우스를 짓는 작업은 네덜란드의 작은 도시 헬몬트Helmond에서 시작되었다. 흔히 큐브하우스라고 부르지만 수상주거 즉 나무모양의 주거Pijlwoningen가 정확한 표현이다. 헹엘로의 카스바로 유명해진 블롬은 1972년 헬몬트 시장의 초빙을 받았다. 커뮤니티센터 설계 때문이었다. 블롬과 시장은 문화와 주거를 분리하지 않고 둘을 융합시키자는데 의견일치를 보았다. 블롬은 디자인의 영감을 얻기 위해 8주간 헬몬트에 머물렀는데 그때 근교의 자연보호구역 필Peel에서 수상주거의 아이디어를 얻었다. 그는 밀집한 나무의 몸통과 거기서 뻗어 나온 가지들을 보면서 나무 모양의 집을 밀집시키면 '집의 수풀'이 될 것이라는 기발한 생각에 이르렀다.

아이디어를 구체화한 블롬은 188채의 수상주거가 밀집되어 주거와 문화센터가 수풀을 이루는 파격적인 계획을 헬몬트시에 제안했다. 새로운 모습의 카스바였다. 그렇지만 듣도 보도 못한 구조물을 세우기 위해서는 3채의 실험주택부터 지어야 했다. 블롬의 제안은 파격적이었지만 이런저런 이유에서 규모는 수상주거 60채로 줄어들었고, 결국 18채의 수상주거가 공연장을 둘러싸는 커뮤니티센터 '스페일하위스Speelhuis'로 귀결되었다. 사실상 18채의 수상주거로는 진정한 카스바를 구현할 수는 없었다. 그렇지만 건물은 1976년 문을 열자마자 단 이틀 만에 3만 명이 방문하는 명소가 되었다. 아쉽게도 2011년 겨울 발생한 불의의 화재로 건물은 완전히 소실되어버렸다.

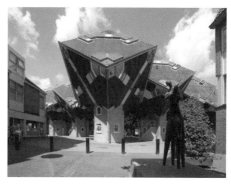

핏 블롬이 설계한 헬몬트의 커뮤니티 센터 스페일하위스. 2011년 화재로 소실되었다. ©Rijksdienst voor het Cultureel Erfgoed

4년에 걸친 스페일하위스의 계획과 건설에 탈진해버린 블롬은 주변 사람들에게 이렇게 얘기했다고 한다. "스페일하위스에 몰두하느라 그동안 나한테 의뢰하는 설계 작업을 모두 거절해버리고 나니 이제 할 일이 없네. 어떻게 먹고살지?" 그렇지만 그런 걱정은 기우였다. 사무실의 전화가 울려대기 시작한 것이다. 그중에서 제일 큰 프로젝트는 로테르담시가 의뢰한 것이다. 제2차 세계대전 중에 심하게 파괴되어버린 옛 항구지역 아우더 하번Oude Haven의 재개발 계획을 수립해달라는 것이었다. 블롬이 헬몬트에서 했던 작업에 매료된 로테르담시의 관리들은 그가 쇠락한 도시 중심부에 새로운 활력을 불어넣어 줄 것으로 기대했다.

카스바와 '집의 수풀'을 제대로 실현할 기회가 블롬에게 찾아온 것이다. 블롬이 평생 했던 일 중에서 규모가 가장 큰 일이었다. 그렇지만 블롬은 생각이 많았다. 일은 하고 싶었지만 자신이 로테르담 출신이 아닌 것이 못내 미안했다. 그는 친구에게 이렇게 이야기했다고 한다. "나는 이 도시를 위해 최선을 다할 거야. 뼈 빠지게 일할 거야." 일생 최대의 도전을 앞둔 블롬의 각오였다. 블롬은 로테르담시에 이렇게 제안했다. "이 프로젝트는 한 사람이 계획한 것처럼 보이면 안 된다." 시도 "로테르담은 큐브하우스만 필요한 것이 아니다."라며 대환영이었다. 그리하여 블롬은 전체 지구를 셋으로 나누고 각각 성격이 다른 집합주택을 지었다.

첫째는 블라크토렌Blaaktoren. '연필'이란 별명으로 불리는 13층 규모의 육각형 타워다. 어떤 마을이든지 청사의 상징탑이나 교회의 종탑이 있으므로 블롬이 구현하려는 '도심의 마을'에도 타워가 없을 수 없었다.

집의 수풀로 구현된 큐브하우스. 연필 모양의 육각형 타워가 블라크토런이다. ⓒYmblanter, Wikimedia Commons

블롬이 큐브하우스와 연계해서 지은 집합주택 스판서 카더 ⓒZairon, Wikimedia Commons

    둘째는 스판서 카더Spaanse Kade. 중정을 둘러싸는 테라스형 집합주택이다. 과거에 스페인 부두가 있던 이곳에 입면과 높낮이에 변화가 많은 지중해풍의 집합주택을 구현했다. 물가에는 활기찬 상업가로를 형성하고 내부에는 아늑한 오아시스를 구현하는 것이 그의 목표였다. 과거 이곳에 있던 노동자계층 주거지를 재현하려고 한 이 프로젝트를 블롬은 자신의 가장 성공한 작업이라고 생각했다.

마지막이 큐브하우스다. 격자형 질서를 바탕으로 촘촘히 배열된 수상주거의 집합체다. 원래 74개의 큐브하우스가 문화시설과 함께 계획되었으나 완성된 것은 38개의 큐브하우스와 주거 이외의 용도로 사용되는 2개의 대형 큐브였다. 업무공간, 상점, 학교, 놀이 공간 등도 수용되었다. 큐브하우스는 블롬이 처음이자 마지막으로 구현한 '집의 수풀'이었다. 수상주거의 집합체를 만들면 건물의 하부는 공공을 위한 공간으로 활용할 수 있고 위에 사는 주민은 특별한 공간과 전망을 향유하는 특혜를 얻을 수 있다. 그는 그러한 집합주택을 가리켜 '도시의 지붕Urban Roof'이라고 명명했다.

큐브하우스를 실현하는 데는 난관이 많았다. 건물을 7차선의 간선도로 블라크Blaak 거리 위에 띄워야 했기 때문이다. 블롬은 피렌체의 베키오 다리를 떠올렸고, 도로로부터 띄운 건물의 하부는 상점이 늘어선 보행육교로 계획했다. 결과적으로, 건물은 북쪽에 있는 현대풍의 시장과 남쪽에 있는 중세풍의 부두를 잇는 도시의 중심공간이 되었다. 길 아래를 지나는 지하철 때문에 건물의 기초를 놓는 게 쉽지 않았다. 또한 공사 중에 옛 항구의 흔적이 발견되었는데 그것을 피해서 건물을 지어야 하는 난제도 발생했다. 시의 재정 사정도 여의치 않아 공사는 여러 차례 중단되었다. 우여곡절 끝에 건물은 1984년에 완성되었다. 도시의 명소가 된 것은 말할 필요도 없다. 2014년 MVRDV가 설계한 새로운 마켓

도로를 가로지르는 보행육교 형상으로 계획된 큐브하우스 ©Nicky Boogaard, Wikimedia Commons

큐브하우스

홀Market Hall이 큐브하우스와 인접해 들어섬으로써 건물의 중심성은 더욱 강화되었다.

하나의 큐브하우스는 아래를 받치는 육각형의 구조물과 기울어진 육면체의 주거공간으로 이루어진다. 콘크리트와 콘크리트 블록으로 구축한 육각형 구조물은 계단실과 각종 설비를 위한 공간으로 사용된다. 45도로 기울어진 큐브 즉 주택은 목구조로 구축했다. 3개 층으로 구성되는 큐브의 내부는 주택이라기보다는 우주선의 내부를 연상시킨다. 하층은 거실, 식당, 부엌으로, 중간층은 침실과 욕실로, 전망이 좋은 꼭대

큐브하우스 하부에 형성된 보행육교의 내부 모습 ⓒHeather Cowper, Flickr

기 층은 침실이나 일광욕실로 사용된다. 작은 나무계단이 각 층을 연결한다. 전체 면적은 106m²지만 25%는 기울어진 벽체 때문에 사용할 수 없다. 거주자들은 기울어진 공간에 딱 맞는 가구를 구하느라 골머리를 썩인다. 그래도 거주자들의 자부심은 대단하다.

건설된 지 30년이 훌쩍 넘다보니 큐브하우스도 이런저런 개조의 필요성이 생겼다. 1998년에는 원래 씌웠던 성글 지붕을 금속 지붕으로 교체했다. 단열과 보온을 보강해야 했기 때문이다. 보행육교 측면의 상점들은 생각보다 보행자 수가 많지 않아 사무실 겸용 주택으로 바뀌었다. 최근에는 두 개의 대형 큐브에 대대적인 보수가 행해졌다. 시에서는 대부분 비어있던 이 공간을 밝고 쾌적하게 바꾸었고, 새로

우주선의 내부를 연상시키는 큐브하우스의 내부 ⓒZairon, Wikimedia Common

운 시설을 수용했다. 둘 중 하나는 유스호스텔로 개조해 누구든지 와서 머물 수 있게 했고, 다른 하나는 형무소 재소자들이 사회로 돌아가기 전 일정 기간 머무는 주거공간으로 개조되었다. 이렇게 해서 블룸이 꿈꾸었던 '집의 수풀'이 모습과 내용 모든 면에서 완성된 모습으로 자리하게 되었다.

왜 현대도시에 카스바를 구현하려고 하는가

카스바 이론을 제시한 판에이크는 집합주택으로 그것을 실현하지 못했다. 1960년 완성한 그의 대표작 암스테르담 시립고아원Municipal Orphanage이 카스바 이론을 적용한 유일한 집합체다. 그런데 그의 제자 블룸은 기회가 있을 때마다 집합주택을 통해 카스바를 실험하고 실제로 구현하려고 했다. 왜 애써 그것을 실현하려고 했을까? 그것에서 미래의 길을 보았기 때문이다. 카스바 속의 모든 주택은 주거 본연의 가치를 담고 있다. 비록 고밀도 환경에 자리하지만 모든 주택은 고유하며, 하늘과 땅과의 관계를 중시하고 있다. 그곳의 주택은 소우주로서, 태양과 달과 별과 바람을 직접 담고 있다. 그것은 근대건축이 만든 고층아파트와는 차원이 다른 진정한 '인간의 주거'이다.

큐브하우스는 "네덜란드의 주거환경은 형태, 미학, 공간 모든 면에서 혁신을 추구한다!"라고 외치는 일종의 선언이다. 기능주의 건축을 지극히 싫어했던 한 개척자가 만들어 놓은 이 건물은 미래의 건축가들에게 이렇게 말하고 있다.

"실험하라, 그리고 혁신하라."

이 건물은 오늘날 네덜란드 건축가들이 추구하는 도시주택에의 혁신적 태도를 상징적으로 보여준다. 그들은 현대도시가 처한 사회적 다양성과 구조적 복합성을 존중하고, 그것에 대한 적절한 답을 찾는 데 주력한다. 집합주택 전체의 정체성과 개별주택의 고유성을 동시에 확보하려고 부단히 노력한다. 우리가 네덜란드 건축가들로부터 본받아야 할 내용인데, 그것이 바로 카스바가 담고 있는 내용이다.

핏 블롬과 르코르뷔지에의 유작

핏 블롬이 암스테르담 건축아카데미를 졸업할 때 제출한 졸업 설계 프로젝트는 '노아의 방주'였다. 인구 100만 명을 수용하면서 암스테르담과 할렘의 중간에 위치하는 가상도시 계획안이다. 격자 패턴의 건물이 이리저리 겹쳐지면서 수많은 중정을 생성하는 계획으로, 매우 섬세하게 조정된 카스바였다. 도시에는 주거, 오피스, 병원, 종교건축, 문화 및 위락시설 등 다양한 기능이 수용되고, 이들이 모두 5겹으로 중첩되는 복합적인 구성이다. 공간적으로 매우 응축된 도시로, 무분별한 확산과 자동차 위주의 교통체계를 거부하는 미래도시의 상이다.

블롬의 계획에 매료된 판에이크는 그것을 들고 1962년 파리 근교 루아요몽 수도원Royaumont Abbey에서 열린 팀 텐 회의에 참석했다. 암스테르담 시립고아원을 설계한 이후 발표할 만한 작업이 딱히 없었던 그로서는 블롬의 계획이 자신의 이론을 대변한다고 생각했다. 많은 사람이 블롬의 계획에 찬사를 보냈다. 그런데 일부 참석자들은 매우 비판적이었는데, 스미스슨 부부가 가장 매서운 비평을 했다. 그들은 판에이크가 '학생을 잘못 가르친 결과' 근대건축의 본질과 완전히 동떨어진 작업을 했다고 지적했다. 앨리슨 스미스슨Alison Smithson, 1928~1993은 계속 반복되는 만자卍字 무늬를 지적하면서, "독단적이면서, 독일을 연상시키고, 완벽한 파시스트 계획"이라고 심하게 폄하했다.

판에이크는 가까운 동료들이 방어해주지 않은 것을 몹시 서운해했다. 문제는 블롬이었다. 직접 회의에 참석하지 않았던 그는 자신의 작품이 "파시스트 계획"이라는 평가를 들은 것에 대해 이성을 잃어버릴 정도로 화가 났고, 깊은 절망에 빠졌다. 그는 결국 자신의 작품 모델을 부수어버리고 도면도 모두 파기해버렸다. 그런데 블롬의 작품을 눈여겨 본 사람이 있었으니, 그는 르코르뷔지에 사무실의 수석디자이너 줄리앙 드라푼테Julian de la Fuente, 1931~2008였다. 그는 당시 르코르뷔지에를 도와 그의 생애 마지막 작업에 몰두하고 있었다. 가장 중요한 프로젝트가 베니스 병원Venice Hospital이었다. 죽기 6개월 전에 계획한 이 건물에 대해 르코르뷔지에는 간략한 스케치 정도만 해두었다.

팀 텐 회의에서 '노아의 방주'를 본 줄리앙 드라푼테는 블롬을 파리로 초빙해서 그의 계획개념에 대해 들었다. 블롬은 '노아의 방주'를 위시해 어린이 마을Village of Children 계획안 같은 프로젝트를 파리로 들고 가서 자신의 카스바 이론에 대해 상세한 설명을 했다. 그런 영향 때문인지 르코르뷔지에의 유작 베니스 병원 계획안에는 카스바의 색채가 농후하다. 당시 르코르뷔지에는 사실상 작업에서 손을 떼고 줄리앙 드라푼테에게 맡겨놓았으므로 그것을 순수하게 거장의 작업으로 보기도 어렵다. 크고 작은 중정이 반복되는 그 계획안에 대해 사람들은 "역사를 지우기보다는 역사를 새롭게 해석했다."라는 평가를 했다. 블롬의 카스바 이론이 르코르뷔지에의 마지막 작업 속에 스며든 것이다.

핏 블롬의 졸업설계 프로젝트 '노아의 방주'의 모델. 제공: Dirk Verwoerd

큐브하우스

완성된 모습의 롯코 집합주택 1, 2, 3. 제공: Tadao Ando Architect & Associate, 촬영: Tadao Ando

구릉지 위에 구현한
건축의 자연화, 자연의 건축화

안도 다다오,
롯코 집합주택 1, 2, 3,
1983년(1기), 1993년(2기), 1999년(3기)

가파른 절벽
위에 지은 집

일본 건축의 마스터, 현존하는 최고의 건축가로 통하는 안도 다다오安藤忠雄, 1941~. 그가 설계한 집합주택은 어떤 이념을 담고 있을까? 오사카 스미요시구에 완성된 아즈마 주택Azuma House이 안도를 무명에서 탈출시켰다. 그로부터 7년이 지난 1983년 그는 처음으로 20호 규모의 집합주택을 세상에 선보였다. 제1기 롯코 집합주택이다. 그것이 성공하자 1993년에는 제2기를, 1999년에는 제3기를 완성했다. 흔히 롯코 집합주택 1, 2, 3 Rokko Housing I, II, III으로 불리는 테라스하우스의 집합체가 고베의 가파른 구릉지 위에 있다. 안도가 실현한 유일한 집합주택이다. "남 흉내 내지 마라! 새로운 걸 해라! 모든 것에서 자유로워져라!" 이렇게 외쳐온 대가가 만든 집합주택. 궁금하지 않은가?

부지는 롯코산六甲山의 하부로 오사카만에서 고베항으로 이어지는 파노라마 경관이 한눈에 들어오는 자리다. 60도 가까운 가파른 경사를 이루는 부지는 보통 건축가들의 눈으로 본다면 사실상 건축이 불가능한 땅이다. 이 건물을 짓기 위해 안도는 기술, 경제성, 그리고 법규라는 세 가지 난제를 모두 해결해야 했다. 사실상 무모한 시도고 도전이었다. 모든 사람이 건물을 짓기에 불가능하다고 생각하는 장소에 자신만의 건축언어를 펼쳐 보겠다는 도전정신이 안도의 의식 밑바닥에 자리하고 있었다. 20년이 넘는 기간 동안 건축가는 이 험한 대지를 가지고 씨름했고, 결과는 마치 암벽등반가가 가파른 바위에 바짝 붙어있는 모습의 집합체로 나타났다. 당연히 20세기 일본건축 최고의 걸작 중 하나로 꼽힌다.

일은 이렇게 시작되었다. 1978년 봄, 어떤 건축주로부터 "롯코산 자락에 분양주택을 지으려는데, 한번 만나서 상의해 보자."라는 제안이 들어왔다. 애초에 건축주는 산자락 비탈을 깎아 조성한 평지 위에 건물을 지으려 했다. 그런데 안도는 대지 뒤에 우뚝 솟아 있는 급한 경사지에 강하게 끌렸다. "뒤에 있는 경사지는 어떻게 할 생각입니까?"하고 안도가 묻자 건축주는 "어차피 아무것도 짓지 못할 땅이니 옹벽이나 세우는 수밖에 없겠지요."라고 답

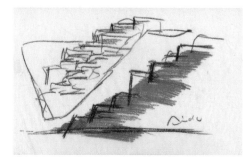

안도가 그린 롯코 집합주택의 이미지. 제공: Tadao Ando Architect & Associate

했다. 땅의 가치를 꿰뚫어 본 안도는 경사지에 집합주택을 짓자고 건축주를 설득했고, 간신히 허락을 받아냈다. 안도는 고베가 아니면 불가능한 새로운 형태의 집합주택을 짓고 싶었다.

롯코의 경사진 대지를 보면서 구릉지 주택을 짓고자 열망했을 때 안도는 두 곳의 집합주택을 떠올렸다고 한다. 하나는 스위스 베른 교외에 자리하는 할렌 주거단지. 그는 '건축가가 되겠다'는 막연한 희망을 품고 20대 초반에 세계 각국을 무전여행하다시피 돌아다녔다. 두 번째 유럽여행에서 아틀리에 파이브가 설계한 할렌 주거단지를 보고 경사지에 자리하는 집합주택에 특별한 관심을 가지게 되었다고 한다. 르코르뷔지에를 존경했던 안도는 거장의 정신을 이어받은 건축가들이 설계한 이 집합주택을 좋아했으며, 특히 르코르뷔지에가 생애 후반부에 수립한 미완의 집합주택 계획안 로케 로브를 거의 그대로 구현해 놓았다는 사실에 더욱 애착을 가졌다고 한다.

다른 하나는 위니테 다비타시옹. 안도는 첫 유럽여행의 마지막 여정으로 마르세유에 들렀다. 위니테에 매료되어버린 그는 한동안 그것을 보지 못한다는 사실에 차마 발길을 돌릴 수 없었다고 한다. 다행히 그가 타기로 한 화물선 MM라인의 출발이 2주 뒤로 미루어지자 매일 그곳을 찾아갔다. 안도를 특히 매료시킨 것은 '모여 사는 집합체'에 대한 르코르뷔지에의 해법이었다. 300여 세대를 수용하는 이 거대한 집합주택에 고루 갖추어진 공용시설에 깊은 인상을 받았다. 동시에 표면을 거칠게 다룬 17층의 콘크리트 건물이 거대한 필로티로 지면에서 떠있는 강력한 이미지는 안도의 뇌리를 떠나지 않았다. 그가 생각하는 이상적 공동체의 이미지는 조금씩 변해갔으나 위니테는 불변의 원형으로 자리잡았다.

한계 건축에
도전하다

제1기 롯코 집합주택을 계획하기 2년 전인 1976년 안도는 구릉지 위의 집합주택을 한 동 계획했다. 오카모토 집합주택Okamoto Housing. 역시 고베 인근의 경사지에 계획된 이 건물은 규모는 작았지만 제1기 롯코 집

안도가 1976년 계획한 오카모토 집합주택의 모델.
제공: Tadao Ando Architect & Associate

합주택과 여러모로 비슷했다. 안도는 1976년을 전후해서 격자 입방체 구조물을 붙이거나 쌓아올리는 방식으로 여러 채의 주택을 계획했는데, 오카모토 집합주택은 그 연장선에 있다. 그는 여기서 6×6×3m 입방체를 수직·수평으로 쌓고 병치시키는 방식을 통해 구릉지에 적합한 집합주택의 모델을 구축했다. 격자로 조합되는 입방체는 구조적인 안정성을 가질 것이므로 경사가 급한 구릉지에도 쉽게 구축할 수 있다는 점에 착안했다. 이렇게 제시된 안도의 첫 구릉지 집합주택은 아쉽게도 실현되지 못했다.

완성된 제1기 롯코 집합주택 ⓒChris Schroeer-Heiermann

제1기 롯코 집합주택에서 안도는 5.8×4.8×2.9m의 격자 입방체를 기본 유닛으로 설정하고 오카모토 집합주택과 유사한 방식으로 구조체를 구축했다. 경사면에 레벨이 각기 다른 바닥을 조성하고 그 각각의 바닥에 높이가 다른 입방체를 올려놓는 방식이다. 그리고 수직 입방체가 군을 이루는 사이사이에 크고 작은 틈을 확보하고 '자연의 산책로'를 조성했다. 광장, 계단, 통로 같은 다양한 형태의 공용 공간이다. 이상적 공동체를 지향한 안도로서는 당연히 부

제1기 롯코 집합주택의 테라스와 계단, 통로 등 공용 공간
ⓒ Chris Schroeer-Heiermann

여해야 할 공간으로서, 할렘 주거단지에서 눈여겨본 것이다. 이렇게 함으로써 각 단위주택의 채광과 통풍도 쉽게 확보할 수 있었다. 이곳에 있는 20호의 단위주택은 공간구성이 모두 다르다. 공적·사적 공간 모두에서 변화가 극대화된 것이다.

그런데 건물은 실현하기 쉽지 않았다. 우선 법규 문제가 대두되었다. 부지는 제1종 주거전용 지역으로, 건설 가능한 최고높이는 10m, 건폐율 상한은 40%였다. 그런데 안도가 계획한 건물은 10층이 넘었고 건폐율은 100%에 육박했다. 난감한 일이었다. 안도는 지자체와의 협의 과정에서 높이와 건폐율의 기준이 되는 평균지반면을 탄력적으로 적용해 줄 것과 건물이 주변 환경을 해치지 않을 것을 전제로 부지의 특수한 사정을 감안해 줄 것을 요구했다. 사실 레벨의 변화가 많은 이런 집합주택에서는 경사면이 올라가는데 따라 기준면을 달리 잡으면 건물 높이는 얼마든지 낮게 산정할 수 있었다. 행정당국을 설득하고 설득한 결과 법규 문제는 해결되었다.

다음 난관은 공사였다. 부지의 지반은 활단층으로, 강력한 지진이 발생하면 안전을 보장하기 어려웠다. 여러 곳에 구멍을 내서 지반의 보링조사를 해야 했다. 복잡한 지반의 변동을 세밀하게 해석하기 위해 일본에서 처음으로 구조설계에 컴퓨터가 동원되었다. 이런 과정을 거쳐 설계를 마치고 막상 공사를 시작하려고 하니 "기술적으로 건설이 과연 가능할까."라는 근본적인 의문을 제기하는 사람들이 많았다. 지반을 이루는 암반 또한 연약한 것으로 판명되자 공사가 진행되는 도중에 건물이 무너질 거라고 지레 걱정하는 사람들이 많았다. 공사를 맡겠다는 회사도 없었다. 우여곡절 끝에 인근에 소재한 작은 건설회사에게 공사를 맡길 수 있었다. 이 공사가 연간 수주액의 절반이 된다고 할 만큼 작은 회사였다.

안도를 경악하게 한 것은 현장에 나타난 공사 책임자였다. 30살에 한참 못 미치는 새파란 젊은이 둘이서 공사를 책임지겠다고 나타났다. 안도는 상당히 불안했다고 한다. 다행히 그들은 용기와 기백이 넘치는 청년들이었다. 안도는 젊은 현장소장이 밤낮을 가리지 않고 전심전력을 다하는 모습을 보고서야 비로소 안심할 수 있었다. 그럼에도 안도는 공사가 끝날 때까지 긴장했다. 이렇게 건축가의 의지와 여러 행운이 겹친 결과 제1기 집합주택은 가까스로 완성될 수 있었다. 그런데 그것은 작은 시작에 불과했다. 안도는 제1기 집합주택이 완성된 2년 후인 1985년 이전보다 대지 규모가 4배나 큰 제2기 계획을 발표했다. 이 건물 역시 쉽지 않은 과정을 겪으면서 1993년에야 완성되었다.

2기에서 3기로,
달라지는 자연 속 기하학

제2기 롯코 집합주택에서 안도는 커뮤니티 공간이 전체 건축을 관통하는 과감한 계획을 수립했다. 그는 규모가 확대되었다는 이점을 최대한 활용하려 했는데, 그 핵심이 공용 공간을 충실하게 만드는 것이었다. 그는 일본 전통주거지의 골목길을 연상시키는 직선형 외부계단을 건물의 중앙에 두었다. 역동적으로 차고 오르는 이 계단은 단위주택으로 진입하는 등뼈 같은 통로다. 13레벨로 중첩되는 주택으로 인해 계단은 생각보다 길다. 안도는 이 계단의 중앙에 부채꼴 테라스와 상부가 반쯤 덮인 광장을 두었다. 그리고 그것과 연계해서 실내운동시설을 두었다. 고베가 한눈에 보이는 수영장이 딸린 운동시설이다. 이렇게 넓은 공용 공간을 두는 것에 대해 건축주는 '낭비'라면서 우려를 표했으나, 안도는 그것이 건물의 가치를 더욱 높인다면서 느긋하게 버텼다.

제2기 집합주택에서 안도는 자연과 건축 사이의 관계 또한 새롭게 접근했다. 자연과의 관계는 더욱 긴밀하게 했고, 건축의 질서는 더욱 공고히 했다. 그는 제1기에서 채택한

가파른 구릉지에 바짝 붙은 형상으로 완성된
제1기와 제2기 롯코 집합주택 ⓒ손세관

제1기 집합주택과 약 27도 틀어서 지어진
제2기 롯코 집합주택 ⓒShinkenchiku-sha

격자형 벽 구조 대신 기둥과 보로 이루어지는 3차원 입방체를 반복시키는 방식을 채택했다. 5.2×5.2×3.1m 크기의 입방체를 전후 좌우로 5개씩 반복해서 정방형 평면을 이루게 했으며, 각 레벨의 좌우를 같은 높이로 유지했다. 전면을 향해 좌우대칭의 구성을 취하도록한 이런 구조체는 인공성이 강했다. 외부의 모습은 이렇게 딱딱했으나 내부는 전혀 달랐다. 각 단위주택은 내부에서 두 레벨 이상을 점유했고, 구릉지가 만들어내는 대지의 다양한 변화를 수용했으므로 공간구성에 변화가 많았다. 이곳에 수용된 50호의 주택은 규모와 평면이 같은 것이 거의 없다.

그가 강조한 것은 '함께 살아가는 장소'의 이념이다. 이웃과 함께, 자연과 함께 사는 것을 의미한다. 이곳에 있는 정원, 광장, 그리고 수영장은 건물에 거주하는 주민뿐 아니고 주변의 이웃 모두가 함께 사용하는 공용의 장으로 의도되었다. 그런데 오늘날 이 집합주택에 외부인은 함부로 들어갈 수 없다. 많은 방문객이 마구

제2기 롯코 집합주택의 수영장 및 전면에 형성된 공중정원.
제공: Tadao Ando Architect & Associate, 촬영: Mitsuo Matsuoka

드나든 때문일 텐데 좀 아쉽다. 자연과 함께 살아가는 것, 역시 안도의 계획 의도였다. 기하학이 강조된 인공적 환경 속에서 자연과 함께하기 위해서는 남다른 전략이 필요했다. 그는 주택과 주택 사이의 크고 작은 틈 속으로 자연을 끌어들였다. 테라스의 일부에는 나무를 심어 계단형의 공중정원을 만들었다. 제1기와 제2기 집합주택 사이에 약 27도의 각도를 이루면서 크게 자리하는 삼각형의 녹지 역시 의도적으로 끌어들인 자연이다.

제2기 집합주택이 완성되자마자 안도는 제3기 계획을 시작했다. 제2기보다 몇 배나 규모가 큰 사업이었다. 땅 주인의 허락도 없었다. 부지는 고베제강의 소유이다. 그곳에는 사원용 기숙사가 있었다. 안도는 계획을 완료한 다음에 땅 주인을 설득할 작정이었다. 그가 이런 방법을 쓴 것은 처음이 아니다. 교토에 타임즈TIME'S 건물을 실현할 때도 땅 주인에게 계획을 보여주고 그것을 짓도록 설득했다. 자신의 계획에 그만큼 자신이 있었다. 제2기 집합주택을 계획할 때부터 안도는 이미 제3기 집합주택을 염두에 두고 있었다. 그는 1, 2, 3기 모두를 통합해서 하나의 작은 산악도시를 구현하려고 했다. 지중해의 섬 산토리

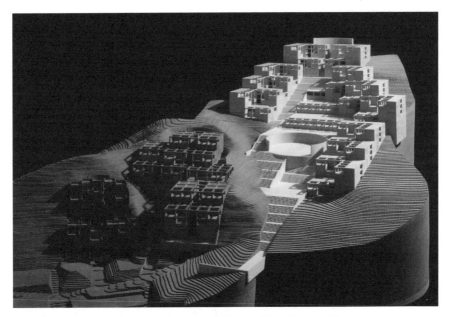
제2기 집합주택 위로 넓게 펼쳐져서 자리하는 제3기 롯코 집합주택의 계획안 ©Shinkenchiku-sha

니나 이탈리아 산악도시 산 지미냐노 같은 경관을 연출하려고 한 것이다.

제2기 집합주택 위로 넓게 펼쳐지는 제3기 집합주택에는 '자연 속 기하학'이 더욱 강조되었다. 계획의 초점은 경관과 커뮤니티가 풍요로운 '마을'을 만드는 것이었다. 안도는 우선 20호 내외의 단위주택을 모아 단순한 집합체를 만들고, 그것을 차곡차곡 구릉지에 펼쳐놓았다. 가운데에 중정을 담는 정사각형 평면의 단순한 집합체. 이런 집합체 11개가 구릉지를 따라 서로 겹쳐지고, 그것을 아우르는 넓고 역동적인 외부계단이 중앙에 자리잡았다. 계획이 그대로 실현되었다면, 인류가 만든 구릉지 마을 중에서 가장 구성적이고, 외부공간이 여유롭고, 순백색으로 빛나는 마을이 되었을 것이다. 중심에는 원형광장 아고라가 자리했을 것이므로, 주민들은 그곳을 흐르는 폭포와 계류를 바라보면서 일상의 축제를 즐길 수 있었을 것이다.

그런데 1995년 발생한 한신阪神·아와지淡路 대지진으로 상황이 급변했다. 지진으로 기숙사가 못쓰게 되자 고베제강에서는 안도를 찾았다. 그런데 새로운 집합주택은 복구주택으로 지어야 했으므로 빠른 건설이 필요했고, 원래 계획은 대폭 수정되었다. 1999년에 완성된 제3기 롯코 집합주택의 구성은 고층, 중층, 저층 주동으로 이루어진다. 저층 주동들만 형태에 약간의 변화가 있었으나 대부분의 건물은 판상형으로 건설되었다. 건설비, 판매대상 등을 고려한 결과 단위주택에 많은 변화를 주는 것이 불가능했다. 따라서 이곳에는 단위주택의 다양성보다는 외부공간을 다소 풍요롭게 하는 쪽으로 계획 방향을 설정했다. 결과적으로 제3기 롯코 집합주택은 질 높은 주거환경이라고 할 수는 있겠으나, 원래 계획이 담고 있는 내용과 비교한다면 수준 차이가 많다. 아쉬운 부분이다.

1995년 발생한 대지진 때문에 대폭 수정된 모습으로 건설된 제3기 롯코 집합주택 ⓒ손세관

건축의 자연화, 자연의 건축화

롯코 집합주택 1, 2, 3은 형태, 구축방법, 공간구조 등 여러 측면에서 모두 다르다. 실현되지 못한 제3기 집합주택의 초기 계획을 염두에 두고 하는 이야기다. 제1기 집합주택에서 보이는 '조심스러움과 세심함'은 제2기 집합주택에는 보이지 않고, 제2기에서 보이는 '응축성과 집약성'은 제3기 집합주택에는 보이지 않는다. 시간이 갈수록 안도의 계획은 성숙되었고, 지형에 대응하는 방법은 여유롭고 느긋하게 변해갔다. 그는 그것에 대해 "지형과 싸우면서도 자연과 대화하는" 태도를 견지한 결과라고 말한다. 그는 이를 "건축의 자연화naturalization, 자연의 건축화architecturalization"라고 표현했다. 이렇게 함으로써 건축과 자연의 대립은 사라지고, 인간, 기하학, 빛, 그리고 물은 서로 섞이고 통합되어 경관 속으로 녹아들어 간다. 인간의 삶이 자연의 일부가 되는 것이다. 안도의 표현이다.

안도는 롯코에서 사용한 계획개념을 다음과 같은 단어로 설명했다. 장소, 경관, 기하학, 자연, 만남, 구성. 이 중에서 장소, 기하학, 자연은 그의 모든 건축에 공통으로 적용된 개념이다. 그는 거친 급경사지에 새로운 생명력을 불어넣어 특별한 장소를 창출하고자 했

롯코 집합주택에서 본 고베시의 모습. 제공: Tadao Ando Architect & Associate, 촬영: Mitsuo Matsuoka

다. 기하학을 동원한 것은 다분히 의도적이었다. 기하학을 적용하면 자연을 제어하거나 본래의 모습을 손상시킬 가능성이 있지만, 안도는 그것을 통해 자연의 윤곽을 더욱 섬세하고 뚜렷하게 부각시키고자 했다. 동시에 기하학이 자연의 질서를 근원에 두고 있다는 사실을 새삼 각인시키려고 했다. 그는 부분과 전체의 관계를 따지고, 건물과 땅을 긴밀하게 붙이고, 레벨과 향을 세심하게 조정했다. 모든 주택에 특별한 생명력을 부여하기 위함이었다. 그곳에서 인간은 날마다 계절마다 변화하는 자연 속에서 풍요롭고 아름다운 일상생활을 전개해 갈 것이므로.

안도는 자신의 건축을 '게릴라 건축'이라고 규정했다. 쿠바 혁명을 이끌었던 체 게바라Che Guevara, 1928~1967에게 깊은 영향을 받았기 때문이다. 체 게바라는 약소국의 자립과 인간의 자유 평등이라는 이상을 실현하기 위해 어디까지나 개인이 주체가 되어 기성 사회와 투쟁하는 삶을 선택한 사람이다. 안도는 초기에 설계한 주택에 "도시게릴라 주거"라는 이름을 부여했다. 각박한 도시 속에서 개개인이 강인하게 뿌리내리고 산다는 의미를 담았다. 안도는 롯코의 집합주택에도 그와 유사한 의지를 담았다. 건축을 철저히 거부하는 깎

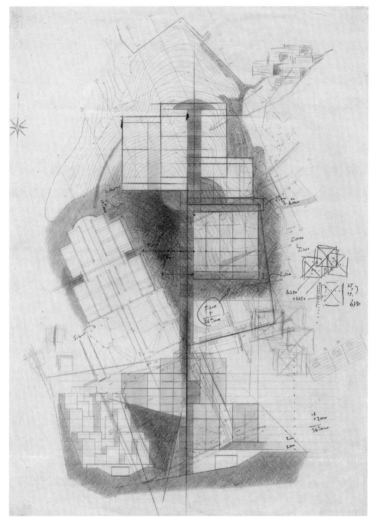

제2기 집합주택을 구상할 당시에 한 안도의 스케치. 그는 자연과 기하학의 대립을 통해 건축의 자연화, 자연의 건축화를 모색했다. 제공: Tadao Ando Architect & Associate

아지른 자연 위에 바짝 붙여 지은 주택. 자연과 한몸이 되고 공동체와 한몸이 되는 건축. 굳은 의지로 만들어낸 진정한 인간의 장소. 허접한 건축이 판을 치는 오늘날의 환경 속에서 한줄기 빛을 발하는 이 집합주택을 보면서 우리는 미래의 주거가 모두 이렇기를 희망한다.

롯코 집합주택 1, 2, 3

집합주택 '별', 인공적 환경 속에 자연을 담다

자연을 가득 담은 집합주택이 또 있다. 파리 중심부로부터 조금 떨어진 작은 도시 이브리시에 들어선 집합주택 잔느 아세트Jeanne Hachette다. 설계자는 장 르노디Jean Renaudie, 1925~1981이고, 그의 파트너이자 연인인 르네 가이우스테Renée Gailhoustet, 1929~가 도왔다. 그들은 잔느 아세트 외에도 그것과 유사한 집합주택을 여럿 설계했다. 르노디와 가이우스테는 마르크스주의자로서 일생 대부분을 공산당 당원으로 활동했다. 르노디의 가장 큰 관심사는 노동자들에게 '품위 있는 주택'을 제공하는 것이었다. 공산당원인 시장이 운영하는 이브리시는 그의 이상을 펼칠 수 있는 좋은 장소였다.

잔느 아세트는 르노디의 대표작으로, 40호의 주택을 수용하는 9층 규모의 건물이다. 그렇지만 외관이 너무 복잡해서 층수를 가늠하기는 사실상 어렵다. 건물이 가시화되었을 때 보는 사람들마다 "이상하다", "놀랍다"라는 반응을 보였다. 그렇게 보이는 가장 큰 이유는 뾰족뾰족하게 튀어나온 테라스 때문이다. 테라스 때문에 이 건물에는 '별'이라는 별명이 붙었다. 별은 그의 모든 집합주택을 특징짓는 아이콘이 되었다. 복잡한 것은 테라스뿐만 아니다. 각 주택으로 접근하는 외부통로, 계단 등도 복잡하게 이어진다. 길에 대한 르노디의 집념 때문이었다.

르노디가 설계한 집합주택을 묘사할 때 가장 많이 등장하는 단어가 '복합성complexity'이다. 건축가 자신도 그것에 대해 자주 언급했다. 그는 현대도시에서 일어나는 불일치, 즉 사회적 관계와 주거환경 사이의 불일치를 걱정스럽게 바라보았다. 사회적 관계는 복잡하게 얽히고 겹쳐지는 속성을 가지므로 주거환경의 공간구조도 그것에 맞게 구성하는 것이 정상이라고 생각했다. 복합성은 단위주택의 다양성으로 이어진다. 잔느 아세트 집합주택에서 단위주택은 같은 것이 없다. 모두가 특별하고 고유하다. 르노디에 따르면 모든 인간은 특별하고 고유하기 때문에 모든 주택은 유일해야 한다.

장 르노디는 층수가 증가함에 따라 건물의 윤곽도 조금씩 물러나게 해 각 주택에 넓은 테라스가 생겨나게 했다. 그가 설계한 건물을 위에서 보면 무수히 많은 사선이 중첩된다. 그 사이사이에 크고 작은 테라스가 자리하고, 그곳에서 자라난 각양각색의 식물이 건물 전체를 뒤덮고 있다. 도시에 있는 건물에서는 좀체 볼 수 없는 특별한 광경이다. 테라스에는 40cm 깊이로 흙을 깔았으므로 잔디는 물론 각종 나무도 심을 수 있게 했다. 실제로 그곳에는 수 미터 이상의 큰 나무가 자라 옆집 윗집으로의 시야를 가린다.

건축이론가 레오폴드 랑베르Léopold Lambert는 장 르노디의 집합주택에 대해 이렇게 썼다. "그가 계획한 건물은 도시의 은신처이며, 에피소드로 가득하고, 인공적 환경 속에 자연을 가득 담고 있으며, 놀랍고도 아름다운 모습을 연출한다." 집합주택 잔느 아세트는 프랑스 문화부로부터 '20세기 건축물 유산'으로 지정되었다. 르코르뷔지에의 위니테 이후 가장 영향력 있는 집합주택이라는 평가와 함께. 그리고 르노디는 1978년 프랑스 정부가 건축가에게 주는 최고의 포상인 프랑스 건축대상Grand prix national de l'architecture을 받았다.

장 르노디가 설계해 이브리시에 들어선 집합주택 잔느 아세트. 제공: Paul Maurer

하늘에서 본 호타쿠보 주거단지 ⓒShinkenchiku-sha

가족과 사회의 관계를
새롭게 공간화한 폐쇄된 공동체

야마모토 리켄,
호타쿠보 주거단지,
1991

구마모토에 들어선 특별한 집합주택

일본 규슈의 구마모토현에서는 1988년부터 특별한 사업을 시행했다. 아트폴리스Kumamoto Artpolis, KAP라고 불리는 사업이다. 총리대신을 지낸 현지사 호소카와 모리히로細川護熙, 1938~가 유럽 도시, 특히 베를린의 주택전시회 이바를 둘러보고 온 것이 계기가 되었다. 호소카와 지사는 하나의 아름다운 건물이 도시환경 전체에 커다란 영향을 준다는 사실을 간파했다. 그는 뛰어난 건축물을 통해 도시 곳곳의 분위기를 바꾸고, 시범적 건축을 통해 도시환경의 수준을 끌어올리는 것을 도시정책의 기본으로 설정했다. 디자인으로 지역문화를 향상시켜 세계에 자랑할 구마모토를 만들겠다는 야심찬 목표를 세운 것이다. 사업은 일본의 향후 도시정책의 방향을 바꾸는데 크게 기여했다.

호소카와 지사는 규슈 출신의 유명 건축가 이소자키 아라타磯崎新, 1931~를 커미셔너로 초빙하고, 그에게 총괄책임을 맡겼다. 이소자키는 일본 국내외에서 많은 건축가를 초빙했다. 그는 실력은 있지만 빛을 보지 못하고 묻혀있는 건축가를 찾았고, 그들의 전문분야와 역량에 맞는 건물을 설계하도록 했다. 그리고 베를린의 이바에서처럼 과감한 디자인을 요구했다. 이렇게 시작된 사업은 90여 개의 수준 높은 공공건축을 신축하는 내용으로 진행되었다. 사업은 착착 진행되었고, 2010년경에 거의 마무리되었다. 집합주택도 상당수 건축되었는데, 가장 뛰어난 것은 야마모토 리켄이 설계한 호타쿠보 주거단지다.

단지라고 부르지만 실상은 네 동의 건물이 블록을 둘러싸는 블록형 집합주택이다. 일

중정에서 바라본 호타쿠보 주거단지의 주동 ⓒYoit, Wikimedia Commons

본에서는 이 집합주택에 대해 "일본의 주거문화를 한 단계 격상시킨 작업"이라고 평가한다. 원래 이곳에는 1950년대에 건설된 임대주택 단지가 있었다. 전형적인 일본식 아파트단지였는데, 그것을 허문 자리에 건축가는 과감하게 블록형 집합주택을 제시했다. 완벽하게 새로운 형식이었다. 건물의 외관 또한 특별했다. 본체는

길에서 바라본 호타쿠보 주거단지의 주동 ⓒYoit, Wikimedia Commons

노출콘크리트로 마감하고, 중정을 향하는 건물의 상부에는 방패연 모양의 금속지붕을 반복적으로 씌웠다. 길 쪽으로는 계단을 리듬감 있게 돌출시키고, 그 위에도 금속지붕을 날렵하게 올렸다. 기계 미학을 발산하는 초현대식 건물이다. 평범한 콘크리트 단지에 익숙했던 일본인에게는 놀라움으로 다가왔고, 도쿄에서 멀리 떨어진 '시골' 구마모토 시민들은 거의 경악에 가까운 반응을 보였다.

완벽하게 새로운 공간구성

그런데 이런 겉모습은 약과에 불과하다. 더 큰 변화는 공간구성에 있었다. 단지는 완벽하게 폐쇄적이다. 북·동·서 세 방향에는 주택이, 남쪽에는 집회소가 자리한다. 길에서 집회소로 통하는 문은 있지만 특별한 경우를 제외하면 늘 잠겨있다. 따라서 주택을 통하지 않으면 중정으로 갈 수 없다. 결국 중정은 완벽하게 배타적인, 오로지 주민만을 위한 공간이다. 단위주택의 공간구성 또한 특이하다. 거실, 식당, 부엌은 중정을 향하게 배치하고 전면에는 넓고 개방된 발코니를 설치했다. 이렇게 생활공간을 중정에 밀착시킨 것과는 대조적으로 취침공간인 침실은 길에 면하게 했다. 두 공간을 멀찍이 떼어놓은 것인데, 건축가는 그 사이를 마치 다리 같은 긴 복도를 통해 연결했다. 5층 높이의 이 건물에서 1층을 제외한 2~5층 거주 주민은 긴 복도를 통해 거실과 침실 사이를 오간다.

1991년 건물이 완성되자 지역 여론은 비판 일색이었다. 우선 건물의 모습에 대해서 언론은 연일 공격을 퍼부었다. "디자인만 강조된 계획"이고 "이런 호화로운 임대주택을 짓는

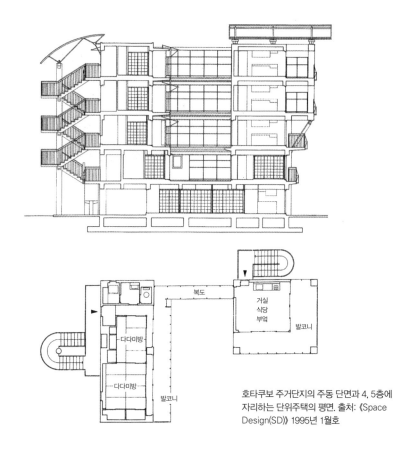

호타쿠보 주거단지의 주동 단면과 4, 5층에
자리하는 단위주택의 평면. 출처: 《Space
Design(SD)》 1995년 1월호

것은 세금의 낭비"라는 것이 공격의 핵심이었다. 이 건물이 아트폴리스 사업 중 첫 번째로
완성되었으므로 사업 자체를 원점에서 재검토해야 한다는 의견도 제기되었다. 입주한 주
민들도 불만이 많았다. 불만이 팽배하자 건축가가 직접 입주한 주민들에게 계획 의도를 설
명하겠다고 나서야 할 정도로 분위기가 좋지 않았다. 주민들은 야마모토에게 "마트에서
산 물건을 잔뜩 들고 문을 여닫으면서 부엌까지 가는 동선이 너무 길다", "긴 복도를 통해
아래 위층으로부터 많은 소음이 들린다", "추운 날이나 태풍이 부는 날 외부 공기가 마구
들어온다" 등등 각종 불만을 토로했다.

시끄러웠던 주민설명회가 소문이 나자 텔레비전 방송국까지 나섰다. 전국적으로 방
송되는 프로그램 담당자로부터 모델을 가져와서 설계 의도를 자세히 설명해달라는 요구
가 들어온 것이다. 야마모토는 내심 기뻤다고 한다. 자신의 작품을 전국적으로 알릴 수 있

는 기회로 생각해서다. 낮시간에 방영하는 프로그램의 이름은 〈금주今週의 못 말리는 사람들〉이었다. 수십 킬로가 넘는 금고를 훔쳐서 비칠비칠 달아나다가 잡힌 전직 도둑을 불러다가 사회자와 여러 명의 연예인이 우스갯소리를 섞어가면서 당사자를 '멍청이'로 만드는 프로였다. 야마모토 리켄도 그런 멍청이의 한 사람으로 출연한 것이다. 모델을 중앙에 놓고 사람들이 손가락질을 하면서 이전에는 듣도 보도 못한 이상한 아파트와 단위주택의 평면구성에 대해 낄낄거렸다.

불만은 시간이 지나면서 수그러들었다. 일본 건축계가 이 건물에 대해 '혁신', '새로운 시도' 같은 좋은 평가를 내리면서 여론이 변한 것이다. 건축가의 의도와 건물이 담고 있는 의미를 이해한 지역의 여론도 긍정적으로 변해갔다. 건물은 점차 도시의 자랑거리가 되어 갔다. 이곳에 사는 주민들에게 불편하지 않느냐고 물어보면 대부분이 "이제 익숙해져서 괜찮다."라고 대답한다. 어떤 주민은 거실과 방이 멀리 떨어져서 오히려 좋다고 대답하기도 한다. 아침에 부엌에서 나는 소리가 방까지 들리지 않아서 조용히 잘 수 있다는 것이다. 주민들은 대부분 이 유명한 집합주택에 살게 된 것을 다행으로 생각한다.

일본의 건축잡지《겐치쿠분카》1993년 4월호에 실린 '일본 집합주택의 궤적'이란 특집 기사를 보면, 호타쿠보 단지는 일본 집합주택의 역사에서 매우 중요한 위치를 점한다. "현존하는 일본의 집합주택 중에서 최고의 평가를 받아야 할 작품"을 선정하는 설문의 결과 호타쿠보 단지가 3위에 올랐다. 마키 후미히코가 설계한 힐사이드 테라스가 1위, 1920년대에 건설된 최초의 서양식 집합주택 도준카이同潤會 아파트가 2위였다. 그리고 10년 단위로 각 시기를 대표하는 집합주택을 묻는 항목에서는 호타쿠보 단지가 1990년대를 대표하는 것으로 집계되었다. 1991년에 완성되어 일본 내외의 뜨거운 주목을 받아온 넥서스 월드Nexus World를 크게 앞질렀다. 이 건물 덕분에 야먀모토 리켄은 일본을 대표하는 건축가의 한 사람으로 부상했고, 특히 집합주택에 관해서는 일본 최고의 이론가이자 실천가로 인정받고 있다.

경계 이론

야마모토 리켄은 어떻게 집합주택에 대해서 독자적인 생각을 가지게 되었을까? 그의 이력을 잠시 살펴볼 필요가 있다. 1945년 중국 베이징에서 출생한 그는 니혼대학 건축학부를 나왔다. 건축분야에서는 평범한 학교다. 1971년 도쿄예술대학 대학원 과정을 마친 그는 도쿄대학 생산기술연구소의 하라 히로시原廣司, 1936~ 연구실에 들어갔다. '집합체'에 관한 일본 최고의 이론가인 하라 히로시와 같이 작업할 수 있었던 것이 행운이었다. 하라 연구실에서는 1972년부터 5년간 지중해 연안, 중남미, 동유럽, 중동, 인도·네팔 등지를 대상으로 주거 집합에 관한 심층적인 조사연구를 했다. 야마모토는 그 집락조사단集落調査團의 일원으로 곳곳의 전통마을을 조사했고, 그 결과 주거 집합

야마모토 리켄이 설계한 도시형 복합건축 로툰다.
제공: Shinichi Waki

에 관한 그 나름의 이론을 정립했다. 그는 그것을 '시키이しきい 이론'으로 불렀는데, '경계 이론' 정도가 되겠다.

1973년 자신의 설계사무실을 낸 야마모토는 10년이 넘는 세월을 소박한 건축가로 지냈다. 자신이 정립한 이론을 펼칠 기회를 갖지 못했다는 의미이다. 그러다가 1986년부터 가제보GAZEBO, 1986, 로툰다ROTUNDA, 1987, 햄릿HAMLET, 1988 같은 소규모 도시형 복합건축을 통해서 주목받기 시작했다. 가제보는 자신의 주택으로, 아래층에는 점포와 사무실이 있다. 로툰다 역시 유사한 복합건축이다. 작은 마을이란 뜻을 가지는 햄릿은 세 형제가 양친부모와 함께 사는 3세대를 위한 4세대용 집합주택이다. 세 건물 모두 주택의 개별성과 공간의 공유성이 동시에 강조되었으며, 도시 속에서 함께 살아가는 보금자리라는 의식이 표현되었다. 최상층은 모두 얇은 피막의 곡선형 지붕으로 덮었는데, 건축가는 그것을 통해 "이곳은 도시 속의 의미 있는 장소"라고 말하고 싶었다. 가제보와 로툰다는 1988년 그에게 일본 건축학회 작품상을 안겨주었다.

야마모토의 작업을 눈여겨보던 이소자키는 그에게 호타쿠보 단지의 설계를 맡겼고, 드디어 그는 자신의 경계 이론을 펼쳐 보일 기회를 잡았다. 호타쿠보 단지는 그가 일본 사

회에 던지는 메시지였다. 그는 각각의 주택을 고립된 세계로 만드는 풍토를 경고했다. '우리만의 영역'을 확보하기 위해 주택을 하나의 '패키지'로 만들고 그 안에서 모든 것을 해결하게 하는 계획은 일본 국민을 이웃과 단절하고 사는 비정상적인 인간으로 만들었다는 것이다. 그런 가족만의 주택을 모아놓은 것이 집합주택이라는 생각이 일반화된 것 역시 문제였다. "철문으로 이웃과 단절하고 지내는 고립된 가족의 상"이 일종의 사회교육을 통해 정착되었다는 것이다. 이렇게 된 데에는 주택공단을 통해 1가구 1주택과 공간적으로 독립된 주택을 정책적으로 밀어붙인 정부의 책임이 제일 크지만 그것을 맹목적으로 따른 건축가들도 '공범'이었다.

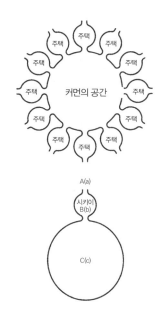

경계 이론의 개념도(아래)와 호타쿠보 단지에 적용된 경계 이론(위). 출처: 山本理顯, 《新編 住居論》, 平凡社, 2004

야마모토가 규정한 경계 '시키이'는 한자로는 '역閾'으로, 문지방이란 뜻이다. 그는 그것을 이렇게 규정했다. "두 개의 성격이 서로 다른 영역 사이에 존재하는 공간으로서, 두 영역을 단절시키기도 하고 접속시키기도 하는 공간장치". 그것을 프라이버시를 극히 중요시하는 인도, 중동 같은 동양의 도시를 통해 설명하자면 다음과 같다. 인도의 도시에는 모할라mohalla라고 불리는 동질집단 주거지가 있다. 종교, 카스트 등에 의해 결속된 그곳으로 들어가기 위해서는 출입구 역할을 하는 관문을 통해야 한다. 일일이 문지기의 허락을 받는다. 이 관문 (B)의 바깥쪽 (A)와 안쪽 (C)는 전혀 다른 세계다. 또한 각 주택의 전면부에는 '남성 공간'이 있고 그 내부에는 은밀한 '여성 공간'이 있다. 남성 공간 (b)의 바깥쪽 (a)와 안쪽 (c)는 다른 세계다. 여기서 B(b)로 표기한 공간이 바로 '시키이'다. B(b)는 성격이 완전히 다른 A(a)와 C(c) 사이에서 두 영역을 이어주기도 하고 단절시키기도 하는 공간장치다.

야마모토는 호타쿠보 단지에서 110호의 주택이 중정을 둘러싸는 새로운 공동체를 과감하게 제시했다. 모든 주택에는 두 개의 출입구를 부여했는데, 하나는 외부로 통하고, 다른 하나는 중정으로 통한다. 주택을 중정을 향해 개방하는 동시에 주민의 생활을 중정과

호타쿠보 주거단지의 배치도. 완벽한
폐쇄형 공간구조다. 제공: Riken
Yamamoto & Field Shop

밀착시키기 위해 그는 단위주택 모두를 시키이 즉 '경계'로 활용하는 파격적인 계획을 했
다. 그의 의도는 적중했다. 이곳의 중정은 주민 모두가 '우리 공간'이라고 여기는 생활공간
이 되었다. 어른들이 만나고, 아이들이 뛰어노는 공간이자, 축제, 파티, 운동회 등이 열리는
공간이기도 하다. 주민들이 이곳에 만족하는 가장 큰 이유는 바로 중정 때문이다.

도시주택에 대한 새로운 이념

야마모토는 이렇게 묻는다. 도대체 사적 공간은 무엇이고 공적 공간은 무엇인가? 프라이
버시와 커뮤니티는 무엇인가? 답은 "그것은 어디까지나 관습의 문제이자 사회의 문제다."
갑종방화문으로 나누어진 주택의 내부가 사적 공간이고 그 외부가 공적 공간이라는 등식
은 잘못된 것이다. 이런 생각을 바탕으로 그는 호타쿠보 단지의 모든 주택을 '경계'로 설정
하고, 그것으로 둘러싸인 중정은 '확대된 가족'을 담는 공동체 공간이라고 규정했다. 그는
그것을 '커먼common의 공간'이라고 불렀다. 이런 야마모토의 제안에 대해 일본 건축계의
다수는 "경직화된 일본 집합주택의 공간구성에 하나의 돌파구를 마련해 준 획기적인 제
안"이라고 화답했으나, 일부 전문가들은 "공간 제국주의"라고 비판했다. 어쨌든 호타쿠보
단지는 1990년대 이후 일본에서 집합주택의 공간구성에 대해 다양한 제안을 촉발하는 계

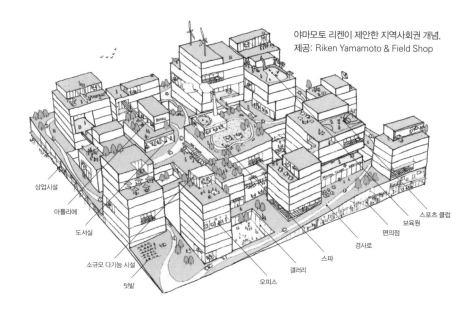

야마모토 리켄이 제안한 지역사회권 개념.
제공: Riken Yamamoto & Field Shop

상업시설
아틀리에
도서실
소규모 다기능 시설
텃밭
오피스
갤러리
스파
경사로
편의점
보육원
스포츠 클럽

기를 마련해주었다.

일본 최고의 주택전문가로 부상한 야마모토는 또 하나의 중요한 집합주택을 계획했다. 도쿄에 들어선 시노노메 캐널 코트 코단 주거단지다. 일과 거주를 같이 하는 소호 스타일의 주택을 지향하는 단지다. 이토 도요伊東豊雄, 1941~, 쿠마 겐고隈研吾, 1954~ 등이 한 블록씩, 그리고 야마모토가 한 블록을 계획하면서 모두를 조정하는 역할을 했다. 그는 여기서도 '열린 집'의 이상을 구현했다. 주택의 기본형을 '기본 유닛'이라는 용어로 규정했는데, 그것은 주택도 아니고 사무공간도 아닌 도시주거의 가장 기본적인 단위다. 욕실, 화장실, 부엌은 외부를 향해, 침실, 거실은 복도 쪽에 자리한다. 복도에 면하는 현관과 그 주변 벽체는 유리를 사용해 시원하게 개방했다. 복도를 '커먼의 공간'으로 규정한 것이다. 내부 공간의 모든 칸막이는 투명한 유리로 하고, 공간의 구획도 자유롭게 할 수 있게 했다. 양쪽에서 빛이 통하는 주동의 복도는 밝다. 아파트의 속복도를 새로운 차원의 공간으로 바꿔버린 것이다.

그는 2010년을 즈음해서 '지역사회권地域社會圈'이란 이념을 내놓았다. 일종의 건축, 사회, 경제 운동의 차원이었다. 1가구 1주택 시스템을 부수어버리고 집을 개방된 공간으로 바꾸자는 것이다. 가족 구성원이 줄어드는 사회에서는 '전용주택'의 이념 자체가 성립하지 않는다. 따라서 주택을 소유하기 위해 무리하지 말고 최소한의 사적 공간을 확보하면

호타쿠보 주거단지

야마모토 리켄이 서울
세곡동에 완성한
임대아파트 단지 ©손세관

서 이웃과 공간을 공유하자는 것이다. 지역사회권에서 집은 원칙적으로 임대공간으로서, 침실과 개방공간으로 구성된다. 개방공간은 아틀리에, 대여점, 담뱃가게 같은 생계를 위한 공간이다. 이런 공간이 모이면 지역사회가 된다. 화장실, 욕실, 주방은 공유한다. 주변에는 편의점, 카페, 탁아소 같은 각종 편의시설이 존재한다. 행사를 할 수 있는 실내광장도 있다. 일자리는 쉽게 구할 수 있고, 간병, 육아지원 등 다양한 서비스도 쉽게 받는다. 아직 '제안' 의 차원에 그치고 있지만 지역사회권의 이념은 우리에게도 많은 것을 시사하고 있다.

야마모토 리켄은 우리나라에도 두 곳에 집합주택을 지었다. 하나는 성남시 판교에 완성한2010 100호 규모의 고급 연립주택이고, 다른 하나는 서울 강남구 세곡동에 완성한2015 임대 아파트단지다. 그는 판교의 연립주택에서 모든 주택의 1층 외벽을 투명유리로 마감해 외부에 개방했다. 그곳을 '시키이'로 설정한 것이다. 이런 이유에서 이 연립주택은 분양에 실패했다. 갖은 방법을 동원해 간신히 분양을 마친 LH공사에게 야마모토는 기피인물이었다. 그런데 국제현상 설계를 통해 세곡동에 다시 나타난 것이다. 그는 이곳에서도 복도를 향한 주택의 출입구와 외벽을 넓게 투명유리로 처리했다. LH공사는 쏟아지는 민원 때문에 또다시 고생을 해야 했고, 투명유리에 시트를 붙이는 것으로 간신히 불만을 잠재웠다.

세곡동 임대아파트 단지에 적용된 열린 복도의 모습
ⓒ손세관

야마모토 리켄이 2018년 출간한 《탈주택》 앞표지

지역사회를 향해 주택을 열고 주민이 서로 상부상조하는 공동체를 만들겠다는 야마모토의 이상은 '철문'에 익숙해져 버린 한국 사회에서는 통하지 않은 것이다.

야마모토는 계속해서 같은 주장을 펼친다. 그는 최근에 출간한 책 《탈주택脫住宅》 2018에서도 '1주택=1가족'의 등식은 이제는 통하지 않는다고 주장한다. 산업혁명 시대부터 시작된 그 등식은 현대사회의 사회구조와는 맞지 않는다는 것이다. 도쿄 23구에는 독신 세대가 49%를 차지하고 있는데 이런 사회구조 속에서 핵가족을 담는 '닫힌 집'을 계속해서 짓는 것은 경제적으로도 낭비라는 것이다. 구태의연한 프라이버시의 개념을 버리고 '함께 사는 주택'을 모색해야 할 때라는 것이다. 고립과 단절의 공간을 버리고 새로운 공동체의 이념을 담은 주거환경을 구축하자는 것이다. 요즘 같은 시대에 공동체를 주장하는 건축가가 있다는 것이 어쩌면 경이롭기까지 하다. 그렇지만 폐쇄된 문을 부수어버리고 다양한 '공유공간'을 함께 쓰면서 어울려 살자는 주장은 가슴에 와닿는다.

호타쿠보 주거단지

일본 집합주택 변신의 주역들

일본은 1980년대 이전까지 단조로운 아파트를 지었다. 그렇게 된 데는 그들이 제정한 공영주택법에 규정된 '4시간 일조'의 기준이 가장 큰 역할을 했다. 공공이 짓는 모든 주택은 동지 기준 최저 4시간은 햇빛을 받게 해야 한다는 규정이고, 일본주택공단은 그들이 짓는 모든 주거단지에 그 규정을 솔선수범 적용했다. 민간이 짓는 분양아파트 '만숀' 역시 그 규정에 따라 건설되었다. 규정을 따르는 가장 쉬운 방법은 주동을 남쪽으로 향하게 배열하고, 거실은 전면에 그리고 현관은 후면에 두는 것이었다. 그런 주동 속에 자리하는 단위주택은 nLDK 구성의 경직된 평면을 취했고, 프라이버시와 안전의 확보를 위해 현관에는 철제 방화문을 달았다.

방향전환의 물꼬를 튼 것이 마키 후미히코가 설계한 힐사이드 테라스였다. 일자형 판상주동이 부정되고 주택과 길의 관계가 강조되었다. 집합주택에 도시의 이념이 접목되기 시작한 것이다. 1980년대 초반 젊은 건축가들이 했던 '소주택 작업' 역시 일본 사회가 자각하는데 큰 역할을 했다. 이토 도요, 야마모토 리켄 같은 건축가들이 도시의 작은 땅을 대상으로 공간구성과 조형 면에서 참신한 주택을 지었다. 건축가 자신의 집이기도 했고 누이 등 가까운 친지들의 주택이었다. 따라서 비교적 자유로운 작업을 할 수 있었다. 그들의 작업이 잡지 같은 매체를 통해 발표되면서 주택설계는 조금씩 다양화라는 방향으로 흘러갈 수 있었다.

1980년대 후반에서 1990년대 초반에 이르는 기간에 일본은 '디자인 혁명의 시대', '집합주택 다양화의 시대'라고 부르는 시기를 맞이했다. 결정적인 기여를 한 작업이 야마모토 리켄의 호타쿠보 주거단지였다. 야마모토 이전에도 변화를 시도한 작업이 더러 있었는데, 대부분 세련된 조형이나 색채 등으로 집합주택의 표면을 바꾸는 정도의 작업이었다. 그런데 야마모토의 작업은 일본의 집합주택에 근본적인 변화를 시도한 것이었다. 그것이 담고 있는 이념, 단지 전체의 공간구성, 단위주택의 평면, 특별한 외관 등 어느 하나도 획기적이지 않은 것이 없었다. 그러니 이 단지는 일본 건축계에 엄청난 반향을 불러일으켰고, 잡지, 논문, 세미나에 단골로 등장했다.

결론적으로 말하자면, 일본 집합주택의 변화에는 두 사람의 건축가가 핵심 역할을 했다. 마키 후미히코와 야마모토 리켄. 이들 작업 이후 일본의 집합주택은 완전히

야마모토 리켄이 1986년에 완성한 소규모 복합건축 가제보. 건축가 자신의 집이다.
제공: Shinichi Waki

변했다. 아파트단지마다 생활가로라는 길이 들어오고, 판상형 주동 대신 중정 중심의 공간구성이 다양하게 나타났다. 단위주택은 획일화에서 완전히 탈피했다. 전문가들은 평등주의를 배격하자고 하고, 지역적 특성을 강조하자고 하고, 공동성이 중요하다고 하고, 사유재산이 아닌 사회재산으로서의 주택을 이야기한다. 주택을 통한 도시미의 향상을 이야기한다. 우리로서는 요원한 이야기다. 집합주택의 방향을 틀어버릴 작업이 이제나저제나 등장할까 기다려지지만 모든 여건이 아직은 아닌 듯하다.

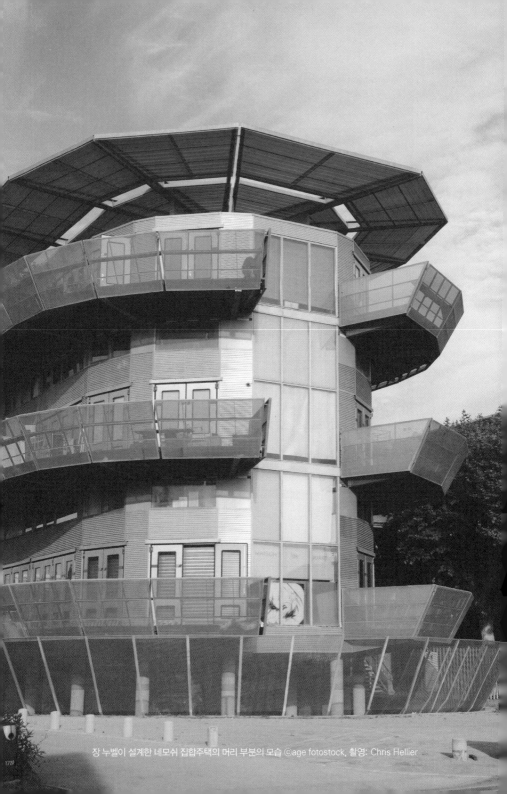

장 누벨이 설계한 네모쉬 집합주택의 머리 부분의 모습 ©age fotostock, 촬영: Chris Hellier

판상형 아파트에 담은
집합주택의 미래상

장 누벨,

네모쉬 집합주택 I & II,

1987

미래의
집합주택

50년 후 인간은 어떤 집합주택에 살까? 오늘날과 완전히 다른 형태와 외관일까? 분명히 말할 수 있는 것은, 확실히 달라진 집합주택에서 생활하리라는 것이다. 당연히 사람들의 생활패턴도 많이 달라져 있을 것이다. 그런 변화는 우리 시대가 가진 에너지가 만들어내는 것이다. 우리 시대는 변화에 대한 열망이 가득하고 기술은 하루가 다르게 발전하고 있으니 그 결실 또한 대단하지 않겠는가. 물론 다른 나라의 상황과는 전혀 상관없이 계속 한 방향으로만 달려가는 대한민국 같은 나라도 있으니 전 세계를 대상으로 일반화할 수 있는 예상은 아니다. 그렇지만 유럽이나 일본처럼 끊임없이 새로운 주거환경의 상을 그리면서 실험하는 나라들에서는 상당한 변화가 있을 것이다.

오늘날의 이 '환상적인' 주거환경 역시 열망을 불태우던 시대의 에너지가 만든 것이다. 1947년 열린 제6차 근대건축국제회의는 에너지로 충만했다. 영국 브리지워터Bridgwater에서 열린 회의는 제2차 세계대전이 끝나고 처음으로 소집된 회의였다. 온 유럽이 초토화된 상황에서 많은 국가가 대량건설을 앞두고 있었다. 파괴는 건설의 어머니. 그들은 완전히 새

지하도시 어스스케이퍼의 모델 ⓒBunker Arquitectura

로운 환경을 만들겠다는 열의에 가득 차 있었다. 회의에 참석한 건축가들은 이렇게 선언했다. "인간의 감성적 물질적 요구에 부응하는 환경을 만들기 위해 일하자. 그것이 인류의 정신적 성장을 북돋울 것이다." 그리고 또 이렇게 외쳤다. "우리 후세에게 다음과 같은 믿음을 줍시다. 얼마든지 원하는 환경을 만들 수 있고, 제어할 수 있고, 그리고 바꿀 수 있다는 것을."

우리 시대의 에너지는 1947년과 별반 다르지 않다. 혁신적인 주거환경의 상은 계속 제시되고 있다. 모셰 사프디의 해비타트를 초고층과 접목시킨 모델은 헤아릴 수 없이 많은데, 사실 그것이 실현하기 제일 쉬운 모델이기도 하다. 사람들은 지하에 도시를 만들자고 제안한다. '어스스케이퍼Earthscaper, 2009'로 불리는 이 도시는 땅 부족 문제에 대응할 수 있는 방안이라고 내놓은 것이다. 역 피라미드 형상으로, 지하 300m까지 내려간다. 하늘을 향해 넓게 개방된 상부에는 문화시설이, 그 밑에는 아파트가, 그리고 그 밑에는 상업·업무시설 등이 자리하는 복합건물이다. 어떤 건축가는 바다에 떠있는 도시를 제안한다. '에쿠오리아 Aequorea, 2015'라고 불리는 이 도시는 해안에서 멀리 떨어지지 않은 곳이면 어디든 건설할 수 있다. 에너지는 자체 생산하고 모든 폐기물은 재생해서 다시 사용한다.

그런데 나는 이런 모델들이 선뜻 받아들여지지 않는다. 1960년대 아키그램Archigram 그룹에서 첨단의 도시모델을 다양하게 제시했을 때 많은 사람들이 환호하고 기대했으나 실제로 실현된 것은 하나도 없다. 그들이 제시한 주택은 모두 기계의 부속품 같았다. 조립되고, 끼워 맞춰지고, 무수히 반복된다. 과연 인간이 그런 주택에 살까? 아닐 것이다. 나는 미래의 어떤 집합주택도 오늘날의 모습으로부터 완전히 벗어나기는 어려울 것이라고 단언

아키그램 그룹의 론 헤론이
제안한 워킹 시티 구상안
ⓒRon Herron Archives

네모쉬 집합주택 I & II

할 수 있다. 주택이 갖추어야 할 기저 즉 기본과 본질은 쉽게 변하지 않기 때문이다. 로마시대의 주거가 오늘날의 그것과 판이하게 다르지 않다는 사실을 상기한다면 미래의 집합주택 또한 오늘날의 모습을 완전히 떨쳐버릴 수 없을 것이다. 인간의 주거만큼 서서히 변해가는 실체가 또 있을까.

집합주택이 변화를 지속하는 것은 당연한데, 이미 정착된 형식을 이어가면서 조금씩 변화하는 것이 정상이다. 확연한 일탈이 아닌 점진적 개량과 혁신이 지속되는 것이 바람직하다는 것이다. 역사상 뛰어난 집합주택은 모두 미래의 비전을 제시했다. 스팡언 지구 집합주택, 위니테 다비타시옹, 비커 월 주거단지 등이 그랬다. 모두가 당시에 계획되었다고는 믿기 어려울 만큼 혁신적인 구성을 보여주었지만, 그렇다고 해서 마법의 해법을 통해 완전하게 변신해버린 주택은 아니었다. 과거의 선례에 바탕을 두지 않은 기상천외한 모습은 아니라는 뜻이다. 우수한 집합주택은 역사와 전통을 이어나가면서 미래를 지향하는 집합주택이다. 따라서 미래에 나타날 '변화된' 집합주택은 과거의 방식에 바탕을 두면서 혁신적인 눈과 새로운 방법이 적용된 집합주택일 것이 분명하다.

보편적 모습을
탈피한 공공주택

장 누벨Jean Nouvel, 1945~이 설계해 프랑스 남부 님Nimes에 완성한 '네모쉬 집합주택Némausus I & II Housing'. 나는 그것을 통해 집합주택의 미래적 존재방식을 추정해본다. 네모쉬 집합주택을 보려는 이유는 일단 보편적인 공공주택의 모습으로부터 상당히 벗어나 있기 때문이다. 단순 명쾌한 형태에 금속성 재료를 입힌 이 건물은 이미지 측면에서만 본다면 다분히 급진적이다. 과감한 기계미학을 적용한 매끈한 건물은 집합주택이라기보다는 여객선과 비행기의 이미지를 풍기고 있다. 따라서 건물은 노동자를 위한 집합주택으로 보이지 않는다. 그런데 흥미로운 사실은, 실상 이 집합주택은 과거의 그것과 본질적으로는 다르지 않다는 것이다. 이것저것 벗겨내면 그저 두 동의 판상형 아파트에 지나지 않기 때문이다.

장 누벨이 네모쉬를 설계한 것은 의도한 일은 아니었다. 1983년 님의 시장이 된 장 부스케Jean Bousquet, 1932~가 그를 설계자로 꼭 집었기 때문이다. 새 시장은 16개의 혁신적인 건축 프로젝트를 통해 도시의 면모를 일신하겠다는 야심찬 목표를 내걸었는데, 그 때문에 그는 상찬과 비난을 동시에 받아야 했다. 그가 12년 넘게 재임하는 동안 시행한 최고의 프

네모쉬 집합주택의 측면 파사드. 금속성 표피가 특별하다. 제공: Jean Nouvel & Associés, 촬영: Georges Fessy

로젝트는 카레다르 현대미술관Carré d'Art–Musée d'art Contemporain이었다. 로마시대에 건설된 신전 메종카레Maison Carrée 맞은편에 들어선 이 건물은 내로라하는 건축가들이 참여한 현상공모전을 통해 설계자를 선정했다. 영국의 노먼 포스터가 행운을 잡았지만 시장은 장 누벨의 작품이 최종경합에서 탈락한 것을 못내 아쉬워했다. 그는 작심하고 장 누벨에게 네모쉬의 설계를 맡겼다.

시장은 일체의 간섭 없이 건축가에게 모든 것을 위임했다. 그것에 대한 건축가의 응대는 간단하고도 분명했다. "좋은 아파트를 만들겠다." 그는 충분한 햇빛과 맑은 공기가 제공되고, 공간적으로 여유 있는 아파트를 짓겠다고 공언했다. 거주자가 노동자, 학생 같은 저소득계층인 공공주택에서는 무엇보다도 필요한 조건이라고 생각한 것이다. 장 누벨은 이 당연한 목표가 오랫동안 잊혀져온 것을 아쉬워했다. 그것은 20세기 초반 르코르뷔지에가 빛나는 도시를 제안할 때 설정했던 목표였다. 그리고 그 목표는 집합주택 위니테에도 그대로 이어졌다. 위니테가 건설된 마르세유는 남에서 100km 정도 떨어진 지척이다. 그는 위니테와 같은 정신을 가지는 집합주택을 짓고 싶었다.

그러므로 건물을 특별하게 보이도록 하겠다는 의도는 처음부터 없었다. 일체의 장식과 가식을 배제하고 오로지 '주거의 기본'을 추구했을 뿐이다. 공공주택인 이 프로젝트를 놓고 장 누벨이 설정한 가장 큰 목표는 이랬다. 공사비는 최대한 저렴하게 하고, 단위주택은 최대한 넓게 한다. 값싸고 넓은 아파트. 그게 민주적 의미에서 좋은 아파트였다. 제2차 세계대전이 종전된 이후 무수히 많은 공공 임대주택을 지어온 프랑스에서는 1970년대에

네모쉬 집합주택의 긴 주동 ©marco_pozzo, Flickr

네모쉬 집합주택의 하부 주차공간 ©jpmm, Flickr

접어들면서 단위주택의 면적을 지속적으로 줄여왔다. 그것이 거주자들의 불만을 야기했고, 공공이 건설한 주거단지는 계속해서 폭동의 진원지가 되어왔다. 장 누벨은 이 집합주택을 통해 그동안 임대주택에 씌워졌던 편견과 오명을 일거에 벗겨버렸다.

할 수 있는 한
단순하게

건물은 판상형 아파트다. 건물을 값싸게 지으려면 형태도 구축법도 단순해야 했다. 따라서 판상형을 선택한 것은 자연스러운 귀결이다. 하나는 길고 하나는 짧은 판상형 아파트. 장 누벨은 이런 단순한 형태의 내부에 간결하고 명쾌한 구조체계를 적용했다. 할 수 있는 데까지 단순하게 하는 것. 이게 구조와 공간 계획의 전략이었다. 따라서 건물에는 균일한 공간체계를 적용했다. 건물의 하부는 5m 간격으로 기둥을 배열해 필로티로 들어올리고, 주차공간을 조성했다. 5m 기둥 간격은 차량 2대를 주차하기에는 최적이다. 주택을 나누는 콘크리트 벽체 역시 5m 간격으로 균일하게 배열했다. 이렇게 착착 배열된 벽체는 주택과 주택을 가르는 샛벽이자 상부 바닥 슬래브를 받치는 내력벽이다. 건물의 최상부에서 최하부까지 이 5m 원칙이 적용되었다. 엘리베이터가 들어서는 공간만 예외로 하고.

네모쉬 집합주택의 외부 계단 ©Jeroen Meijer, Flickr

계단과 복도는 밖으로 뽑고 완전히 열었다. 이 집합주택이 기존의 판상형 아파트와 다른 점이다. 계단, 복도, 엘리베이터 같은 시설이 건물 내부에 들어가면 평면구성이 복잡해지고 공사비도 많이 든다. 단위주택 대다수가 복층 이상으로 계획되었으므로 건물은 6층이지만 세 레벨에만 복도를 두는 것이 가능했다. 알루미늄으로 만든 계단은 개방해 건물 측면에 탑처럼 설치했다. 이런 공간구성은 효과가 탁월했고, 넓게 개방된 복도는 활기찬 생활공간이 되었다. 프랑스에서 지은 아파트의 복도 중에서 '최고'가 된 것이다. 이곳은 진출입뿐 아

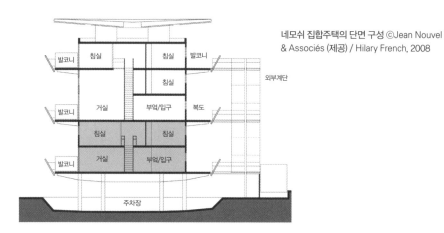

네모쉬 집합주택의 단면 구성 ©Jean Nouvel
& Associés (제공) / Hilary French, 2008

니고 도시의 길로 인식되면서 각종 행위가 발생한다. 자전거가 다니고, 스케이트보드를 타고, 무선조종자동차를 가지고 노는 아이들도 많다. 복도를 따라 이어지는 금속제의 벤치가 이런 활기를 더해준다. 1년 내내 쾌청한 날씨 속에서 외부생활이 일상화된 이곳에는 이런 복도가 제격이다.

　　모든 단위주택은 외부를 향해 적극적으로 개방시켰다. 판상형 아파트의 또 다른 변신이다. 모든 주택은 남쪽으로는 발코니에, 북쪽으로는 복도에 면한다. '밝고 여유 있는 주택'을 위한 전략이다. 각 세대에 제공된 약15m²의 발코니는 주택에 상당한 공간적 여유를 제

집합주택 네모쉬의 외부 복도 ©jpmm, Flickr

공한다. 주민들은 이곳에서 화초를 기르고, 빨래를 말리고, 물건을 보관한다. 다양한 용도로 사용되는 이 공간을 위해 건축가는 반투명의 지붕을 길게 돌출시켜 부드러운 그늘을 드리워주었다. 아파트에 관한 한, 누벨에게 공간은 미학에 우선한다. 아름다운 공간이란 넓은 공간을 의미하고, 아름다운 아파트는 공간적으로 여유 있는 아파트다. 극단적인 실용주의다. 이런 계획의 결과 이곳의 단위주택은 같은 공사비를 들인 다른 임대주택과 비교해서 30~40% 정도 더 넓다.

알아서 취향대로
꾸미고 살라

114세대의 주택은 세 종류, 즉 1층형, 2층형, 3층형으로 구분된다. 모두 17종류의 평면이 존재하는데, 공공주택에서 복층이나 3층이 제공된 것은 드문 일이다. 누벨은 천편일률적인 아파트 공간구성에 대해서 비판하면서, 자신의 의지를 다음과 같이 피력했다. "과거의 공공주택은 단위주택이 좁고, 한쪽 면만 외기에 접하는데다, 발코니 역시 좁았다. 이번 계획은 그런 주택과 확실하게 차별되게 하려고 한다." 따라서 네모쉬 계획에서는 공간의 변화와 융통성을 특별히 강조했다. 주택의 중앙에는 화장실 등 물이 필요한 공간을 두고 거실과 부엌·식당은 분리하는 것을 기본으로 했는데, 여기에 다양한 변화를 가미했다. 각 주택 내부에는 문이 없으며, 복도도 없다. 사적 공간과 공적 공간 사이에 불필요한 완충공간을 두지 않은 것이다.

여유로운 공간을 위한 노력은 파격도 불사했다. 거실과 발코니 사이의 벽체가 그렇다. 남쪽에 면하는 이 벽체는 완전히 개방된다. 벽면 전체에 알루미늄과 유리로 제작한 접이식 문을 설치했다. 벽체지만 벽체가 아닌 셈이다. 원래

집합주택 네모쉬의 거실과 발코니 사이에 설치한 접이식 문.
제공: Jean Nouvel & Associés, 촬영: Philippe Ruault

집합주택 네모쉬의 내부. 벽체는 어떤 인위적인 마감도 하지 않았다.
제공: Jean Nouvel & Associés, 촬영: George Fessy

소방서에서 사용하도록 고안된 접이식 문을 주택에 사용하기 위해서는 차폐 성능 확보를 위해 세심히 고려해야 했다. 결과적으로, 소리, 온도, 습기가 완전히 차단되는 고성능의 접이식 문이 설치되었다. 높이 5m가 넘는 네 짝 문이 접혀서 완전히 개방된 복층주택의 거실을 상상해보라. 공공주택에서는 쉽사리 떠오르지 않는 장면이다. 이 접이식 문으로 인해 공사비는 8% 정도 증가했지만 정교한 파사드와 주민들의 만족감을 위해서는 충분히 가치 있는 비용이었다.

내부에는 장식은 물론이고 어떤 인위적인 마감도 하지 않았다. 바닥을 제외한 벽과 천장은 콘크리트를 노출하고, 그 상태로 입주자를 받았다. 공사과정에서 인부들이 그은 선들과 연필 메모들까지 그대로 두었을 정도다. 다분히 의도적이었다. 입주자에게 제공하는 매뉴얼에는 벽에 일체의 벽지를 부착하지 못하게 했지만 그것을 따르는 입주자는 사실상 없었다. 그들은 취향에 따라 공간을 바꾸고, 카펫을 깔고, 칠을 하고, 벽지를 붙였다. 아래위층을 오르내리는 금속제 계단까지 취향대로 칠을 했다. 벽과 천장을 페인트로 하얗게 칠한 상태로 공간을 제공했다면 이런 적극적인 개조는 발생하지 않았을 것이다. 아무런 마감이 행해지지 않았다는 것은 공사가 완전히 끝나지 않았음을 의미하는 것이고, 결국 '알아서 취향대로 꾸미고 살라'는 뜻으로 입주자들에게 전달된 것이다.

'공장의 은유'가 적용된 네모쉬의
외관. 제공: Jean Nouvel &
Associés, 촬영: George Fessy

판상형
아파트의 변신

건물 중에서 가장 값싸게 짓는 건물이 공장이다. 네모쉬는 마치 공장을 짓듯이 지었다. 단
순한 구조, 마감되지 않은 내부 등에서 두드러지는 '공장의 은유'는 건물의 외부에도 예외
없이 적용되었다. 철저한 프리패브 기법이 사용된 것이다. 벽체, 출입문, 창문, 지붕, 난간 등
모든 외부 부재는 공장에서 제작해서 현장에서 조립했다. 남쪽 벽체에 설치된 접이식 문
에 상당한 비용이 투자되었으므로 나머지 벽체는 되도록 값싸게 마감해야 했다. 그래서
고안한 것이 섬유판MDF 위에 물결모양 알루미늄 패널을 부착하는 것이다. 흔히 구할 수
있는 값싼 재료를 규격대로 잘라서 일정한 간격으로 붙인 것이다. 주로 공장의 외벽을 구
축하는데 쓰는 재료다. 이렇듯 네모쉬 집합주택은 간결하고, 체계적이고, 경제적으로 지었
다는 느낌이 강하게 다가온다.

　　이제 이 집합주택의 외부를 금속으로 마감한 이유가 분명해진다. 금속만큼 규격화하
기 좋은 재료가 없는 것이다. 금속은 '고급'의 이미지로 다가오지만 사실상 건물을 싸게 짓
기에도 아주 적절한 재료다. 인건비를 아끼고 빠른 시간에 건물을 지을 수 있는 장점이 있
다. 낡은 부재는 언제든지 교체할 수 있다. 그런데 외부를 금속으로 마감한 또 다른 중요한
이유가 바로 현대성과 미래적 감각을 부여하려는 데에 있다. 금속은 기계, 산업의 이미지
를 가지게 되고 늘 현대, 첨단의 감각으로 이어진다. 장 누벨은 이 건물이 비록 공공주택이
지만 1980년대에 지은 아파트라는 사실을 분명히 하려고 했다. 그는 건물의 외부를 금속
으로 마감함으로써 '과거의 공공주택으로부터의 변화'를 공공연히 과시한 것이다. "우리는

주변과는 완전히 다른 아파트에 살면서 현대적인 생활을 구가한다." 라는 주민들의 자긍심은 매우 중요한 계획 목표가 되었기 때문이다.

아무리 현대성을 추구한다고 해도 전통은 전통이다. 1920년대에 등장한 판상형 아파트는 어느새 전통이 되었다. 제2차 세계대전 이후 마구잡이로 지어진 판상형 아파트는 무미건조한 주거환경의 주역이 되어왔지만 그건 판상형 아파트 자체의 책임은 아니다. 밝은 햇빛이 가득한 건강한 주거환경을 조성하려면 판상형 아파트만큼 적절한 형식이 없다. 판상형 아파트의 미학적 형식적 변신은 무한하다는 사실은 그동안 심심치 않게 입증되었다. 장 누벨은 그것을 다시 보여주었다. 역사를 받아들이되 현대의 상황을 혁신하면서 미래를 지향하는 주거환경. 네모쉬 집합주택이 그렇다. 누벨은 두 주동 사이의 공간을 '광장'으로 재현함으로써 외부공간의 전통 또한 이어가려고 했다. 그는 그곳을 주차장으로 활용하라는 시 관리들의 제안을 뿌리쳤고, 건물 하부 필로티를 주차공간으로 사용하는 계획을 기어이 관철했다. 푸르른 외부공간이 없는 주거지를 조성할 수는 없었기 때문이다.

금속으로 마감한 블록형 집합주택, '더 웨일'

블록형 집합주택도 미래로 이어질 것이다. 물론 지금보다 많이 달라진 모습으로. 암스테르담의 동부항만지역에 건설된 집합주택 '더 웨일The Whale' 즉 고래는 미래의 블록형 집합주택을 미리 보여주고 있다. 더 웨일은 조각적 형상의 은빛 건물로, 동부항만지역 어디에서도 눈에 띈다. 반짝이는 표피와 물을 차고 오르는 듯한 역동적인 형상 때문에 그런 이름이 붙은 것이다. 건물의 크기는 50×100m로 베를라허가 1915년 암스테르담 남부지구를 계획할 때 설정한 작은 블록과 같은 크기다. 왜 베를라허의 블록과 같은 크기로 한 것일까? 이 건물이 암스테르담의 주거블록이라는 것. 그러니까 완전히 새로운 건물이지만 전통에 바탕을 두고 있다는 사실을 분명히 한 것이다.

설계자는 서울 세곡동에 있는 LH 강남 힐스테이트 단지를 설계한 프리츠 판동언이다. 더 웨일의 표면적 특징은 두 가지다. 하나는 블록의 양 끝을 들어올린 것이고, 다른 하나는 외부를 금속으로 마감한 것이다. 지붕은 알루미늄으로, 외벽은 아연판으로 마감했다. 건물의 양 끝을 들어올린 것은 중정을 배타적 사적 공간이 아닌 열린 공

암스테르담 동부항만지역의 중심에 자리한 집합주택 더 웨일 ©Guilhem Vellut, Flickr

적 공간으로 바라봤기 때문이다. 건물을 들어올리다보니 지붕선은 자연히 V자형으로 기울어졌는데 그것 때문에 중정 안쪽까지 햇빛이 들어온다. 간단한 방법을 썼을 뿐인데 건물은 폐쇄성을 탈피했고 중정은 도시공원과 비슷한 공적 공간이 되었다. 일단 보면 간단한 변화라고 생각되지만 이전에는 누구도 그런 변화를 시도하지 못한 것이다. 결국 더 웨일은 블록형 집합주택을 완전히 새롭게 해석한 것이다. 이 건물을 보노라면 블록형 집합주택의 변신이 어디까지일지 궁금해진다.

건물을 앉히는 방법도 슬기롭다. 건물을 남북방향으로 길게 놓은 후 오른쪽으로 30도 틀었다. 이렇게 하면 중정은 늘 밝고 아늑하며, 모든 주택은 남쪽을 향하게 된다. 물론 정남향은 아니다. 블록형 집합주택에 대한 사람들의 선입견은 북쪽을 향하는 주택이 생긴다는 것, 그리고 많은 음영이 생겨서 어두우리라는 것이다. 그런데 그것은 사실과 다르다. 비록 북쪽에 있어도 남쪽의 중정을 향하면 밝고 쾌적한 실내 환경을 유지할 수 있다. 특히 사방의 코너에 위치하는 집은 다양한 조망을 향유할 수 있어서 매우 매력적인 주택이 된다. 고래는 매우 다양한 규모와 형식의 단위주택을 제공했는데, 규모가 큰 주택은 모두 사방 코너에 두었다. 그곳의 입주자는 푸른 물이 눈앞에 펼쳐지는 기막힌 경관을 즐기면서 산다.

암스테르담의 집합주택 실로담 ©patano, Wikimedia Commons

현대 사회의 복합성을
수용한 집합주택

MVRDV,
집합주택 실로담,
2002

암스테르담, 수준 높은
집합주택의 요람이자 메카

암스테르담은 다양한 집합주택의 실물전시장이다. 오래된 건물, 근대의 건물, 첨단의 건물이 교묘히 섞여서 공존과 조화를 이루고 있다. 수준 높은 집합주택도 유난히 많다. 대부분 공공주택이다. 수준 높은 공공주택을 짓는 전통은 20세기 초반 암스테르담 학파 건축가들로부터 시작되었다. 그들은 집합주택을 '사회적 예술'로 보고 노동자를 위한 미학을 과감히 구사했다. 베를라허 또한 그런 측면에서 선도적이었다. 건축과 도시를 동시에 존중하는 이런 선각자들의 생각은 오늘날에도 그대로 이어지고 있다. 그 결과 암스테르담의 집합주택에는 전통과 혁신, 보편과 파격이 공존한다. 역사를 존중하면서도 세계적인 개방성을 적극 수용한 탓이다.

동부항만지역이 암스테르담 집합주택 개발의 최전선이다. 그곳을 둘러보면 도시주택의 다양함에 혀를 내두르게 된다. 인류가 수천 년에 걸쳐 만들어내고 발전시킨 집합주택의 최종 산물이 그곳에 망라되어 있다. 네덜란드의 내로라하는 건축가가 모두 참여해 만들어낸 것이다. 형태, 외관, 재료, 진입방식 등 이런저런 다채로움이 보는 사람을 즐겁게 한다. 그렇다고 해서 상상을 초월할 정도로 기발하거나 기이한 건물이 존재하는 것도 아니다.

암스테르담 동부항만지역 보르네오 반도에 자리하는 운하주택 ©Fred Bigio, Flickr

전통을 존중한다는 원칙 속에서도 실험정신이 번뜩인다. 그렇지만 지역은 전혀 혼란스럽지 않다. 세심하고도 지혜로운 '공존의 전략'이 성공한 탓이다. 집합주택의 변신과 발전은 한동안 여기서 서성거릴 것이다.

행정가, 계획가, 건축가들은 암스테르담의 전통적 블록을 유지하고 이어가길 원한다. 베를린이 추구하는 전략과 유사하다. 그러면서도 도시가 다채롭길 원한다. 전통적인 블록을 유지하면서 다채로운 도시를 만들어간다는 것은 이율배반적이다. 쉬운 일이 아니다. 그런 어려운 목표에 대한 건축가들의 대응은 두 가지로 요약된다. 하나는 블록의 형태에 변화를 주거나 블록을 이루는 건물을 특별하게 만드는 것이다. 그 결과 도시에는 표피에 변화가 많은 블록이 즐비하고, 보편과 표준을 벗어나는 블록형 집합주택이 많다. 다른 하나는 전략적 장소에 한해서 속박과 정형화의 틀을 벗어버리는 것이다. 안정과 보편 그리고 일탈과 파격을 병치시키는 전략이다. 이런 전략을 구사하려면 우수한 건축가들의 협력과 호응이 절대적으로 필요하다.

집합주택에 실험정신을
접목한 설계집단, MVRDV

설계집단 MVRDV. 암스테르담의 전략에 적극 부응하는 건축가 집단이다. 그들은 늘 독창적이고 표준과 규율을 벗어나므로 새로운 작품을 발표할 때마다 사람들을 놀라게 한다. 뷔니 마스, 야코프 판레이스Jacob van Rijs, 1965~, 나탈리 더프리스Nathalie de Vries, 1965~ 세 사람이 작업을 주도한다. 1993년 로테르담에서 설계 작업을 시작한 그들은 세계 곳곳에 많은 프로젝트를 실현시켰다. 실험은 집합주택 설계에서 특히 두드러졌다. 1994년에서 2007년 사이에 지은 네 곳의 집합주택은 하나같이 신선하고 특이하다. 보조코WoZoCo, 1997, 실로담Silodam, 2002, 파르크란트Parkrand, 2007는 네덜란드에, 미라도르Mirador, 2005는 스페인 마드리드 북쪽 산치나로Sanchinarro 지구에 들어섰다. 모두가 형태는 단순하지만 내용적으로는 풍부하고 다채롭다.

그들은 첫 집합주택 보조코에서부터 세상을 놀라게 했다. 그리고 바로 세계적인 건축가가 되어버렸다. 남쪽으로는 온갖 색채의 발코니가, 북쪽으로는 거대한 캔틸레버가 툭툭 튀어나와 있다. 실로 도발적인 건물이다. 암스테르담 서쪽의 전원도시 오스도르프Osdorp에 자리하는, 55세가 넘는 어른들을 위한 임대아파트다. 북쪽의 캔틸레버는 딱딱한 규정

MVRDV가 설계한 집합주택 보조코의 북쪽 입면. 제공: MVRDV, 촬영: Rob't Hart

보조코의 남쪽 입면. 제공: MVRDV, 촬영: Rob't Hart

의 틈새를 헤집은 결과 제시된 것이다. 누구도 생각지 못했던 기발한 해법이다. 높이 9층으로 제한된 이곳에 규정에 맞춰 판상형 아파트를 한 동 계획하면 87호의 주택만 수용할 수 있었다. 건물주인 주택협회는 100호의 주택이 필요했지만 해결책이 없자 MVRDV를 불렀다. 세간의 평가가 좋았기 때문이다. 첫 미팅에 참석한 그들은 건물 모델에 13호의 주택을 툭툭 붙이고서는 "이러면 되겠네요."라면서 농담처럼 제안했다. 실로 엉뚱한 발상이었지만 가능성을 본 협회에서는 문제 해결을 정식으로 의뢰했다.

문제 해결. MVRDV 스스로가 규정한 그들의 일이다. 뷔니 마스는 이렇게 얘기했다. "우리는 철학자, 예술가, 사회학자, 환경운동가, 그리고 무엇보다 현실주의자인데 어쩌다 연필과 자를 잡게 된 사람들입니다." 그러면서, "우리는 단순히 건물을 디자인하는 사람들이 아니고, 이미 대두되었거나 잠재하는 문제를 창의적인 방법으로 풀어내는 문제해결사입니다."라고 단정했다. 주택협회가 던진 문제를 숙고한 그들은 13호의 주택을 캔틸레버로 공중에 띄우는 방법을 제시했다. 네덜란드에는 북쪽으로 창을 내는 북향 주택을 금하는 규정이 있다. 그런데 추가되는 주택은 동·서쪽을 향하게 되므로 규정에 어긋나지 않았다. 기존의 계획도 크게 바꿀 필요가 없었다. 몇 가지 구조적인 문제는 세대수라는 큰 문제에 비하면 별것이 아니었다.

파격적인 북쪽과 달리 남쪽 표면은 '발코니의 파노라마'다. 단위주택의 다양성을 집합주택의 매우 중요한 가치로 본 설계자들도 '침실 하나'를 제공하는 건물에서는 많은 변화를 주기 어려웠다. 결국 표피와 발코니의 변화를 극대화하기로 했다. 판상형 아파트에 새로운 생명을 불어넣는 작업이다. 표면을 목재 패널로 마감하고 그 위에 다양한 크기와 재료와 색채를 취하는 발코니를 부착했다. 창의 위치와 크기에도 무수한 변화를 주었다. '할 수 있는 데까지 한' 결과 상상을 초월할 만큼 다채로운 표피를 구성할 수 있었다. 1920년대 이후 지금까지 지구상에 건설된 수만의 판상형 주동 중에서 이만큼 다채로운 표피구성을 가지는 건물은 없다. 비록 제한적이지만 공간의 다양성도 실현되었다. 이곳에는 모두 21종의 조금씩 다른 주택이 제공되었는데, 거주자들은 자신의 취향대로 선택할 수 있었다.

실로담, 암스테르담에 정박한 컨테이너선

실로담은 '21세기적 집합주택'이라고 불러도 좋다. 표피는 다채롭고, 단위주택은 다양하고, 사용된 재료는 현대적이면서 감각적인데, 거기에 더해서 역사성과 상징성까지 지니고 있다. 집합주택이 이런 속성을 모두 지니기가 쉽지 않다. 그런데 건물의 윤곽은 단순하기 이를 데 없다. 4개의 수직타워가 나란히 이어진 형상이다. 5.4m 모듈에 따라 쌓인 같은 크기의 박스들이 표출하는 질서는 뚜렷하다. 그런데 다시 보면 각기 다른 색채와 재료를 두른 주택들이 레고 블록처럼 쌓여있는 형상은 무질서한 것처럼 보일만큼 다채롭다. 질서 속에 담긴 무질서라고나 할까. 표피는 유리와 금속이 주류를 이루므로 건물은 반짝거린다. 이러니 실로담은 주변의 전통적인 건물과는 두드러지게 대조적이다. 건물은 자연히 암스테르담 서부항만 지구 경관의 중심이 되었다.

　암스테르담의 사일로. 실로담이란 이름에 담긴 의미다. 이곳은 원래 곡물을 실어 나르던 부두였다. 곡물창고로 쓰던 두 동의 건물은 실로담 건설에 즈음해 아파트로 개조되었다. 시에서는 에이II만을 향해 송곳처럼 돌출한 옛 부두에 도시를 상징할 수 있는 건물을 두고 싶어 했다. 전략적 장소에 파격적인 건물을 두는 전략이다. MVRDV는 새로운 건물을 '부두에 정박한 배'로 형상화함으로써 시의 의도에 잘 부응해주었다. 최종적으로 구

다채로운 색채와 재료로 마감한 집합주택 실로담의 표피. 제공: MVRDV, 촬영: Rob't Hart

현된 건물은 원색의 컨테이너가 차곡차곡 선적된 배로서, 암스테르담의 옛 부두에 정박해 있는 것이다. 그들은 컨테이너가 쉽게 주택으로 전환된다는 사실에 착안했다. 수많은 무역선이 드나들어 '세계의 창고'라고 불리던 번영의 도시 암스테르담의 주거문화를 상징하는 컨테이너선. 그것이 실로담이다.

마르세유의 위니테 다비타시옹을 많이 닮았다. 우선 건물의 바닥 크기가 165×24m로서 위니테와 같다. 외피에 질서를 부여한 것도, 다채로운 색채를 가미한 것도, 단위주택을 다양화한 것도, 배를 형상화한 것도, 옥상을 정원으로 사용하는 것도 같다. 위니테 다비타시옹이 육지에 올라온 여객선이라면, 실로담은 바다에 떠 있는 화물선이다. 다른 점도 많다. 실로담은 필로티가 아닌 피어가 받치고 있으며, 위니테 다비타시옹보다 훨씬 낮고, 주택 수도 절반에 못 미친다. 가장 큰 차이는 외부 재료다. 노출콘크리트에 목재와 유리를 가미한 위니테 다비타시옹에 비해 실로담은 유리와 금속을 주로 사용했다. 설계자들이 위니테 다비타시옹을 모델로 채택한 것은 다분히 의도적이다. 새로운 건축의 근원은 역사적 건축에 있다는 사실을 분명히 한 것이다. 인류가 만든 최고의 집합주택을 기저에 두고 그것을 초월하는 내용을 담아 '현대사회가 요구하는 공동체'를 구현한다는 메시지를 담고 있다.

새로운 공동체
구현

새로운 공동체를 구현하자. 계획의 중요한 목표였다. 그들은 암스테르담의 한 주거지역을 옮겨놓자는데 의견을 모았다. 펼쳐진 동네를 만들기는 어려웠고, 대신 집을 층층이 쌓아서 수직의 동네를 만들었다. 동네가 되려면 주거, 상업, 공공시설이 복합되어야 하고, 주택도 분양과 임대가 섞여야 했다. 계획은 그렇게 되었지만 실현 과정에서 다소 변동이 있었다. 상업공간은 대폭 축소되었고, 대신 오피스가 들어와 물을 향해 돌출된 2층에 수용되었다. 15호에 불과하지만 임대주택도 마련되었다. 돌출된 오피스의 옥상은 커뮤니티 공간으로 의도되었다. 동네의 광장 역할을 하는 곳이다. 암스테르담의 동네라면 당연히 배가 드나들어야 하므로 건물의 최하층에 보트계류장을 두었다. 부두의 끝에 자리하는 지리적 이점 때문에 주민 사이의 유대감은 걱정할 필요가 없다. 그들은 다양한 조직을 만들어 활발히 교류한다.

다양한 단위주택을 제공했다. 주택의 폭, 깊이, 층수, 진입방식 모두에 변화가 주어졌다. 주택의 폭은 6~15m, 깊이는 12~24m, 층수는 1~3층으로 변화의 진폭이 크다. 형식은 플랫, 메조네트, 스킵형 메조네트(르코르뷔지에가 위니테에서 사용했던 형식이다), 파티오 주택, 다락이 있는 2층 주택(결국 3층 주택이다) 등 모두 15종류가 제공되었다. 주택의 외부공간도 테라스, 파티오, 개방된 복도 등 종류가 많다. 주택의 내부벽체는 가변형으로 해 거주자가 없애거나 옮길 수 있게 했다. 따라서 이곳에 있는 157호의 주택은 '모두 다르다'고 해도 좋다. 주택은 4~12호 단위로 작은 근린을 이루게 했다. 설계자들은 이런 규모가 암스테르담 구시가에서 볼 수 있는 가장 전형적인 근린단위라고 보았다. 근린을 이루는 집은 입면의 재료, 창문 모양, 홀과 복도의 색채 등을 서로 같게 했다. '어울려 산다'는 느낌을 강조한 것이다.

동네는 그 모습이 다채롭다. 그들은 표피의 변화를 통해 그것을 구현했다. 그들이 구현한 변화 많은 표피는 현대사회가 지니는 복합적이고 다양한 속성을 표출하고 있다. 표피는 알루미늄 패널, 콘크리트 패널, 붉은 삼나무 패널, 벽돌, 페인트칠한 철판 등 셀 수 없이 많은 재료로 이루어진다. 오렌지색, 푸른색, 흰색, 붉은색 등의 밝은 색채는 표피를 더욱 다채롭게 한다. 다채는 내부로 이어지고, 거주자는 이전의 어떤 집합주택에서도 경험하지 못한 특별한 공간체험을 일상화한다. 세 군데에 설치된 계단과 엘리베이터를 통해 건물 내부로 들어서면 원색의 색채로 다가오는 속복도는 마치 다른 세상에 들어온 듯한 착각이

1. 실로담의 다양한 단위주택 중 하나.
   파티오가 제공된 주택이다. 제공: MVRDV,
   촬영: Rob't Hart
2. 집합주택 실로담의 속복도. 강렬한 원색이
   이채롭다. 제공: MVRDV, 촬영: Rob't Hart
3. 실로담에서 건물의 외곽을 따라가는 바깥
   복도. 제공: MVRDV, 촬영: Rob't Hart

들게 한다. 건물의 외곽을 따라가는 바깥복도의 체험 또한 특별하다. 거기서 바라보는 하늘, 물, 각양각색의 선박, 갈매기들, 현관문을 열고 들어서면 펼쳐지는 간결하고 현대적인 내부공간, 내 집과 전혀 다른 옆집. 실로담은 다분히 초현실적이다.

자료 수집, 세밀한 분석, 세련된 디자인

MVRDV는 어떻게 이런 다채롭고 복잡한 건물을 설계할까? 그들은 독특한 설계방법을 사용한다. 우선 설계 대상과 관계되는 모든 자료를 모은다. 결과는 도시와 사회를 움직이는 수많은 역학으로 결집되고, 정보가 산더미처럼 축적된다. 그들은 이것을 데이터스케이프datascape라고 부른다. 가장 중요한 것은 그것을 '번역'해서 순수한 정보의 집합으로 바꾸는 과정이다. 물론 컴퓨터가 동원된다. 집합주택 계획을 위해서는 도시계획, 재정, 법적 규제, 입주 대상, 기술적 가능성, 기후 조건 등이 두루 입력된다. 그것이 사용자의 행위와 선택의 예측으로 정리되고 나면, 일조, 조망, 프라이버시 등 삶의 질과 관계되는 요소들이 최

집합주택 실로담

적의 상태를 이루는 건물의 시뮬레이션으로 나타난다. MVRDV의 최연장자 뷔니 마스는 우리나라 모 신문사와의 인터뷰에서 "우리는 설계 작업에 투여하는 시간의 반 이상을 연구와 자료 수집을 하면서 보낸다."라고 했다.

그들은 이렇게 만들어낸 여러 시뮬레이션의 결과를 가지고 관련자 및 사용자와 협의한 후 선택한다. 그리고 그들이 주력하는 가장 마지막이자 가장 창의적인 과정 즉 디자인에 돌입한다. 그들은 여러 구성원의 예술적 영감을 모두 불어넣어 독특하면서도 아름다운 건물을 만든다. 물론 자신들의 건물이 좀 튀어야 한다는 목표도 버무

암스테르담의 교외주거지에 자리하는
집합주택 파르크란트 ©Alex Terzich, Flickr

려넣는다. 충실한 자료, 세밀한 분석, 세련되면서 두드러지는 디자인, 이 세 과정을 통해서 만들어진 건물은 늘 창의적이면서, 복잡하고, 다채롭다. 지역과 상황마다 설계는 판이하게 달라진다. 전통적인 설계방법은 항상 여기에 뒤진다.

암스테르담 교외 회젠펠트 슬로테르메이르Geuzenveld-Slotermeer에 지어진 파르크란트 역시 특별한 집합주택이다. 여기에는 다채로운 표피구성이 적용되지 않았다. 하층부 기단 위에 다섯 동의 타워를 배열하고 최상부에서 그것을 하나로 엮었다. 따라서 건물은 복잡하지만 통합된 집합체로 존재한다. 타워 사이에 만들어진 3곳의 옥상정원이 이곳의 핵심공간으로, 온통 흰색으로 장식된 초현실적 공간이다. 디자이너 리하르트 휘턴Richard Hutten, 1967~이 꾸민 이곳은 각각 '거실', '식당', '어린이 방'으로 명명되었다. 각 '방'에는 커다란 흰색 화분이 놓여있는데, 보통 사람을 난쟁이로 만든다. '거실' 상부에는 샹들리에가, '식당'에는 테이블과 가벼운 이동식 가구들이, '어린이 방'에는 놀이기구와 동물 모양의 조명기구가 설치되었다. 건물의 대주제는 역시 다양성이어서, 단위주택의 크기와 형식에 변화가 많다.

마드리드 외곽에 들어선 미라도르는 실로담과 비슷하면서도 많이 다르다. 스페인의 예오 블란카Lleó Blanca, 1959~와 협력해서 계획했다. 거대한 공중정원과 과감한 표피구성은 보는 사람을 압도해버린다. 땅에서 40m 띄워 조성한 정원에 대해 설계자들은 스페인의 전

MVRDV와 예오 블란카가 설계한 집합주택 미라도르 ⓒCarlos Delgado, Wikimedia Commons

집합주택 미라도르의 공중정원. 제공: MVRDV, 촬영: Rob't Hart

통적인 블록형 집합주택을 90도로 일으켜 세운 결과 생겨난 공간이라고 설명한다. 그러나 그것은 위니테 다비타시옹에서 온 것이 분명하다. 위니테 다비타시옹의 옥상정원에 지붕을 덮은 것이다. 과거의 것을 참고로 하되 혁신적인 눈과 새로운 방법을 사용해서 미래를 향하는 계획을 한 것이다. 건물의 입면은 서로 다른 창문 패턴과 색채를 가지는 9종류의 표피로 구분된다. 각각은 독립된 근린을 이루고, 각 근린으로의 진입은 따로 설치된 '수직 가로vertical street'를 통하게 된다. 전통적인 도시의 주거지역을 수직적 구성으로 바꾼 것이다.

　　MVRDV가 추구하는 집합주택. 목표는 분명하고 작업에는 일관성이 뚜렷하다. 고밀도의 도시환경에 대응하고, 건물의 독자성과 단위주택의 다양성을 찾고, 집합에 대한 그들만의 모색을 이어간다. 현대 사회의 복합성에 대해 적극 대응하고, 공간구성과 조형의 다양성을 극대화시켜 나간다. 그들의 파격과 실험은 어디까지 갈지 모른다. 그렇지만 분명한 것은 그들은 과거 르코르뷔지에가 설파한 건축의 본질로부터 벗어나지 않고 그것을 계속해서 확장하고 있다는 것이다. 르코르뷔지에는 이렇게 말했다. "건축은 빛 아래서 펼쳐지는 능수능란하고 정확하고 장엄한 볼륨들의 유희다." 그들의 실험은 늘 기대되고 기다려진다.

집합주택 실로담

암스테르담 동부항만지역

동부항만지역 개발은 제2차 세계대전 이후 암스테르담시가 벌인 최대의 건축 사업이다. 네덜란드 동인도회사의 본거지였던 이곳은 교역의 중심이자 번영의 상징으로 군림했으나 새로운 운송기법의 등장으로 항구의 기능을 조금씩 잃어갔다. 1979년 끝까지 남아있던 선박회사가 떠나자 항구로서의 역할은 끝이 났다. 암스테르담시에서는 일찍부터 이곳을 최첨단 주거지로 개발하기로 하고 차근차근 절차를 밟아나갔다. 1988년에서 2000년 사이에 17,000명의 주민을 수용하는 8,500호의 주택이 건설됨으로써 이곳은 도시의 새로운 명소가 되었다. 반도와 섬으로 이루어진 이곳은 모두 6지구로 나누어진다. 시에서는 각기 다른 건축가에게 지구의 마스터플랜을 맡겼으므로 그 모습이 모두 다르다. 그렇지만 지구들은 서로 싸우지 않고 잘 어우러져서 전체적으로 조화로운 지역이 되었다.

시당국의 생각은 이랬다. 비록 새로운 주거지이지만 이곳은 진정한 암스테르담의 주거지가 되어야 한다. 따라서 도시의 전통적인 주거유형과 도시조직이 이곳에 재현되어야 하며, 블록이 중심이 되는 구도심의 공간구조 또한 그대로 이어져야 한다. 이런 시당국의 생각을 계획가와 건축가들이 잘 수용한 결과 이곳에 들어선 주택은 새것이지만 공간적 물리적 성격은 구도심과 유사하다. 주거지를 만드는 구성원리가 같다는 것이다. 베를린의 주택전시회 이바를 위해 요제프 클라이휘스가 제시한 '도시의 비판적 재구축'의 이념이 이곳에도 적용된 것이다. 즉 도시의 고유한 구조를 존중하면서도 현대적 감각과 미래지향적 건축언어를 수용하자는 것이다. 도시는 역사적 현상이지만 그것을 구축하는 태도는 최첨단이어야 한다는 생각. 그것은 도시개발의 굳건한 원리로 정착되었다.

이곳은 아키펠라고 즉 다도해를 표방한다. 다채로운 집합을 추구하겠다는 것이다. 건축가들은 다양하게 대처했다. 우선, 블록의 유지라는 기본 원칙을 바탕으로, 건물의 표피를 다채롭게 하는데 주력했다. 경우에 따라서는 건물을 비틀고 나누고 기울이는 등 형태적인 변화를 시도했다. 그 결과 이곳에는 우리가 그동안 알고 있던 '블록형'이라는 형식을 벗어나는 집합주택이 많다. 둘째는, 전략적인 위치에 크고 특별한 건물을 세웠다. 보르네오 스포렌뷔르흐Borneo-Sporenburg 지구가 특히 그렇다. 지구는 저층주택들이 군을 이루면서 바다처럼 넓게 펼쳐진다. 이런 '저층주거의 바다' 위에 '유성meteorites'이라고 불리는 3개의 특별한 집합주택을 배치했다. 외계로부터 날아와서 박힌 건물이라는 뜻이다. 프리츠 판동언이 설계한 더 웨일도 그중 하나다. 나는 암스테르담 동부항만지역을 이렇게 규정한다.

집합주택 계획의 최전선이자 다채로운 교과서.

주거지로 변한 암스테르담 동부항만지역의 일부. 전면이 KNSM 섬이고,
멀리 후면이 자바 섬이다. 제공: Jeroen Musch

실패한 20세기의 집합주택

'실패'로 낙인찍힌 주거환경을 세계 곳곳에서 만날 수 있다. 생각보다 많다. 그런데 제2차 세계대전 이전에 지어진 주거환경 중에는 실패로 낙인찍힌 경우가 거의 없다. 실패로 귀결된 주거환경은 대부분 1950년대에서 1980년대 사이에 건설된 주거단지이다. 당시에는 많은 주거단지가 졸속한 결정으로, 획일적인 계획에 의해서, 대규모로, 그리고 빠른 속도로 건설되었다.

건축이론가 에드워드 랠프Edward Relph, 1965~는 그렇게 만들어진 주거환경은 예술적 산물은커녕 저질의 키치에 불과하다고 단정했다. 그 용도가 무엇이든지, 수준 높고 가치 있는 물건을 만들려면 시간과 정성을 들이고, 적절한 재료를 사용하고, 합당한 기술을 적용해야 한다. 근대건축이 등장하기 이전에 지어진 건물은 기념비적 건물이든 노동자가 사는 주거환경이든 대부분 진솔한 과정에 의해서 만들어졌고, 그 결과물도 진솔했다. 진솔한 환경이 아니라면 주민들은 그곳에 뿌리내리고 살기를 원치 않는다. 인간이 원하지 않는 환경은 결국 '실패한 환경'이 된다.

제공된 환경의 성격과 질이 사용자의 요구나 기대와 맞지 않은 상태. 실패한 환경을 학술적으로 정의하면 그렇다. 기대에 어긋나는 주거환경에 사는 거주자는 스트레스에 시달린다. 고쳐보려고 나름 애쓴다. '조정'의 과정을 거치는 것이다. 그런데 조정을 거쳐도 상태가 나아지지 않는다면 정을 떼버리고 훼손, 파괴 등의 행위로 불만을 표출한다. 사업의 주체는 대대적인 개조를 통해 상황의 반전을 꾀하기도 하는데, 성공할 수도 있지만 그렇지 못한 경우도 많다. 어떤 조정도 통하지 않는 경우 주거환경은 완전히 실패한 것이다. 이 경우에는 해당 환경을 포기하는 수밖에 없다.

실패는 많은 원인의 결과물이다. 과거에는 그 원인을 주로 '계획이 잘못되었기 때문'이라고 쉽게 단정했다. 계획가들의 잘못 때문이라는 것인데 그렇게 규정하는 것은 문제를 너무 단순하게 본 것이다. 설계가 잘못되었기 때문에 주거환경이 실패하는 경우는 그리 많지 않다. 실패로 낙인찍힌 주거단지를 살펴보면 정책상의 혼선이 가장 큰 원인이다. 거기에다 물량 위주의 무모한 공급, 공급대상에 대한 이해의 부족, 턱없이 부족한 재정의 투입 등이 그다음 원인이다. 그리고 마지막으로는 계획적 결함이 작용했다.

빼어난 집합주택을 얘기하는 이 책에서 나는 실패한 집합주택도 얘기하고자 한다. 빛과 그림자. 둘은 동전의 양면이다. 같이 볼 필요가 있다. 그렇지만 실패한 환경을 다 언급할 수는 없으므로 대표 사례를 골라내기로 한다. 어떤 사례는 정책의 실패가 최고의 원인, 어떤 사례는 물량위주의 공급이 최고의 원인, 어떤 사례는 계획의 결함이 치명적 원인이다. 그래서 그것을 논의의 주제로 삼고 그 밖의 이야기를 배경으로 펼쳐본다. 사실 실패의 원인은 비슷비슷하다. 그리고 아직 실패라고 단정할 수는 없으나 실패나 다름없는 아파트단지를 얘기한다. 그건 우리나라의 이야기다.

실패의 대명사,
프루이트 아이고 주거단지

악명 높은 프루이트 아이고 주거단지Pruitt-Igoe Housing Estate에 관해서는 곳곳에서 많이 언급되었다. 그렇지만 그것이 왜 '파괴'라는 운명을 맞이했는가에 대해 핍진하게 다룬 문헌이 별로 없다. 다들 나름의 눈으로 이렇게 저렇게 썼으나 대부분 사실과는 거리가 멀다. 그러므로 그 교훈도 제대로 전달되지 못했다. 극히 최근에야 당시 미국 정부가 펼친 공공주택에 대한 정책의 실패로서, '예정된 실패'라는 주장이 제기되었다. 그게 가장 정확한 판단이다.

단지는 1949년 제정한 주택법Housing Act에 근거해서 건설했다. 제2차 세계대전 이후 황폐해져 가는 미국 도시를 살리기 위해 연방정부가 적극적으로 나서겠다는 의지가 담긴 야심찬 법이다. 슬럼의 철거, 도심재개발, 공공주택 건설을 위해서 연방정부가 지속적으로 자금을 투입하는 것을 골자로 했다. 그런데 이 법은 무모한 도심재개발, 그리고 인종문제에 대한 정책상의 무관심 등 상당한 문제를 야기했다. 정책을 입안한 사람들과 그것을 집행한 관리들이 치명적인 실수를 저지른 것이다. 그들은 대도시에 넓게 형성된 슬럼을 쓸어버리고 그곳에 과거의 공간구조와는 완전히 다른 주거환경을 건설함으로써 만성적인 사회문제를 물리적인 수단으로 해결하려 한 것이다.

판상형 주동 33동이 기계적으로 배열된 프루이트 아이고 주거단지 ©United States Geological Survey

프루이트 아이고 단지는 그러한 사업 중 하나였다. 세인트루이스도 미국의 여느 대도시와 마찬가지로 도심에 흑인이 밀려들어왔고, 슬럼을 형성했다. 시에서는 슬럼의 토지를 매입하여 건물을 완전히 쓸어버린 다음 그것을 민간 사업자에게 파는 시책을 폈다. 중산층을 도심으로 불러들이려는 유인책이었다. 1950년 시에서는 5,800호의 공공주택을 건설할 수 있는 자금을 연방정부로부터 지원 받았는데, 그 절반을 프루이트 아이고 단지의 건설에 투입했다. 도심과 가까운 약 23만m²의 광대한 땅이다. 시에서는 그곳을 깨끗하게 쓸어버렸고, 그 자리에 총 2,700호의 주택을 지어 15,000명의 인구를 수용하는 계획을 수립했다. 기존에 그곳에 거주한 인구보다 많은 수치였다.

계획을 담당한 건축가는 레인웨버·야마사키·헬무스Leinweber, Yamasaki & Hellmuth 합동사무소다. 그런데 그들은 아무런 재량권이 없었다. 시 주택국에서 정해놓은 각종 지표를 그대로 준수해야 했다. 대지 규모, 세대수, 호수밀도 등에서 변경의 여지가 전혀 없었다. 그들이 처음 수립한 계획은 저층, 중층, 고층이 적절히 섞인 안이었다. 그것은 시의 건축조례에는 부합했지만 그대로 시행하면 연방정부에서 정한 세대 당 공사비를 초과했다. 따라서 연방 공공주택국에서 파견된 감독관은 11층 높이의 판상형 주동이 반복되는 계획을 강요했고, 그렇게 귀결되었다.

감독관은 건설비용을 최소화하기 위해서 계속 압력을 가했다. 원래 제시된 각종 유희시설, 어린이놀이터, 조경시설, 주동 1층에 자리한 공중목욕탕 등은 예산절감의 이유로 사라졌다. 얼마나 비용을 아꼈던지, 문손잡이와 자물쇠는 입주하기도 전에 이미 부서진 것이 많았고, 창문은 바람의 압력을 견디지 못해 날아간 것이 부지기수였다. 부엌에서 선반은 가장 얇은 합판으로 만들었고, 싱크대는 너무 작았으며, 배기용 송풍기는 설치하지 않았고, 스토브와 냉장고는 가장 작은 사이즈에 가장 싸구려로 설치했다. 이렇게 값싼 재료로 엉터리로 시공한 부분은 이루 열거할 수 없을 만큼 많았다. 단지는 처음부터 실패로 출발한 것이다.

단지에는 11층 높이의 판상형 주동 33동이 기계적으로 배열되었다. 건축가들은 이러한 고층주택의 거주성 향상을 위해서 두 가지의 중요한 계획요소를 채택했다. 3층마다 서는 엘리베이터와 유리창으로 외부와 격리된 폐쇄형의 편복도. 편복도는 엘리베이터 운행과 연계하여 3층 단위로 설치되었다. 복도를 중심으로 '독립된 근린'을 창출하겠다는 의도다. 엘리베이터는 복도가 있는 층, 즉 1, 4, 7, 10층에서 서는데, 사람들은 엘리베이터에서 내린 후 복도와 계단을 통해서 각자의 주택으로 진입했다. 세탁실과 창고도 이 복도를 통하게 했다. 건축가들은 이 복도가 이웃이 서로 교류하는 커뮤니티 공간이 되리라고 예상했다.

단지는 두 부분으로 구분해서, 다른 인종을 수용하도록 했다. 프루이트 구역은 흑인, 아이고 구역은 백인이 거주하도록 했다. 그런데 연방대

프루이트 아이고 주거단지에 제공된 주택의 내부 ©St. Louis Housing Authority

법원에서 이러한 흑·백 분리수용에 제동을 걸었고, 백인들은 흑인들과 섞여 사는 것을 거부했다. 결국 단지는 흑인들만 사는 주거지가 되었다. 이게 결정적인 패착이었다. 입주한 계층은 여자가 가장인 가족이 많았다. 1965년을 기준으로 보면, 입주가족의 62%는 여자가 가장이고, 38%는 가족 중에서 직업을 가진 사람이 없었다. 입주자 중에서 여자의 숫자는 남자보다 2.5배 많았다. 이들은 입주 초기에는 단지에 대해서 대체로 만족해했다. 비록 값싸게 지은 아파트고 단지의 조경과 공공시설은 열악했지만 주택의 내부만은 그들이 원래 살던 곳보다 양호했기 때문이다.

인간을 중심에 두지 않는 정책은 실패한다

나쁜 상황은 거주율이 낮아지는 데서 시작되었다. 거주율은 1957년에 91%로 최고점에 달했다가 이후 지속적으로 줄어들었다. 프루이트 구역의 거주율은 1965년에 72%까지 떨어졌다. 아이고 구역은 처음부터 70%에 약간 못 미치는 숫자로 출발했다. 이렇게 되자 단지의 유지·관리가 어려워졌다. 기대했던 임대료를 걷지 못하는데다 체납하는 입주자의 숫자가 늘어나자 시에서는 유지·관리에 드는 비용을 대폭 삭감해버렸다. 엘리베이터가 고장이 나도 고치지 않았고, 주택 내부의 웬만한 문제는 신고가 들어와도 거들떠보지 않았다. 파이프가 터지고 가스폭발 사고가 나도 대수롭게 여기지 않았다. 단지는 눈에 띄게 황폐한 장소로 변해갔다.

단지에서는 범죄가 빈번하게 발생했고 파괴행위 또한 끊이지 않았다. 복도와 엘리베

이터가 범죄의 소굴이었다. 3층마다
서는 엘리베이터와 복도는 커뮤니티
증진은커녕 범죄를 조장하는 것으
로 판명되었다. 주민들은 집으로 가
기 위해 꼭 복도를 통과해야 했는데,
그곳에서 불량배들에게 위협받고 공
격받는 일이 자주 발생했다. 엘리베
이터 또한 범죄를 위한 적절한 장소
였다. 비용 때문에 작은 것을 설치한
것이 가해자에게는 오히려 유리했다.
엘리베이터에서는 오줌냄새가 진동

파괴 직전의 프루이트 아이고 주거단지
©St. Louis Post-Dispatch

했다. 고통스러운 그곳에서 내리면 그
에 못지않게 고통스러운 복도가 기다
리고 있었다. 복도에 붙은 세탁실과 창고는 '무서워서' 거의 사용되지 않았다.

1965년에 시에서는 단지의 환경개선을 위해 연방정부의 보조금을 투입했지만 사정은
별로 나아지지 않았다. 거주율은 지속적으로 감소했고, 범죄는 증가했으며, 유지·관리는
더욱 허술해졌다. 한때 34대의 엘리베이터 중에서 28대가 운행되지 않았다. 1970년에 이르
러 전체 주택의 65%가 빈 상태가 되었다. 결국 정부에서는 단지를 허물어버리기로 결정했
는데, 폭파시키는 것과 해머로 부수는 것 중 어떤 것이 비용 측면에서 나은가를 판정하는
일만 남았다. 1972년 3월 16일 단지의 중앙에 있는 세 동의 건물을 실험적으로 폭파시켰다.
단지의 부활을 위한 최종단계의 시도가 있었지만 결국 1973년에 남은 단지를 허물기 시작
해서 1976년에 작업을 완료했다.

많은 언론매체와 학자들은 설계의 잘못에 책임을 돌렸다.《워싱턴포스트Washington
Post》에서는 "불과 한 세대 전에 농장으로부터 풀려나 이곳에 이주해온 가난한 가족들과
고층아파트 사이의 불일치 때문"이라는 해석을 내렸다. 즉 고층아파트로 계획한 것이 가
장 큰 실책이라는 것이다. 어떤 이론가는 한 술 더 떠서 그것을 '근대건축의 실패'와 관련짓
기도 했다. 찰스 젠크스Charles Jencks, 1939~였다. 그는 단지의 폭파라는 작은 사건이 마치 근
대건축이라는 이데올로기 전체의 실패를 대변하는 것처럼 침소봉대했다. 그는 "이 단지가

실패한 20세기의 집합주택

프루이트 아이고 주거단지의 폭파 장면 ©U.S. Department of Housing and Urban Development

근대건축의 이념을 충실하게 담았고, 그 결과 좋은 디자인으로 평가되어 상까지 받았지만 주민들의 요구를 담는데 완전히 실패했으므로 결국 파괴되었다."라는 논지를 펴왔다. 억지 논리다.

　　프루이트 아이고 단지가 건설된 1950년대 초반 미국의 주택정책 입안자들은 흑인을 중심으로 하는 저소득계층의 라이프스타일과 생각에 대해 무지했다. 흑인들은 사회·경제 적으로 소외되었고 차별받았으나 결속력은 강했고 커뮤니티 지향의 생활양식을 선호했다. 그런데 정책입안자들은 그러한 측면을 몰랐다. 미국의 사회학자 리 레인워터Lee Rainwater는 프루이트 아이고와 같은 주거단지에서 발생하는 파괴와 폭력행위는 가난과 차별에 시달 리는 저소득계층의 이해할 수 있는 대응이라고 주장했다. 그들이 파괴와 폭력을 구사하는 것은 사회적 소외감, 고립감, 경제적 무기력 때문이라는 것이다. 따라서 저소득계층의 주거 환경을 물리적으로 개선해 그들의 행동패턴을 바꾸려는 노력은 소득수준 등 제반 사회적 환경이 향상되지 않으면 별 효과가 없다는 것이다.

　　프루이트 아이고 단지가 고층아파트로 건설되어서 실패한 게 아니고 그곳을 독립된

파괴되는 또 다른 공공 집합주택 코크런 가든스Cochran Gardens. 프루이트 아이고 단지와 같은 건축가에 의해 1953년 세인트루이스에 건설되어 한때는 주민자치 관리의 모델이 되었으나 결국 쇠락의 길을 걸은 후 2008년 파괴되었다. ⓒMichael R. Allen, Wikimedia Commons

단지로 만들어 저소득계층을 지리적·사회적으로 고립시킨 것이 실책이었다. 3층마다 엘리베이터가 서는 고층아파트는 많다. 호세 루이스 세르트가 설계한 피바디 테라스와 뉴욕 루스벨트 섬의 집합주택이 모두 그렇다. 피바디 테라스에서는 복도에서 사회적 교류가 늘 일어난다. 실패와는 거리가 멀다. 미국에는 프루이트 아이고 단지와 유사한 실패 사례가 수백 곳에 퍼져 있다. 모두가 고립된 섬으로 존재하는 고층아파트이다. 결국 프루이트 아이고 단지의 실패는 잘못된 정책이 낳은 당연한 실패로 보아야 한다. 사용자 즉 '인간'을 중심에 둔 정책이 아니었던 것이다.

프루이트 아이고 단지의 계획 과정에서 건축가들의 실책은 불가항력적인 측면이 크다. 중요한 사항은 모두 세인트루이스 주택국과 연방 공공주택국에서 결정했다. 그들에게 주어진 재량권이라야 주동 내부의 공간계획뿐이었는데, 그것도 제한된 비용을 감안해야만 했다. 결국 위에서 지시하고 감독하는 행정 관료들의 실책이 더욱 무거웠다. 그들은 터무니없이 싼 가격으로 공공주택을 건설했기 때문에 적절한 수준의 환경을 제공하는 데 실패했다. 같은 형태의 건물을 기계적으로 반복시키고, 공공시설과 조경에 들어가는 비용을 대폭 삭감하고, 실내의 가구와 설비는 수준이하의 조악한 제품을 쓰도록 강요했다. 그 결과 단지는 처음부터 인간이 애착을 가지고 살 수 있는 환경이 될 수 없었다.

암스테르담의 괴물,
베일메르메이르 주거단지

암스테르담에서 남동쪽으로 7.5km 떨어진 곳에 자리하는 베일메르메이르 주거단지Bijlmer-meer Housing Estate. 총면적 700만m²에 인구 6만 명을 수용하도록 계획된 거대 단지다. 프루이트 아이고 단지와 함께 20세기를 대표하는 실패한 주거환경이다. 지금은 대대적인 개조가 행해져 사람이 살 만한 환경으로 다가오지만, 원래 모습은 눈을 의심할 정도로 황당했다. 거대하고, 획일적이고, 단조로운 모습은 충격이란 말로는 부족할 정도였다. 베를라허와 미셸 더클레르크가 활동한 '벽돌의 도시'에 이런 주거환경이 건설되었다니 선뜻 이해하기 어렵다. 한순간의 오판 그리고 맹목적으로 따른 잘못된 이념이 이런 결과를 낳을 수 있구나, 그런 생각이 든다. 그러니 이 단지 역시 미래의 주거환경을 향하는 우리에게 '조심하라'고 경고한다.

암스테르담시에서는 1953년에 베일메르메이르의 간척지에 대규모 주거단지 건설을 결정한다. 네덜란드는 세계대전의 직접적인 피해는 없었지만 주택 부족에 시달리고 있었다. 1962년에 시는 주로 중산계층을 수용하는 주거단지 건설을 결정하고, 마스터플랜의 수

거대하고 단조로운 베일메르메이르 단지의 전경. 중앙에 벌집 모양의 주동들이 길게 이어져 있다.
ⓒKLM Luchtfotografie

립을 시작했다. 1965년에 계획이 완성되자 1966년에 공사가 시작되었고, 2년 후부터 입주가 시작되었다. 단지가 모습을 드러내자 많은 사람이 문제를 제기했고, 건설의 중단을 요구했다. 또한 원래 목표로 했던 중산계층은 입주를 꺼리고 일부 입주한 사람들도 서둘러 단지를 떠났다. 그럼에도 시에서는 계속해서 건설을 밀어붙였고, 드디어 1975년에 최종적으로 건설이 완료되었다.

단지의 마스터플랜은 암스테르담 도시계획국의 간부였던 지그프리드 나슈Siegfried Nassuth, 1922~2005가 팀을 꾸려 직접 수립했다. 나슈는 근대건축국제회의의 계획이론에 열광적으로 심취했고, 르코르뷔지에의 도시이론을 계획의 유일한 참고서로 생각한 사람이다. 이렇게 거대한 단지를 건설하면서 그 계획을 오로지 시가 주축이 되어서 수립한 것은 특이한 일이다. 더욱 기이한 것은 나슈는 시청 내부의 극히 폐쇄된 소집단 이외에는 외부 전문가의 의견을 일절 경청하지 않았다. 이 정도 규모의 단지를 계획할 때는 입주자의 주택에 대한 기호, 사회구조의 변화에 따른 생활양식의 변화 등 세밀한 예측조사를 펼친 후에 계획에 착수하는 것이 보통이다. 그런데 그들은 이런 초보적 수준의 조사도 하지 않았다.

당시 네덜란드의 중산계층은 고층아파트를 좋아하지 않았다. 처음에는 새로운 주거형식에 관심을 가졌지만 그것을 실제로 본 이후에는 급격히 선호를 거두었다. 1960년대 이후 고도성장이 지속되자 네덜란드의 중산계층은 소득과 여가 시간이 모두 늘어났다. 따라서 그들은 교외의 단독주택을 선호했으며, 커뮤니티보다는 개인의 삶에 무게를 두기 시작했다. 그런데 단지를 계획한 나슈 팀에서는 그러한 경향을 간과했다. 또한 고층주택을 기피하는 네덜란드인의 전통적인 주거 스타일도 전혀 고려하지 않았다. 그들은 오로지 '새로운 이념이 반영된 미래도시'라는 환상에 빠져 있었다.

베일메르메이르 단지에 건축된 건물의 90%는 11층 높이의 고층아파트다. 주동의 1층에는 세탁실, 창고, 집회실 등 공용 시설을 배치했다. 단위주택은 면적 100~120m²의 대형주택이 많았다. 가장 눈에 띄는 것은 중앙부에 넓게 자리하는 '벌집' 형상의 거대한 주동들이다. 한 변이 대략 100m 길이로, 정육각형을 이루면서 길게 이어지는 형상을 취한다. 단지 전체에는 31개의 벌집이 자리했는데, 하나의 벌집이 수용하는 주택 수는 평균 425호였다. 주동 중에서 가장 긴 것은 600m 길이에 830호의 주택을 수용했다. 주동의 2층에는 복도형 통로가 설치되었다. 이 통로는 여러 주동을 이어서 주차장, 전철역, 학교, 근린센터로 연결되었다. 공중 가로 개념을 채용한 것이다.

물량 위주의
공급은 실패한다

단지에는 중산계층 대신 다른 곳으로는 갈 수 없는 저소득계층이 들어와 살았다. 1975년에 식민지 수리남Surinam이 독립하자 이민자들이 이곳에 밀려들어 왔고, 단지는 급속하게 다민족 사회로 변모했다. 1991년 기준으로 단지 거주자의 31.4%가 수리남 이민자이고, 전체 거주자의 80%가 흑인이었다. 경제적으로 궁핍하고 사회적으로 소외된 사람들이다. 공중질서에 대한 의식 수준이 낮아서 창밖으로 쓰레기를 던져버리는 것을 당연하게 생각할 정도였다. 시간이 갈수록 이곳은 마약, 범죄, 불법점거, 파괴와 훼손 같은 사회문제가 빈발했다. 길과 주차장에는 오물과 쓰레기가 넘쳐났다. 시는 이 단지 때문에 골머리를 앓았고, 악명은 전국적으로 퍼져나갔다.

관리해야 하는 공간도 엄청 넓었다. 주동을 이어주는 공중 가로의 총연장은 12km, 편복도의 총길이는 110km, 계단실의 수는 150개, 엘리베이터는 220개, 1층에 설치된 공용 공간의 수는 12,000개에 달했다. 이렇다 보니 단지를 관리하는데 드는 비용은 예상을 훨씬 상회했다. 그런데 빈집은 점차 늘어났고 임대료 체납은 쌓여갔다. 관리에 커다란 문제가 발생한 것이다. 중산계층을 목표로 한 단지이기 때문에 주택의 면적은 컸고, 그만큼 내야 하는 임대료도 비쌌다. 그러니 임대료를 감당하지 못하는 가구가 많았다. 원활한 관리의 어려움은 이 단지가 실패하는데 커다란 원인으로 작용했고, 그것은 프루이트 아이고 단지와 유사한 것이다.

암스테르담시에서는 1980년대 초반부터 대대적인 재생사업을 시작했다. 그들은 이곳

벌집을 형성하는
베일메르메이르 단지의
긴 주동 ©Janericloebe,
Wikimedia Commons

의 물리적 환경을 바꾸는 정도로는 근본적인 문제 해결이 어렵다고 판단했고, 사회·경제 환경을 획기적으로 바꾸는 전략을 수립했다. 그들은 고층주택을 대폭 철거하는 것을 골자로 하는 과감한 재생방안을 제시했다. 고층주택을 철거해서 생겨난 부지에는 저층주택을 건축했고, 중산층에게 분양했다. 단지의 주거형식과 소유형식의 다양화를 시도한 것이다. 교육 시설과 여건을 충실하게 하고, 문화와 여가활동을 다양하게 증진시키는 사업도 병행했다. 동시에 단지의 관리를 강화해 범죄, 마약, 파괴, 쓰레기 무단투척 등에 적극적으로 대처했다. 사업은 '성공'으로 판명되어 오늘날까지 진행되고 있다.

베일메르메이르 단지의 실패 원인을 분석한 학자들은 주로 이 단지가 가지는 물리적인 결점에 초점을 두고 원인을 찾아냈다. 골자는 세 가지다. 첫째, 단지 규모의 거대함 때문으로, 광대한 오픈 스페이스와 그 위에 자리하는 주동의 규모가 인간적인 스케일을 넘는다는 점이다. 둘째, 건물의 획일성과 단조로움이 주민들을 심리적으로 질리게 한다는 것이다. 셋째, 일상생활을 지원하기 위해 제공된 주차장, 통로 공간 등 여러 공용 시설이 너무 공동성과 평등성을 강조한 나머지 '내 것'으로 인식하는 데 무리가 있다는 것이다. 결국 과다한 물량이 문제의 근본이라는 결론이다.

최근에 출간된 문헌에서는 베일메르메이르 단지의 실패 원인을 비교적 폭넓은 관점에서 분석했다. 건축계획과 주거지 계획에서의 실패, 의사결정 과정에서 협의와 합의 과정의 결여, 건설과정에서 피드백 기능의 결여 등이다. 이렇게 과거와 다소 달라진 해석을 내렸다 해도 결국은 실패의 가장 큰 원인을 '계획의 실패'로 규정하고 있다. 그런데 베일메르메이르 단지의 계획은 시의 공무원이 수립했으므로 결국은 정책 및 소통의 실패로 귀결된다. 공무원의 아집에 따라 일방적인 밀어붙이기식 사업추진이 결국 실패로 귀결된 것이다. 왜곡된 관료주의의 결과이기도 하고, 사용자와 현장의 목소리에 귀 기울이지 않는 탁상행정의 결과이기도 하다.

베일메르메이르 단지의 주동을 해체한 자리에 새롭게 들어선 저층 주택 ©Mojito, Wikimedia Commons

실패한 20세기의 집합주택

영국의 '자랑'에서 '실패'로 바뀐,
셰필드의 두 주거단지

건축 및 단지 계획이 실패의 주요한 원인이 된 경우도 있다. 영국 셰필드에 건설된 두 주거단지 파크 힐과 하이드 파크가 그랬다. 앞의 두 사례 정도로 '악명 높은' 단지는 아니나 많은 논란의 중심에 섰던 골칫거리였다. 이 두 단지는 건설이 완료되어 사람들이 입주를 시작한 시점에서는 '영국의 자랑'이라고 평가될 정도로 많은 주목을 받았다. 인접한 두 단지를 보기 위해 많은 건축가와 전문가들이 셰필드를 찾았다. 그렇지만 정작 주민들은 자신이 사는 환경을 좋아하지 않았다. 거친 외관과 위압적인 주동의 모습, 그리고 그곳에 설치된 공중 가로가 불만의 주요 원인이었다. 불만은 훼손과 파괴로 이어졌고, 결국 단지는 철거와 개조라는 운명에 처했다.

먼저 건설된 파크 힐은 슬럼을 철거한 자리에 지은 단지였다. 영국 산업혁명의 중심지 중 하나인 셰필드에는 백투백 주택이라고 불리는 노동자 주택이 곳곳에 밀집해 있었다. 그중에서도 파크 힐 지역은 특히 과밀하고 열악했다. 콜레라와 티푸스가 시시때때로 창궐했고, 유아사망률은 국가 평균을 훨씬 상회했다. 결국 시에서는 이 지역을 완전히 쓸어버리고 새로운 주거지를 건설하기로 했다. 새로운 이론으로 무장한 젊은 건축가 잭 린Jack Lynn,

셰필드의 주거단지 파크힐. 완전히 보수한 이후의 모습이다. ©diamond geezer, Flickr

1926~2013과 이버 스미스Ivor Smith, 1926~2018를 특별히 고용해 단지계획을 하게 하고, 시 건축가 존 워머슬레이John Womersley, 1910~1990가 감독 겸 조력자로 그들을 도왔다. 세 사람 모두 고층아파트와 르코르뷔지에의 열렬한 지지자였다.

그들은 당시 유럽에 건설된 고층 아파트단지를 모두 둘러보고, 1953년에 단지 계획의 첫 시안을 시에 제출했다. 당시 영국에서 막 대두된 새로운 건축 사조 뉴 브루탈리즘New Brutalism에 강한 호감을 보였다. 앨리슨과 피터 스미스슨 부부가 처음 제안한 이 새로운 사조는 거칠게 드러나는 콘크리트의 질감을 강조했는데, 그 원류는 위니테 다비타시옹의 표피에 있었다. 스미스슨 부부의 생각을 적극 지지한 비평가 레이너 밴험은 그것을 '신인간주의New Humanism'라면서 띄워주었다. 그들은 4층에서 13층까지 변화하는 주동을 뱀처럼 구부려서 외부공간을 둘러싸도록 했고, 주동의 표피에는 위니테 다비타시옹의 브리즈 솔레유를 연상시키는 격자형 패턴을 일관되게 적용했다. 이렇게 계획된 주동은 '파동치는 위니테'라고 표현하는 것이 적절하다.

1961년에 완성된 이 단지에서 가장 큰 특징은 공중 가로의 적용이다. 계획 팀이 공중 가로에 애착을 보인 것은 사회적 결속을 유지하려는 의도다. 그들은 원래 이곳에 살던 슬럼 거주자들의 사회적 결속과 커뮤니티 감각을 유지하려고 했다. 당시 영국의 일부 사회학자들은 저소득계층이 유지하던 결속된 사회적 구조를 우호적으로 보는 글을 많이 썼다. 그것에 영향받은 계획 팀은 공중 가로가 과거 이곳에 있던 좁은 골목의 역할을 해 주리라고 기대했다. 시 건축가 워머슬레이가 1955년 시의회에 제출한 보고서를 보면, 길 주변에서 여자들이 환담을 나누고, 아이들이 뛰어놀고, 커플이 편히 쉬는 스케치를 여러 장 제시했다. 길과 그 주변 공간에 대한 애착을 나타낸 것이다.

계획 팀은 3층 단위로 반복되는 공중 가로를 단지 전체에 걸쳐 설치했다. 모든 주택의 입구는 폭 3.6m의 개방된 편복

보수되기 이전의 파크힐 주거단지. 3층 단위로 공중 가로가 설치되어 있다. ⒸLee Won Seong

실패한 20세기의 집합주택

도에 면하게 했는데, 이 편복도는 공중에 뜬 데크로 변하면서 인접한 주동으로 연결되었다. 복도와 데크는 우유배달 수레가 지나다닐 수 있을 정도로 폭이 넓었으므로 '공중에 뜬 길'의 역할을 하기에 충분했다. 계획 팀에서는 모든 주택의 개별성을 강조하기 위해 출입문의 색깔에 변화를 주었다. 이 단지를 보면서 스미슨 부부가 1952년에 제안한 골든 레인 주거단지 계획안을 떠올린다면 그는 예리한 독자다. 르코르뷔지에의 위니테 다비타시옹에 길의 개념을 접목한 그 계획안은 당시 영국의 건축가들에게는 새로운 주거환경을 위한 최고의 모델이었다. 셰필드의 계획 팀은 그것을 이곳에다 실현한 것이다.

995세대를 수용하는 파크 힐 단지가 완성되자 셰필드시는 자랑스러웠다. 단지를 소개하는 책자를 여러 언어로 펴냈는데, 러시아어까지 동원했다. 시에서는 노련한 사회복지사를 고용해 단지에 입주시켰다. 드머스 부인Mrs. J. F. Demers은 단지에 입주하는 주민들이 '사회적으로' 사는 법을 가르쳤다. 시에서는 '사회적 시민social citizen'이라는 용어를 사용했는데, 공공이 정한 규칙을 잘 준수하면서 이웃과 좋은 관계를 유지하는 주민을 지칭하는 말이다. 시에서는 원래 슬럼에 살던 이웃이 서로 인접해서 살게 했고, 단지 주변의 길 이름도 옛 이름을 사용했다. 단지에는 펍, 병원, 각종 상점, 학교 등을 갖추어서 주민의 일상생활을 충실히 지원했다.

파크 힐의 '성공'에 고무된 시에서는 규모가 더 큰 하이드 파크를 바로 인근에 건설했다. 새 단지는 도시가 한눈에 보이는 언덕 위에 자리했다. 셰필드 시민 모두가 이 단지를 바라본다는 뜻이다. 파크 힐이 중·저층 및 고층을 혼합한 것에 반해 하이드 파크는 18층 높이의 고층으로만 구성했다. 단지 전체에 걸쳐 공중 가로가 설치된 것과 뉴 브루탈리즘을 적용한 건물의 표피는 파크 힐과 같았다. 계획을 담당한 잭 린과 이버 스미스가 이곳을 고층으로 계획한 것은 언덕의 장소성을 강조하려 했기 때문이다. 파크 힐부터 시작해서 상승하는 두 단지가 이루는 역동적인 이미지를 노린 것이다. 건물에 대한 자신감이 대단했다. 1966년 여왕의 어머니가 참석한 성대한 입주식도 열렸다.

애물단지로
전락한 공중 가로

시에서는 혁명적인 계획으로 지역을 완전히 새롭게 만들었다는 자부심이 대단했다. 특히 공중 가로가 사회적인 장치로서 완벽하게 작동하리라고 생각했다. 그런데 주민의 반응은 시의 기대와 달랐다. 파크 힐에 이주한 사람을 대상으로 일정 기간이 지나 조사한 결과에 따르면, 응답자의 단지 4%만 데크에 서서 이웃과 이야기한 기억이 있다고 답했다. 공중 가로는 기대한 것처럼 사회적 장소가 되지 못했다. 사람들은 그곳에서 교류하지 않았으며 아이들도 놀지 않았다. 계획가들은 상

파크 힐의 공중 가로. 사람들이 사용하지 않아 한산하고 쇠락한 공간이 되어 버렸다. ⓒLee Won Seong

점, 학교, 펍과 연계된 이 공간이 활성화될 것으로 기대했으나 데크는 그저 길고 무미건조한 통로로만 받아들여졌다. 날씨 탓도 있었다. 우중충하고 스산한 영국의 요크셔 지방에서 복도를 넓게 개방하고 길게 이어놓은 것은 현명한 선택이 아니었다.

두 번째 문제는 단지의 모습이다. 70%의 주민이 단지의 외관에 대해 불만을 표출했다. 부정적 반응은 하이드 파크에서 더욱 심했다. 단지가 표출하는 거친 질감을 주민들은 좋아하지 않았다. 이곳에 거주하는 주부의 절반 정도가 단지의 모습이 "감옥 같다"고 응답

멀리서 바라본 셰필드의 하이드 파크 단지. 허물어지기 이전의 모습이다. ⓒDave Pickersgill, Wikimedia Commons

했다. 비평가 레이너 밴험은 "현재와 다르게 하는 것은 상상할 수 없을 정도로 완전한 계획"
이라고 극찬을 아끼지 않았으나 주민들의 생각은 달랐다. 르코르뷔지에의 위니테 다비타
시옹을 번안한 외관은 이곳 주민들의 취향과는 맞지 않았다. 2층의 벽돌 건물을 배경으로
푸른 초원에 양떼가 풀을 뜯는 영국의 경관을 떠올린다면 쉽게 이해가 되는 대목이다. 두
단지가 풍기는 거칠고 위압적인 모습은 영국의 미학적 전통과는 완전히 반대되는 것이다.

1980년대에 들어서자 문제가 서서히 표출되기 시작했다. 철강 산업이 내리막길로 접
어들자 셰필드에는 대량 실업이 발생했다. 철강 산업에 종사하던 이곳 주민들은 대부분 일
자리를 잃었다. 펍은 문을 닫고 창을 판자로 막아버렸다. 관리비가 제대로 걷히지 않자 단
지는 서서히 황폐한 장소로 변해갔다. 공중 가로 즉 넓은 복도와 데크는 관리가 되지 않았
다. 곳곳에 쓰레기가 버려졌고, 낙서와 파괴 행위가 성행했으며, 마약이 거래되고, 범죄가
빈발했다. 단지에는 불탄 자동차가 여기저기 버려졌다. 시민에게 이 두 단지는 '가서는 안
될 곳'으로 인식되었다. 불량배들이 학교에서 노는 아이들을 향해 공기총을 쏘는 일까지
발생했다. 슬럼에서 이주해온 원주민들이 나이 들고 죽자 따뜻한 커뮤니티 의식도 사라져
버렸다.

셰필드 시민들은 한동안 이 두 단지를 미국의 유명한 교도소인 '샌 쿠엔틴San Quentin'
이라고 부르며 입주를 거부했다. 1980년대 말이 되자 시는 하이드 파크 단지는 '실패한 실

힘', 파크 힐 단지는 '실패했지만 회생 가능한' 환경으로 결론지었다. 하이드 파크는 1989년부터 폐쇄시켰다가 일부는 개조해 1991년 하계 유니버시아드 대회의 선수단 숙소로 사용했다. 그리고 1992년부터 건물을 철거해 극히 일부만 남겨놓았다. 파크 힐 단지는 완전히 개보수해 공공임대와 분양주택이 공존하는 새로운 형태의 단지로 전환시켰다. 상업과 위락시설을 수용해 다양성을 높였으며, 현대적 감각의 디자인을 적용해 외관을 완전히 바꾸었다. 2013년

로빈 후드 가든스의 공중 가로 모습 ⓒseier+seier, Flickr

영국왕립건축가협회는 변화된 단지를 스털링 상Stirling Prize의 최종 후보로 올려놓았다. 그렇지만 건축가 제임스 스털링James Frazer Stirling, 1924~1992을 기념하는 본상을 받는 행운은 누리지 못했다.

르코르뷔지에의 위니테 다비타시옹을 번안해 영국에 심은 뉴 브루탈리즘은 성공하지 못했다. 그것의 창안자라 할 수 있는 스미스슨 부부가 런던 동부에 계획해 1972년에 완성한 주거단지 '로빈 후드 가든스Robin Hood Gardens' 역시 철거라는 운명을 피하지 못했다. 문제는 역시 거친 외관과 공중 가로로 판명되었다. 영국의 미학적 전통에 맞지 않는 표피, 그곳의 기후와는 맞지 않은 인공의 길, 그리고 주변과 고립된 섬과 같은 단지. 주민들의 반응은 냉담했다. 파괴와 범죄가 지속적으로 발생했다. 리처드 로저스, 자하 하디드Zaha Hadid, 1950~2016 등 저명한 건축가들이 나서서 이 단지를 보호하기 위해서 애썼으나, 허사였다. 길고 긴 두 주동 중 서쪽 주동은 2017년 여름에 파괴되었고, 동쪽 주동도 같은 절차가 예정되어 있다. 많은 원인이 복합적으로 작용했으나, 계획의 잘못이 제일 컸다.

우리나라의 아파트단지는 실패하지 않았는가

우리나라에 지어진 아파트단지는 어떤가? 실패인가 성공인가? 앞서 언급하기를, 실패한

실패한 20세기의 집합주택

주거환경의 직접적인 현상은 '어떠한 조정도 통하지 않아 포기된 환경'이라고 규정했다. 우리나라의 아파트는 대부분 분양 아파트이므로 포기되거나 강제로 파괴되는 경우는 없다. 건축 후 30년이 지나 재건축을 하지 않는 이상 부수지는 않는다. 주민들의 의식이나 도덕적 수준도 비교적 높아서 파괴 행위, 노상강도 같은 범죄도 빈번하게 일어나지 않는다. 공공이 지은 임대아파트에서도 그런 일은 별로 없다. 아파트단지에서 벌어지는 가장 흉악한 일은 층간소음이나 이웃 간 소음으로 분쟁이 발생해 살인으로까지 이어지는 일이다. 따라서 우리나라의 아파트단지는, 내가 내린 규정에 따른다면, 실패는 없는 것이나 마찬가지다.

그렇다면 우리나라의 아파트단지는 모두 성공적인 환경인가? 그건 아니다. 앞서 언급하기를, 진솔한 환경이 아니라면 주민들은 그곳에 뿌리내리고 살기를 원치 않으며 결국 그런 환경은 실패한 환경이라고 했다. 우리나라에 지어진 아파트단지의 대다수가 그렇다. 특정한 아파트단지가 아주 마음에 들어서 그곳에 뿌리내리고 살면서 대대로 자식에게 물려주기를 원하는 사람이 과연 있을까. 서울 강남의 수십억 고가의 아파트나 빌라를 제외한다면 그런 경우는 극히 드물지 않을까. 그렇다면 우리나라의 아파트단지는 표면적으로 실패했다고 할 수는 없지만 딱히 성공했다고 할 수도 없는 상태다.

우리나라에 지어진 아파트단지는 태생적으로 실패를 품고 나왔다. 그동안의 사례를 보면, 실패한 주거환경은 대부분 잘못된 정책의 결과물이다. 우리는 그동안 셀 수 없을 정도로 많은 정책상의 실수를 저질러왔다. 그리고 그런 실수의 결과가 대다수의 우리나라 아파트단지 속에 스며들어 있다. 그러므로 우리나라의 아파트단지는 대부분 '잠재적'으로 실패한 주거환경이다. 그렇게 된 이유는 간단하다. 해방 이후 우리는 끊임없이 주거환경의 결핍에 시달려왔다. 해결책은 순간순간의 판단에 의존해왔다. 대처와 문제 해결이 대부분 즉흥적이었다. 그러한 과정이 반복되면서 우리 주거환경에는 필연적으로 갈등과 모순이 담길 수밖에 없었다. 우리 주거환경이 특이한 양상을 지니게 된 배경이다.

우리는 인간을 중심에 둔 주거환경 계획을 하지 못했다. 개발은 주로 정치적 배경과 경제적 논리에 의해서 진행되었다. 재개발·재건축의 광범위한 시행, 다세대·다가구 주택의 확산, 서울 주변의 신도시 개발 등은 모두 정책적으로 시행되었다. 정책은 항상 물량 확보를 최우선의 목표로 했으며, 그것이 건설업체의 수익추구와 직결되었다. 그 결과 주거환경의 고밀화와 고층화는 지속적으로 증가했다. 정부는 공공공간 및 기반시설에 대한 투자는 최소화하면서 사유공간의 양적 확대에 정책의 중점을 두었다. 그것은 개인의 이익 추구의 욕망과 결합했고, 삶의 공간보다는 재산증식 수단이라는 비정상적인 주거관이 일반화되었다. 주거공간의 질적 저하는 어쩌면 당연한 결과였다.

그동안 우리는 질 높은 주거환경을 형성할 기회가 충분히 있었지만 그런 기회를 활용할 줄 몰랐다. 공공을 위한 임대주택 건설을 등한시한 것이다. 정부 예산으로 짓는 임대주택은 재개발·재건축 아파트처럼 이익이 상충되는 것도 아니고 분양을 걱정할 필요도 없다. 공공의 자산이므로 얼마든지 수준 높게 지을 수 있다. 우수한 임대아파트를 전국적으로 건설해서 시범적 환경으로 만들고, 민간에서 짓는 아파트가 그것을 따르게 했으면 우리 국민의 주거환경은 지금보다 한 단계 올라갔을 것이다. 네덜란드의 경우를 보라. 그런데 정부는 잘못된 임대주택 정책을 통해 주민 갈등을 조장하고 서민의 사기를 바닥에 떨어트려 왔다.

우리 사회는 주거환경에 대한 자각이 필요하다. 자각은 우리가 지금까지 지어온 주거환경이 사실은 실패한 환경이라는 사실을 인정하는 데서 출발한다. 그 결과 이 땅에 더 이상 진정성과 진솔함이 결여된 주거환경을 만들지 말아야 한다. 물론 우리가 지금까지 만들어온 주거환경이 완전하게 실패한 것이므로 그것을 철저히 부정해야 한다고 주장하는 것은 아니다. 우리는 현재 상황에 대한 전면적인 거부보다는 '커다란 수정'을 시도해야 한다. 거기에는 우리가 그동안 저질러온 정책상의 실수를 더 이상 반복하지 말아야 한다는 조건이 붙는다. 나는 여기서 그동안 우리 사회가 주거환경에 대해 정책적으로 저지른 실수에 대해 언급하고자 한다. 그리고 빠른 시일 내에 변화를 모색하고 새로운 주거문화를 열어가기를 기대한다.

정책상의 뼈저린 실수

첫 번째 실수는 아파트단지라는 주거형식을 전국에 일반화시켰다는 것이다. 여기서 말하는 아파트단지는 판상형, 타워형 주동이 송곳 다발처럼 꽂혀있는 한국형 아파트단지를 의미한다. 1980년대부터 본격적으로 퍼

서울 도곡동에 들어선 고층아파트의 모습
©Doo Ho Kim, Flickr

실패한 20세기의 집합주택

끝없이 건설되는 세종시의 고층아파트. 행정 청사에 붙은 '국토교통부'라는 글씨가 선명하다. ⓒosokim, Flickr

져나간 한국형 단지는 우리 도시의 주거유형과 경관을 완전히 바꾸어버렸다. 앞선 글에서 나는 베를라허의 도시와 근대주의자들의 도시를 비교했다. 우리가 짓고 있는 단지는 근대주의자들의 도시를 바탕에 깔고 있다. 그것도 좋지만, 도시를 '예술품'으로 보면서 길과 주거 블록을 존중하고 주동 하나하나를 '건축'으로 대하는 주거환경도 만들었어야 했다. 기존의 아파트단지가 가진 장점을 모두 수용하면서도 다른 모습과 내용을 담는 주거환경을 만들 수 있었는데 우리는 너무 한 방향으로만 달려간 것이다.

적어도 세종시 같은 도시만은 베를라허의 가르침에 따라 건설해야 했다. 세종시가 가시화되기 전에 열린 한 토론회에서 서울시의 한 간부가 이렇게 얘기한 것을 나는 기억한다. "서울의 난립한 주거환경이 많은 문제를 만든 결과, 천도를 고려해야 한다." 깜짝 놀랄 발언이었다. 그런데 우리는 비록 반쪽이지만 새로운 수도를 만들고 있다. 그런데 그곳을 한번 가보라. 기괴한 행정 청사를 중심에 두고 수십 층 높이의 고층 주거단지가 끝도 없이 들어서고 있다. 새로운 수도를 만든다고 하면서 거칠고 비인간적인 환경을 마구잡이로 펼쳐놓고 있는 것이다. 늘어가는 고층의 콘크리트 덩어리를 보면서 나는 적어도 도시 이름에 '세

하늘에서 본 서울의 아파트 밀집지역. 단지는 주변 도시조직과 유리된 '도시의 섬'으로 존재하고, 모두 다른 공간구조를 가지면서 서로 배타한다. 물론 대다수의 건물은 30층 이상의 고층이다. 출처: 2011년 네이버 항공지도

종'을 붙이지는 말았어야 한다고 생각한다.

두 번째 실수는 우리 주거환경이 너무 고밀화·고층화로 가는 것이다. 정부는 그동안 많은 신도시를 개발하면서 기반시설 비용은 전혀 부담하지 않았다. 개발의 모든 비용은 땅값에 전가될 수밖에 없었다. 친환경적 주거환경을 만들려면 120% 정도의 용적률이 상한치인데 판교, 화성 동탄, 세종시 등 신도시 아파트들의 용적률은 200%를 훨씬 상회한다. 여기에 각 건설회사는 이익을 극대화하는 방식으로 아파트를 세웠으니 그 결과는 뻔하다. 재개발·재건축도 마찬가지다. 정부와 지자체는 한 푼도 쓰지 않고 기반시설에 드는 비용은 용적률을 올려주는 대가로 주민에게 부담시켰다. 그 결과 용적률 300%를 넘나드는 아파트단지가 대도시 곳곳에 들어섰다. 세계 어디에서도 이런 방식의 개발은 하지 않는다.

우리는 아파트단지의 높이와 규모를 끝없이 증대시켜 왔다. 개발 단위 수백 세대가 수천 세대로 변하고, 6층에서 12층, 25층, 40층으로 계속해서 층수를 높여왔다. 재건축을 앞두고 있는 서울 강남의 노후단지 여러 곳에서는 새 건물을 50층 이상으로 짓겠다면서 시와 줄다리기를 계속하고 있다. 아파트 층수가 높으면 거주성이 좋고, 분양에 유리하고, 가

실패한 20세기의 집합주택

격도 올라갈 것이라는 기대가 전국에 퍼져 있다. 정부가 나서서 국민을 잘못 교육시켰다. 이렇듯 대도시에는 신개발, 재개발할 것 없이 초고층 거대 단지가 곳곳에 들어서고 있으며, 경주, 전주, 안동 같은 역사도시에도 서슴없이 고층 주거단지를 짓고 있다. 지금은 국민이 너나없이 고층아파트를 최고의 환경이라고 생각하지만 어떤 예기하지 못한 힘이 작용하면 일시에 그것을 외면할 것이다. 그때는 누가 책임을 져야 하나?

세 번째 실수는 모든 아파트단지를 고립된 섬으로 만든 것이다. 정부는 활발한 주택 공급과 나홀로 개발을 방지한다는 미명아래 일정 규모 이상으로 단지를 개발하도록 유도했고, 관리는 단지별로 하도록 해왔다. 2013년 기준으로 전국의 아파트단지는 23,560개에 이른다. 이 많은 아파트단지가 모두 담장과 녹지띠로 둘러싸여 있다. 그중에는 주변이 번화한 시가지인 곳도 적지 않다. 황금 상권이 형성된 지하철역 바로 옆에 있는 단지도 담장으로 둘러쳐져 있다. 주민들의 사생활을 보호한다는 명목아래 진행되는 이런 개발방식은 아무리 생각해도 이해가 되지 않는다. 단지 주변을 활력 있는 상점가로 만들면 도시도 좋고, 주민도 좋고, 경제활동에도 도움이 되지 않겠는가. 이 얼마나 비효율적인 도시 운영인가.

서울에 지어진 초기 아파트단지는 담장으로 둘러치지 않았다. 1970년대 건설한 반포 (주공)아파트, 한강맨션 아파트 등을 보면 길에 면해 상가아파트를 배열했다. 1~2층에는 상점이 있고, 위에는 집이 있는 아파트. 도시의 본성을 잘 반영한 계획이었다. 그런데 1980년대로 접어들어 아파트를 대량으로 짓게 되면서 노시성을 반영한 아파트단시가 사라져버렸다. 가까운 이웃 일본을 보자. 그들도 '단지의 나라'라는 별명을 얻을 정도로 고립된 주거환경을 많이 만들었다. 그런데 이제는 그런 주거환경을 만들지 않는다. 주거지 전체에 일상생활이 자연스럽게 전개되고 건축이 길과 긴밀한 관계를 맺는 도시적인 주거지를 본격적으로 만들고 있다. 도쿄 지바현에 조성한 신시가지 마쿠하리幕張는 일본이 더 이상 단지의 나라가 아니라는 선언과 같은 주거지다.

마지막 네 번째 실수는 아파트에서 발코니가 사라지게 한 것이다. 이것은 너무 어이없고 터무니없는 실책이다. 정부는 2005년 12월 건축법 시행령 개정을 통해 "기준에 적합한 발코니는 필요에 따라 거실, 침실, 창고 등 다양한 용도로 사용할 수 있다."라고 규정했다. 그리고 2012년에는 한 가구 전용의 단독주택 이외의 모든 주택에서 개수에 제한 없이 발코니 구조 변경이 가능하도록 허용했다. 정부에서는 이렇게 허용한 배경에 대해 여러 이유를 들고 있지만 제일 웃기는 설명이 이것이다. "개별적으로 시행되어 조잡했던 아파트 외관이 준공 전에 통일성 있게 시행되므로 미관개선과 부실시공 방지 효과가 있음." 게다가 이 건 또 어떤가? "… 다른 나라에 비해 이주 비율이 높은 우리나라의 주거 정착률을 높일 수 있는 계기도 마련될 것으로 기대된다."

　이런 황당한 이유를 들어 허용한 '발코니의 실내공간화'는 엄청난 부작용을 낳았다. 전·후면 모두에 발코니가 있다는 가정아래 미리 실내공간에 넣어서 시공한 아파트는 원래 면적의 30%가 보너스로 제공된다. 그보다 훨씬 넓게 제공되는 경우도 많다. 그러니 용적률 200%로 계획한 아파트단지의 실질적 용적률은 300%에 육박하는 것이다. 주동은 뚱뚱해지고 단지는 빽빽해지는 것이다. 보너스를 당연히 주는 것으로 감안해서 계획하다 보면 주동의 형태는 다양하게 변화할 수 없다. 또한 아파트에는 단위주택의 개별성이 전혀 드러나지 않는다. 다채로운 모양과 색채의 발코니를 통해 아파트 외관이 다양하게 되는 것은 아예 불가능하게 된 것이다. 이런 일을 정부가 나서서 하다니. 지금까지 우리 주거문화를 다 망쳐놓은 것도 부족해서 마지막으로 대형 실수 한 방을 만루 홈런으로 때려낸 격이다.

파리에는 집이 없다. 포개어져 놓은 상자들 속에서 대도시의 주민들이 살아간다. …
우리들의 주거는 그 둘레에 공간도 없고 그 안에 수직성도 없다. 집에 뿌리가 없는 것
이다. … 그리하여 집은 이젠 우주의 드라마를 알지 못한다.
-가스통 바슐라르,《공간의 시학》중에서

20세기라는 한 시대를 놓고 당시를 빛낸 집합주택을 이야기한 이 책. 우리에게 남기는 메
시지는 무엇인가? 모든 이야기를 체에 담아 흔들어서 작은 것은 모두 버리고나면 마지막
건더기로 남는 언어와 여운은 무엇일까. 우리가 사유하고 성찰해야할 내용은 무엇인가?

시대를 빛낸 집합주택을 설계한 건축가들이 그들의 건물에 담으려했던 이념과 목표
는 많을 것인데, 그중에서 제일로 부각되는 명제는 단연코 '장소 만들기'다. 그들이 그러한
의도를 말이나 글을 통해 표출했건 아니건 간에 나는 그들의 작업에서 그것을 떠올린다.
그들이 빚어낸 환경은 비록 완전한 상태는 아니더라도 모두 '장소'를 지향했다. 그것은 그들
이 가졌던 인간 삶에 대한 애정과 존중의 결과였다.

장소는 인간이 진정 '거주하는' 곳이며 '자유'를 향유하는 곳이다. 하이데거Martin
Heidegger, 1889~1976에 따르면, 환경 속에서 자유를 얻는다는 것은 여기저기 떠돌아다니는
상태가 아니고 어느 한곳에 머물면서 안정과 편안함을 얻는 것이다. 자유로우려면 우선
보호받아야하기 때문이다. 그런데 인간은 아무데나 머물지 않는다. 농촌이나 전원에 사는
사람들은 정서적으로 따뜻하면서 진정한 마음의 고향을 느낄 수 있는 곳에 머문다. 도시
에 사는 사람들도 마찬가지다. 거칠고 흉한 곳, 마구잡이로 만들어진 곳, 가식적인 곳, 역
사적 의미나 건축적 가치가 없는 곳, 그런 곳에는 머물지 않는다. 그들은 오로지 '진솔한'
환경에만 머문다. 머물 곳을 찾지 못한 사람들은 여기저기 떠돌아다닌다. 안정되고 행복한
삶을 살지 못하는 것이다.

시대를 빛낸 집합주택에 사는 사람들은 그곳을 쉽사리 떠나려고 하지 않는다. 왜 그
럴까. 그곳을 자신들의 주거로 인식하기 때문이 아니겠는가. 건축가들은 그곳을 진솔한 환
경으로 만들기 위해 최선을 다했다. 그들은 포디즘Fordism을 배격했으며, 형식주의를 버렸
고, 새로운 미학과 상징주의를 동원했으며, 때로는 표현주의를 접목시켰다. 독자적인 성격

을 부여한 것이다. 주민들은 자신의 환경을 만족해하고 자긍심을 가지므로 결코 그것을 사고파는 대상으로 바라보지 않는다. 그것을 아끼고 가꾸어나간다. 하이데거가 '거주'의 본질로 바라보았던 행위다. 그들이 사는 집합주택은 지구상에 유일하게 존재하는 장소인 것이다.

빛낸 집합주택을 설계한 건축가들이 추구한 두 번째 이념은 '단독주택을 담은 집합 주택'이다. 집합주택의 가장 이상적인 형태는 단독주택이 모인 것이다. 말하자면, 단위주 택 하나하나가 모두 독자적이고 개별적인 상태, 그것이 가장 바람직한 것이다. 비록 경제적 인 이유 때문에 한 건물 속에 섞여 있지만 모든 단위주택은 단독주택의 특성과 거주성을 유지해야 하는 것이다. 그것은 집합주택 계획의 원점이자 초심이다. 말하기는 쉽지만 사실 그리 쉬운 일은 아니다. 그런데 빛낸 집합주택을 설계한 건축가들은 대부분 그 원점에 도 달하기 위해 다양한 방법을 동원했다.

개별성의 이슈는 20세기 초반부터 각별하고도 중요하게 부각되었다. 건축가들은 값 싸게 짓는 노동자 집합주택에서도 각 주택은 최소한의 개별성을 가지도록 했다. 건물의 요 소요소에 색채가 사용된 것도 이 때문이다. 각 주택에 부여된 고유한 색채를 통해서 거주 자 스스로 자존감을 가지도록 한 것이다. 개별성의 이슈는 20세기가 끝나갈 때 다시 부각 되었다. 균일하고 표준화된 주거환경 대신에 개인의 다양성을 존중하는 주거체계가 모색 된 것이다. 집합주택의 우수성을 판단하는 핵심적인 잣대가 바로 이것이라고 해도 좋다. 사려 깊은 건축가들은 계획과정에 거주자의 요구를 직접 들어서 반영하기도 했다. 선택의 다양성을 최대로 끌어올리는 방법을 통해 각양각색의 생활양식을 수용하는 것은 어느덧 집합주택 계획의 당연한 목표가 되었다.

빛낸 집합주택을 설계한 건축가들이 추구한 세 번째 이념은 '어울려 사는 보금자리' 였다. 그들은 이웃과 함께 어울리는 커뮤니티가 거주와 장소의 본질이라고 생각했다. 시 대의 초반에는 집합주택을 통해 공동체를 구현하는 방식에 대해 건축가들은 저마다 다 른 생각을 표출했다. 그들은 무엇이 가장 이상적인 커뮤니티인가, 그리고 그것을 어떻게 삼 차원으로 구현할 것인가를 물었다. 그런 '이상적 공동사회'의 모델은 위니테가 대표적이다. 건축가들은 많은 사람들을 한 건물이나 단지에 수용하고, 각종 시설과 공간을 공동으로 사용하게 함으로써 이웃과 교류하고 서로 부대끼면서 살도록 만들었다. 그러므로 그들이 추구한 커뮤니티는 다소 강제적이었다.

시대의 후반부에 들어서면 공동체의 이념은 다소 다른 방향으로 전개된다. 변화하는 사회구조에 대응해 주택의 공간구성과 집합의 방식에 변화를 주려고 한 것이다. 그렇지만 어디까지나 '집합주택은 어울려 사는 보금자리'라는 패러다임은 망각하지 않았다. 다만 그것에서 강제성을 배제했을 뿐이다. 장소와 커뮤니티에 대해 열린 태도로 접근한 것이다. 건축가들은 단위주택의 집합방식, 집합을 매개하는 공간과 영역, 공유공간의 중요성을 강조했다. 세상이 아무리 변해도 인간은 이웃과 사회로부터 소외되어서는 안 된다고 생각한 것이다. 따라서 그들은 공유공간의 다양함과 풍요로움을 모색했다. 길, 마당, 중정 같은 공간을 새로운 눈으로 바라본 것도 그 때문이다.

이 책은 좋은 집합주택이란 무엇인가를 끊임없이 성찰하게 한다. 물론 좋은 주택과 혁신적 주택은 일치하지 않지만, 혁신이란 늘 바람직한 상태를 모색하는 것이다. 좋은 집합주택이 무엇인가 단정적으로 말할 수는 없지만, 이 책에 등장하는 집합주택이 그 대략의 답을 주고 있다. 인간의 실존에 바탕을 둔 주택, 겸손하고 진솔한 태도로 만든 주택, 자연과 사회의 한 부분으로 의도된 주택, 고유의 문화와 역사를 존중하는 주택, 도시환경에 부드럽게 스며드는 주택. 그런 주택은 이성과 합리에 바탕을 두었다고 하면서도 결국은 경제적 가치와 공간사용의 효율성을 극대화한 주택과는 거리가 있는 것이다.

나는 수십 년간 대학에서 가르치면서 학생들에게 늘 이렇게 얘기해왔다. "주거계획을 전문으로 하는 건축가가 되기를 희망하라. 그리고 이론적으로 무장하라. 건축가의 가장 중요한 작업은 주거가 되어야 한다. 그것도 단독주택보다는 집합주택이, 그리고 부유한 사람을 위한 집합주택보다는 노동자를 위한 집합주택이. 언젠가 우리 사회는 집에 관해 커다란 방향전환을 할 것이다. 인식이 변화하는 시기가 올 것이다. 그때를 준비해야 한다. 잘 준비하면 세속적인 성공도 보장된다. 야마모토 리켄, 아틀리에 파이브, MVRDV 등 많은 건축가들이 단 하나의 집합주택 프로젝트를 통해 세계적인 건축가로 발돋움했다는 사실을 기억하라." 다분히 감상적이고 선동적인 말이다.

이 책은 주거를 연구하고 개혁할 젊은이들에게 주는 작은 선물이다. 우리는 흉물 같은 아파트가 도시 곳곳에 우후죽순처럼 들어서도, 도시의 경관을 마구잡이로 황폐화시켜도 그저 그런가보다 한다. 외국인이 우리나라를 '아파트 공화국'이라고 조소하고 폄하해도 제대로 대응하고 반성할 줄 모른다. 우리 모두는 진정한 주거를 잃어버린 것이다. 가스통 바슐라르Gaston Bachelard, 1884~1962의 말대로 우리 대다수는 우주의 드라마가 연출되지 않는 삭막한 환경 속에서 살고 있는 것이다. 그렇지만 세상은 변한다. 자각한 우리 후대의 정치가, 사회운동가, 계획가, 건축가, 주부들이 개혁의 기치를 들 것이다. 이 책이 우리 후세들이 이룰 새로운 주거문화에 작은 도움이 된다면 더 바랄 것이 없겠다.

참고문헌

단행본

가스통 바슐라르 지음, 곽강수 옮김,
《空間의 詩學》, 민음사, 1990

김우창, 《깊은 마음의 생태학》, 김영사, 2014

박인석, 《건축이 바꾼다: 집, 도시, 일자리에 관한
모든 쟁점》, 마티, 2017

박철수, 《박철수의 거주 박물지》, 도서출판 집, 2017

손세관, 《이십세기 집합주택》, 열화당, 2016

이병기·황효철, 《가우디의 마지막 주택, 밀라 주택》,
아키트윈스, 2018

이진경, 《근대적 주거공간의 탄생》, 소명출판, 2000

전상인, 《공간으로 세상 읽기-집·터·길의
인문사회학》, 세창출판사, 2017

최두호·한기정, 《아파트를 새롭게 디자인하라》, auri
지식정책총서 02, auri, 2010

Harald Bodenschatz 지음, 박종기 옮김, 《베를린
도시설계》, 구민사, 2014

a+t research group, *10 Stories of Collective
Housing: Geographical Analysis of Inspring
Masterpieces*, Vitoria-Gasteiz, Spain: a+t
architecture publishers, 2013

Abel Blom(ed.), *Piet Blom*, Amersfoort: Jaap
Hengeveld Publicaties, 2007

Antonino Saggio, *Five Masterworks By Louis
Sauer: Un Unconventional American Architect*,
Raleigh, North Carolina: Lulu.com, 2009

_____, *Louis Sauer: The Architect of Low-
rise High-density Housing*, I Tools - Book-Lulu.
com, 2014

Ákos Moravánszky & Judith Hopfengärtner(eds.),
*Re-Humanizing Architecture: New Forms of
Community, 1950-1970*, Basel: Birkäuser, 2017

Bainbridge Bunting, *Harvard: An Architectural
History*, Cambridge, Massachusetts: Harvard
University Press, 1986

Carlos Huertas & Clavería Flores, *La Pedrera:
Architecture and History*, Barcelona: Caja de
Ahorros de Cataluña, 1999

D. W. Dreysse, *May_Siedlungen: Architekturführer*

*Durch Acht Siedlungen des Neuen Frankfurt
1926-1930*, Köln: Verlag der Buchhandlung
Walther Konig, 2001

David Harvey, *Spaces of Hope*, Berkeley: University
of California Press, 2000

Donald I. Grinberg, *Housing in the Netherlands
1900-1940*, Rotterdam: Delft University Press,
1977

Eve Blau, *The Architecture of Red Vienna 1919-
1934*, Cambridge, Massachusetts: The MIT
Press, 1999

Fernand Pouillon, *Mémoires d'un architecte*, Paris:
Editions du Seuil, 1968

Francois Remillard & Brian Merrett, *Montreal
Architecture: A Guide to Styles and Buildings*,
Montreal: Meridian Press, 1990

Franz Schulze, *Mies van der Rohe: A Critical
Biography*, Chicago: University of Chicago
Press, 1985

Fritz Neumeyer, *The Artless Word: Mies van der
Rohe on the Building Art*, Massachusetts: The
MIT Press, 1991

Fumihiko Maki, *Investigations in Collective
Form*, The School of Architecture, A Special
Publication no. 2, Washington University, St.
Louis, June 1964

_____ (ed. by Mark Mulligan), *Nurturing
Dreams: Collected Essays on Architecture and
the City*, Cambridge, Massachusetts: The MIT
Press, 2008

George Baird, *The Space of Appearance*,
Cambridge, Massachusetts: The MIT Press,
2003

Gernot Nalbach & Johanne Nalbach(eds.),
*Exhibition Catalogue: Berlin Modern
Architecture*, Berlin: Senatsverwaltung für
Bau- und Wohnungswesen, 1989

Gordon Cullen, *The Concise Townscape*, London:
Architectural Press, 1971

Göran Schildt, *Alvar Aalto: The Mature Years*, New
York: Rizzoli International, 1991

_____ (ed.), *Alvar Aalto in His Own Words*,

New York: Rizzoli International, 1998

Gunther Stamm, *The Architecture of J. J. P. Oud 1906-1963*, Gainesville, Florida: University Press of Florida, 1978

Herman Hertzberger, *Lessons for Students in Architecture*, Rotterdam: Uitgeverij 010 Publishers, 1991

Hilary French, *New Urban Housing*, New Haven: Yale University Press, 2006

_____, *Key Urban Housing of the Twenties Century: Plans, Sections and Elevations*, New York: W. W. Norton & Company, 2008

Hilde Heynen, *Architecture and Modernity*, Cambridge, Massachusetts: The MIT Press, 1999

Ian Colquhoun, *RIBA Book of 20th Century British Housing*, Oxford: Butterworth-Heinemann, 1999

IBA: International Building Exhibition 1987, *Architecture and Urbanism(A+U) Special Edition*, May 1987

Ilka Ruby & Andreas Ruby(eds.), *MVRDV Buildings*, Rotterdam: NAi Publishers, 2012

Irenee Scalbert, *A Right to Difference: The Architecture of Jean Renaudie*, London: AA Publications, 2004

J. J. P. Oud & Martien de Vletter, et al., *J. J. P. Oud: Poetic Functionalist, 1890-1963: The Complete Works*, Rotterdam: NAi Publishers, 2001

Jacques Guiton(ed.), *The Ideas of Le Corbusier: On Architecture and Urban Planning*, New York: George Braziller, 1981

Jacques Sbriglio, *Le Corbusier: L'Unité d'Habitation de Marseille*, Basel: Birkhäuser Publishers, 2004

Jeri & Sirkkaliisa Jetsonen, *Alvar Aalto Apartments*, Helsinki: Rakennustieto Publishing, 2004

Jürgen Joedicke, *Weissenhof Siedlung Stuttgart*, Stuttgart: Karl Krämer Verlag, 1989

Karl Fleig(ed.), *Alvar Aalto: Band 1, 1922-62*,

Zürich: Verlag für Architektur Artemis, 1963

Kenneth Frampton(ed.), *Modern Architecture and the Critical Present*, New York: St. Martin's Press, 1982

Landesdenkmalamt Berlin(ed.), *Berlin Modernism Housing Estates*, Berlin: Braun Publish, 2009

Le Corbusier, *Oeuvre Complète*, Basel: Birkhäuser, 2006

Manfred Bock et al., *Michel de Klerk: Architect and Artist of the Amsterdam School, 1884-1923*, Rotterdam: NAi Publishers, 1997

Maristella Casciato, *The Amsterdam School*, Rotterdam: 010 Publishers, 1996

Marlies Buurman et al., *Eastern Harbour District Amsterdam: Urbanism and Architecture*, Rotterdam: NAi Publisher, 2007

Mark Swenarton, *Cook's Camden: The Making of Modern Housing*, London: Lund Humphries Publishers, 2017

Matthew Taunton, *Fictions of the City: Class, Culture and Mass Housing in London and Paris*, London: Palgrave Macmillan, 2009

Moshe Safdie, *Beyond Habitat*, Cambridge, Massachusetts: The MIT Press, 1973

_____, *For Everyone a Garden*, Cambridge, Massachusetts: The MIT Press, 1974

Nancy Stieber, *Housing Design and Society in Amsterdam: Reconfiguring Urban Order and Identity, 1900-1920*, Chicago: The University of Chicago Press, 1998

Neubert Huse(ed.), *Siedlungen der zwanziger Jahre-Heute: Vier Berliner Grosiedlungen 1924-1984*, Berlin: Bauhaus-Archiv, 1987

Oswald W. Grube, *100 Years of Architecture in Chicago*, Chicago: Pollet Publishing Co. 1977

Peter Arnell & Ted Bickford(eds.) Arnell, *Aldo Rossi: Buildings and Projects*, New York: Rizzoli International, 1985

Peter Blundell Jones, *Hans Scharoun*, London: Phaidon Press Limited, 1995

_____, *Hugo Häring: The Organic versus the Geometric*, Stuttgart: Edition Axel Menges, 1999

_____, *Modern Architecture Through Case Studies*, Jodan Hill, Oxford: Architectural Press, 2002

Peter Rowe, *The Byker Redevelopment Project and the Malagueira Quarter Housing Project*, Cambridge, Massachusetts: Harvard Graduate School of Design, 1988

_____, *Modernity and Housing*, Cambridge, Massachusetts: The MIT Press, 1993

Philippe Panerai et al. *Urban Forms: The Death and Life of the Urban Block*, Oxford: Architectural Press, 2004

Phyllis Lambert(ed.), *Mies in America*, Montréal: Canadian Center for Architecture, 2001

Pierluigi Nicolin, *Alvaro Siza: Poetic Profession*, New York: Rizzoli, 1986

Process: Architecture - Collective Housing in Holland, Tokyo: Process Architecture, no. 112, 1993

Process: Architecture - Low-Rise Housing in America - The urban Scene, Tokyo: Process Architecture, no. 14, 1980

Ralph Erskine, *The Byker Redevelopment*, Newcastle: City of Newcastle upon Tyne, 1981

Reyner Banham, *Megastructure: Urban Futures of the Recent Past*, New York: Thames & Hudson Ltd. 1981

Richard Pommer & Christian F. Otto, *Weissenhof 1927 and the Modern Movement in Architecture*, Chicago: University of Chicago Press, 1991

Rob Krier & Christoph Kohl, *Potsdam: Kirchsteigfeld*, Berlin: awf-verlag, 1997

Robert L. Delevoy et al, *Rational Architecture: The Reconstruction of the European City*, New York: Princeton Architectural Press, 1998

Roger Sherwood, *Modern Housing Prototypes*, Cambridge, Massachusetts: Harvard University Press, 1978

Ronald Wiedenhoeft, *Berlin's Housing Revolution: German Reform in the 1920s*, Ann Arbor, Michigan: UMI Research Press, 1971

Rosemarie & Volker Fisher Hopfner(eds.), *Ernst May und das neue Frankfurt 1925-1930*, Berlin: Wilhelm Ernst & Sohn, 1986

Royston Landau, *New Directions in British Architecture*, New York: George Braziller, 1968

Sam Davis(ed.), *The Form of Housing*, New York: Van Nostrand Reinhold, 1977

Sarah Menin & Flora Samuel, *Nature and Space: Aalto and Le Corbusier*, New York: Routledge, 2003

Sigfried Giedion, *Space, Time, and Architecture: The Growth of a New Tradition*, Cambridge, Massachusetts: Harvard University Press, 1959

Stefi Orazi, *Modernist Estates: The Buildings and the People Who Live in Them*, London: Frances Lincoln, 2015

Stephen & Kent Spreckelmeyer Grabow, *The Architecture of Use: Aesthetics and Function in Architectural Design*, London: Routledge, 2015

Stéphane Gruet, *Fernand Pouillon: Humanité et grandeur d'un habitat pour tous*, Paris: Librairie de l'architecture et de la ville, Éditions Poiesis, 2013

Tadao Ando: Rokko Housing I. II. III, JA Library, no 3, Tokyo: Shinkenchiku-Sha Co. Ltd. 1993

Toshio Nakamura(ed.), *Atelier 5, 1976-1992*, Architecture and Urbanism(A+U), Special Issue, January 1993

Werner Blaser, *Mies van der Rohe - Lake Shore Drive Apartment*, Basel: Birkhäuser, 1999

Winfried Brenne, et al. *Siedlungen der zwanziger Jahre - heute: Vier Berliner Grosssiedlungen 1924-1984*, Berlin: Bauhaus-Archive, Museum fur Gestaltung, 1984

_____, *Bruno Taut: Meister des farbigen Bauens in Berlin*, Berlin: Verlagshaus Braun, 2005

Zeynep Çelik, *Urban Forms and Colonial*

Confrontations: Algiers Under French Rule, Berkeley: University of California Press, 1997

渡邊眞理·木下庸子,《集合住宅をユニットから考える》,新建築社, 2006

鈴木成文·上野千鶴子·山本理顯,《「51C」家族を容れるハコの戰後と現在》,平凡社, 2004

植田實,《集合住宅30講》,みすず書房, 2015

山本理顯,《住居論》,住まい學大系 054,住まいの圖書館出版局, 1993

_____,《新編住居論》,平凡社, 2004

山本理顯·仲俊治,《脫住宅:'小さな經濟圈'を設計する》,平凡社, 2018

安藤忠雄,《住宅》, A. D. A. EDITA Tokyo, 2011

_____,《建築家 安藤忠雄》,新潮社, 2008

日經アーキテクチュア+松浦隆幸 編,《住宅アンソロジー—1981-2000》,日經BP社, 2008

黑澤隆,《近代=時代のなかの住居》,東京:株式會社 Media Factory, 1990

논문·기사

김진애, "주택 단지의 설계 혁신이란: 올림픽 선수촌 입주 1년 후", 《건축사》, 1990년 1월호

김현섭, "근대 집합주택 디자인의 또 다른 선동. 알바 일도의 집합주택에 관한 연구", 《대한건축학회논문집》, 제22권 제7호, 2006

배대승, "쟝 르노디의 도시 집합주거에 관한 디자인 철학과 방법에 대한 연구: 이브리 쉬르 쎈느 시의 집합주거를 중심으로", 《건축역사연구》, 제21권 제4호, 2012

서화연·손세관, "나르콤핀 공동주택과 위니떼 다비타시옹에 담긴 건축이념 및 구성요소의 상관성에 관한 연구", 《한국주거학회논문집》, 제21권 5호, 2016

손세관, "공중 가로가 있는 로테르담의 스팡언 지구 집합주택", 《auri M》 2010년 겨울호

_____, "로테르담의 신즉물주의 집합주택 키프훅", 《auri M》 2011년 봄호

_____, "말굽형 주거동이 있는 베를린의 브리츠 주거단지", 《auri M》 2011년 겨울호

_____, "베를린의 두 백색 주거단지: 지멘스슈타트와 바이세 슈타트", 《auri M》 2012년 봄호

_____, "슈투트가르트 바이센호프 주택전시회의 두 집합주택", 《auri M》 2011년 여름호

_____, "암스테르담의 노동자 집합주택 에이헌 하르트", 《auri M》 2010년 가을호

_____, "프랑크푸르트의 전원풍 집합주택 뢰머슈타트", 《auri M》 2011년 가을호

이응준, "지금 우리에게 20세기란 무엇인가", 《중앙선데이》 제408호, 2015년 1월 4~5일

"네덜란드 건축가 비니 마스 '건축도 섹시해야 아름답다'", 《중앙일보》 2003년 12월 2일

Aldo Rossi, "Thoughts About My Recent Work," Architecture and Urbanism(A+U), no. 65, May 1976

Amirjani, Rahmatollah, "Alvaro Siza's Design Strategy: An Insight into Critical Regionalism," International Journal of Architectural and Environmental Engineering, vol. 12, no. 10, 2018

Andrew Freear, "Alexandra Road: The Last Great Social Housing Project," AA Files, no. 30, Autumn, 1995

Caroline Constant, "Josep Luís Sert: Harvard University Campus Planning and Buildings, 1956-1968," JOELHO, Journal of Architectural Culture, no. 7, 2016

Dennis Sharp, "Alexandra Road Housing: A Critique," Architecture and Urbanism(A + U), no. 122, November 1980

Edward Jones, "Neave Brown's Fleet Road: The Evolution of a Social Concept of Housing," Architectural Design, no. 48, 1978

Eeva-Lüsa Pelkonen, "Reading Aalto through the Baroque," AA Files, no. 65, 2012

Fumihiko Maki, "Hillside Terrace Complex, Shibuya Ward, Tokyo," The Japan Architect(JA), August/September, 1990

Georgios Garofalakis, "Housing in Algiers through Pouillon's Climat de France," UCL History and Theory Essay, Bartlett School of

Architecture, 2015

"Harvard's New Married-Student Housing,"
Progressive Architecture, vol. 45, December,
1964

Helen Searing, "Housing in Holland and the
Amsterdam School," Ph. D. Dissertation, Yale
University, 1971

_____, "Eigen Haard: Workers'
Housing and the Amsterdam School,"
Architectura, no. 2, 1971

Irénée Scalbert, "Siedlung Halen: Between
Standards and Individuality," *Architectural
Research Quarterly*, vol. 2, no. 1, Autumn 1996

J. P. Bakema, "A House for 270 Families in
Spangen," *Forum*, vol. 15 no. 15, 1960-1961

Jorge Silvetti, "On Realism in Architecture," *The
Harvard Architectural Review*, vol. 1, Spring
1980

Josef Paul Kleihues, "The Critical Reconstruction
of the City," *Domus*, July/August, 1987

Karin Jaschke, "City is House and House is City:
Aldo van Eyck, Piet Blom and the Architecture
of Homecoming." in: V. D. Palma, D. Periton
& M. Lathouri (eds.), *Intimate Metropolis*,
London: Routledge, 2009

Ken Lambla, "Abstraction and Theosophy: Social
Housing in Rotterdam, the Netherlands,"
Architronic, vol. 7, no. 2, 1998

Kenneth Frampton, "The Evolution of Housing
Concepts 1870-1970," *Lotus International*, no.
10, 1975

Kim Ransoo, "The "Art of Building"(Baukunst)
of Mies van der Rohe," Ph. D. Dissertation,
Georgia Institute of Technology, 2006

Louis Sauer, "Joining Old and New: Neighborhood
Planning and Architecture for City
Revitalization," *Architecture and Behavior*, vol.
5 no. 4, 1989

Mark Swenarton, "Politics versus Architecture:
The Alexandra Road public enquiry of
1978-1981", *Planning Perspectives*, vol. 29 no. 4,
2014

Martin Bressani, "Rationalism and the organic
analogy in fin-de-siècle Paris: Auguste Perret
and the building at 25b rue Franklin," Thesis,
Massachusetts Institute of Technology, 1985

_____, "The Spectacle of the City
of Paris from 25bis rue Franklin," *Assemblage*,
no. 12, August, 1990

Meike Schalk, "The Architecture of Metabolism:
Inventing a Culture of Resilience," *Arts*, no. 3,
June, 2014

Nicholas Bullock, "Housing in Frankfurt 1925 to
1931 and the new Wohnkultur," *Architectural
Review*, vol. 163, no. 976, June, 1978

Nikolaus Pevsner, "Roehampton: LCC Housing
and the Picturesque Tradition", *Architectural
Review*, no. 126, July 1959

Norman Foster, "On Atelier," 5 in Toshio
Nakamura(ed.), "Atelier 5, 1976-1992",
Architecture and Urbanism(A+U), Special
Issue, January 1993

Paul Goldberger, "4 Architects Win U.D.C.
Competition for Housing Designs for
Roosevelt I." *The New York Times*, April 29,
1975

Peter Blundell Jones, "Romeo and Juliet in Middle
Age," *Architectural Review*, no. 1124, October
1990

Peter Serenyi, "Le Corbusier, Fourier, and the
Monastry of Ema," *The Art Bulletin*, vol. 49,
no. 4, December, 1967

Piet Blom, "The cities will be inhabited like village:
Study Project 1958," *Forum*, vol. 14, no. 7, 1959

R. Haag Bletter, "The Interpretation of the Glass
Dream - Expressionist Architecture and the
History of the Crystal Metaphor," *Journal of
the Society of Architectural Historians*, vol. 40,
no. 1, March 1981

Richard Pommer, "The Flat Roof: A Modernist
Controversy in Germany", *Art Journal*, vol. 43,
no. 2, Summer, 1983

Suzanne Frank, "Michel de Klerk, 1884-1923: An
Architect of the Amsterdam School," Ph. D.

Dissertation, Columbia University, 1969(UMI Research Press, 1984)

Tom Avermaete, "Climat de France: Fernand Pouillon's Re-Invention of Modern Urbanism in Colonial Algiers," *OASE Journal for Architecture*, no. 74, 2013

Tracy Metz, "De Stijl distilled: A New look at the work of J. J. P. Oud," *Architectural Record*, November 1986

Victor Buchli, "Moisei Ginzburg's Narkomfin Communal Houses in Moscow: Contesting the Social and Material World," In *Journal of the Society of Architectural Historians*, vol. 57, no. 2, 1998

Wallis Miller, "IBA's 'Models for a City': Housing and the Image of Cold-War Berlin," *Journal of Architectural Education*, vol. 46, no. 4, May 1993

Zeynep Çelik, "Le Corbusier, Orientalism, Colonialism," *Assemblage*, no. 17, April, 1992

鈴木博之, "連載20世紀を決めた住宅9: レイク・ショア・ドライブ860-880番地のアパ・ト", 《住宅特輯》1989年2月號

"特集: 山本理顯, 山本理顯設計工場", 《SD: Space Design》1995年1月號

"特集: 山本理顯, 住宅を地域社會に開くということ", 《住宅建築》2009年2月號

"特集: UDCハウジソグの軌跡", 《都市住宅》, 1978年3月號

"特集: イギリスのハウジソグの'70年代", 《都市住宅》1980年10月號

"特集: 日本の集合住宅の軌跡", 《建築文化》1993年4月號

"特集: 低層集合住宅を考える, ルイス・サウアーの場合", 《都市住宅》 1980年1月號

"特集: 集合住宅作品を解析する", 《建築雜誌》, 1992年9月號, 日本建築學會

"特集: フィッシャー/フリードマンマンのハウジソグ", 《都市住宅》1986年10月號

※ 수록된 그림 자료와 사진은 대부분 저작권자의 사용 허가를 받았으나
   일부는 미처 허가를 받지 못했습니다. 확인되는 대로 허가 절차를 밟겠습니다.